国家社会科学基金社科学术社团资助项目成果

儒家文明论坛（第十期）

儒家文明省部共建协同创新中心 编

徐庆文 主编

裴朦 张笑函 魏琳琳 张益凤 副主编

齐鲁书社
·济南·

图书在版编目（CIP）数据

儒家文明论坛. 第十期 / 徐庆文主编；裴朦等副主编. — 济南：齐鲁书社, 2025.2. — ISBN 978-7-5333-5199-1

Ⅰ. B222.05-53

中国国家版本馆CIP数据核字第2025X1N730号

策划编辑　刘　强
责任编辑　刘　晨
装帧设计　刘羽珂

国家社会科学基金社科学术社团资助项目成果

儒家文明论坛（第十期）
RUJIA WENMING LUNTAN DISHIQI

徐庆文　主编　　裴朦　张笑函　魏琳琳　张益凤　副主编

主管单位	山东出版传媒股份有限公司
出版发行	齐鲁书社
社　　址	济南市市中区舜耕路517号
邮　　编	250003
网　　址	www.qlss.cn
电子邮箱	qilupress@126.com
营销中心	（0531）82098521　82098519　82098517
印　　刷	山东临沂新华印刷物流集团有限责任公司
开　　本	720mm×1020mm　1/16
印　　张	24.75
插　　页	3
字　　数	350千
版　　次	2025年2月第1版
印　　次	2025年2月第1次印刷
标准书号	ISBN 978-7-5333-5199-1
定　　价	98.00元

《儒家文明论坛》第十期

编委会

学术委员	万俊人	王云路	王学典	贝淡宁	朱小健
	江林昌	安乐哲	孙聚友	杨世文	杨国荣
	杨朝明	李景林	陈　来	刘梁剑	郭齐勇
	黄俊杰	崔英辰	董　平	景海峰	舒大刚
	傅永聚	池田知久			

| 本书编者 | 徐庆文 | 裴　朦 | 张笑函 | 魏琳琳 | 张益凤 |

编辑说明

  中国传统文化源远流长、博大精深。就其内容和结构来看，儒道两家的思想无疑是主体；就其特质来看，儒道两家思想的互补最具决定性和典型性。儒家主张"刚健"的人生信仰，道家主张"柔逊"的做人理念；儒家治理国家要"有为"，道家讲求"无为而治"；儒家主张要"为政以德"，道家讲"道法自然"。儒道互补是对中国传统文化内容和结构的概括，是中国传统文化的两大主干和主体结构。2023年10月21日至22日，国际儒学联合会、山东大学主办，儒家文明省部共建协同创新中心、国际儒学联合会山东大学研究基地、山东大学儒学高等研究院承办"儒学论坛（2023）：儒道互补与国家治理国际学术研讨会"。本次会议旨在辨识儒道两家学说精义，会通两家思想，促进儒家思想研究和道家思想研究，开辟儒道兼容创新新道路，对于推动中华民族优秀传统文化的创造性转化和创新性发展，特别是对国家治理及当今人类命运共同体构建具有重要的启示意义。本文集是这次会议的论文集，参加会议的学者中，有些学者的论文已经在其他地方发表，有些学者不同意收录此文集中，我们均尊重作者意见，没有收录。

儒家文明省部共建协同创新中心
2024年4月30日

目 录

儒道治国理念比较

"恭己正南面"与"我无为而民自化"
　　——儒家之政与道家之治 …………………… 伍晓明　3
汉初儒道的天道观分歧及其治术思想之别
　　——以《淮南子》和《春秋繁露》为中心 ………… 陈　徽　45
"为政以德"诠解传统中的儒道之辨 ……………… 夏世华　67
"从有为到无为"与"从无为到有为"
　　——孔子与老子治国方法与理念的异与同 ……… 曾美珠　85
"父母之邦"和"大国下流"
　　——孔老的"邦""国"之论 ………………… 李晓英　99
有为与无为：孔子与老子治国理念比较 ……… 法　帅　周一楷　121

儒道治国理论的融合与互补

魏晋玄学的有无之辩与儒道的碰撞统合 …………… 孙宝山　133
略论《吕氏春秋》儒道融合的三种路径 …………… 许富宏　150
孔子与老子人生哲学的相通相同 …………… 杨朝明　李文文　165

"一人"与"兆民"之间:竹简《文子》
　　与秦汉新道家的治理思想 …………………… 张丰乾　187
论荀子的国家治理思想 …………………………… 郑治文　213
"为政以德"国家治理思想的当代转化 …………… 徐文涛　233
The Enlightened Fusion: Harmonizing Confucianism and
　　Taoism for Effective State Governance ………… Alireza Khsohrou　249

传统文化中的儒家与道家

教化与制法:郑玄《论语注》中的孔子形象 …………… 刘增光　261
严复解读《老子》的多重视界及其反响 ……………… 魏义霞　282
孔子五行说考索 …………………………………………… 刘爱敏　302
"感应"与"中庸"的"唯物论"
　　与"实践论"诠释 ……………………………………… 何光顺　327
批评与辩护:契嵩仁学建构的三个进路 ……… 张培高　马春玲　352
魏晋南朝《论语》诠释中的注引老庄
　　——以皇侃《论语义疏》为考察对象
　　………………………………… 闫齐麟　闫春新　岳琳琳　371

儒道治国理念比较

"恭己正南面"与"我无为而民自化"

——儒家之政与道家之治

伍晓明

本文的主题是先秦儒家和道家的"政—治"思想。当然,若要对这一问题进行面面俱到的讨论,需要的篇幅则远超出一篇论文,故本文将仅以孔子、孟子、老子和庄子的若干文本为例来初步进入这一问题。本文标题中的"恭己正南面"是孔子称赞舜之所为,"我无为而民自化"则是老子所言。从字面上看,这两种表述所分别代表的儒家与道家的政—治理想和观念有某种相似性,但其实二者之间有着重要的不同。我们将在以下对孔孟老庄各自"政—治"思想的具体讨论中试析这一差异存在的原因,进而试探儒道两家的"政—治"观念可能具有的现代意义。

一、"政"与"治"

就我们所关心的"国家治理"这一主题而言,儒家多言"政"而道家常说"治"。例如,《论语》中"政"字四十四见,"治"字仅六见。当然,这样说并不意味着此二字的使用次数本身就可以说明问题,但这两种概念在孔子话语中的多寡至少可以在一定程度上表明,孔子对于

"政"有着更多的关心。在《孟子》中,"政"与"治"的比例是五十五比四十七。虽然其中"治"出现的次数较《论语》中为多,但"治理国家"这一意义上的"治"在《孟子》中仍然相对较少。例如,在孟子著名的"劳心者治人,劳力者治于人"之说中,"治"就是在"统治"而非"治理"的意义上被使用的。① 如果我们此处对以下将要展开的分析做一预先提示的话,对于儒家来说,之所以如此,可能是因为"治"被认为只是"政"——儒家理想中的德政、仁政或善政之自然结果而已。相较于孔孟话语中"政"与"治"的使用频率之比,《老子》五千言中"政"字仅两见,"治"则十三见。《庄子》中"政"字虽十六见,但"治"则多至一百一十三见。道家何以更关心"治"而非"政"?此处我们也可以预先提示性地说,对于道家来说,"政",尤其是道家眼中的儒家之政本身就已经是不治亦即乱的原因。道家思想中存在着这样一种观念,即有政就不可能有治,因为政始终意味着人为,所以"治"——道家理想之治或道家之治的理想必须通过政之某种去除,亦即一切人为之放弃才能实现。这可能就是儒家与道家关于"政—治"的思想中的一个基本对立。

"政"与"治"作为传统的汉语概念已经合成了现代汉语中的"政治"一词,但我们如今所熟悉的"政治"是一个翻译而来的西方概念。此词在现代中国语境中已被赋予了太多的用法,以至于很难为之下一个能够广为接受的定义,尤其是当我们希望将"政"与"治"作为互有区别的概念放回中国传统中来重新考察之时。因此,在本文的论述中,为了进行某种"去熟悉化"或"陌生化",即英语所谓"de-familiariza-

---

① 梁启超论先秦儒家政治思想时也注意到儒家似乎少言"治"。他说:"儒家政治对象在'天下'。然其于天下不言治而言平,又曰:'天下国家可均。'"[梁启超:《先秦政治思想史》第三章《儒家思想(其一)》,张品兴主编:《梁启超全集》,北京出版社1999年版,第3639页。]说儒家少言"治"是对的,但以"平"对"治"并无充分的文本支持,因为在《孟子》之中我们就可以找到"平治"之连言:"夫天未欲平治天下也,如欲平治天下,当今之世,舍我其谁也?"(《孟子·公孙丑下》)

tion",我们将在"政治"一词之间插入连字符以示区别。

如前所述,政之目的被认为在于治,而治则被认为离不开政,这是儒家的看法。孟子说:"离娄之明,公输子之巧,不以规矩,不能成方圆;师旷之聪,不以六律,不能正五音;尧舜之道,不以仁政,不能平治天下。"(《孟子·离娄上》)他这段以双重否定语式说出的话为我们阐明儒家所理解的政与治的意义与关系做了一个有用的提示。名词性的政——此处即孟子所言之"仁政"与可以形成方圆的规矩和可以定正五音的六律相比。如果规与矩是一种制度,即人为某一特定目的所"制"之"度",那么方与圆就是其所形成的秩序;同样,如果六律是一种制度,那么五音就是其所形成的秩序。如果政被认为就像是可以成方圆之规矩和能够正五音之六律,那么政就意味着制度,天下之平治就是政所形成的秩序。就此而言,在儒家这里,政与治的关系就是制度与秩序的关系。

现代意义上的"制度"与"秩序"皆为名词,而作为传统概念的"政"与"治"则皆可既指状态或结果,亦指行为或活动。先就"治"这一概念而言,在经典文本中,此词作为动词之例不胜枚举,尽管《说文解字》仅释"治"为一水之名。孟子说:"圣人治天下,使有菽粟如水火。"(《孟子·尽心上》)此"治"即动词意义上的治理之"治"。"治"作为人之政—治行为或活动所产生的状态或结果就是秩序的形成,假如此种活动成功的话,如此所形成的秩序也就同样可以用"治"来形容。例如,孔子称赞舜乃"无为而治者"(《论语·卫灵公》),亦即舜以一种无所作为的方式来治理天下。作为舜之政—治行为的"无为"所产生的结果就是天下之治本身,即井然有序的天下,而孔子就在"治"的这一名词意义上说"舜有臣五人而天下治"(《论语·泰伯》)。此句中之"治"所表示的就是治之结果,即名词或形容词意义上的"有秩序状态",或作为一种状态的"秩序"本身。与此相对,"乱"就意味着无秩序,即秩序的丧失或混乱。"治"与"乱"合言,就有了汉语传统中我们所熟悉的"治乱"一词。①

再就"政"这一概念而言，孔子对之有一经典说法，即"政者，正也"（《论语·颜渊》）。《说文解字》就根据这一定义而释"政"为"正"。就此而言，与"治"一样，"政"也意味着行为意义上的"治理"或"经管"。但与偏向于单纯强调"治理"的"治"不同，作为名词使用的"政"蕴含着治理方法的形成和安排。《论语》中有很多当政者或弟子向孔子问政的章节，需要问政就表明为政需要有一定的方法。而关于为政的诸种方法——如今所谓原则、方针、政策等，如能形成系统并被一以贯之，就会成为制度。

试以传统的治水故事为例。治水是为了恢复山川江河沟渠的"自然秩序"，即其原来与人相安无事的状态。但如果治水无方，"水的秩序"就无法恢复。据说舜命禹之父鲧治水，鲧的方法是障，即筑堤防水，结果九年无功。无功是因为无方，而"无方"就是没有方法，但这并不意味着没有任何方法，因为人做一件事时完全没有方法是不可能的。笨方法、错方法、坏方法其实也都是"方法"。舜复命鲧之子禹治水，禹的方法是疏导河流，让百川归海。禹治水有功，而水的秩序即因此而得以恢复或重建。治水的方法作为一个整体就可以被视为一种政，即"水政"。既然成功的治水方法是因势利导，那么因势利导就是让水得治之"善政"。若不以此"善政"，就不能"平治"天下之水。与此相比，鲧的治水方法就是"坏政"或"恶政"。因此，仅仅或者主要强调"治"意味着对于上述意义上的"政"之轻视。相反，强调"政"则意味着重视达到"治"的方法或途径，而这就代表着看重制度本身的建立和维持。

因此，尽管"政"本身有治理之义，而动宾短语式的"为政"则更

---

① 《孟子·滕文公下》："天下之生久矣，一治一乱。"《孟子》中时见"治"与"乱"对举，例如在《万章下》中孟子说伯夷"治则进，乱则退"，伊尹则"治亦进，乱亦进"。

明确地意味着"进行治理",但政之为政在孔子看来首先就在于要有一套好的方法,而不仅仅是就事论事。一套行之有效的稳定持久的方法就是制度。《论语》所记诸多向孔子问政之语,其所问之内容皆直接或间接地与为政之方法亦即"为政"之"如何"有关。所以孔子特意区别政与事:"冉子退朝,子曰:'何晏也?'对曰:'有政。'子曰:'其事也,如有政,虽不吾以,吾其与闻之。'"(《论语·子路》)关于《论语》此章中"政"与"事"之分别,传统上有几种不同解释。马融以为事乃常事,政则为"非常之事"。郑玄以为"君之教令为政,臣之教令为事"①。两者皆有一定道理,但仍嫌模棱两可。政与事的区别应该是:事是短暂的、一时性的,政则是长期的、持久性的。出现了一个纠纷需要人来处理,这是事。需要为政者处理的纠纷就叫作"政—事"。但处理纠纷(例如孔子说到的"听讼")需要一定的原则和方法。没有原则和方法,处理者就只能"就事论事",以至于"敷衍了事"。"政—策"意义上的即原则性的如何处理,而且公正地处理各种纠纷就是政。当然,原则和方法可以不是先定的而是在处理纠纷之中形成的,这就犹如英美式的案例法。处理一个案例时使用的原则和方法确定下来并在以后被广泛应用,这些原则和方法就形成一个制度。有了制度,亦即有了确定的行为模式和规则,就可以不必每一次都"就事论事"了。仍以治水为例,一条河发了大水,需要马上解决问题,这是事——"水事"。而针对如何治理水患形成了一套系统的方法,这套方法逐渐成为政策和制度,以应对任何水患,这就是政——"水政"了。

对于儒家而言,政之基本目的就在于治,即秩序的形成和维持,要达成此目的,首先就要促进制度的建立或恢复及维持。能够表明这一点的证据之一就是孔子的"正名"之说。"正名"从根本上说意味着对于制度——孔子所尊崇的制度,亦即广义的礼的恢复与维持。在汉语传统中,"制度"首先意味着人进行"制—度"的活动,而人创设或订立制

---

① (清)刘宝楠撰,高流水点校:《论语正义》,中华书局1990年版,第533页。

度就是为了让人遵守。① 人皆遵守作为行为模式和规则的制度，天下就有秩序。在儒家传统中，圣人或先王被认为是制度的创设者和订立者，例如被归之于周公政—治文化成就的"制礼作乐"。就周代而言，当时的分封制、宗法制乃至服饰、冠冕、乐舞，都有严格的等级区分，从而形成了一个整体的制度，就是广义的礼或礼乐。我曾将礼定义为让一人能向他人致敬，亦即尊重他者之为他者的语言，正是在这一语言中，人与他人形成一种"有礼"的关系，即人与人之间最基本的伦理关系。② 这是从伦理层面上看的，在政—治层面上，礼则应该被定义为一个作为诸种行为模式和规则的制度体系。"颜渊问为邦。子曰：'行夏之时，乘殷之辂，服周之冕，乐则韶舞。'"（《论语·卫灵公》）所谓"为邦"就是为政，即治理国家，而孔子所列举的这些就是他认为治理国家所需要的作为诸种制度的礼。这些礼或是从前代继承下来的，或是在孔子的时代实行着。孔子相信，有了作为制度的礼或作为礼的制度，天下就可以有治即建立了秩序。

至于道家，首先是老子，其多言"治"而少言甚至不言"政"，这是因为他们从根本上就不相信任何人为的制度。当然，说"人为的制度"就已经多了"人为"二字。任何制度都被道家认为是对于其所理解的最原始最根本的秩序——道或天道的破坏。"天下"乃不可为之"神器"，故老子说："将欲取天下而为之，吾见其不得已。天下神器，不可为也。为者败之，执者失之。"（《老子》第二十九章）所以，道家之治的基本

---

① 我们如今基本上是在一个现代的或翻译而来的意义上使用"制度"一词的。建立之所建立者就是"所制之度"。在汉语传统中，"制度"既可意味着作为结果的所制之度，也可意味着制度这一活动本身。《礼记·礼运》中记有"故天子有田以处其子孙，诸侯有国以处其子孙，大夫有采以处其子孙，是谓制度"。这一"制度"即"制定法度"之谓，因为"是谓制度"之前有"是谓胁君""是谓乱国"等语，三者皆为动宾短语式，所以这一表述在此不应理解为近义复合词。

② 关于礼作为伦理语言的相关论述，参见拙作《吾道一以贯之——重读孔子》，北京大学出版社2013年版。

目标就只是对其所信任的最原始最根本的秩序的恢复，而这在老子这里经常需要通过一种"以治去治"的方式实现。①

政—治的核心即在于秩序的建立或恢复和维持，而秩序之所以成为当时紧迫的问题，是因为在儒家和道家思想活跃的春秋战国时代，天下国家的秩序已经开始出现巨大的问题。"天下无道""礼崩乐坏"，就是对当时的无序或失序状态的基本概括。孔子说："天下有道，则礼乐征伐自天子出；天下无道，则礼乐征伐自诸侯出。自诸侯出，盖十世希不失矣；自大夫出，五世希不失矣；陪臣执国命，三世希不失矣。天下有道，则政不在大夫。天下有道，则庶人不议。"（《论语·季氏》）正因为天下无道，孔子才感到自己应该出来为恢复当时的政—治秩序而有所作为，所以当被避世躬耕的长沮、桀溺批评为不识时务时，孔子就深为感慨："鸟兽不可与同群！吾非斯人之徒与而谁与？天下有道，丘不与易也。"（《论语·微子》）孔子之后，以"如欲平治天下，当今之世，舍我其谁也"（《孟子·公孙丑下》）自居的孟子在被人讥为"好辩"时也引天下无道来自辩："尧、舜既没，圣人之道衰，暴君代作；坏宫室以为污池，民无所安息；弃田以为园囿，使民不得衣食……及纣之身，天下又大乱……世衰道微，邪说暴行有作……圣王不作，诸侯放恣。"（《孟子·滕文公下》）

当然，天下无道也是当时道家眼中的基本问题，但在老子看来，问题却正在于，礼乐作为制度亦即人为的设置已经是对本来秩序的破坏："大道废，有仁义；慧智出，有大伪；六亲不和，有孝慈；国家昏乱，有忠臣"（《老子》第十八章），"故失道而后德，失德而后仁，失仁而后

---

① 当涉及"自然秩序"时，儒家也认为所谓治就是让失序的自然恢复秩序。孟子说"禹之治水，水之道也"（《孟子·告子下》）即其一例。更信任"伪"即"人为"的荀子则倾向于让人为的秩序即制度所建立的秩序加之于"自然"之上。对于道家来说，自然秩序本身似乎不会存在失序问题。失序总是由于人为的扰乱："夫弓弩毕弋机变之知多，则鸟乱于上矣；钩饵罔罟罾笱之知多，则鱼乱于水矣；削格罗落罝罘之知多，则兽乱于泽矣。"（《庄子·胠箧》）

义,失义而后礼。夫礼者,忠信之薄而乱之首"(《老子》第三十八章)。在老子看来,所有问题与所有混乱皆可被归罪于礼,因此儒家急于恢复和维护作为制度的礼就会是一种"希有不伤其手矣"的"代大匠斫"(《老子》第七十四章)。庄子将老子的看法概括为一句简洁的反问:"道德不废,安取仁义?"(《庄子·马蹄》)他更借老聃之口对孔子之徒子贡说:"三皇五帝之治天下,名曰治之,而乱莫甚焉。三皇之知,上悖日月之明,下睽山川之精,中堕四时之施。其知憯于蠣虿之尾,鲜规之兽,莫得安其性命之情者,而犹自以为圣人,不可耻乎?其无耻也!"(《庄子·天运》)说的虽然只是三皇五帝,批评的却是儒家的整个政—治观念。于是,关于秩序的政—治问题在当时就成为:如何恢复或重建秩序?

对于儒家来说,由于秩序已被圣人或先王通过作为礼乐的制度建立了,因此要恢复秩序就要通过孔子所说的"克己复礼"。这也就是说,回归圣人或先王所创设的整套礼乐制度。当然,这样的回归其实只可能是一种重建,因为毁坏的东西是不可能完全恢复原状的。因此,"克己复礼"之"复"既是复归,也是恢复亦即重建。礼之整体作为制度就像是建筑,而"礼崩"所描述的就是这一建筑的倒塌状态。建筑崩坏,秩序因而荡然无存,所以作为回归的"复礼"必然也是一种重建。这一重建的努力在前文已经提及并将在下文予以详述的孔子的"正名"之说中体现得最为典型。对于道家来说,既然儒家的礼作为旨在产生秩序的制度已经是对秩序———一个更原始更根本的秩序即天道的破坏,而礼是圣智的产物,所以首先就必须"绝圣弃智",从而让天下之人与物皆能按其本性"自化"。

若分别就孔子和孟子各自的政—治思想而言,我们还可以画出一条从前者所言之"德政"到后者所言之"仁政"的轨迹。孔子认为"政者,正也",政之好坏取决于为政者本身之正,而为政者本身之正就是其德之表现。如果为政者即统治者能"为政以德",他就可以像北极星一样待在自己的位置上,其余的星体都会自动环绕它且有序运动:"为政以德,譬如北辰,居其所而众星共之。"(《论语·为政》)然而,为政者并不总是或总能自然而然地"正"。正之与否由作为行为模式和规则的制度来决定，是作为制度的礼规定了何为正何为不正。因此，为政者能够遵守制度即循礼而行就是正。作为制度，礼之规定体现为一个由诸名（名分）构成的等级体系。正因为置身于礼中的为政者必须符合其名，即必须按照其特定的名分行事，所以孔子才会以"正名"为为政的第一要务。

如果孔子的政—治思想可以被概括为德政，那么孟子的政—治思想就可以被概括为仁政。孔子重视为政者本身之德，其德即其人本身之正就是秩序之保证。民本身之利似乎不在孔子的优先考虑之中，一个典型的例子就是孔子认为必要时为政者甚至可以"去食"。孟子的想法则已经有所不同，因为其所倡导的仁政让君对民之利的考虑居于第一位。这当然有其时代因素的重要影响。

至于先秦道家的政—治思想，我们首先可以在老子思想中分辨两条貌似截然不同的思路，一条用当今的话说就是某种"愚民政策"，但另一条似乎可以理解为某种纯粹的放任。二者之间也许会有这样一种联系，即"愚民政策"——只是要让民回归到未被仁义礼智腐蚀败坏的原始素朴之中，圣人就可以"无为"而民就可以"自化"了。是否如此，则需要在以下讨论老子的"政—治"思想时具体分析。至于庄子，其"政—治"思想是对于老子的无为与自化的某种阐发，其中有些警句就直接来自《老子》①，但庄子的话语中似乎已经淡化或没有了老子"愚民政策"的影子，出现了某种欲使共同体或人类社会消解的"政—治"倾向。我们将从庄子讲的"让王"寓言开始，通过对"相濡以沫不如相忘于江湖"这一著名主题，以及"忘"与"独"这些独特概念的分析尝试指出这一倾向。当然，《庄子》文本的多音多义已被不同论者反复指出，因此我们会在分析庄子的政—治思想时对此予以必要的注意。

---

① 不过也有可能是，《老子》中很多警句只是对于《庄子》的概括，我们此处不涉及这一复杂的文本关系问题。

二、儒家之政

（一）孔子的德政

"政者，正也"反映了孔子对于政之意义和功能的基本看法。在"政者，正也"这一定义中，"正"作为动词意味着"纠之使正"。"纠之使正"的结果就是被纠正者之"正"，这是形容词意义上的正。如果政意味着纠之使正，那么谁或什么是需要被纠正者？孔子认为，需要被纠正者首先就是为政者自身，而不是其政下所治之民："苟正其身矣，于从政乎何有？不能正其身，如正人何？"（《论语·子路》）① 孔子认为，为政者之"正其身"应该是其最基本的为政活动，因为如果为政者能够自正其身，其治下之民就不敢不正："季康子问政于孔子。孔子对曰：'政者，正也。子帅以正，孰敢不正？'"（《论语·颜渊》）然而，作为"政—治"行为，为政者"正其身"并非目的而是手段，其目的应是"正人"。孔子相信，如果为政者可以使"其身正"，他就能够"不令而行"，而如果"其身不正"，那就会"虽令不从"（《论语·子路》）。

如果政的基本意义和作用被认为就在于"正人"，即导"人—民"于正，那么这就意味着在孔子看来，"人—民"并非从一开始就是遵守秩序者，而是需要被组织起来的松散和混乱元素。放任"人—民"自作主张、自行其是，他们就可能为非作歹。我们在此就可以看到孔子称赞的舜之"恭己正南面"与老子之圣人的"我无为而民自化"之间的一个重要区别。后一表述说明，民被认为从一开始就已经在遵循着一种理想的秩序而生活。前一表述则意味着，必须有某种力量来使"人—民"遵守一定的秩序，无论此种力量如何柔和。因为，舜之看似无所作为的"恭己正南面"仍然是一种政—治行为，即一种需要付出很大努力的"为"。

---

① 孟子也说："行有不得者皆反求诸己，其身正而天下归之。"（《孟子·离娄上》）

作为政—治行为,"恭己正南面"之"恭"需要礼的规定和支持,而此"恭"同时也就是对于礼本身的支持、维护和巩固。正因为如此,所以孔子才会说:"恭而无礼则劳。"(《论语·泰伯》)如果没有政所具有的"正人"作用,即统治力量,民就始终被认为有可能违正而就邪。因此,尽管孔子强调为政者本身之正所能起的表率或榜样作用,但其为政观念建立在一个基本的认识之上,即民是需要由具有"改更匡正"之用的"政"来规范和引导的。①

为政者通过自身之正,即自身的表率作用来获得草上之风的君子之德,而正人就是孔子所说的"为政以德",这也就是孔子所谓"道之以德,齐之以礼"(《论语·为政》)之意之所在。但为政者又应该如何"正其身"呢?这也就是问,为政者应以何为"正其身"的标准?在我看来,可以决定为政者本身正之与否的原则和能够衡量为政者本身正之与否的标准,就是其重要性在孔子这里无论如何强调都不会过分的礼。背离了礼,所谓正就可能只会是为政者个人的武断任意甚至"指鹿为马"。为政者自身的行为必须时时处处合礼,才能做到使"其身正",所以为政者其实才是首先必须"克己复礼"者。孔子告诉颜渊"克己复礼为仁"(《论语·颜渊》),而仁即德。因此,孔子对颜渊的教导,即通过"非礼勿视,非礼勿听,非礼勿言,非礼勿动"(《论语·颜渊》)而"克己复礼",这也同样适用于甚至更加适用于被认为应该"为政以德"的为政者。为政者是影响天下之人而非仅仅一人者。所以,与没有为政机会只能"独善其身"的颜回的"克己复礼"不同,可以"兼善天下"的为政者的"克己复礼"具有更重要的政—治意义。为政者"一日克己复礼",则"天下归仁焉",这就是孔子的政—治信念。

但礼之为礼需要不断地被重申或界定,此即制度本身所具有的永恒问题:不是有了好的制度即有了礼就可以万事大吉、百世太平。礼作为

---

① 马融注《论语·子路》第十四章"有政"之"政"曰:"政者,有所改更匡正。事者,凡行常事。如有政,非常之事。"(清)刘宝楠:《论语正义》,第532页。

政—治制度总会有某种"自然的"衰败和崩溃倾向，就像会在所有文明所有社会中发生的那样，所以"复礼"才是一种不断的政—治任务。重申礼之为礼，即回归、恢复和重建礼的出发点和基本工作，就是孔子所谓的"正名"。"正名"同时也就是孔子所设想的为政的开始。

孔子相信为政必始于正名，是因为他认为正名就是复礼，而复礼具体地说就是恢复周礼。孔子认为周礼乃前代之礼的集大成者，是十分完善的制度设计，故可延续百代："子张问：'十世可知也？'子曰：'殷因于夏礼，所损益，可知也；周因于殷礼，所损益，可知也。其或继周者，虽百世，可知也。'"（《论语·为政》）因此，孔子的政—治理想就是遵奉、维护和恢复周代的礼制："周监于二代，郁郁乎文哉！吾从周。"（《论语·八佾》）正因为礼作为制度规定着为政者应当如何为政，所以克己复礼不仅是个人为仁，亦即让自己成为仁者的需要，而且是或者更是维持以礼或礼乐为名的政—治制度的需要。"齐景公问政于孔子。孔子对曰：'君君，臣臣，父父，子子。'"（《论语·颜渊》）"君君臣臣父父子子"就是克己复礼的典型。概括地说，"君君臣臣父父子子"意味着，让身处这些伦理政—治关系中的每一个人皆符合其名，亦即按照礼所规定的君、臣、父、子、夫、妇、兄、弟、长、幼、朋、友各自之名分或身份所规定的方式行事，即父慈子孝、夫义妇顺、兄友弟恭、长惠幼序、朋谊友情、君敬臣忠等。这些行为被认为是具有这些名分或身份者对与自己有相对关系的他人所应负有的责任，这些责任则被认为是生活在礼之中者所一致接受的。所以，当孔子仅以"君君臣臣父父子子"八字回答齐景公关于如何为政之问时，后者对于这一简洁的回答心领神会："善哉！信如君不君，臣不臣，父不父，子不子，虽有粟，吾得而食诸？"（《论语·颜渊》）

让君臣父子等皆复归于礼的"君君臣臣父父子子"就是具体的正名，亦即如何正名之例。齐景公理解这一点，身为弟子的子路却不理解，但这也无足深怪。齐景公作为需要为政的统治者直觉地懂得孔子之语的深刻意义，子路身不在君位，不是为政者或治民者，所以不仅没能迅速理解孔子正名之说所具有的"政—治"意义，甚至还觉得老师迂腐，因而受到了老师温和的呵斥：

> 子路曰："卫君待子而为政，子将奚先？"子曰："必也正名乎！"子路曰："有是哉？子之迂也！奚其正？"子曰："野哉，由也！君子于其所不知，盖阙如也。名不正，则言不顺；言不顺，则事不成；事不成，则礼乐不兴；礼乐不兴，则刑罚不中；刑罚不中，则民无所措手足。故君子名之必可言也，言之必可行也。君子于其言，无所苟而已矣！"（《论语·子路》）

为政之所以要从正名开始，是因为礼作为制度首先由一系列的名构成，而每一名都规定着与其相对之实。这就是说，每一名下之实，首先就是政治—伦理关系中的个人皆须将己纳入其名所规定的位置之中，并且按照与这一位置相连的责任行事。此"纳入"之"纳"即意味着对于名之支配力量的自觉服从。名若不正经常意味着个人对于名之规定有意无意的违反，礼乐作为制度就无法正常运行。

因此，孔子所谓"正名"并不是有的注释者所言之"正书字"。当然，所谓"名不正"也有一人、一物或一事没有得到恰如其分之名的意思，但在孔子的"正名"语境中，所谓"名不正"意味着某人、某物或某事没有符合或有意违反了其名之所名。例如，孔子感叹"觚不觚"并不是说某一盛酒的礼器不应被称为"觚"，而是说这一被称为"觚"者没有被制作得如其名所规定的形状和大小，这也就是说，不合乎礼。"觚不觚"之叹意味着，为了找到一个可被正确地称为"觚"者，我们必然得先行理解觚之为觚和觚之如何为觚，不然我们根本就不可能对着某一盛酒之礼器发出"觚不觚"之叹。因此，就觚而言，其"正名"之可能性就在于，孔子及同时代人必然先已理解了名为"觚"的意义，亦即先有了关于觚之为觚的概念，而这一概念本身正是在作为一个意义系统的礼中才能形成和被规定下来。"正名"在此特定语境中就意味着两种可能：一是让被称为"觚"者符合或回归在礼之中先已被理解的关于觚之概念，例如，做出或重新做出根据这一理解应被和可被称为"觚"的器具；二是将所有不符合觚之概念但被称为"觚"者排除在外，而最彻底的排除就是不留痕迹的毁弃。

此处，分析一下孟子的"闻诛一夫纣矣未闻弑君"之说，可以让我们为孔子的正名提供一个很好的阐释。齐宣王问孟子是否有"汤放桀，武王伐纣"之事，孟子答曰"于传有之"，即史籍上有此记载，这就隐隐触到了作为国君的齐宣王的软肋："臣弑其君可乎"——难道臣下可以杀掉君上吗？为杀君这一现象命名的"弑"字本身就包含了对于这一行为的谴责和否定。那么，孟子又将如何回答呢？他在这种情况下所做的其实就是孔子意义上的"正名"，尽管"正名"二字从未直接出现在孟子的话语之中："贼仁者谓之贼，贼义者谓之残，残贼之人，谓之一夫。闻诛一夫纣矣，未闻弑君也。"（《孟子·梁惠王下》）暴君商纣贼仁残义，其所行之事不符合"君"之名，因此应该被排除在"君"名外，而彻底的排除方式就是诛杀之。与描述不正当之杀的"弑"相对的是"诛"，它所描述的正是被理解为正当的"杀"。在政—治中，这一被认为正当之"杀"经常就是解决"名不正"这一问题的极端方式，即从一名之中或之下彻底排除被认为不合此名者。此可被称为以清洗的方式进行的极端正名。如果不能如此干净彻底地正名，如果杀纣仍被称为"弑君"，那就会发生"言不顺"的情况：君不应弑而被弑，这话就说不顺或说不通了。话说得不顺不通，事也就无法做成和做好。如果弑君乃不当不义之事，而纣仍有"君"名，那么武王伐纣就会是不当之事即坏事，因而也就不可能被做成做好。而如果武王伐纣之事因为名不正言不顺而无法做成做好，那么武王也就不可能取得天下建立周朝，而周公为周朝进行的制度化工作，即传统上归之于周公之政—治文化功绩的"制礼作乐"——礼乐之兴也就无从谈起了。既然礼乐是概括当时整个政—治制度的概念，如果"礼乐不兴"，那由礼乐规定和制约的刑罚也就不可能恰如其分，而政下之民即政所欲正之民也就不知自己应该如何作为了。正因为这些政—治问题皆由不正之名导致或从不正之名开始，所以孔子才会将"正名"确定为其所设想的为政之开始和为政之根本。

因此，正名首先就是要对名之意义进行规定或重新规定，而这对于孔子来说就是回到诸名之本义，亦即回到礼对于诸名的规定，所以正名首先就是对于名之意义的溯源。当然，这一溯源工作必然包含对于已经变得模糊或遭到篡改的名之意义的重新规定，或者对于被认为误用和滥用之名的纠正。其次，正名也意味着让"实"回归"名"，而不是让"名"副其实。"实"始终是或者应该是名所规定和要求之实，离开名实即无所谓实。"君君臣臣父父子子"就是让君、臣、父、子成为其名所规定和要求的、标准的、理想的君、臣、父、子。在这样的为政努力之中，能够让自身之实符合自身之名者本身就是名之理想意义的体现，就是人人皆应以之为则的表率和榜样。正因为如此，孔子才一再强调为政者或君子本身的表率作用。所谓"'孝乎惟孝，友于兄弟，施于有政。'是亦为政，奚其为为政"（《论语·为政》），"政者，正也。子帅以正，孰敢不正"（《论语·颜渊》），"苟正其身矣，于从政乎何有？不能正其身，如正人何"（《论语·子路》），"君子之德风，小人之德草，草上之风，必偃"（《论语·颜渊》），以及"其身正，不令而行；其身不正，虽令不从"（《论语·子路》），所强调的都是这样的示范作用。这就是中国传统中悠久的"以身作则"的信念和传统的起源。

关于孔子的正名，问题似乎只在于，正名被认为只能由有权进行正名者来进行，而有权正名者则只能是为政者，即具有统治权力者，政之"对象"则无此权力（荀子将这一点说得更明白：制名者是圣人，其他人不能妄作名）。为政者应该正一切之名，首先即为政者自身之名，而正自身之名也就是正自身之实，亦即让自身负起其名所规定的为政者对于天下人—民之责。然而，在作为政—治制度的传统之礼中，为政者能否自正其名却没有有效的制度性的保障。为政者应该尊礼而行，亦即自觉地使其名能有其实。但在传统政—治制度中，没有任何约束性或强制性的力量让有权进行正名的为政者也必须自正其名。能够将不合"君"之名者从此名之下除去的几乎从来都不是拥有此名或僭用此名者自己,而是商汤、周武这样能够起而诛杀被认为已经不配再被称为"君"者的"革—命"者,或者陈胜、吴广这样试图推翻现政的下层"起义"者。但通过如此方式获得"君"之名者,其后代可能又会变得"名不副实"亦即不再"实符其名",这大概就是所谓"德政"的基本问题。为政者能够主动自觉地"正其身"当然好,但他们若做不到或者不要做呢?那似乎就只能任由他们自己一味任性甚至胡作非为,而他们却会要求政之对象即其所统治之民循规蹈矩。但孔子已经告诉我们,如果为政者"其身不正",则其"虽令"而民"不从"也!当然,民之不从会有某种限度,因为为政者或统治者有刑罚工具在手。这造成的结果经常就会是在下者阳奉阴违,或现代所谓的"上有政策下有对策",这就意味着制度无法真正按照其本来的设计运作,尽管制度本身已经被制定者认为臻于完善。

(二) 孟子的仁政

到了孟子这里,"正名"作为政—治信念已经开始失去其在孔子思想中所具有的首要性。之所以如此,是因为传统的礼乐似乎已经崩坏到了仅靠正名就可以恢复的地步。礼乐的崩坏则是因为时移世易,即历史环境的巨大改变,这一改变就是从春秋时代向战国时代的过渡。因此,孟子已经不再提"正名",至少此词没有在《孟子》中直接出现。孟子当然也以恢复传统制度为己任,但他所设想的其实已经是一种重新设计,亦即在传统的基础上根据现实的改变而对制度进行改造。

孟子的政—治理念可以以其所言之"仁政"来概括。当然,仁政也是一种德政。如果我们一定要区别二者的话,也许可以认为孔子所说的德政较倾向于"主观",亦即更偏重于人;孟子所说的仁政则较倾向于"客观",亦即更偏重于制度。当然,孔子并非不重视制度,因为"克己复礼"本身就是为了制度的维护,但孔子称自己在这一问题上的态度是"述而不作",因为礼作为政—治制度的总体被认为已经完善,所以问题只在于恢复、在于回归,亦即在于人皆"克己复礼"。而如前所述,"克己复礼"的根本其实就是正名,亦即让在礼乐制度中各有其名(名分)者皆努力做到符合各自之名。孟子面对的历史现实则已经无法仅以作为克己复礼的正名或作为正名的克己复礼来解决。他身处的时代是一个"上下交征利"即人人竞相追逐自身利益的时代。而以平治天下为己任的孟子认为:如果在上者即为政者只关心自身的利益而忽视在下者即普通人的利益,那么国家就危险了。所以,为政者必须首先关心下民即普通人的生活,让他们在艰难的年景中可以生存,在富足的年景中能够享受,而不是让他们在年景好时还终岁劳苦,在年景不好时就死路一条。① 用孟子的话说,就是统治者要"发政施仁"(《孟子·梁惠王上》),亦即要行仁政。

因而,当有"莅中国而抚四夷"之"大欲"的齐宣王问孟子"德何如则可以王",亦即要有怎样的德才可以统一天下时,孟子并没有正面回答,只是告诉齐宣王说:"保民而王,莫之能御也。"(《孟子·梁惠王上》,以下同) 当齐宣王追问"若寡人者,可以保民乎哉"时,孟子做了肯定的回答,理由就是齐宣王在一件不算十分重要的事情上表现出他有不忍之心即恻隐之心,即他曾因不忍衅钟之牛觳觫而下令以羊易牛。孟子告诉齐宣王,有这样的恻隐之心就足以成为天下之王了,因为有恻隐之心的为政者就有可能"推恩",亦即将其给予禽兽之恩推而之于四海之民。

齐宣王和孟子这一关于如何为政的对话很有意思。后者对前者答非所问,因为前者问的是德,是欲王天下者所应具有的个人品格或能力,后者答的却是方,即方法之方。想统一天下,成为天下之王,首先就必须能够"保民",以让百姓生活安定并有保障的方式来统一天下,就没人

---

① 《孟子·梁惠王上》:"是故明君制民之产,必使仰足以事父母,俯足以畜妻子;乐岁终身饱,凶年免于死亡。然后驱而之善,故民之从之也轻。今也制民之产,仰不足以事父母,俯不足以畜妻子;乐岁终身苦,凶年不免于死亡。"

能阻挡，无往而不胜。这里应该特意强调一下孟子所说的"保民"。能够保民者是有恻隐之心的为政者，而孟子是肯定凡人皆有恻隐之心的。但恻隐之心只是人之性，还不是人之德。至于德，齐宣王自己就承认他并没有多少。他知道自己毛病不少，又尚气又贪财又好色，"寡人有疾，寡人好勇""寡人有疾，寡人好货""寡人有疾，寡人好色"（《孟子·梁惠王下》），孟子却告诉他这些问题都不要紧，只要他能够跟百姓一起好货好色就行，更准确地说，是只要他能够让百姓跟他一起好货好色就行了。这意味着，到了孟子这里，统治者自身的品格其实已经不再像在孔子那里么重要。百姓被视为普通人，统治者也被视为普通人，因而统治者当然也会有普通人所有的诸种弱点，但只要他能够将心比心，不去折腾百姓，而让其安居乐业，那差不多就足够了。作为统治者，为政者自身不必再是"其身正"的有德者，只需是能够将自己对于动物的同情，以及自己各种凡人的欲望推想到其所统治的百姓的"推恩"者，亦即能够将其恻隐之心用对了地方的为政者。① 这是孟子所言之仁政与孔子所言之德政一个显著的不同之处。

在孟子为战国君主所设想和规划的仁政中，财产问题变得非常重要，而财产问题就是"利"的问题。为政者必须让百姓拥有"恒产"即制度性地拥有属于自己的稳定财产和收入，以使他们能够好好赡养父母和扶养妻子。"子罕言利"（《论语·子罕》），对于孔子来说，利似乎只是小人的"专利"，因为在孔子看来君子与小人的区别之一就是"君子喻于义，小人喻于利"（《论语·里仁》）。但是孔子在解释为政者所应具有的"五美"即五种优秀品质之一的"惠而不费"时说：所谓惠而不费就是"因民之所利而利之"②。但究竟何谓"因民之所利而利之"？孔子并未明

---

① 《孟子·梁惠王上》："老吾老，以及人之老；幼吾幼，以及人之幼；天下可运于掌。诗云：'刑于寡妻，至于兄弟，以御于家邦。'言举斯心加诸彼而已。故推恩足以保四海，不推恩无以保妻子。古之人所以大过人者无他焉，善推其所为而已矣。"

② 《论语·尧曰》："子张曰：'何谓惠而不费？'子曰：'因民之所利而利之，斯不亦惠而不费乎？'"

言。我们也许可以举个简单的现代例子。现代城市中的"地摊"既可以让需要以此为生者有收入，又能方便普通市民的日常生活，因而是一件"民之所利"之事，但它可能带来的弊端是小贩胡乱摆摊，影响秩序与市容。因此，作为管理者亦即为政者，城市政府需要做的就是在允许地摊存在的同时，又对之做出妥善的安排和管理。这就是一种"因民之所利而利之"。政府对地摊的安排和管理应该不会花费很多，但管理后既可以繁荣城市经济，又可以方便人民生活，还可以增加财政收入，这就是为政者的一种"惠而不费"。放眼望去，在现代生活中，世界上很多地方，尤其是旅游胜地，其实都有形形色色的"地摊"存在。

因此，尽管孟子要为政者不要曰利而仅言仁义，但他自己不得不一上来就言利。当然，他之言利似乎只是为了让为政者不言利。在利的问题上，孟子的第一个对话者就是梁惠王。梁惠王问孟子不远千里而来是否有可以利其国者，孟子却说："王何必曰利？亦有仁义而已矣。"（《孟子·梁惠王上》）为什么不要曰利？因为如果一国之中从国王到百姓竞相追逐一己之利，国家就会处于危险之中："王曰：'何以利吾国？'大夫曰：'何以利吾家？'士庶人曰：'何以利吾身？'上下交征利而国危矣！万乘之国，弑其君者必千乘之家；千乘之国，弑其君者必百乘之家。万取千焉，千取百焉，不为不多矣。苟为后义而先利，不夺不餍。"（《孟子·梁惠王上》）因此，为了自己国家的安全、稳固、发展和强大，作为负有为政之责的君主不应该考虑利，而应仅关心义，或至少是应该先义而后利，而不能先利而后义，更不能有利而无义。

然而，孟子所欲确立的这一义而非利或至少是先义而后利的等级关系却在他谈论义利的话语之中发生了一种自己并未意识到的颠倒。孟子要梁惠王不言利而仅言仁义，而他让梁惠王仅言仁义却是为了能够有利于其国之中最基本的利，即其民本身之利，而民本身之利在此必须被理解为百姓的生存。在某种意义上，生存当然是人的根本之利。为政者必须要能做到"因民之所利而利之"，亦即让人民皆得其所生和得其所养。真正地并且能够正确地尽心于此，才是为政者的仁义所在。这里之所以要强调"正确地",是因为尽管梁惠王以为自己对其国已经很尽心了:"寡人之于国也,尽心焉耳矣!河内凶,则移其民于河东,移其粟于河内,河东凶亦然。察邻国之政,无如寡人之用心者",但他仍迷惑不解地发现"邻国之民不加少,寡人之民不加多"(《孟子·梁惠王上》,以下同)。孟子则以为,梁惠王所自以为是的尽心与邻国为政者被认为的不尽心其实只是"五十步笑百步",同样都有问题。问题就在于为政者对民之生活的照顾不能只是仅在有特殊情况时救一下急而已,而是必须从根本上就有一整套妥善的制度安排。

孟子所设想的国家的制度安排有两个基本方面:一是国家要对于自然资源(生活资料的来源)进行有效管理和合理分配;二是国家必须确保人民有稳定持久的家庭财产和收入以丰衣足食和养生送死。在与梁惠王的对话中孟子言及了前者:"不违农时,谷不可胜食也;数罟不入洿池,鱼鳖不可胜食也;斧斤以时入山林,材木不可胜用也;谷与鱼鳖不可胜食,材木不可胜用,是使民养生丧死无憾也。"在与齐宣王的对话中孟子说到了后者:"明君制民之产,必使仰足以事父母,俯足以畜妻子;乐岁终身饱,凶年免于死亡。然后驱而之善,故民之从之也轻。"有充足的自然资源让人民取用,有稳定持久的家庭财产和收入让人民能够维持良好的生活,这就是孟子理想的"王道之始",而这样一种理想制度的基础就是孟子心目中"五亩之宅"的小农经济:

> 五亩之宅,树之以桑,五十者可以衣帛矣。鸡豚狗彘之畜,无失其时,七十者可以食肉矣。百亩之田,勿夺其时,数口之家可以无饥矣。谨庠序之教,申之以孝悌之义,颁白者不负戴于道路矣。七十者衣帛食肉,黎民不饥不寒,然而不王者,未之有也!①

---

① 孟子随后见齐宣王时重复了他向梁惠王提出的这一模式,措辞上仅有些微不同。在与齐宣王的对话中,"数口之家"为"八口之家","七十者"为"老者"。(《孟子·梁惠王上》)

这样一种经济制度旨在保证一个国家中普通人民的基本温饱和"道德教育"。这当然是普通人民最基本的利或利益之所在，而为政者之仁心仁政就应该具体地落实和体现在这样一种"因民之所利而利之"上面。为政者能做到这一点就可以统一海内，成为天下之王。成为天下之王当然是孟子所游说的战国君主的最大欲求。当时已经"肥甘足于口""轻暖足于体""彩色足于目""声音足于耳""便嬖足于前"的君主之"大欲"就是"辟土地，朝秦楚，莅中国而抚四夷也"。① 这是统治者的最大欲求，即对于最大权力的欲求。与普通人民以保持温饱为基本之利不同，获得最大统治权力才是君主所欲求的最大最终之利，但孟子认为这一最大最终的利必须通过对民本身之利的安排和照顾来获得。这就是在孟子的义利先后秩序中发生的孟子并未察觉的颠倒。孟子希望国家的统治者行仁政，仁政的具体落实就是让普通人民能够好好活着。但是，为了说服统治者行仁政，孟子利用了统治者对于最大权力的欲求："今王发政施仁，使天下仕者皆欲立于王之朝，耕者皆欲耕于王之野，商贾皆欲藏于王之市，行旅皆欲出于王之涂，天下之欲疾其君者皆欲赴诉于王。其若是，孰能御之！"（《孟子·梁惠王上》）这让我们现代人看来就好像是一种让人"用脚投票"，即通过制度优势来吸引人并为自己赢得所谓的"合法性"。然而，如此而实现的一统天下也有可能就是仁政本身的结束。因为，当"普天之下莫非王土，率土之滨莫非王臣"时，统治者便不再有通过制度优势来不断进行政—治改善的需要，孟子这一在某种意义上作为君主实现一统天下之手段的仁政就总有可能蜕变为不仁之政甚至暴政。这是孟子关于仁政的话语之中的一个"吊诡"之处。

孔子理想的"德政"重在秩序本身和对秩序的维护，其中对于民的

---

① 《孟子·梁惠王上》："'王之所大欲，可得闻与？'王笑而不言。曰：'为肥甘不足于口与？轻暖不足于体与？抑为采色不足视于目与？声音不足听于耳与？便嬖不足使令于前与？王之诸臣，皆足以供之。而王岂为是哉？'曰：'否。吾不为是也。'曰：'然则王之所大欲可知已。欲辟土地，朝秦楚，莅中国而抚四夷也。'"

关心程度相对较弱。哀公问政时孔子列出为政的九项原则:"凡为天下国家有九经。曰:修身也,尊贤也,亲亲也,敬大臣也,体群臣也,子庶民也,来百工也,柔远人也,怀诸侯也。"(《中庸》)虽然其中也说到"子庶民",但它似乎不占首要地位。孔子对于既存制度的关心典型地体现在孔子所说的为政者在必要时甚至可以"去食":"子贡问政。子曰:'足食,足兵,民信之矣。'子贡曰:'必不得已而去,于斯三者何先?'曰:'去兵。'子贡曰:'必不得已而去,于斯二者何先?'曰:'去食。自古皆有死,民无信不立。'"(《论语·颜渊》)但如果民吃都吃不饱,还可能有信——对于在上的为政者的信任和信心吗?孟子对战国君主鼓吹的"仁政"在这一点上就很不一样了。孟子所身处时代的社会现实让他深切感受到了"食"对于民之生存所具有的根本重要性(因为统治者其实是从来都不会缺"食"的),这应是孟子"仁政"重民的一方面原因。虽然孟子让君主将好好照顾人民的生活作为其追求一统天下的最大最高权力的手段,但考虑到孟子那常被引用的名言,即"民为贵,社稷次之,君为轻"(《孟子·尽心下》),是否也可以认为这是孟子的某种"曲线为民"呢?

三、道家之治

(一)老子之治

在政一治问题上,儒家和道家之别不在于要不要秩序,而在于要怎样的秩序。儒家的理想秩序是人,或者说是圣人所设计的制度即礼乐的完美实现,尽管儒家也将这一制度的合法性最终追溯至天——"礼必本于天",因为"天"才是赋予这一制度的最终权威者。"礼之本于天"也就是政之本于天,所以政最终也"必本于天"(《礼记·礼运》)。但在道家看来,礼本身就是问题之所在,所以老子说:"夫礼者,忠信之薄而乱之首"(《老子》第三十八章),庄子也说:"礼者,道之华而乱之首也。"

(《庄子·知北游》)① 与此相对，道家的理想秩序不是人所设计的任何制度，而是对于天道本身的一种"自然而然"的遵循。

与孔子所称赞的舜之"恭己正南面"而天下治相应，老子的"我无为而民自化"说的当然也是圣人与民之间的政—治关系，即治人者与被治者之间的关系。这两种关系表面上的相似之处在于，二者都在强调为政者的无为。然而，如前所述，舜之"恭己正南面"其实仍然是"为"，因为这需要为政者自身极大的努力才能做到，所以并不像这一描述体现得那么自然而然。"恭己正南面"的舜需要将自己保持为面朝南面的端正姿态，亦即让自己恭敬地面对天下之人，这其实已经就是为政者在对其所治之人做出应—承，即回应与承担。与此相对，"我无为而民自化"所描述的治人者与被治者的关系则似乎是一种"无关之关"和"不系之系"。老子让他的圣人什么都不做，让民"自生自化"。若真能如此，民也许就会日日唱着"日出而作，日入而息，凿井而饮，耕田而食，帝力于我何有哉"（《击壤歌》）无忧无虑地"生—活"了。② 既然如此，那民还需要一个在其之上的为治者吗？然而，仔细分析起来，与孔子的舜相同，老子之圣人的"无为"也同样是"为"：为了要让民"自生自化"，圣人需要主动地让自己什么都不做。这里的"让"字即明确点出：老子所谓"无为"仍是为治者的自觉的政—治行为。

因此，老子之圣人的"我无为而民自化"并不意味着天下已经不再需要一个为治者或统治者。《老子》中的"我"经常意味着一个占据支配地位的、抽象化和普遍化了的虚拟为治者。此"我"或者在原则性地宣布为治者应该如何为治，或者在描述自己实际上在如何为治。此"我"不是某一具体的鲁哀公、卫灵公、梁惠王或齐宣王，而是一个虚拟的理想圣人。但与儒家的圣人不同，此"我"并不致力于设计和维护一个好

---

① 《庄子·知北游》中此语所在之段落的中心思想基本是《老子》第三十八章和第四十八章中之语的结合。

② 《庄子·让王》中也有"日出而作，日入而息，逍遥于天地之间而心意自得"之语。

的制度以保证秩序，而是致力于消除一切有可能破坏被相信是本来的、自然的秩序之物。在老子看来，破坏这一自然秩序的罪魁祸首首先就是人之欲望："祸莫大于不知足，咎莫大于欲得。"（《老子》第四十六章）所以，如果没有引起或诱发人之欲望的东西，人似乎就有可能始终待在其无知无欲的原始素朴之中"自化"了。

因此，老子所言之圣人的"无为"首先应被视为一种政—治策略或政—治手段，或者说是以一种自觉的无为即"为无为"而达到天下之治："不尚贤，使民不争；不贵难得之货，使民不为盗；不见可欲，使民心不乱。是以圣人之治，虚其心，实其腹；弱其志，强其骨。常使民无知无欲，使夫智者不敢为也。为无为，则无不治。"（《老子》第三章）"不尚……不贵……不见"之"不"蕴含着一种以否定方式表达的认识和承认，即对于人之欲望的必然性的认识和承认。此处比较一下儒家和道家对待人之欲望的态度是很有意义的。在儒家传统中，人的欲望也被认为是必然的。《礼记·乐记》中将人之欲望的必然性及其问题表达得非常明确："人生而静，天之性也；感于物而动，性之欲也。物至知知，然后好恶形焉。好恶无节于内，知诱于外，不能反躬，天理灭矣。夫物之感人无穷，而人之好恶无节，则是物至而人化物也。人化物也者，灭天理而穷人欲者也。于是有悖逆诈伪之心，有淫泆作乱之事。是故强者胁弱，众者暴寡，知者诈愚，勇者苦怯，疾病不养，老幼孤独不得其所，此大乱之道也。"但儒家对待人之欲望的态度与老子形成鲜明对比。前者认为，正因为人生而有欲，而未加节制之欲会导致争夺和混乱，所以才需要一个好的制度即礼来调节人的欲望。荀子说："人生而有欲，欲而不得，则不能无求；求而无度量分界，则不能不争；争则乱，乱则穷。先王恶其乱也，故制礼义以分之，以养人之欲，给人之求。使欲必不穷于物，物必不屈于欲。两者相持而长，是礼之所起也。故礼者，养也。"（《荀子·礼论》）老子则是认为应直接彻底禁止和消除所有可以让人产生欲望之物，从而永远"使民无知无欲"。既然"物至知知"，亦即人对外物之知总会引起欲望，所以那些在民之中或之外的"知者"总是更加难治者，因而也就需要对之加以更严厉的控制，从而使其即使欲"有为"也"不敢为"。

然而，老子又深知，无论是万物还是人—民，其实本身一直都有"化而欲作"的倾向，这其实是内在于人与物的"自然"倾向，所以必须对之保持一定的"镇—压"。这一"镇—压"的工具和方式就是老子所谓"无名之朴"："道常无为而无不为。侯王若能守之，万物将自化。化而欲作，吾将镇之以无名之朴。无名之朴，夫亦将无欲。不欲以静，天下将自定。"①（《老子》第三十七章）此章之"吾"即前述之虚拟为治者，而所谓"万物"当然也应包括人—民在内。关于"道常无为而无不为"这一思想的复杂性，我们留至下文讨论。至于老子的"无名之朴"究竟何谓，其实很难加以确指。《老子》中"朴"字八见，但唯有第三十二章之"道常无名。朴虽小，天下莫能臣也"之"朴"似可通过标点此句为"道常无名，朴，虽小，天下莫能臣也"而将其解释为道之形容词。这其实是始自河上公的理解："道朴虽小，微妙无形，天下不敢有臣使道者也。"但王弼则以"朴"为名词："朴之为物，以无为心也，亦无名，故将得道，莫若守朴。……朴之物，愦然不偏，近于无有，故曰'莫能臣'也。"此乃分"朴"与"道"为二"物"之论。《老子》第二十八章中有"朴散则为器"之语，此"朴"亦为指物之词。综上所言，"朴"可被理解为一浑然未分之无名整体，而所谓"镇之以无名之朴"就是要用此无名整体压制万物和众民由于"化而欲作"而造成的分离和混乱，并让万物和万民"复归于朴"，即重新合为这一浑然未分的整体。

但这样的解释还是有问题的，首先是我们无法知道这一浑然未分的整体究竟为何，以及"吾"当如何以此整体"镇"之，其次是我们也不知道其与侯王应守之"无为而无不为"之道的关系如何。但至少有一点

---

① 此章河上公题为"为政"。诸本无"夫"字，"无欲"作"不欲"。见朱谦之：《老子校释》，中华书局2000年版，第147页。在第十六章中，老子说"万物并作"但"各复归其根"，因而"吾"所应为者就是"观复"而"知常"。此说与第三十八章中所表达的思想并不一致。

是确定的，即老子认为侯王或为治者需要以一些手段，对具有"化而欲作"之倾向的万物与人—民保持某种"镇—压"。① 这就是以"无为"著称的老子政—治思想中的矛盾所在。这一问题似乎难以解决。一方面，被治者即民被视为在其有知有欲之前是原始的或素朴的，所以应该让他们就待在这一原始状态之中，这样一来理想的秩序就能得以维持。但另一方面，包括作为被治者的民在内的所有事物又被认为皆内在地具有"化而欲作"即打破原始秩序的倾向，所以必须以"无名之朴"对它们/他们加以"镇—压"。但无论是为了做到前者还是后者，作为为治者的"我"其实都无法以彻底"无为"的方式加以实现。为了让民保持无知无欲的原始素朴状态，"我"就必须根除一切可以引起欲望之物，从价值性的圣智、仁义、巧利（《老子》第十九章）到物质性的利器、奇物、宝货（《老子》第五十七章），直到舟舆、甲兵甚至文字（《老子》第八十章）。当"我"完成这一行动而希望彻底"无为"之时，人与物之间始终存在的"化而欲作"之倾向却又会要求"我"再对之进行"镇—压"。像这样的为了维持理想秩序而进行的"镇—压"将会是一种无法完成的永恒工作。

与为治者所负有的这样的政—治任务相应，老子有一整套关于此"我"即此虚拟为治者应该如何"调制"自身的办法。例如，圣人"欲上民，必以言下之；欲先民，必以身后之。是以圣人处上而民不重，处前而民不害，是以天下乐推而不厌。以其不争，故天下莫能与之争。"（《老子》第六十六章）又如，"圣人后其身而身先，外其身而身存。非以其无私邪？故能成其私"（《老子》第七章）。再如，圣人"不自见故明，不自是故彰，不自伐故有功，不自矜故长。夫唯不争，故天下莫能与之争"（《老子》第二十二章）。《老子》中所言圣人之弱之下以及为溪为谷等（参见《老子》第二十八章），也皆可以视为圣人之治的方法，例如"天下莫柔弱于水，而攻坚强者莫之能胜，其无以易之。弱之胜强，

---

① 我们可以比较一下老子的"镇之以无名之朴"与孔子的"君子之德风"之说。

柔之胜刚，天下莫不知，莫能行。是以圣人云：'受国之垢，是谓社稷主；受国不祥，是为天下王。'"（《老子》第七十八章）老子对其圣人做出的这些描述或规定并非意在让治天下的圣人像孔子所希望的那样有德。老子所言之圣人的这些以退为进的行为皆有非常政—治性的一面，亦即皆为治之策略或手段。这些表达着主动的自我约束的"不……"或"后……"皆为有意为之之为。为了完成其所负有的政—治责任，老子相信作为为治者的圣人需要这样对待自己，才能立于不败之地。

那么，老子所言之"无为"就仅是为治者以退为进的政—治策略或手段吗？也许并非完全如此，因为老子同时表达对立内容的"无为而无不为"之说，即因其相互矛盾而促使我们可以对之试做另一种阅读。其实，"无为而无不为"可能是老子政—治思想和形而上思想之中的最大悖论或最深奥秘。一方面，"无为"确实可以被理解为老子所言之取天下者和治天下者的策略和手段而已，即其只是为了能够无所不为而有意无为。例如，老子相信，通过"为学日益，为道日损，损之又损，以至于无为"而达到"无为而无不为"（《老子》第四十八章），取天下者就能"以无事取天下"（《老子》第五十七章）。①然而，这一为了能够"以无事取天下"而进行"损之又损"的行为本身当然不是无事而是某种有事，因而不是无为而是某种有为。老子说，这一意义上的"无为"有着很少有人知道的好处："天下之至柔，驰骋天下之至坚，无有入无间，吾是以知无为之有益。不言之教，无为之益，天下希及之。"（《老子》第四十三章）此即老子所言之"柔弱胜刚强"（《老子》第三十六章）。如果天下之细

---

① 《老子》第四十八章："为学日益，为道日损。损之又损，以至于无为，无为而无不为。取天下常以无事，及其有事，不足以取天下。"河上公释"取"为"治"："取，治也。治天下常当以无事。"（朱谦之：《老子校释》，第193页。）"取天下常以无事"这一思想又见于《老子》第五十七章："以正治国，以奇用兵，以无事取天下。吾何以知其然哉？以此。天下多忌讳，而民弥贫；民多利器，国家滋昏；人多伎巧，奇物滋起；法令滋彰，盗贼多有。故圣人云：我无为而民自化，我好静而民自正，我无事而民自富，我无欲而民自朴。"

微到无有之至柔可以驰骋天下之紧密到无间之至坚,那么让自身尽量刚强当然就不如让自身尽量柔弱。老子即在这一意义上说他知道"无为之有益"。然而,当老子谈论"无为之益"时,无为就已经失去其纯粹性而降为目的之手段了,因为所谓"无为之益"也就是"无为之利",而利则是老子认为应该弃绝者。

然而,"无为而无不为"之说同时也蕴含着这样一种思想,即人与其徒劳无益地做这做那,还不如让自己坐而静观万物之复:"致虚极,守静笃,万物并作,吾以观复。"(《老子》第十六章)因为,很简单,物"若温也则不能凉矣,宫也则不能商矣"①,而人若往东就不能同时往西,为此即不能同时为彼。这就意味着,人为了保持所有的可能性,就不能让任何可能成为现实,人只有保持什么都不是才有可能什么都是。因此,为了能无不为,人就必须始终保持无为,而无为会让无不为始终可能,又始终不可能。在这一意义上,为了能够无不为,人就必须将自己始终保持为可能性,亦即仅仅作为各种可能而存在。而人将自己保持为可能性的方式之一,根据上引《老子》第十六章,就是让自己作为"并作"之"万物"的静观者,亦即成为万物的纯粹"反映"。

然而,严格地说,如果"存在"就意味着可能成为现实的话,"可能性"这个概念就不会存在。因此,对于人来说,在形而下层面,仅仅作为可能性而存在是不可能的。于是,如果我们试问,在形而下的政—治层面,为治者如何才能具体地利用无为之益或无为之利,从而达到无为而无不为,如果一直纠结于这个问题,就会发现自己卡在老子的这一悖论或陷入这一奥秘之中而无法脱身。这里的一条出路可能在于,治天下者作为策略和手段所进行的无为——一种有意识地"为无为",同时也可以被视为对于包括人在内的天下万事万物之为万事万物的一种深刻的形而上理解,即人本身乃是必须让万事万物作为"自然"者而是其所是。

---

① (三国魏)王弼:《老子指略》,楼宇烈校释:《王弼集校释》,中华书局1980年版,第195页。

这也就是说，在一个非常深刻的意义上，在形而上层面，人本身作为可能性而存在是可能的。这一"可能"意味着，将存在的可能性保留给包括他人在内的天下万事万物。人的这样一种看似完全不可能的存在的可能性可以由老子的"无为而无不为"的"道"昭示给我们，因为老子所言之道亦"无为而无不为"。因此，老子通过"为道日损"而达到"无为而无不为"之人就在形而下层面呼应着形而上层面的"无为而无不为"之道。道之所以被描述为"无为而无不为"，是因为道只是让一切可能性皆得以实现的可能性。这样的可能性并不在万物"存在"的意义上存在。正因为如此，所以"道隐无名"（《老子》第四十一章）。道必然始终隐而无名，亦即从不作为万物之外或万物之上之一物而存在。道既如此，则"从事于道者"（《老子》第二十三章）亦即人也应如此。

于是，我们可以开始看到，在老子的"无为"思想的最深和极端之处，圣人已经开始停止或不再是仅仅根据作为政—治策略的"反者道之动"（《老子》第四十章）原则而治天下。圣人必须让自身"同于道"，从而让自身作为道本身而消隐于天下，以让人—民皆真正自我"生化"。就此而言，连圣人之"辅万物之自然而不敢为"（《老子》第六十四章）都不再是圣人与万物万民之关系的最佳状态或最高理想了。圣人作为圣人必须让自身消失于万物之间和万民之中。消失于万物之间就是让自身成为那可入于"无间"之物的"无有"，消失于万民之中就是让自身仅仅作为"百姓之心"而存在或不存在。"不存在"意味着，不再作为与百姓之心相对之一心而存在，因而也不再可能会将自己之心——其心之任何可能所欲者加之于百姓之心之上。这也就是说，圣人不再可能是一个欲让民虚其心、实其腹、弱其志、强其骨且无知无欲的为治者。只有通过这一消失，圣人才能真正成为使天下万物万事万民为其各自之所是者。而圣人之如此成就天下之为天下，同时也就是圣人之真正成就自身为圣人，亦即，成就自身为理想之人或人之理想，那便同于道者。圣人，或人本身，必须化身为无，从而让万物也让万民作为万物和万民而是其所是。

但以上所言在老子思想中只是隐约闪烁，并不鲜明，是我们的阅读在尝试将《老子》中这一"形而上"思想的内涵推至极端，从而使其彰显。在《老子》中，除了其他章节，我们也可以通过以下章节来大致勾勒这条思想线索："有物混成，先天地生。寂兮寥兮，独立不改，周行而不殆，可以为天下母。吾不知其名，字之曰道，强为之名曰大。大曰逝，逝曰远，远曰反。故道大，天大，地大，王亦大。域中有四大，而王居其一焉。人法地，地法天，天法道，道法自然。"（《老子》第二十五章）此章文本上的一个不确定之处在于"王亦大"或为"人亦大"，不过这似乎是一个非常有意义的不确定，因为这一语义可将作为治天下者的王与人本身意味深长地合为一体。人本身或作为人之"代表"的王通过法地、法天、法道而最终进至"道法自然"之境。如果道也可以说有一"本身"的话，"道法自然"就并不意味着"道性自然，无所法也"（河上公语），亦即并不意味着道本身之"自然而然"。"道法自然"意味着"在方而法方，在圆而法圆，于自然无所违也"（王弼语）。因此，"道法自然"意味着道"让"万物自然，道本身则作为"让"万物自然者消失于万物之间，从而成为万物之所由（王弼语）。① 王/人之法地、天、道意味着人最终成为同于道者，而成为同于道者就是成为让有为有之无。"故从事于道者，道者同于道，德者同于德，失者同于失。同于道者，道亦乐得之；同于德者，德亦乐得之；同于失者，失亦乐得之。"（《老子》

---

① 道只是自然之道，自然只是道之自然。道在自然即万物之中和万物之间方为道，而自然或万物在道之中方为自然。因此，道乃是以自然而法自然。这也就是王弼所谓道"在方而法方，在圆而法圆"。我的解释是一个非常形而下但也非常形而上的解释，这一解释也回答了"道生万物"之"生"意义。即，万物在道中回归自身，成为各自是其所是者。道就只是万物之间的普遍的区别和联系。没有道，没有分开和联系万物的道，我们就只有混沌一片、一片混沌（就像没有"道—路"就没有任何"地方"一样）。自然而然者，即各是其所是之万物，只有在道中相互分离又相互联系之时才诞生为万物，才开始其有。详见拙作《"道"何以"法自然"？》，伍晓明：《有（与）存在——比较哲学视野中的中国"形而上"问题》，北京大学出版社2023年版，第262~295页。

第二十三章)①

然而，当人通过"同于道"而让自身成为"形而上"者之时，人还需要"政—治"吗？这是我们目前无法回答的问题。也许，这将成为理想的"无政之治"？此时人皆将相与于无相与，相为于无相为，此时每一者都是会让另一者之为另一者者，因而此时人即不再需要任何政—治制度、政—治机构、政—治组织？这些问题将引导我们进入对庄子政—治思想的分析。

（二）庄子之治

像老子一样，儒家所崇奉的作为政—治制度的礼乐也是庄子批评的基本目标。例如，礼乐表现在形式上就是黼黻文章、钟鼓管磬等标志人之社会等级者，而老子却称黼黻文章为"五色令人目盲"，钟鼓管磬为"五音令人耳聋"，肥甘美食为"五味令人口爽"（《老子》第十二章）。庄子则言之更详："且说'悦'明邪，是淫于色也；说聪邪，是淫于声也；说仁邪，是乱于德也；说义邪，是悖于理也；说礼邪，是相于技也；说乐邪，是相于淫也；说圣邪，是相于艺也；说知邪，是相于疵也。"（《庄子·在宥》，以下同）这就是说，在庄子看来，儒家所推崇的聪、明、仁、义、礼、乐、圣、知（智）皆为破坏人性中本来即有因而只应加以保持和维护者，所以庄子的结论是："天下将安其性命之情，之八者，存可也，亡可也。"因此，像老子一样，庄子也认为只有"绝圣弃知"才能"天下大治"；像老子一样，庄子也认为"君子不得已而临莅天下，莫若无为。无为也，而后安其性命之情"。但《庄子》作为多元文本或复合文本多音多义，其中所含各篇既独立成章，亦互相指涉，内容丰富而复杂。因而任何基于特定主题的论述都难免冒以

---

① 此章文字虽基本可解，但颇为不顺。俞樾认为此节文字应读为"从事于道者，同于道；从事于德者，同于德；从事于失者，同于失也"。这应该是此章最顺的读法，本文依义从之。俞说见朱谦之：《老子校释》，第95页。

偏概全之险,假如我们可以谈论《庄子》文本之"全"的话,尽管我们倾向于认为《庄子》中可能并不存在这样的"全",或并不构成一个逻辑意义上的整体。①

如果《庄子》文本中并不存在逻辑意义上的"全",那其中也就没有唯一可以开始之处,因为从其中的任何篇章或任何主题开始都不免有某种任意性。仅就本文之论题即先秦儒道的政—治观念而言,在《庄子》各篇所涉及的众多政—治主题中,我们也许可以试从"让王"开始。"让王"是《庄子》中被列为"杂篇"的第二十八篇之标题。此篇集中和明确地表达了这样一种观念,即治天下者在天下已治之后寻求将天下让与其以为比自己更加理想的治者,后者则不愿或不屑接受,甚至以之为对于自身的侮辱并感到愤怒。《庄子》内篇的《逍遥游》中已有在《让王》篇中仅被提到的,尧让天下于许由而后者不受之叙述,这就将被有人认为与庄子基本思想联系松散的杂篇之《让王》主题,与被认为集中表现了庄子思想的内篇直接联系起来。在同属杂篇的《外物》中,"尧与许由天下,许由逃之;汤与务光天下,务光怒之"。在《让王》篇中,尧让天下于许由和子州支父,舜让天下于子州支伯、善卷和石户之农。许由、善卷和石户之农不受,子州支父和子州支伯则曰正在治己之"幽忧之病",因而无暇治天下。《庄子》中对后二者的评论是一种价值判断上的肯定:"天下至重也,而不以害其生……天下大器也,而不以易生。"这一评论让我们想到《在宥》篇中所言之"故贵以身于为天下,则可以托天下;爱以身于为天下,则可以寄天下",但这里的问题或悖论在于,这些贵爱自身者并不接受这一应该"寄—托"给他们的天下,为此他们甚

---

① 例如,在《庄子·在宥》篇中,治天下被断言为不必要:"闻在宥天下,不闻治天下也。在之也者,恐天下之淫其性也;宥之也者,恐天下之迁其德也。天下不淫其性,不迁其德,有治天下者哉。"但《天道》篇中又有关于帝王应当如何为治的详细论述。当然,关于《庄子》内、外、杂诸篇中何者确为庄子所作,不同论者有不同看法,但我们认为文本中所涉及者皆应为庄子思想的具体表达。

至做出放弃自己所贵爱之身的选择。① 例如，当舜欲让天下于其友北人无择时，后者即以之为羞而"自投清泠之渊"，而当汤欲让天下于卞随和瞀光时，二人也以之为辱并赴水而亡。这些虚构的人物不仅以自己为"无所用天下为"（《庄子·逍遥游》），亦即认为天下对于自己来说没有任何用处，而且觉得接受天下对于他们来说会是极大的负累甚至伤害。

对于这一不接受治天下者所让与之天下亦即治天下之任的"让王"主题变奏，我们当然可以有不止一种解释，其中值得在此提出的一种是：人不仅不应追求治天下，而且人——所有的人，普遍意义上的人其实皆"无所用天下为"，亦即根本不需要这一对于人来说可能只是麻烦和负担的天下。这一观念蕴含着这样的认识：人首先是作为孤立的个人而存在和生活的，所以从根本上就不与他人有关，因而也不需要他人。人只需要关注自身、治好自身，自由自在地活着就行了。只有在脱离原本的生存环境时才需要他人，就像鱼因环境改变而失去本来的生存环境时才需要对方一样。这其实就是《大宗师》篇中"泉涸，鱼相与处于陆，相呴以湿，相濡以沫，不如相忘于江湖"的言中应有之意，尽管《庄子》文中似仅欲以此比喻表达忘记是非之相对之意。《让王》篇中尧欲让天下于虚构人物善卷时，后者之所说即可为人乃单独孤立存在者这一观念之代表："余立于宇宙之中，冬日衣皮毛，夏日衣葛絺；春耕种，形足以劳动；秋收敛，身足以休息；日出而作，日入而息，逍遥于天地之间而心意自得。吾何以天下为哉！悲夫，子之不知余也。"

善卷所说可以被概括为这样一句话："我（余）根本就不需要天下！"但这样的"个人宣言"最终会让我们认为天下本身不再作为共同体。何可如此断言？因为"我不需要天下"这一表述蕴含着其被普遍化的可能性，亦即，每一说"我"者，每一以"我"自称者，或每一"我"，皆不需要天下。或者，更准确地说，每一"我"皆应如此"我"一样不需要天下。

---

① 此语亦见于《老子》第十三章，但少二"于"字："故贵以身为天下，若可寄天下；爱以身为天下，若可托天下。"

我们这里应该强调这一"应"即"应该",因为庄子显然是在通过善卷这样虚构的人物而推荐一种他认为人人皆应遵循的"理想生活方式"。如此一来,天下本身就成为不被需要者因而无须存在者。据说尧在天下已治后去见居于藐姑射之山之四子后即丧其天下:"尧治天下之民,平海内之政。往见四子藐姑射之山,汾水之阳,窅然丧其天下焉。"(《庄子·逍遥游》)但尧作为治天下者丧其天下,这同时也意味着天下本身或者说人类社会或共同体需要有人为治者之丧。因此,这一意义上的天下之丧将不仅是为治者主动捐弃天下,同时也将意味着人类社会本身的最终消解。

治天下者放弃治天下蕴含着对于天下本身的放弃,而对于天下本身的放弃则蕴含着天下作为共同体和社会之无存在之必要,此或可以以《在宥》篇中黄帝往见广成子的寓言为例。前者见后者本来是为了能够更好地治天下而听闻"至道",后者却让前者意识到"治身"才是人之根本和唯一之事。黄帝于是"捐天下,筑特室,席白茅","闲居三月"后再往见广成子。这一次"广成子南首而卧",黄帝则"顺下风膝行而进,再拜稽首而问"广成子"治身奈何而可以长久",却绝口不提他原先关心的治天下问题了。① 治天下者必须先治其身,正如《天地》篇中为圃者反问子贡时所言:"而(即'尔')身之不能治,而何暇治天下乎!"然而,在庄子这里,此一反问并不意味着如《大学》中所列的次序那样——人必须先修身然后方可齐家治国平天下。在这一儒家式的次序中,治国平天下是目的,修身则是一种手段。在《庄子》中,治身似乎已经

---

① 《庄子·在宥》中这一寓言与本篇中的云将遇鸿蒙的寓言平行。传说的黄帝与虚拟的云将皆为治天下者。黄帝"立为天子十九年,令行天下",闻知广成子"达于至道",故往见之,说自己"欲取天地之精,以佐五谷,以养民人。吾又欲官阴阳,以遂群生"。云将也是民之首领,他告诉鸿蒙自己去哪里民就跟随到哪里,"民随予所往,朕也不得已于民",因此觉得自己不得不为民做些什么,即其"愿合六气之精以育群生"。广成子对黄帝直言其所问非为根本,鸿蒙则根本不答云将之所问。黄帝捐弃天下,洁身自处,三月之后复见广成子,以得闻至道。云将三年后再遇鸿蒙,鸿蒙告诉云将其问题皆为"治人之过",而解决云将所说之"天难"的办法就是"徒处无为"。

就是一切。人——所有的人、天下之人、所有说"余"或说"我"者若皆能各治其身,那么天下根本就无须治,因为人若皆可如此,即可以"相与于无相与,相为于无相为",或用庄子通过孔子说的话来说,就是"鱼相忘乎江湖,人相忘乎道术"。

作为对"相濡以沫不如相忘于江湖"这一我们耳熟能详的主题的重复和发展,"鱼相忘乎江湖,人相忘乎道术"是《庄子·大宗师》中关于子桑户、孟子反、子琴张三人如何相交的描述之语。此一寓言值得我们加以分析者首先是"方外""方内"之说。这是子桑户死时孔子使子贡侍丧归来后孔子对子贡说的话。子贡惊异于死者之友"临尸而歌,颜色不变",不知这都是些什么人。孔子告诉他说:"彼游方之外者也,而丘游方之内者也。外内不相及,而丘使女往吊之,丘则陋矣。""方"指区域。"方内"即有边界规定的区域。这一被界定的区域就是政—治意义上的人所共处之所,所以可称之为"共同体"或"社会"或"世界"或"天下"。但"共同体""社会""世界"皆为现代概念,"人—间"即"人之间"则应是此处最直接、最贴切的说法。

在人间就需要和人相处,与人互动。"相处"和"互动"首先是生存意义上的,因为人最初并不是作为单独的个人而存在和生活的,后来才与他人相处和互动,即发生和形成一定的关系。相处就是子桑户等三人形成莫逆之交时所言之"相与",互动就是他们所说之"相为",但他们所希望的"相与"乃是"无相与","相为"则是"无相为":"'孰能相与于无相与,相为于无相为?孰能登天游雾,挠挑无极,相忘以生,无所终穷?'三人相视而笑,莫逆于心,遂相与友。"然而,存在和生活于"方内"或"人—间",人与他人即不可能"无相与"和"无相为",而"相与"和"相为"就必然需要在人与人之间形成需要共同遵守的模式和规则。这样的模式和规则制约着人的行为,从而使共同生活成为可能,因为这样个人就不需要在与他人的每一"相与"和"相为"之中都得想着自己应该如何持己、待人、处事了。稳定持久的行为模式和规则就构成所谓"制度"。作为一系列被确立下来的行为模式和规则,制度规范和制约着"方内"即"人—间"之人的共同生活。制度作为行为模式和规则即要求人之遵守,遵守则可以依靠个人之自觉,即儒家所谓"德"(不同于道家的"德"),也可以依靠外之强制,即使是通过柔和如草上之风的君子之德而进行的强制,或二者兼而用之。而既然是政—治制度,那就需要某种形式的"政"以保证制度所欲之"治"即秩序的实现。生活在"方内"之人即需要接受和顺从制度的规范和制约,而庄子就在这一意义上让孔子自称"天之戮民"。成玄英解释此语之意为"圣迹礼仪,乃桎梏形性"①。

庄子认为孔子所说的"游方之外"者所欲离开的就正是这一"方内",即"人间"所有被认为桎梏人之形性的制度。但制度乃是人之共同生活的题中应有和必有之义,因为人若"相与"和"相为"就必然会形成作为行为模式和规则的制度,所以庄子借这一寓言所表达的"政—治"理想,即"相与于无相与,相为于无相为",就反映着一种悖论性的欲望:在这一"是于非是"或"以非是为是"式的表述中,"相与"和"相为"的必然性和必要性既被承认了,但同时也被否定了。人被认为必须以"无相与"的方式"相与",以"无相为"的方式"相为",才能获得完全的解放和自由。"游方外者"因而就被描述为"登天游雾,挠挑无极,相忘以生,无所终穷""与造物者为人,而游乎天地之一气"者,而似乎完全无须任何政—治制度来协调自己与他人的关系。无须是因为其与他人的关系(假如还可以用"关系"来说的话)已经成为一种"无关之关"和"不系之系"了。

庄子让孔子自称为注定要作为"天之戮民"而只能待在"人—间"者。而既然只能如此待在"人—间",那又当如何呢?这是子贡的问题。庄子让孔子给出的回答非常耐人寻味:"鱼相造乎水,人相造乎道。相造乎水者,穿池而养给;相造乎道者,无事而生定。故曰:鱼相忘乎江湖,

---

① 王先谦、刘武撰:《庄子集解·庄子集解内篇补正》,中华书局1987年版,第170页。

人相忘乎道术。"在这一排比式的表达中，道之于人被比为水之于鱼。这意味着如果鱼离水即死的话，那么人无道不生。如何理解这一犹如水之于鱼的道对于人的意义呢？如果水是鱼须臾不可离的存在空间和生活环境，那么道在这里就意味着人之须臾不可离的存在空间和生活环境。因此，这一意义上的道应该不是老子之"绳绳不可名"（《老子》第十四章）的形而上之道，不是孔子之朝闻即可夕死的真理之道，也不是《中庸》之"不可须臾离"的伦理之道。这一犹如水之于鱼的道其实只是人之必要的存在空间和生活环境。鱼在水中存在和生活，人则在这一如水之于鱼的道中存在和生活，所以"鱼相造乎水，人相造乎道"。此"相"意味着相互、共同、一起。鱼一起来到水中，人一起来到道中。然而，同在道中之人会互相忘掉对方，正如同在水中之鱼会互相忘掉对方一样，这就是所谓"相忘以生"。

为何要"相忘以生"？因为当人不能相忘时，这也就是说，当人心中仍有他人时，人就仍然生活在"相与"和"相为"亦即与他人的"关—系"之中。鱼当然只能在比喻的意义上相忘，因为鱼没有人所具有的意识。真正的关系需要意识，意识即意味着关系，因为意识总是关于另一者——无论是人还是物的意识，所以要消除关系就需要泯灭意识，而完全彻底的忘就导向意识本身之弃绝。这就是《大宗师》中颜回所言之"坐忘"的含义："堕肢体，黜聪明，离形去知，同于大通。"既然已经"同于大通"，那当然就不再需要天下了，同时也就使作为社会或共同体的天下本身成为不再被需要者。

在《庄子》中，"忘"字共八十五见，就像是交响乐的一个主题及其变奏。相忘最终不仅意味着忘记他人，也意味着忘记自己。在《天地》篇中，老聃向孔子解释何谓"忘己"："忘乎物，忘乎天，其名为忘己。忘己之人，是之谓入于天。""忘己"通向"无己"，"无己"则是"至人"，即"人之至"或理想之人所达到的境界。《达生》篇中扁子曰："忘其肝胆，遗其耳目，芒然彷徨乎尘垢之外，逍遥乎无事之业。"在《天运》中，庄子为"忘"列出了一个由易及难的序列："以爱孝易，以忘亲难；忘亲易，使亲忘我难；使亲忘我易，兼忘天下难；兼忘天下易，使天下兼忘我难。"这意味着，比让我忘天下更难的是让天下忘我，就像比让我忘亲更难的是让亲忘我一样。何以如此？因为尽管我希望以忘从与他人的一切"关—系"中脱离出来，但从父母到天下之人总可能以其"不忘"而牵绊或羁縻着我，所以才需要"相忘"，亦即让每一人皆忘记其他人，这样人才可"与造物者为人，而游乎天地之一气"（《庄子·大宗师》）。所以，人之相忘（假如这是可能的和可以达到的话）也就意味着共同体或人类社会的消解。

这当然并不是我们所知的孔子对于"方内"即人类社会的看法，而是庄子让孔子给出的或为孔子设计的一个政—治出路，而这条政—治出路正意味着走出政—治之路，也即走出"方内"即"人—间"之路。相忘于道之人尽管仍然一起存在于"方内"，却不再有任何"共同"，或已经相互忘记了这一"共同"。但人若真能互相忘掉他人的存在，而皆独自逍遥，那似乎确实就不再需要任何政—治制度了。就此而言，庄子的"政—治"理想乃是欲让"方内"即作为"人与人之间"的"人—间"最终消融于无形。如果人皆"相与于无相与，相为于无相为"，那么人的共同存在以及由此共同存在而产生的政—治制度之必要就在被如此承认之时被否定了。

在"忘"之外，《庄子》中之"独"也是一个引向让人不再生活于"共同体"中，且也不再有其"共同体"的概念，典型者如《大宗师》中女偶在告诉南伯子葵学道之法时所言之"见独"。女偶说自己守道"三日而后能外天下；已外天下矣，吾又守之，七日而后能外物；已外物矣，吾又守之，九日而后能外生；已外生矣，而后能朝彻；朝彻而后能见独；见独而后能无古今；无古今而后能入于不死不生"。其实，《庄子》第一篇《逍遥游》已经就是"独"这一主题的集中表达：脱离"人—间"，逍遥自在。人若皆能如此，那就不再会有所谓"人间"，因而也就不再会有任何所谓"政—治"问题需要人来操心了。因此，"见独"可以被视为庄子所想象的达到消解人之共同体的另一方法和道路。

四、关于儒道政—治思想的简短反思

以上所论乃基于儒道"政—治"思想这一特定主题而对孔子、孟子、老子和庄子的文本所做的非常有限的分析,一个仍有待于深化的分析。以下是若干简短的反思。

关于孔子以之为"为政"首要之事的"正名",问题似乎始终在于,如何才能保证为政者本身也能自正其名?① 当没有必要的制度力量对为政者本身进行有效的约束和限制时,历史上的为政者几乎总是不能自正其名。这也就是说,当不是圣君、贤君、明君而是弱君、愚君、昏君在位时,人们似乎就只能听任其将国家带向崩溃和毁灭的深渊。孔子强调"为政在人":"文武之政,布在方策。其人存,则其政举;其人亡,则其政息……故为政在人。"(《中庸》)这是孔子对哀公之问的回答。在强调"为政在人"这一点上,儒家的认识是一致的,所以"人亡政息"才一直是儒家所倡导的德政或仁政中仍然有待解决的问题。

所谓"人亡政息"可以有两层意思,首先是绝对意义上的"人亡政息"。因为人之存在的必然有限性,所以任何需要由人来决定者都不可能长存久驻:"天地尚不能久,而况于人乎!"② 这当然不是人能解决的问题,但也不是需要人来操心的问题。人首先必须承认和接受自身存在的有限性,一切皆始于这一根本的有限性。但"人亡政息"还有一个与有限之个人的存在息息相关的方面,即如何在有恻隐之心的、能"发政施仁"的为政者不在之后让其所建立的德政、仁政或善政得以继续。"分久必合,合久必分"的中国历史一直就是治乱的交替。这一交替当然有各

---

① 参阅拙作《解构正名》,尤见其中"正名之政与政之正名"一节。伍晓明:《文本之"间":从孔子到鲁迅》,北京大学出版社2012年版,第46~62页。

② 《老子》第二十三章:"飘风不终朝,骤雨不终日。孰为此者?天地。天地尚不能久,而况于人乎?故从事于道者,同于道;德者,同于德;失者,同于失。同于德者,道亦德之;同于失者,道亦失之。"

种外部因素即客观原因，例如罕见的天灾或外族的入侵等，但"人亡政息"一直是一个非常重要的主观原因。这里所谓"人亡政息"当然不是说没有人在好的为政者身后接替其位置，而是说接替者很可能是无力为政者（软弱昏聩的统治者、昏君）或坏的甚至恶的为政者（残忍暴虐的统治者、暴君）。当此之时，善政消歇，虐政横行，但很少有能将此政终止或改变的制度力量，只能等待其"自然消亡"，即恶政、虐政或暴政因行此政者本身之死而"人亡政息"，或者就只能等待某种来自共同体即国家内部的反抗，此即传统意义上的"革—命"。

　　解决纠缠中国历史的"人亡政息"问题迄今仍然有着非常重要的意义。从人类通过现代政—治经验而获得的政—治智慧来看，非常简单地说，解决这一问题的关键之一就是需要将政中人这一主观因素的影响力降低，而将制度这一客观因素的影响力提高。就此而言，孔子对于礼所应具有的规范和制约力量的强调仍然十分重要，而问题仅在于必须要有相应的制度设计，来保证适于我们现代生活的礼为整个社会共同遵守，首先从为政者开始。当然，毫无疑问，在非常重要的意义上，为政必然始终在人，所以即使在现代国家政—治中为政者的主观因素也无可避免。通过竞选而掌握国家权力的为政者（现代政党）在其执政期间会将一国之政引向或推至某一特定方向，决定这一方向的则是执政党本身的政—治立场及其对于选其上台的多数民众的承诺。但多数民众并不代表全体民众，因而在任何现代民选政府之下不同利益群体都会有得有失。这就是现代政—治中的人的因素，能够在一定程度上保证为政者或执政者不走极端，甚至谋取私利的就是宪法所确立的制度。而且，在应该超出所有个人利益的制度之中，还一定要有能够对执政者本身进行监督和审判的独立司法力量。

　　儒家的理想之政着重于秩序。这是因为其基于这样一种信念，即只要好的秩序被维持着，君子与庶民即皆能在此秩序中各得其所。荀子将这一理想秩序的建立和维持概括为平政爱民、隆礼敬士和尚贤使能三项："故君人者欲安则莫若平政爱民矣，欲荣则莫若隆礼敬士矣，欲立功名则莫若尚贤使能矣，是君人者之大节也。三节者当，则其余莫不当矣。三节者不当，则其余虽曲当，犹将无益也。孔子曰：'大节是也，小节是也，上君也。大节是也，小节一出焉，一入焉，中君也。大节非也，小节虽是也，吾无观其余矣。'"（《荀子·王制》）毫无疑问，人的秩序总是既需要人（在儒家的"政—论"中就是圣人或君子）来建立，也需要人来维持，所以问题就在于必须通过良好的制度设计来尽量保证人——任何特定个人虽亡而政不息。

　　孔子对于为政者之德的强调和孟子对于民之利的看重至今仍然非常重要。德治可以典型地体现为对于为政者即国家领导人本身的道德要求。孔子相信，为政者之"身正"则民即可"不令而行"。问题出现在现代当然不会这么简单，因为所谓道德表率并不能完全调和社会不同群体之间的利益冲突，但为政者本身之"正"即其符合公认道德标准是现代政—治生活的最低要求。为政者或领导者需要符合道德标准才能在人格方面获得信任，尽管好的个人道德并不一定就总能成就好的政—治。在现代生活中，为政者不仅应该"以身作则"即一种现代意义上的"为政以德"，还必须将民之利即人民的生活问题放在首位，这就是我们仍可以在孟子关于"仁政"的思想中看到的现代意义。

　　就老子的思想而言，如果可以"抽—象"地亦即脱离具体历史语境地说，作为其核心政—治观念的"无为"的现代意义可以在于，现代国家必须让人民在明确的法律范围内"自行其是"。形而上地说，这就是老子的"道法自然"，即"让……存在"或"让……是其所是"。形而下地说，这就是可以成为现代国家治理原则之一的"无为而治"。这种现代的"无为而治"其实已有不同的形式和名称：自由市场经济、经济放任主义或小政府大社会等。道法自然这一形而上层面与无为而治这一形而下层面如何联系？人必须成为道，才能在方而法方，在圆而法圆，于自然无所违也。万物在道法自然中各是其所是，个人在无为而治中各是其所是，这就是我们在分析老子思想时所说的人可以在一个非常深刻的意义上"作为可能性而存在"。如果这一分析可以成立的话，那么人作为可能性而存在这一分析即可引向这样的结论，即人本身乃是让万事万物作为万事万物而是其所是者，是为所有者或为天下者。这意味着，人本身乃是那为支撑天下之一切而存在者。此一根本性的"为"将导向人（每一人和所有人）对所有另一者无条件的应承，亦即被动地回应另一者，主动地承担另一者。这样说来，人作为可能性而存在不仅不是减轻或消除了个人对于他人、他物、他事的责任，反而是将这一责任增加至无限，这一责任既是伦理的，也是政—治的。

至于庄子的政—治观念，我们以上的分析引出了下述结论，即其政—治理想最终乃是欲让"方内"即作为"人与人之间"的"人—间"消融于无形。庄子所说之"乘天地之正，而御六气之辩，以游无穷"（《庄子·逍遥游》）的"无所待者"似乎就是彻底超脱了"人—间"者，但《庄子》诸篇中也说到人间其实无法完全离开，而必须顺应。① 就此而言，我们可以说，庄子思想中始终存在着一个无法解决的矛盾，一个可以用庄子自己的话概括为"处乎材与不材之间"（《庄子·山木》）的困境。庄子自己明确意识到这样一种"之间"的似是而非及其不可能性，并以"乘道德而浮游……乎万物之祖"作为出路。此语呼应着上引《逍遥游》之语。但作为摆脱材与不材之困境的出路，这仍然是一个要出离人间并同时使人间本身成为不必要的出路，而人间之不必要当然也就蕴含着任何政—治之不必要。如何进一步分析庄子政—治思想中的这一倾向及其所可能具有的现代意义，已经超出了这篇论文的范围，因而只能留给另一专题研究。

---

① 例如庄子笔下的颜回在承认必须遵循人臣之礼时就设想可以让自己"内外有别"，从而可以既"与天为徒"，也"与人为徒"："我内直而外曲，成而上比。内直者，与天为徒。与天为徒者，知天子之与己皆天之所子，而独以己言蕲乎而人善之，蕲乎而人不善之邪？若然者，人谓之童子，是之谓与天为徒。外曲者，与人之为徒也。擎跽曲拳，人臣之礼也。人皆为之，吾敢不为邪？为人之所为者，人亦无疵焉，是之谓与人为徒。"（《庄子·人间世》）承认在与天为徒的同时也需要与人为徒就意味着对于人必然要与他人有关这一必然性的承认。

汉初儒道的天道观分歧
及其治术思想之别

——以《淮南子》和《春秋繁露》为中心

陈 徽

（同济大学哲学系）

摘 要：汉初儒道关于治术的有为与无为之争，本质上源于两者天道观的根本分歧。对于天道的不同理解，既是儒道无为与有为之争的信仰依据，也体现为他们本质有别的天人感应说和工夫论。天道观的分歧也使得儒道的阴阳刑德思想表现出形似而实别的特点：尽管儒道皆主张阳尊阴卑并以刑德配阴阳，但二家赋予阴阳刑德说以截然不同的伦理政治意义，提出了迥然有别的治世主张。进而言之，儒道的有为与无为之争也可归结为文质之辨。如何看待此辨，关乎如何看待人性以及何为文明、文明何用等重要问题。在此，道家尚质抑文的价值取向及其无为之术所可能导致的风俗鄙陋、人心败坏之弊，随着汉初社会经济的发展越发显露出来。所以,武帝以后儒术得尊、经学昌明的思想文化局面的形成,不仅是儒家尚文重教的属性使然,也是历史时势的必然选择。

关键词:汉初 天道观 治术 阴阳刑德说 文质之辨

作者简介:陈徽,同济大学哲学系教授、博士生导师。

汉初,道家(黄老道家)的清静无为之术颇受统治者青睐。一方面,迫于连年战乱、民生凋敝,统治者需尽可能地激发民间的自我调适能力,故"轻徭薄赋""与民休息";另一方面,鉴于天下始定,人心思安,也不宜对各地的风俗和观念之异遽然进行文化上的整合①。又,秦命短促,汉(始于公元前202年)与战国(终于公元前221年)庶几相连,其思想学术血脉相通,起于战国中期、盛于晚期的黄老道家之学在汉初统治者中尚有强大的影响力。《论六家之要指》曰:"其(引按:谓道家)为术也,因阴阳之大顺、采儒墨之善、撮名法之要,与时迁移,应物变化,立俗施事,无所不宜,指约而易操,事少而功多。"在尊崇黄老的司马谈看来,道家之学融摄诸家之长,灵活变通,简便易行,故能多致事功。秉承无为之术,汉家之治确实成就斐然:不仅出现了著名的"文景之治",也为其后武帝在政治、文化、军事等方面实行的种种有为之举奠定了坚实的物质基础。

武帝虽享道家治术之利,即位后却"乡儒术,招贤良"(《史记·孝武本纪》),表现出与其父、祖不同的思想兴趣和治世态度。只因祖母窦太后阻挠,志遂不成。及窦太后崩,诸儒方得真正重用,其学振兴,儒

---

① 关于汉初顺应现实、施行郡国并行和东西异制之治的原因,参见陈苏镇:《〈春秋〉与"汉道"——两汉政治与政治文化研究》,中华书局2011年版,第66~107页。

术也终于取得"独尊"的地位。从此,儒家的治道思想便在汉家的政治理论与实践中发挥着主导性的作用,深刻地塑造了中国传统政治生活的基本品性。

无论是早期的尊崇黄老,还是之后的儒术兴起,皆有其历史的必然性。这种必然性体现了历史现实之变,反映了此变对于治术的不同要求。儒道在汉初政治、思想地位中的各自沉浮之状,正是它们的治道之说分别适应了上述变化和要求的结果。关于儒道二家治道思想的内涵与特点,以及汉初何以会有一个由崇道而尊儒的治术之变等问题,学界已多有考察,然仍似有进一步探讨的必要。特别是从天道观的角度以观儒道的治道思想之别,相关研究尤嫌于不足。

就现存文献看,《淮南子》和《春秋繁露》是分别考察汉初道、儒思想最重要的文本。前书的内容尽管显得有些驳杂(这也印证了《论六家之要指》所谓道家博采众长之说),其义旨则归本道家,乃汉初道家思想的集大成之作;后书的著者为董仲舒,其"遭汉承秦灭学之后,六经离析,下帷发愤,潜心大业,令后学者有所统一,为群儒首"(《汉书·董仲舒传》引刘歆说),是汉初儒家最具代表性和影响力的思想家。为方便论说,本文对于相关问题的考察多据以上二书。

一、天道与君道

总的来说,囿于历史情境和时代观念,先秦诸子无不将至治之成寄希望于人君,故无不重君道(或"主术")。儒墨名法等家自无须论,道家亦然。如老子言治常举以"圣人(圣王)"之行;庄子亦托"明王之治"(《庄子·应帝王》)以彰君道之妙;黄老道家更是喜借"黄帝"之事以明如何兴兵与治世,至《淮南子》,则设《主术训》一篇专论"君人之事"(《淮南子·要略》语)。

至于如何视君道,先秦诸子也皆遵循"推天道以明人事"的思想理路,即将君道之说建基于其天道信仰之上。但因领悟天道有异,遂有君道之说之别。严格说来，曰"天道信仰"尚欠于周密，因各家对于天道的思想界定本有区别，假以"天道"之名实为表达方便。如在道家，真正被视为天地万物的本根和存在根据的，是"道"而非"天道"。然"有物（引按：喻道体）混成，先天地生，寂兮寥兮"（《老子》第二十五章），其不可言说，无可命名。为彰其功、明其德，老子常借"天道"或"天之道"之说以言之。故"道法自然"表现为天道无为，圣人治世自亦当效法天道，无为而治。《老子》第五章曰："天地不仁，以万物为刍狗；圣人不仁，以百姓为刍狗。""不仁"者，义为无所谓仁或不仁，喻天地或圣人以自然虚无之"心"应对万物。此章清楚地说出了圣人之治的天道根据，奠定了道家君道无为思想的基本精神。借天道以明道且基于天道之悟以言治的致思方式，也成为道家论治的基本特点。① 又如在儒家，道家式的玄妙之"道"向来不为其所重。何止于此，孔子甚至连"性与天道"也罕言，故弟子通达如子贡者也未得有闻。虽然，儒家论治、论修身等皆推本于天道亦属事实。但与已经纯粹自然化的道家之"天"不同的是，儒家之"天"尚存有神秘性与人格性，故"天意""天命"等说时得而见。

至汉初，道家一方面仍借"天道"之说以明"道"，另一方面却也喜直接言"道"及"执道"之功等。至于儒家，道家意义之"道"仍为其所罕言，其论"天"则进而上推至"元"或"元气"②。为便宜论说，

---

① 以帛书为例，其《道原》论"道"曰："恒先之初，迥同大（太）虚。虚同为一，恒一而止。……古（故）无有刑（形），大迥无名。"又如《经法·论约》假"天道"（"天地之道""天地之理"）以论"道"之运行及其表现曰："始于文而卒于武，天地之道也。四时有度，天地之李（理）也。日月星辰有数，天地之纪也。三时成功，一时刑（刑）杀，天地之道也。四时而定，不爽不代（忒），常有法式，【□□□】卻，一立一疲（废），一生一杀，四时代正，冬（终）而复始。"参见裘锡圭主编：《长沙马王堆汉墓简帛集成》（肆），中华书局 2014 年版，第 189、146 页。

② 元气谓本始之气，元气说在汉代颇为流行。当然，其后儒道二家的宇宙观亦呈合流之势，以至纬书中常可见"太易""太初""太始""太素"等说，显然是道家宇宙观影响儒家的结果。

下文对"道"与"天道"（特别是道家之说）不作特别区分。关于汉初儒道天道观之别及其对君道思想的不同影响，以下两点殊可留意。

（一）无为与有为

此所谓无为，是指道家意义上的一种"不为"。无为之说非道家所专属，儒、法亦有言。如孔子所谓舜之"无为"，乃是儒家以德化民的理想之治的象征；在法家，"无为"则沦为人主掌控人臣、实行独裁统治和恐怖暴政的重要阴术。就君道而言，道家之无为主要有两方面的内涵：一曰"不为"，此为消极之无为；一曰"因应"，此为积极之无为。"不为"又有二义：一谓人君清虚自守、不妄造作，"无所事事"；二谓人君抱道执度，不侵夺臣下之职事，唯审核形名以责臣下。前一"不为"是针对君民关系而言，后一"不为"是针对君臣关系而言。就后一"不为"来说，人君无为与臣下有为（即守职尽责之为）正相对应，且唯有人君无为，臣下方得尽展有为之功。《吕氏春秋·知度》说："故有道之主，因而不为，责而不诏，去想去意，静虚以待，不伐之言，不夺之事，督名审实，官使有司，以不知为道，以奈何为宝。"所谓"不为""不诏""不伐""不夺"等，皆指"不为"之无为。这一意义的无为，本质上是正名思想在君臣关系上的体现，为各家之通说。"因应"指因物自然，顺应其变。对于"因应"之无为，黄老道家非常推崇，其思想因而多显积极进取的精神。这种"因应"之无为颇具有为之态，应和了战国时期结束分裂、渴望统一的时代诉求。"因应"观念同样也为诸家特别是儒家所重视。如《易传·乾文言》极论"时"义之大，其"因其时""及时""与时偕行"等说即与道家的"因应"思想相通。

既然后一义之"不为"（即与臣下的守职尽责之为相对应之无为）与"因应"之无为的观念非道家所专有，那汉初儒道的有为与无为之争便表现为人君治世是积极作为还是清虚自守了。而且，上述之争主要发生在政治生活领域。因经济生活中的"与民休息""令民自定"等清静无为之治本就是因应现实之举，且效果良好。如吕后称制时已致"刑罚罕用，罪人是希。民务稼穑，衣食滋殖"（《史记·吕太后本纪》）之功，"文景之治"之盛亦赖于此。但在政治和文化领域，无为还是有为则成了大问题。自高祖称帝至武帝早年，汉朝在典章制度等方面因袭秦制，思想文化上则尊崇黄老、贬抑儒家。如此，在君道方面，当时的帝后皆以清虚自守为尚，如"惠帝垂拱，高后女主称制，政不出房户"（《吕太后本纪》），"太宗（引按：即文帝）穆穆，允恭玄默"（《汉书·叙传下》），以及"景帝即位，因修静默"（《史记·孝景本纪》索隐述赞）。然在儒家看来，天下既已一统，自应革去暴秦之制，兴礼乐，重德教。因此，当高祖初定天下，陆贾就作《新语》，向其"粗述存亡之征"（《史记·郦生陆贾列传》），其中的《无为》篇即专论德治风教之美①；其后，贾谊更是上书文帝，申更化改制之理；至武帝主政，董子亦上《天人三策》，屡言更化改制的必要性和重要性。然汉兴七十年来，儒家更化改制的主张终究未得采用，一些儒者（如赵绾、王臧）甚至还因推尊儒术而失去性命。

上述儒道关于治道（含君道）的无为与有为之争，并非仅仅因为双方不同的思想偏好所致，实亦源于各自的天道信仰之别。如在道家，《淮南子·原道训》从道、物关系的角度指出："夫无形者物之大祖也，无音者声之大宗也"，"所谓无形者，一之谓也。所谓一者，无匹合于天下者也"，"道者，一立而万物生矣"。道为一，为万物之本（"祖""宗"）；万物为多，乃源于且据于道而成。所谓礼乐典章、仁义道德等，亦皆属"物"。治世之要在于人君"执道之柄"、秉物变之"要趣"，而非汲汲于追求末术之用。所以，《原道训》又说："达于道者，反于清净；究于物者，终于无为"，"是故至人之治也，掩其聪明，灭其文章"。更何况，天

---

① 关于陆贾，司马迁于《史记》中称其为"当世之辩士"，至《汉书·艺文志》方属其为儒家。近世以来，学者进而考其为荀子后学、穀梁先师。[参见（汉）陆贾撰，王利器整理：《新语校注》"前言"，中华书局2012年版，第9~13页。]观《新语》之论，皆以儒家义旨为归趣。其《无为》篇所言之"无为"，亦有别于道家义，而与《论语·卫灵公》舜之"无为"之说相通。

道难知，修道成德固非易事①，倘未证道，治者更不当轻举妄动。可见，惠帝之"垂拱"、高后之"政不出房户"及文帝的"允恭玄默"等，皆不能不说有其天道信仰之故。同样，儒家主张改制和德治也有其充分的天道信仰根据。一方面，兴礼乐、重德教，本来就是治道的应有内涵和王道之成的重要途径；另一方面，更化改制也是新王彰显自己命由天授的主要标志，《春秋繁露·二端》载："故王者受命，改正朔，不顺数而往，必迎来而受之者，授受之义也。故圣人能系心于微而致之著也。""微"，即三微之月。"改正朔""必迎来而受之者"，即以明天命授受之义。非如此，则不能明旧弊当除、新王率天下以王道之义。所以，《二端》又说："是故《春秋》之道，以元之深正天之端，以天之端正王之政，以王之政正诸侯之即位，以诸侯之即位正竟内之治，五者俱正而化大行。""元"即元气。② 在此，董子将改制正政的依据不仅溯之以天道，且更伸至于作为天地万物最终来源的元气了。

（二）天人感应与工夫论

感应是古典思想理解、描述万物相互作用的一个基本观念。根据感应观，无论是神与人、人与人之间，还是人与物、物与物之间，都存在各种形式的感应关系。这种观念将天地万物融为一体，认为表面上各个独立、互不相关的事物本就血脉相通。其中，神与人、人与物之间的感应可称作天人感应。此意义之"天"，既可指神性之天（或天神），也可泛指万物。限于主题，本文所谓的"天人感应"乃是从更加狭隘的角度说的，即"人"特指人君，且"天人感应"指人君的德之美恶与各种吉凶之事之间存在着相应的因果关系。这一意义的天人感应观念起源甚早，

---

① 《淮南子·主术训》："天道玄默，无容无则，大不可极，深不可测，尚与人化，知不能得。"

② 作为公羊学宗师，董子论"元"固多取"始"义，然亦有元气之说（如《春秋繁露·王道》："王者，人之始也。王正则元气和顺……"）。故《玉英》篇"故元者为万物之本，而人之元在焉。安在乎？乃在乎天地之前"之"元"，亦可指元气。

如《尚书·洪范》就已借"休征""咎征"之说以论天子德之美恶与祯祥、灾异的对应关系。战国时期，随着气化论的流行及其与阴阳、五行学说的融合，感应理论愈加成熟，天人感应说也愈加系统化。显然，天人感应说的思想核心乃是关乎何为君道或君德的问题。

由于对天道的理解有别，汉初儒道二家的天人感应论也不尽相同。首先，就相同性来说，儒道皆认为人君之德对于万物的存在状态具有直接的影响，且皆将此感应的原因归之为天地万物的一气流通性。如《淮南子·泰族训》论天人感应说：

> 故圣人者怀天心，声然能动化天下者也。故精诚感于内，形气动于天，则景星见，黄龙下，祥凤至，醴泉出，嘉谷生，河不满溢，海不溶波。……逆天暴物，则日月薄蚀，五星失行，四时干乖，昼冥宵光，山崩川涸，冬雷夏霜。……天之与人，有以相通也。故国危亡而天文变，世惑乱而虹霓见，万物有以相连，精祲有以相荡也。

《淮南子·俶真训》亦描述"至德之世"圣人与群生万物的"旁薄"一体之状曰：

> 至德之世……是故圣人呼吸阴阳之气，而群生莫不颙颙然仰其德以和顺。当此之时，莫之领理决离，隐密而自成，浑浑苍苍，纯朴未散，旁薄为一而万物大优。

所以，《淮南子·本经训》总结道："天地之合和，阴阳之陶化万物，皆乘人气者也。……由此观之，天地宇宙，一人之身也；六合之内，一人之制也。"同样，《春秋繁露·王道》在论人君之德端正与否所引发的不同后果时，也说："王者，人之始也。王正，则元气和顺，风雨时，景星见，黄龙下；王不正，则上变天，贼气并见。""王正"之感可称为正感，"王不正"之感可称为逆感。至于天人之间何以会发生感应，董子明确地援以天人一气论,认为:"天有阴阳,人亦有阴阳。天地之阴气起,而人之阴气应之而起。人之阴气起,而天地之阴气亦宜应之而起,其道一也。"(《春秋繁露·同类相动》)文中之"人"乃是泛指,不仅仅谓君王,其天地万物一气贯通之理则至为显明。因此,"王正"则天地之气和顺,故有正感之效;"王不正"则天地之气乖乱,故有逆感之应。而正感,正是王道之成的关键因素。

其次,尽管皆言天人感应,对于何为"王正"(即君道之正),儒道之间却有着不同的理解。在儒家,"王正"自然如董子所言:"是故内治反理以正身,据礼以劝福,外治推恩以广施,宽制以容众。"(《春秋繁露·仁义法》)以"内治"与"外治"并用以言"王正",说堪精要。不过,《仁义法》关于"外治"内涵的概括尚有不备:因君王治世不仅仅要"推恩"和"宽制",更肩负着教化万民之责。故董子又曰:

> 凡以教化不立而万民不正也。……古之王者明于此,是故南面而治天下,莫不以教化为大务。立大学以教于国,设庠序以化于邑,渐民以仁,摩民以谊,节民以礼,故其刑罚甚轻而禁不犯者,教化行而习俗美也。(《汉书·董仲舒传》)

对于儒家之说,道家却甚不以为然。在道家,"王正"意味着君王清静自守,"道德定于天下而民纯朴"①(《淮南子·本经训》)。对于这种君王无为而天下大治之状,《淮南子·俶真训》形容道:

> 古之人有处混冥之中,神气不荡于外,万物恬漠以愉静,挽抢衡杓之气,莫不弥靡而不能为害。当此之时,万民猖狂,不知东西;含哺而游,鼓腹而熙;交被天和,食于地德;不以曲故是非相尤,茫茫沉沉,是谓大治。于是在上位者,左右而使之,毋淫其性;镇

---

① 按:此所谓"道德",乃道家思想意义上的。

抚而有之，毋迁其德。是故仁义不布而万物蕃殖，赏罚不施而天下宾服。

相反，"王不正"便意味着君王轻浮躁动，试图以仁义礼乐、赏罚之制等有为之法行治天下。在道家看来，仁义礼乐等观念与制度的产生，本为天下道废德衰的结果："是故道散而为德，德溢而为仁义，仁义立而道德废矣。"（《淮南子·俶真训》）当然，面对"道德沦丧"的现实，推行仁义之治亦有其意义，因为它们确实各有其救世之用。但作为有为之行，仁义之治毕竟属逐末之举。而背本（即无为）逐末，非为至治之道。由是，在何为"王正"的问题上，儒道之间有着根本的思想分歧。如果从道家的立场看，儒家式的"王正"之举恰是导致逆感之应的重要原因。

最后，儒道二家的"王正"之说既有分歧，其工夫论便也不同。由上可知：无论是儒家还是道家，其所谓"王正"皆是"内治"与"外治"（此亦借用董仲舒之说）的有机统一。逻辑地看，君王欲行"外治"，当以其"内治"之成为前提。这种思想理路，也体现了《庄子·天下》的"内圣外王"之说。在这方面，儒道的论说多有形似。如儒家有《大学》"格致诚正，修齐治平"的经典表述，道家亦有《老子》第十章所谓"修①除玄览，能无疵乎？爱民治国，能无以知乎"之说。所谓"格致诚正"与"修除"者，即分别指儒道的"内治"（"内圣"）、工夫（关于涵养工夫，儒道尚有其他的不同表述）。但在形似的表象下，二家的工夫论内容则大相径庭。限于主题及篇幅，本文无法就儒道的工夫论展开详论，仅指出：关于涵养工夫，汉初儒道大体仍各自沿袭其先辈之学，即儒曰"正心"②、道曰"返性"③。对于工夫之效，二家亦各有其论。如董子曰："故为人君者，正心以正朝廷，正朝廷以正百官，正百

---

① 通行本"涤除"，西汉简帛本均作"修除"。兹据后说正。

② 如《汉书·董仲舒传》："《春秋》深探其本，而反自贵者始。故为人君者，正心以正朝廷……"

③ 如《淮南子·俶真训》："是故圣人之学也，欲以返性于初而游心于虚也。"

官以正万民,正万民以正四方。四方正,远近莫敢不壹于正。"(《汉书·董仲舒传》)而《淮南子·本经训》曰:"神明定于天下而心反其初,心反其初而民性善,民性善而天地阴阳从而包之,则财足而人澹矣,贪鄙忿争不得生焉。由此观之,则仁义不用矣。"明乎此,则史家的文帝"允恭玄默"、景帝"因修静默"之说,又何尝不可谓二帝之"返性"工夫?

二、阴阳与刑德

汉初儒道对于天道的不同领悟还体现在阴阳观的差异上,这种差异也使二家的刑德思想迥然有别。

以阴阳论刑德并非始于汉代,战国时已为显说。只因此说流行甚广①,且秦命短促,遂亦为汉人所重。就此而论,汉初儒道似皆沿袭旧说而已。又,白奚认为:阳尊阴卑思想是黄老道家"所独有的特色理论","董仲舒的《春秋繁露》对阳尊阴卑的思想大加发挥,这部分内容只能是直接承自黄老道家"。②若是如此,则汉初儒家关于阴阳、刑德的思想似又循迹道家,无其独见。实际上,汉初儒道尽管皆曰阳德阴刑与阳尊阴卑,其间的寓意则颇有不同。这种不同既反映了二者的天道观之异,也体现了他们关于刑、德的不同态度。

关于阴阳刑德说的内涵,白奚曾有很好的理论概括。他说:

"刑"即刑政,指的是刑罚、法令等严厉的、强制性的政治手段;"德"即德政,指的是仁德、劝赏、教化等温和的政治手段。刑

---

① 如关于阳德阴刑(或曰德月刑)以及相应的"德取象于春夏,刑取象于秋冬"之说,马王堆汉墓帛书、《管子》、《鹖冠子》、《尉缭子》、《范子计然》等均有明言。又,《礼记·月令》(或《吕览》之《十二纪》)论十二月令亦贯穿着阳德阴刑的基本观念。

② 白奚:《帛书〈黄帝四经〉的阴阳思想及其思想史地位》,《文史哲》2021年第2期。

与德作为施政的两种基本手段,是既相反又相辅相成的,在具体的运用中往往需要交相为用……不过在这些早期的政治经验中,刑与德还只是作为纯粹的治国方略出现,尚未与天道阴阳联系在一起来思考。①

然又曰:"《黄帝四经》首创阴阳刑德的理论,把天道之阴阳与政治之刑德联系并对应起来,从而使刑德具有了形而上的理论支撑。"② 白奚之所以说"《黄帝四经》首创阴阳刑德的理论",是因为他认为帛书《经法》等四篇即为《汉书·艺文志》所记的《黄帝四经》,且谓"其成书较早,当在战国早中期之际,先于管、慎、孟、庄诸书",是"稷下黄老学派的奠基之作"。③ 陈鼓应也说:"帛书《黄帝四经》应是黄老学派的最早著作"④,其成书"年代相当早,应在战国中期之前"⑤。但学者亦有异论。如帛书原整理者认为:"这四篇佚书,大概是汉初或战国末期的著作",其内容反映的"大概就是流行于汉初的一种黄老思想"。裘锡圭认同此说,且曰:"《经法》等四篇的核心思想是关于道和法的学说,为了称说的方便,这种道家可以称为'道法家'。"⑥ 对于以上分歧,本文不论,而仅说明:《经法》等四篇诚为黄老道家的经典性文献,其竟得随葬于远离中原的长沙国丞相利苍之妻的墓中,可见流传之广与影响之大。

无论《经法》等四篇是否为《黄帝四经》,且无论此四篇是否成书于"战国早中期之际"或"战国中期之前",认为阳尊阴卑之说为黄老

---

① 白奚:《帛书〈黄帝四经〉的阴阳思想及其思想史地位》,《文史哲》2021年第2期。
② 白奚:《帛书〈黄帝四经〉的阴阳思想及其思想史地位》,《文史哲》2021年第2期。
③ 白奚:《稷下学研究——中国古代的思想自由与百家争鸣》,生活·读书·新知三联书店1998年版,第97页。
④ 陈鼓应注译:《黄帝四经今注今译》,中华书局2016年版,第35页。
⑤ 陈鼓应注译:《黄帝四经今注今译》,第36页。
⑥ 裘锡圭主编:《长沙马王堆汉墓简帛集成》(肆),第125页。

道家"所独有",似嫌于急遽。因为,以阴阳言天地在战国时已是一个普遍而成熟的观念,这一观念本就含有阳尊阴卑之义,故《易传·系辞上》曰:"天尊地卑,乾坤定矣。卑高以陈,贵贱位矣。"又,《易传·系辞下》论阳卦、阴卦何以分别"多阴"与"多阳"曰:"阳一君而二民,君子之道也;阴二君而一民,小人之道也。"① 所以,董仲舒《春秋繁露》虽"对阳尊阴卑的思想大加发挥",其说则未必"只能是直接承自黄老道家"。尤需强调的是,尽管儒道二家皆主张阳尊阴卑并以刑德配阴阳,但二者赋予了阴阳刑德说以截然不同的伦理政治意义,提出了迥然有别的治世主张。

关于黄老道家的阴阳刑德说,《管子》多有论及。如《管子·四时》篇曰:"是故阴阳者天地之大理也,四时者阴阳之大径也,刑德者四时之合也。刑德合于时则生福,诡则生祸。""大理"与"大径"义通,皆既可指运行(以及相应的化生),亦有理路、理则之义。又曰:"德始于春,长于夏;刑始于秋,流于冬。刑德不失,四时如一。刑德离乡,时乃逆行,作事不成,必有大殃。"而《管子·形势解》详论道:

> 春者阳气始上,故万物生;夏者阳气毕上,故万物长;秋者阴气始下,故万物收;冬者阴气毕下,故万物藏。故春夏生长,秋冬收藏,四时之节也;赏赐刑罚,主之节也。四时未尝不生杀也,主未尝不赏罚也。故曰:春秋冬夏,不更其节也。

据此,黄老道家的阴阳刑德说具有以下内涵:其一,天地运化表现为阴阳之气的和合之道。其二,阳"生"(生成、化育)阴"收"(肃杀、敛藏)乃阴阳运行的自然呈现,"生"为德而"收"属刑。顺应此道,人

---

① 关于《易传》的成文时间,学界尚存争议。然即便《易传》出于战国晚期乃至秦汉之际,其所论之《易》理则非为晚也。当然,阳尊阴卑说在帛书《称》中普遍化的程度,确实为先秦其他典籍所不及。

君治世亦当有庆赏惩罚之为，且正如"四时未尝不生杀"，人君治世也"未尝不赏罚也"。其三，犹如阴阳协调、刑德有序方能成就化育万物之功，人君治世也应注重刑德之间的相互协调与配合，以成事功。否则，必有事败殃至之害。其四，天道生物虽表现为阴阳和合、刑德并行，然毕竟是阳气先施、阴气后敛，恰如四时运行"不更其节"，人君治世也须先德而后刑。故《管子·势》篇论治术曰："故不犯天时，不乱民功，秉时养人，先德后刑，顺于天，微度人。"这种"先德后刑"之为，亦体现了阳尊阴卑的关系。

在帛书《经法》等四篇特别是《十六经》中，上述阴阳刑德思想更是被反复强调。如：

> 春夏为德，秋冬为刑。先德后刑以养生。……刑德皇（皇皇），日月相望（望），以明（明）亓（其）当，而盈□无匡。（《十六经·观》）①
>
> 靜（静）作相养，德虐（虐）（引按：虐犹刑）相成。两若有名，相与则成。阴阳备物，化变乃生。（《十六经·果童》）②

特别是《观》一文，还为阴阳刑德思想提供了宇宙论的根据，其曰："群（群群）□□□□□为一囷，无晦无明（明），未有阴阳（阴阳。阴阳）未定，吾未有以名。今始判为两，分为阴阳，离为○四【时】，□□□□□□□[德虐之行]③，因以为常。"④ "因以为常"之"因"，既可曰"因而"，亦可曰"因循"。若谓因而，"德虐之行"乃指道之运化所展现出的"规律性"；若谓因循，"德虐之行"正为天下之治所当因

---

① 裘锡圭主编：《长沙马王堆汉墓简帛集成》（肆），第152页。
② 裘锡圭主编：《长沙马王堆汉墓简帛集成》（肆），第158页。
③ "德虐之行"，据陈鼓应说补。参见陈鼓应注译：《黄帝四经今注今译》，第262页。
④ 裘锡圭主编：《长沙马王堆汉墓简帛集成》（肆），第152页。

循的常道。以上两解皆可成立,且内在相通。贯穿于其中的,即为天人一体的治道观。所以,《经法·君正》总结道:"天有死生之时,国有死生之正(政)。因天之生也以养生,胃(谓)之文;因天之杀也以伐死,胃(谓)之武。【文】武并行,则天下从矣。"① 文中的"文""武"就是德刑的另一种表述。

在《淮南子》中,关于阴阳刑德的论述虽不如帛书诸篇集中而详尽,其义旨则无有不同,表明黄老道家的这一思想是一以贯之的。通观黄老道家的阴阳刑德之说,可以发现:一方面,作为治术,刑、德的作用是相等的,缺一不可,正所谓"文武并行,则天下从矣"。另一方面,因阳生而阴收、阳施而阴敛,犹如四时之运表现为先春夏而后秋冬,治道的展开也应遵循先德后刑之序。但需指出的是,作为治术之"德",在黄老道家那里主要指柔性、宽厚、劝导的治理手段,其积极教化的内涵不是很突出。而且,既重"刑治",如何审核形名(或综核名实)以定是非、辨功过、行赏罚,便成为关键之事。宜乎文帝治世既"允恭玄默"(《汉书·叙传下》),又"本好刑名之言"(《史记·儒林列传》)。

再来看汉儒的阴阳刑德说。就现有文献而言,董仲舒之论堪为典型。其曰:

> 臣闻天者群物之祖也,故遍覆包函而无所殊,建日月风雨以和之,经阴阳寒暑以成之。故圣人法天而立道,亦溥爱而亡私,布德施仁以厚之,设谊立礼以导之。春者天之所以生也,仁者君之所以爱也;夏者天之所以长也,德者君之所以养也;霜者天之所以杀也,刑者君之所以罚也。由此言之,天人之征,古今之道也。(《汉书·董仲舒传》)

这里,董仲舒据天道以论德刑之术。而且,同黄老道家一样,董仲舒亦

---

① 裘锡圭主编:《长沙马王堆汉墓简帛集成》(肆),第132页。

通过将德刑与四时之性分别相配,以明德刑的各自生养、惩罚之功。表面上看,此段文字论德刑与黄老道家之说似无不同,实则不然。其间的根本区别为:在道家,"德"主要指宽厚之政;在董子,"德"除了指宽厚之政("布德施仁以厚之"),也包括礼义之教("设谊立礼以导之")。董子又论曰:

> 然则王者欲有所为,宜求其端于天。天道之大者在阴阳。阳为德,阴为刑;刑主杀而德主生。是故阳常居大夏,而以生育养长为事;阴常居大冬,而积于空虚不用之处。以此见天之任德不任刑也。天使阳出布施于上而主岁功,使阴入伏于下而时出佐阳;阳不得阴之助,亦不能独成岁。终阳以成岁为名,此天意也。王者承天意以从事,故任德教而不任刑。刑者不可任以治世,犹阴之不可任以成岁也。为政而任刑,不顺于天,故先王莫之肯为也。今废先王德教之官,而独任执法之吏治民,毋乃任刑之意与!孔子曰:"不教而诛谓之虐。"虐政用于下,而欲德教之被四海,故难成也。(《汉书·董仲舒传》)

此段文字对于理解董仲舒的阴阳刑德思想至为重要,并尽彰儒道二家之说之别。首先,在董仲舒看来,天道之运固然主要表现为阴阳二气之化,然阴阳之间又有着尊卑主次之别,即:尽管"阳不得阴之助"而"不能独成岁",毕竟是"阳出布施于上而主岁功",阴则只能"入伏于下而时出佐阳"。与此阳尊阴卑之序相应的是,王者治世也当"任德教而不任刑"。此所谓"德教",即如阳之"生育养长为事",既包括仁政爱民之举,也包括教化导民之行(按:仁政与教化,皆属"生育养长"之事)。而且,针对汉立以来"废先王德教之官,而独任执法之吏治民"的历史现实之弊,董仲舒所说的"德教"更有侧重教化之意。其次,为了强调"德教"的优先地位,董仲舒不惜将"天"予以宗教化:犹如阳主阴辅乃是"天意"的显示,王者治世"任德教而不任刑",也不过是"承天意以从事"而已。复次，上文还表明：对于高扬"德教"，董仲舒可谓不遗余力，而对于贬抑"刑政"，董仲舒也颇尽其心：即便是"入伏于下"，阴之"佐阳"也须遵守"时出"之制。显然，董仲舒的阴阳刑德之说深契于夫子的"富之""教之"之论，恪守了儒家治道思想的纯正立场。

三、自然与名教

以上两节所论，其实可归结为一个问题，即治世究竟是应重自然还是当倡名教？若治主无为、尚阴阳刑德"相与相成"（《十六经·果童》），则为道家（黄老道家）；反之，若治主有为、"任德教而不任刑"，则为儒家。进而言之，自然与名教的问题本质上又可归结为文质之辨。如何看待此辨，也关乎如何看待人性以及何为文明、文明何用等重要问题。

道家之所谓"自然"，本通作"自尔"："然"为"燃"的本字，因音转可通作"尔"；"尔"谓"词之必然也"，义为"如此"或"此"①。"尔"既有"必然"之义，则"自然（尔）"所意为"自己如此"是有其必然性的，这种必然性来自于"自"之所指之"物"的本性。关于"自然"的"自尔"之本义，以及"自尔"的自成性与必然性等内涵，郭象在《庄子注》中有过反复申说。又，在古典思想的视野里，万物之性（本性）乃天之所赋，故亦曰天性。天性或本性意味着事物之所以如此存在，皆非外力使然，而是其天生如此（即"天然"）的。在道家那里，自然与天然、本然、必然等义本就相互蕴含。所以，论及应物，道家皆主尊重、因循其性。至于治道，道家也皆有尚清虚自守以成物化的一面，并以此义之无为而与儒、法之无为区别开来。《老子》第三十七章曰："道常无为②。侯王若能守之，万物将自化。"《淮南子·原道训》

---

① 参见（汉）许慎撰，（清）段玉裁注：《说文解字注》，上海古籍出版社 1988 年版，第 48 页。

② 此句通行本作："道常无为而无不为。"诸简帛本均无"而无不为"四字，可见其为衍文。

曰:"漠然无为而无不为也,澹然无治也而无不治也。"其间的思想一贯性是显而易见的。

事物的自然之性又被视为天生之质。以天生禀赋或材质言性,乃先秦诸家之通见,于是有"性者,生之质也"(《庄子·庚桑楚》)或"性者,天之就也""不事而自然谓之性"(《荀子·正名》)之说。汉人言性,亦复如是。故董仲舒辨性之名曰:"如其生之自然之资,谓之性。性者,质也。……性之名不得离质。"(《春秋繁露·深察名号》)道家既主尊重、因循事物之性,则必肯定事物的材质之于其自身存在的自足性,且充分肯定万物各尽其性(或各展其材)之于天下之治的根本意义。所以,从文质之辨的角度看,道家论治道以尚质为本。尚质则必抑文,其绝对者乃至反文。故老子绝圣智、弃仁义、摒巧利,彰"见素抱朴"之道(《老子》第十九章),以似乎远离一切技术便利和文明交流的"小国寡民"之治为依归。此说演至庄子后学,遂有所谓"同与禽兽居,族与万物并"的"至德之治"(《庄子·马蹄》)之论。在黄老道家,其思想虽融合诸家之说,倡功利、促一统,然论治同样主尚质,并以"反(返)性"或"全性"为旨归。《淮南子·诠言训》曰:

> 为治之本,务在于安民。安民之本,在于足用。足用之本,在于勿夺时。勿夺时之本,在于省事。省事之本,在于节欲。节欲之本,在于反性。反性之本,在于去载。去载则虚,虚则平。平者,道之素也;虚者,道之舍也。能有天下者必不失其国,能有其国者必不丧其家,能治其家者必不遗其身,能修其身者必不忘其心,能原其心者必不亏其性,能全其性者必不惑于道。

顺此逻辑,"大治"便表现为前引《俶真训》所谓"当此之时,万民猖狂,不知东西;含哺而游,鼓腹而熙……不以曲故是非相尤,茫茫沉沉"的状态。在此治下,万民的本然之性皆得到了绝对的呵护,皆实现了其最大的可能性。然尚质反文的结果,则可能致万民于"混沌不明"

的精神状态。当然，这种状态往往也正是尚质之治所要达到的目标之一。因为，它既意味着万民的质朴本性没有受到名教的束缚或伤害，也是"大治"之民自然而然显露出的生命存在。

对于道家的尚质之说与"返性"之论，儒家则甚不以为然。儒家虽亦以自然之质言性，且虽对人性有着不同的善恶分辨或道德规定，其论治却无一不重教化。首先，儒家特别是汉儒之所谓性，主要是指"中人"之性。先秦诸子论性尽管皆为泛说，实则多是基于"中人"之性而发的。至汉，董仲舒明确地指出："圣人之性不可以名性，斗筲之性又不可以名性。名性者，中民之性。"（《春秋繁露·实性》）其次，从治世的角度看，治者所面对的芸芸众生也以"中人"为主，故儒家以"治以自然"与"名教合一"为至论。荀子有言："性者，本始材朴也；伪者，文理隆盛也。无性则伪之无所加，无伪则性不能自美，性伪合然后成圣人之名，一天下之功于是就也。"（《荀子·礼论》）"性伪合"者，犹曰人之为善乃是自然与名教合一的结果，它成就的是"文质彬彬"的人文品格。荀子的性恶论①固然多为后儒所辟，其"性伪合"之说却庶几可作儒家言教化、治道之通论。如董仲舒论性既不曰性善，亦不言性恶，而谓"性禾善米"，并据以明教化之功曰："性者，天质之朴也；善者，王教之化也。无其质，则王教不能化；无其王教，则质朴不能善。"（《春秋繁露·实性》）从"受命"的角度说，王者以教化而成民性之善，正是其职责（"王任"）所在。董仲舒曰：

> 天生民性有善质，而未能善，于是为之立王以善之，此天意也。……王承天意，以成民之性为任者也。今案其真质，而谓民性已善者，是失天意而去王任也。万民之性苟已善，则王者受命尚何任也？（《春秋繁露·深察名号》）

---

① 近年来，学者多辨荀子的人性论并非是性恶论，实属"性朴论"。然至于如何理解"性朴"，其间仍有争论。

除了在理论上论证施行教化的重要性，在应对武帝的策问时，董仲舒也不厌其烦地强调："凡以教化不立而万民不正也""古之王者明于此，是故南面而治天下，莫不以教化为大务"(《汉书·董仲舒传》)。所以，从治道的层面说，汉儒显然有不信任"自然（性、质）"之意：认为倘无名教之施，万民不仅难成其善，天下之治也无得以成。

儒道在自然与名教问题上（或文质之辨）的上述分歧，深刻地反映了二者关于人性和文明的不同理解。在道家，他们充分肯定了事物本身的存在意义，对于人性并无道德评判或价值预设，相信人们（乃至万物）率性而为即能实现最适合其自身的生存状态。是非观念、道德意识的产生皆是理想状态丧失的结果，它们是外在于事物本性的人为之"物"，是人们用来对治现实诸"病"的药方。而且，作为外在的观念或标准，是非、仁义的施行还会伤及事物之性，束缚其自由。至于治者将仁义道德作为窃取天下国家、奴役万民的工具，斯益下矣。所以，道家已洞察到文明发展所可能导致的种种僵化压抑、虚伪浮华以及侵削戕虐之弊，其思想具有积极的警示意义和现实批判价值。但道家的尚质、"全性"思想在治道上也是有其消极性的，一方面，它似乎泯灭了原始的蒙昧状态与得道的混沌状态之间的本质区别；另一方面，由于它将事物"全性"的生存状态描述得过于理想化，且因为反对以儒家为首的关于政治体制的任何构建，从而似有一定的反文明的思想倾向。

儒家对人性则不如道家那么有信心，即使是孟子"道性善"，也认为"人之所以异于禽兽者几希"(《孟子·离娄下》)。儒家坚持人禽之辨，高扬人之为人的价值和尊严，内重修养、外隆教化，以使万民过上"人之为人"的生活。故孟子又曰："人之有道也，饱食、暖衣、逸居而无教，则近于禽兽。圣人有忧之，使契为司徒，教以人伦：父子有亲，君臣有义，夫妇有别，长幼有序，朋友有信。"(《孟子·滕文公上》)这种"人伦"之道，即儒家之所谓"文明"的主要内涵。"文"本谓纹身，引申有文饰之义，礼乐教化加于身亦属于文饰；"明"本谓光照，段注：

"《大雅·皇矣》传曰：'照临四方曰明。'"① 所以，"文明"有因德行之美而光彩耀人之义。《周易·贲》之象传曰："文明以止，人文也。""观乎人文，以化成天下。"小程曰："卦为贲饰之象。……止于文明而成贲也。天下之事，无饰不行，故贲则能亨也。"② "人文，人理之伦序。观人文以教化天下，天下成其礼俗，乃圣人用贲之道也。"③ 圣人治世，必张"贲"道，推行教化，移风易俗，以成"文明"之治。不仅如此，儒家还高度重视文明的传承与积淀，故值周之末世，"周文"虽已疲敝，孔子仍有"周监于二代，郁郁乎文哉！吾从周"（《论语·八佾》）之叹。儒家也看到任何一种文明的演进都会产生僵化、壅滞之弊，主张"礼，时为大"（《礼记·礼器》），倡导因时变易。为明此理，儒家还以忠、敬、文三教循环之说以彰补偏救弊之道。总之，儒家既看到了人类由蒙昧、野蛮进入文明状态的必然性和必要性，也试图通过积极革新的方式以救文明演进之弊。

事实上，汉初由于沿袭秦制，忽视教化，确实也造成了民风鄙陋的严重后果。早在文帝时，贾谊就已对"曩之为秦者，今转而为汉矣"（《汉书·贾谊传》）的"失理""大败"之状表示痛惜。且论当时的汉俗之坏曰：

  今世贵空爵而贱良，俗靡而尊奸，富民不为奸而贫为里侮也，廉吏释官而归为邑笑，居官敢行奸而富为贤吏，家处者犯法为利为材士。故兄劝其弟、父劝其子，则俗之邪至于此矣。（《新书·时变》）

如果说秦俗之败是因为秦人昧于尚功兼并之术的成功而轻视仁义教

---

① （汉）许慎撰，（清）段玉裁注：《说文解字注》，第314页。
② （宋）程颢、程颐撰：《二程集》，中华书局2004年版，第807页。
③ （宋）程颢、程颐撰：《二程集》，第808页。

化的话，汉初的风俗之坏完全在于治者因循秦制，而不知教化之于治世的重要意义。故秦俗之败似乎于情可原，汉俗之坏则于理难恕。这也说明道家所推崇的"（君）无为"而"（民）自化"的理想之治，在现实中是很难实现的。为改良风俗、端正人心，贾子上书申言更化改制之理，建议文帝"改正朔，易服色制度，定官名，兴礼乐"（《汉书·贾谊传》）。只因当时黄老之风盛行，帝后皆沉浸于其中，其志不得。

直到武帝之世，周末以来的风俗败坏之状仍无改观，以至董仲舒策对时还痛心疾首地指出：

> 自古以来，未尝有以乱济乱，大败天下之民如秦者也。其遗毒余烈，至今未灭，使习俗薄恶，人民嚚顽，抵冒殊捍，孰烂如此之甚者也。……今汉继秦之后，如朽木粪墙矣，虽欲善治之，亡可奈何。（《汉书·董仲舒传》）

所以，董子力主更化，谓"故汉得天下以来，常欲善治而至今不可善治者，失之于当更化而不更化也""更化则可善治"。至于如何更化，不过是敦促王者黜百家而尊儒术，修饬"仁谊礼知信五常之道"（《汉书·董仲舒传》）以为治。其后，武帝果重儒术，经学昌明，汉代的思想文化遂亦为之大变，历史进入了一个新时代。

"为政以德"诠解传统中的儒道之辨[*]

夏世华

（中南财经政法大学哲学院）

摘　要：何晏《论语集解》引"德者无为"来解"为政以德"之"德"，这条注解，当从皇侃《论语集解义疏》视为郑玄而非包咸的注语。历代学者围绕"德者无为"的意涵展开了一场儒道之辨，皇侃援引郭象说以发挥其玄学意涵，程朱等从儒学立场做出疏解，毛奇龄等则将其视为道家命题而大加挞伐。通观《论语集解》，何晏将《卫灵公》篇"无为而治者，其舜也与"和《泰伯》篇"舜有五人而天下治"关联起来，并以"任官得其人"解"无为而治"，这意味着他对郑玄的引用，是以通解《论语》不同篇章为前提的。郑玄对"德者无为"的理解很可能来自《礼记》之《中庸》《哀公问》等篇，其要义在于"以至诚修德"和"使民不可以烦"的德化思想，这与朱

---

[*] 本文是国家社科基金冷门绝学研究专项项目"禅让类出土文献综合研究"（20VJXG003）的阶段性成果。

熹等从《论语》"笃恭而天下平"出发强调修德有为、不以智术笼络天下可谓殊途同归。郑玄与朱熹的理解和诠释大体是贴合孔孟之间的儒学语境的，毛奇龄的相关批评则建立在多重误解之上。

关键词：孔子　为政以德　无为　《论语》　何晏

作者简介：夏世华，男，湖北武汉人，中国哲学博士，中南财经政法大学哲学院副教授，主要研究新出楚地简帛、先秦儒道哲学、秦汉政治思想等。

"为政以德，譬如北辰，居其所而众星共之"（《论语·为政》），这是孔子对西周以降政治治理理念的重要提炼，包含了丰富的政治思想意涵。古代君臣常援引该章以论政，历代大儒也颇注意辨析该章的思想内涵，这些都构成了诠解《论语》"为政以德"的传统。在现存《论语》注疏中，何晏的《论语集解》是最早的全本注解，其中对《为政》篇首章所载孔子论"为政以德"的话，仅录一家的解说，其言云："包曰：'德者无为，犹北辰之不移而众星共之。'"[1] 从《论语集解》来看，"德者无为"是理解"为政以德"之"德"的津梁。然而，"德者无为"又该如何理解？这在《集解》中并非一望而知，后来的解者也多有异议，皇侃援引郭象说以发挥其玄学意涵，程朱等从儒学立场做出疏解，毛奇龄等则将其视为道家命题而大加挞伐。可以说，《论语集解》所引"德者无为"一语，引发了关涉儒道思想的争论。本文拟对相关诠解略加分疏，希望更准确地理解各家所作的解说，对相关的争议予以反思，尽可能地理解孔子"为政以德"的思想。

---

[1] 程树德撰，程俊英、蒋见元点校：《论语集释》，中华书局1990年版，第64页。

一、皇侃对"德者无为"之玄学意涵的发挥

多数《论语集解》的版本都将"德者无为"这一条注文系于"包曰"之下,作为包咸的意见,唯独皇侃《论语集解义疏》将其置于"郑曰"之下,作为郑玄的意见,本文以为皇本可从,理由如下:其一,在"道之以政"章的"道之以德"下,《集解》引"包曰:'德,谓道德也。'"① 在《为政》篇中,"为政以德"章与"道之以政"章之间仅隔"诗三百"一章,这两章的"德"字都是在政、德关系中讲的,其意义并无太大差别,若由一人作解,不当重复作注,而又别出两义。其二,《集解》所引"包曰"甚多,除了"为政以德"一条,在《子路》篇"不得中行而与之"章的"狷者有所不为"下,《集解》云:"狂者进取于善道,狷者守节无为。"② 这两例虽都用到"无为"一词,但其意义明显不一致,而"道德"一词的意义则可以贯穿始终,如《子罕》篇"譬如为山"章下,《集解》引"包曰"就说"此劝人进于道德"③。其三,在《先进》篇"子路、曾皙、冉有、公西华侍坐"章的"为国以礼,其言不让,是故哂之"下,《集解》云:"包曰:'为国以礼,礼贵让。子路言不让,故笑之。'"又《子路》篇"樊迟请学稼"章的"焉用稼"下,《集解》云:"包曰:'礼义与信,足以成德,何用学稼以教民乎?'"④ 从重申"为国以礼"和"礼义与信,足以成德"的表述看,包咸未必赞同以"无为"为"为政以德"之"德"的要旨。

皇侃《义疏》对"德者无为"的疏解是据郭象的思想而作的,其言云:

---

① 程树德撰,程俊英、蒋见元点校:《论语集释》,第69页。
② 程树德撰,程俊英、蒋见元点校:《论语集释》,第931页。
③ 程树德撰,程俊英、蒋见元点校:《论语集释》,第612页。
④ 程树德撰,程俊英、蒋见元点校:《论语集释》,第814、898页。

> 云"为政以德"者，此明人君为政教之法也。德者，得也。言人君为政，当得万物之性，故云"以德"也。故郭象云："万物皆得性谓之德，夫为政者奚事哉，得万物之性，故云德而已也。"云"譬如"云云者，此为为政以德之君为譬也。北辰者，北极紫微星也。所，犹地也。众星谓五星及二十八宿以下之星也。北辰镇居一地而不移动，故众星共宗之以为主也。譬人君若无为，而御民以德，则民共尊奉之而不违背，犹如众星之共尊北辰也。故郭象云："得其性则归之，失其性则违之。"①

皇侃两引郭象的话来作解，而郭象之言的关键在于"万物皆得性谓之德"，结合郭象《庄子注》来看，也可以说"万物得其性谓之德"是郭象思想的基本命题。在《庄子注》中，"性""自然之性""天性""性分""性命""性情"等都是比较常见的用语，郭象关于"性"的理解，主要包括几个层面的内容：其一，万物独化、自生于玄冥之境，故"物之自然，各有性也"②，万物皆有其自然之性；其二，"天性所受，各有本分，不可逃，亦不可加"，万有所受的天性不仅千差万别，而且没有"能中易其性者"③；其三，"性各有极"，人与物所要追求的只是"苟足其极""足于天然而安其性命"，这就是所谓的"各以得性为至、自尽为极"。④ 学者已经指出，"从'各安其分''各适其性'的观点出发，郭象主张调和'名教'与'自然'的关系，认为名教就是自然，自然即为名教。"君臣上下的等级制度、仁义之类的道德规范都是人性自然的一部分，所以"人们如果能够'各安其天性'，顺应名教的规范，就能各遂其

---

① （三国魏）何晏集解，（南朝梁）皇侃义疏：《论语集解义疏》，上海商务印书馆1937年版，第13页。
② （清）郭庆藩撰，王孝鱼点校：《庄子集释》，中华书局1961年版，第533页。
③ （清）郭庆藩撰，王孝鱼点校：《庄子集释》，第128、59页。
④ （清）郭庆藩撰，王孝鱼点校：《庄子集释》，第25、81、16页。

欲、各尽其性，实现自然"。①

从皇侃说"譬人君若无为，而御民以德"来看，他其实是引入郭象的思想来阐释"德者无为"这一旧注的，其理解呈露出非常鲜明的魏晋玄学底色。从名教与自然这一贯穿魏晋玄学不同发展阶段的基本问题来看，"由'贵无'论的'名教本于自然'，到'崇有'论的'自然不离名教'，再到郭象的'独化'论综合二者，论证了'名教即是自然'"。在不同的阶段，玄学家对儒之名教与道之自然虽各有所偏重，但整体而言"'儒道兼综'是玄学的基本特征"，而"以阮籍、嵇康为代表的'名教不合自然'的思想，表现了玄学'异端'的倾向"。②既然皇侃明确引述郭象的思想和表述作解，那他对"德者无为"的理解带有儒道兼综的特征，也是鲜明可见的。

二、朱熹对"德者无为"之儒家意涵的疏解

在作为宋代"《论语》学"集大成之作的《论语集注》中，朱熹虽未像何晏那样明确引述汉儒"德者无为"的话，但实质上对"德者无为"做了非常明确的儒学解释。其言云：

> 政之为言正也，所以正人之不正也。德之为言得也，得于心而不失之谓也。北辰，北极，天之枢也。居其所，不动也。共，向也，言众星四面旋绕而归向之也。为政以德，则无为而天下归之，其象如此。程子曰："为政以德，然后无为。"范氏曰："为政以德，则不动而化，不言而信，无为而成。所守者至简而能御烦，所处者至静

---

① 郭齐勇主编，麻天祥、秦平、乐胜奎著：《中国哲学通史·魏晋南北朝卷》，江苏人民出版社 2023 年版，第 230 页。

② 肖萐父、李锦全主编：《中国哲学史》，人民出版社 1982 年版，第 357、356 页。

而能制动,所务者至寡而能服众。"①

这条注文三次出现"无为"一词,可见以朱子、程子和范氏为代表的宋儒在理解"为政以德"时受到了《论语集解》的影响,但一比较又可以发现,朱子以"德之为言得也,得于心而不失之谓也"取代了"德者无为"的旧解,这反映出朱子对于旧解的取舍:其一,朱子并不赞同将"无为"理解为"德"的内容或实质,故以"得于心而不失"重新解释"德"②,这一新解无疑是植根于宋儒心性之学的。修德之本,在心止于至善。其二,从他自己说"为政以德,则无为而天下归之"的"则"字,以及所引程子语中的"然后"一词和范氏语中的"则"字来看,朱子将"无为"理解为"为政以德"③,是因其部分接受了以"无为"释"德"的旧注。朱子与弟子的多则对话都涉及如何理解此处"无为"的问题,其言云:

> 问"无为而天下归之"。曰:"以身率人,自是不劳力。礼乐刑政,固不能废。只是本分做去,不以智术笼络天下,所以无为。"明作。
>
> 问:"'为政以德',如何无为?"曰:"圣人合做处,也只得做,如何不做得。只是不生事扰民,但为德而民自归之。非是说行此德,便要民归我。如齐桓、晋文做此事,便要民如此,如大蒐以示礼,

---

① (宋)朱熹:《四书章句集注》,朱杰人、严佐之、刘永翔主编:《朱子全书》第六册,上海古籍出版社、安徽教育出版社2002年版,第74页。

② 朱子曾反复修改对"德"的解释,据《朱子语类》卷二十三的记载,朱子最初的表述是"德者,行道而有得于身也",后又改"身"作"心",最后定稿为"德之为言得也,得于心而不失"。参阅(宋)黎靖德编:《朱子语类》,朱杰人、严佐之、刘永翔主编:《朱子全书》第十四册,第791页。

③ 有学者指出:"从为政的效验、迹象、表现形式的角度来解释无为而治,至少就朱子的解释而言是一贯的,因而确实具有一定的理据。"参阅陈群、彭秋归:《孔子"为政以德"辨析》,《道德与文明》2019年第3期。

伐原以示信之类。但圣人行德于上，而民自归之，非有心欲民之服也。"佣。

子善问："'"为政以德"，然后无为。'圣人岂是全无所为邪？"曰："圣人不是全无一事。如舜做许多事，岂是无事。但民心归向处，只在德上，却不在事上。许多事都从德上出。若无德而徒去事上理会，劳其心志，只是不服。'为政以德'，一似灯相似，油多，便灯自明。"恪。（贺孙录云："子善问'"为政以德"，然后无为'。"曰："此不是全然不为。但以德则自然感化，不见其有为之迹耳。"）

问邵汉臣："'为政以德，然后无为'是如何？"汉臣对："德者，有道于身之谓，自然人自感化。"曰："看此语，程先生说得也未尽。只说无为，还当无为而治，无为而不治？这合着得'政者，正也，子帅以正，则莫敢不正'，而天下归之，却方与'譬北辰居其所而众星共之'相似。"邵因举《集注》中所备录者。曰："下面有许多话，却亦自分晓。"贺孙。①

在这几则对话中，朱子分辨了几个层次的意思：其一，"为政"必然要有所作为。礼乐刑政，这些都是"圣人合做处"，故"也只得做"，"固不能废"。其二，为政者不能以诱迫民众服从的功利心态行德。所谓"以智术笼络天下"，"行此德，便要民归我"，都是"有心欲民之服""无德而徒去事上理会"，即以功利的心态行德，而非"为政以德"。其三，为政者若能以德为本，修德自立，则民自然会感化、归往。"只是本分做去"，"行德于上"，"以身率人，自是不劳力"，"而民自归之"。由此来看，朱子希望为政者不要只停留在"智者利仁"（《论语·里仁》）的层面，利用德所具有的政治效果不去真实地修德，应该要更上一层楼，追求"仁者安仁"（《论语·里仁》）的境界，充分理解德所具有的内在价值。朱子所论的"无为"，关键在于不将"德"作为桥梁和工具，而将其视为

---

① 参阅（宋）黎靖德编：《朱子语类》，第791~792页。

终极目的,唯其如此,"德"之彰显才能引发"天下归之"的政治效果。

朱子对"为政以德"的理解,是在他对政、刑与德、礼的价值序列理解的基础上形成的。在"道之以政"章末尾,朱子特别加按语云:

> 政者为治之具,刑者辅治之法,德、礼则所以出治之本,而德又礼之本也。此其相为终始,虽不可以偏废,然政、刑能使民远罪而已,德、礼之效,则有以使民日迁善而不自知。故治民者不可徒恃其末,又当深探其本也。①

在政、刑、德、礼四者中,朱子先是从大处着眼,以政、刑为末,以德、礼为本,进而又以政为主、以刑为辅,以德为礼之本。由此来看,朱子所谓"治民者不可徒恃其末,又当深探其本",实质上就是要以德为本,而注重无为德化又是以德为本的题中之义。

三、朱熹、王夫之、毛奇龄等对"德者无为"之道家意涵的排斥

"无为"一语,常见于《老子》一书,尤其是"上德无为而无以为"(王弼本《老子》第三十八章)的表述,直接以"无为"来标示"上德"。"德者无为"这样的解释,很容易被关联到老子思想上去,朱子、王夫之和毛奇龄等都曾辨析过"德者无为"中可能蕴含的道家思想。

第一,朱子对孔子与老子之无为观念的辨析。《朱子语类》卷二十三云:

> 问:"'为政以德',老子言无为之意,莫是如此否?"曰:"不必老子之言无为。孔子尝言:'无为而治者,其舜也与! 夫何为哉?

---

① (宋)朱熹:《四书章句集注》,第75页。

恭己正南面而已矣。'老子所谓无为，便是全不事事。圣人所谓无为者，未尝不为，依旧是'恭己正南面而已矣'；是'己正而物正'，'笃恭而天下平'也。后世天下不治者，皆是不能笃恭尽敬。若能尽其恭敬，则视必明，听必聪，而天下之事岂有不理！"〔卓〕贺孙录云："老子所谓无为，只是简忽。圣人所谓无为，却是付之当然之理。如曰：'无为而治者，其舜也与！夫何为哉？恭己正南面而已。'这是甚么样本领？岂可与老氏同日而语！"①

这段对话虽未明确提及"德者无为"的旧注，但其问题很可能是基于旧注而发的。朱子的答语从不同层次辨析了孔子和老子"无为"思想的差异：其一，从文献学的角度来看，不仅《老子》书多见"无为"一词，《论语·卫灵公》也明确记载了孔子以舜为例论"无为而治"的话，因而不能简单据"无为"一词就断定"德者无为"与老子思想直接相关。其二，从孔子和老子所言之"无为"的思想实质来看，朱子以为老子的"无为"是"全不事事""只是简忽"，而孔子的"无为""未尝不为"，其要义在于"笃恭尽敬""付之当然之理"。结合上文的分疏，大致可以认为在朱子看来，在政、刑、礼等层面上，老子主张"全不事事"，而孔子主张"未尝不为"，孔子之"无为"的关键在于以"笃恭尽敬"养德之大本，老子之所以不可"同日而语"，正因为其缺失了孔子之"无为"的这一层意蕴。也就是说，朱子实际上认为老子与孔子所讲的"无为"不在同一个层次上，老子是在治民之"末"的层次上言"无为"，而孔子是在治民之"本"的层次上言"无为"。朱子辟老的倾向甚为明显，不过其主旨仍在于阐明儒学的立场。

第二，王夫之对"德者无为"之道家意蕴的辩驳。王夫之也是站在儒学立场明确辩驳"德者无为"之道家意涵的。他对"为政以德"章的评论主要从几个层面展开：其一，赞许程复心关于北辰的说法，批评朱

---

① （宋）黎靖德编：《朱子语类》，第792~793页。

子轮藏心、射糖盘子"似一物横亘于中"等喻,辨析天枢为气而非形,天之运行与枢"既与同体,动则俱动","二十八宿、三垣在广处动,北辰在微处动,其动不可见"而已。其二,接着程朱讲,明确肯定德必有为。在王夫之看来,孔子以北辰、众星之象作譬的要义在于"'为政以德'而云不动,云无为,言其不恃赏劝刑威而民自正也。盖以施于民者言,而非以君德言也。若夫德之非无为,则与北辰之非不动均也"。与朱子一样,王夫之也强调君主专一修德便能己正而世正,"不显、笃恭之德,原静存、动察之极功","欲正人以孝,则君必行孝道而有得于心;欲正人以慈,则君必行慈道而有得于心",这都是在强调"自不容不内修其德",德必是有为修成的。与朱子主张政、刑、德、礼虽有本末关系但不可偏废不同,王夫之实质上淡化了为政的意义,不仅直接将不动、无为与"不恃赏劝刑威"关联起来,而且反复强调"未尝有及于民之事""不急于动民"。要而言之,"各修其所当为,而星之环绕以动者,自与北辰俱转;民之自新不已者,自与人君同正。只此乃德之用微,而其化显"。王夫之所设想的是一种更彻底的德化天下的理想世界,人君修德自存,万民亦自新其德,与人君同正。因而,"程子曰'为政以德,然后无为',朱子曰'则无为而天下归之',无为者,治象也,非德体也。动于微而不动于显,德微,政显。动于独而不动于众。北辰之与君德合者,慎动以不息而已矣"。以"无为"为"非德体"这是深得程朱之义的,但以"无为"为"治象"则与程朱不合,只能视为王夫之自己的先见。其三,指出朱子轴心之喻所隐含的思想风险,批评老子无为自正的思想。其言曰:

若以轴喻,则脱然两物,故为不动以持毂而迫之转;则是有意不动,以役使群动。此老氏所谓"王侯得一以为天下贞",阳为静而阴挟之以动,守乎雌以奔走天下之雄。其流为申、韩者,正此道也。此则以无为为德,因正于天下而己无所正,岂以己之正正人之不正之谓乎?

在王夫之看来，孔子与老子都以德为主旨，但其所主张的德根本不同，孔子以"有为"为德，老子"以无为为德"，老子之学之所以后来流为申、韩之说，很大程度上是因为其所主张的德很容易因空虚不实而流为御人之术。总体而言，王夫之认为：

> 极论此章，亦不过《大学》"以修身为本"之意，《孟子》至诚动物之旨，而特推上下理气感通之机，以显其象于天，见为理之不可易者而已。若更于德之上加一"无为"以为化本，则已淫入于老氏"无为自正"之旨。抑于北辰立一不动之义，既于天象不合，且陷入于老氏"轻为重君，静为躁根"之说。毫厘千里，其可谬与？①

王夫之不仅对朱子的轴心之喻详加辨析，而且对作为源头的"德者无为"这一古注明显不满。就其德化天下的理路而言，德者若无为，便失去了可化之本，而"已淫入于老氏'无为自正'之旨"。

第三，毛奇龄对汉儒、何晏和程朱的攻击。清代的毛奇龄作《论语稽求篇》，针对"为政以德"章，毛氏发表了一段很长的评论，在自陈己见的同时，对朱子的相关注解予以批驳。毛氏对该章的理解，主要包括两个方面的内容：一方面，"为政以德，是以德为政，'譬如'以下是比喻以德为政之象，北辰比德，众星比政，谓一德既立，而众政具举"。另一方面，"为政以德，正是有为，夫子明下一'为'字，则纵有无为之治，此节断不可用矣。况为政则尤以无为为戒者"。基于这样的理解，毛氏从不同层面批评了朱子的注解。其一，批评朱子的注解含糊不清。"若云以简御烦、以寡御众，无为而天下归之，则是无为而治之，譬驴头马嘴矣。若云为政以德则自有此效，则又另一譬矣。"这个批评认为朱子的"无为而天下归之"可作两解，若据朱子所引范氏之言来理解，朱子是主

---

① 上文引王夫之语，参阅（明）王夫之：《读四书大全说》，《船山全书》第六册，岳麓书社2011年版，第597~599页。

张"无为而治之",这与《论语》原文"为政"之"为"不合;"若云为政以德则自有此效",从德化之效的意义作解,《论语》原文应当另用一个譬喻。就方法论而言,"为政以德"章所用的譬喻属于《四书》倒譬、反譬和正譬中的正譬,正譬的"正言"与"譬语"当是"一意",而"《集注》于为政节、君子之道孰先传焉下两譬俱各自为说"。其二,批评朱子未能辨析思想源流而误信了古注。其言云:

> 包注"德者无为",此汉儒搀和黄老之言,然尚有马郑向歆辈以师承儒术挽回其间。至魏晋而浸淫矣,何晏异学,本习讲老氏,援儒入道,况出其意见以作《集解》,固宜独据包说,专主无为。而程朱二氏自命醇儒,乃亦从而和之,岂洛闽诸儒果寿涯麻衣华山道者之徒与?

毛氏先攻击"包注'德者无为'"是"搀和黄老之言";接着攻击"何晏异学,本习讲老氏,援儒入道",基于老子之学"独据包说"来解《论语》"为政以德"章,"专主无为";最后又攻击程朱不仅未能辨析《集解》之失,反而"从而和之",有受到当时道教思想影响的嫌疑。毛奇龄站在"马郑向歆"辈汉儒的立场激烈批评了《论语集解》引"包曰"作解的问题及其影响,其矛头所向则是朱子的注解。《四库总目提要》谓该书"皆辨驳朱子《集注》之说"①,就"为政以德"章而言,此诚非虚言。《四库总目提要》又谓毛氏"解为政以德之类,持论亦正"②。若从思想分析的立场与方法来看,毛氏的批评虽火药味甚浓,但未建立在对何晏、朱熹的准确理解之上。毛氏为了批评何晏,甚至提及晋武帝诏书"朕思与万国以无为为政",并评论说:"此一语实当时儒臣变乱儒说,参易圣经,大启惠帝荒政,及清谈虚无神州陆沉之渐,今就

---

① 《文渊阁四库全书》第 210 册,台湾商务印书馆 1986 年版,第 133 页。
② 《文渊阁四库全书》第 210 册,第 134 页。

经解经,绝无参易,又何可使西晋异学复肆变乱如此?"① 这似乎已经越出了学术批评的范围,而以阻止"西晋异学复肆变乱"和"神州陆沉之渐"的卫道士自居了。

四、对"德者无为"这一旧注的再审视

通过以上梳理便可看出,何晏采汉儒"德者无为"一语作为"为政以德"的关键解释,对后世产生了深远的影响,无论是皇侃从儒道兼综的玄学立场做出的疏解,还是朱熹、王夫之、毛奇龄等在阐发该注的儒学意涵时又着力划清与道家思想的界限,都未绕过何晏所引的古注。然而,这些旧解也未能结合《论语集解》和当时的思想背景深考何晏所引"德者无为"这条古注的意涵。

第一,何晏对"德者无为"的理解。若将《论语集解》作为一个整体来看,何晏可能是有自己的解释策略的。除了在"为政以德"章引"郑曰:德者无为"云云,在《卫灵公》篇孔子所言"无为而治者,其舜也与?夫何为哉?恭己正南面而已矣"之下,《集解》云:"言任官得其人,故无为而治。"此注有两点值得注意:其一,此注以"任官得其人"解"无为而治",应是将该章与《泰伯》篇"舜有五人而天下治"关联起来予以解释的结果。皇侃用蔡谟之说,以尧、舜、禹相禅解"无为而治",似乎未达何晏之意②;其二,此注并未附在"某曰"的体例之下。按照"集诸家之善说,记其姓名,有不安者,颇为改易"的原则,以"郑曰德者无为"云云解"为政以德"章,属于"集诸家之善说,记其姓名";未附于"某曰"之下的,则属于"有不安者,颇为改易",亦

---

① 本节所引毛奇龄评论"为政以德"章注疏的内容,参见《文渊阁四库全书》第210册,第140~141页。
② 皇侃云:"云'子曰'云云者,舜上受尧禅于己,己又下禅于禹,受授得人,故孔子叹舜无为而能治也。云'夫何'云云者,既受授善得人,无劳于情虑,故云'夫何为哉'。"(三国魏)何晏集解,(南朝梁)皇侃义疏:《论语集解义疏》,第215页。

即皇侃所谓"若先儒注非何意所安者,则何偏为改易,下己意也"①。综合来看,何晏的解释策略可以概括为:他首先引用了郑玄"德者无为"的旧注来解"为政以德"之"德",进而将《卫灵公》篇"无为而治者,其舜也与"和《泰伯》篇"舜有五人而天下治"关联起来,然后断以己意,以"任官得其人"解"无为而治"。这意味着,"郑曰德者无为"只是何晏在贯通了上述《卫灵公》篇和《泰伯》篇的文本和思想之后选择的,一个与自己的理解相辅相成的解释。也就是说,何晏对"为政以德""无为而治"这些重要命题的理解,仍是基于对《论语》不同篇章的通解才形成的,它遵循了内证优先的解释原则,无论是引述"郑曰"以解"为政以德",还是自下己意以解"无为而治",何晏要从《论语》中引而出之的是"为政以德"之"德"当以"任官得其人"为要义,而此义不仅符合孔子"举直错诸枉"(《论语·颜渊》)的尚贤思想,而且在魏晋时期也颇有同调②。

第二,郑玄对"德者无为"的理解。若"德者无为"果如皇侃所言是郑玄的注解,那郑玄是在何种意义上理解"德者无为"的,这个问题也需要进一步深入考察。《礼记》中的许多篇章都与孔子及其弟子们的思想相关,其中与"为政以德"和"无为而治"有关的论述也不少,而在郑玄所注的多种经典中,《礼记注》与《论语注》应是思想关联度最高的。《中庸》篇论诚之后,总结说"如此者,不见而章,不动而变,无为而成,天地之道,可壹言而尽也",郑玄注云:"言其德化与天地相似,可一言而尽,要在至诚。"③ 此注强调至诚则可以显发出与天地相似的德

---

① (三国魏)何晏集解,(南朝梁)皇侃义疏:《论语集解义疏》"论语集解义疏叙",第3页。

② 《三国志·吴书·王楼贺韦华传》载东观令华覈上疏曰:"臣窃以治国之体,其犹治家。主田野者,皆宜良信。又宜得一人总其条目,为作维纲,众事乃理。《论语》曰:'无为而治者其舜也与!恭己正南面而已。'言所任得其人,故优游而自逸也。"(晋)陈寿撰,(南朝宋)裴松之注,陈乃乾校点:《三国志》,中华书局1982年版,第1455页。

③ (清)阮元校刻:《十三经注疏》(清嘉庆刊本),中华书局2009年版,第3544页。

化之效。又《哀公问》云"无为而物成，是天道也"，郑玄注云："无为而成，使民不可以烦也。"此注亦可从至诚、德化的视角来理解，孔颖达正义云："'无为而物成，是天道也'者，言春生夏长，无见天之所为，而万物得成，是天道。谓人君当则天道，以德潜化，无所营为而天下治理，故云'是天道也'。"① 从以上两条郑玄对"无为"所作的注解来看，他很可能综合了《论语》"为政以德""无为而治"等章和《礼记》之《中庸》《哀公问》的相关文本和思想。也可以说，何晏从郑玄《论语注》所采的"德者无为"这一注解，是郑玄在贯通《礼记》之《中庸》《哀公问》的"无为"思想之后，进一步将其通之于《论语》"为政以德"章的反映，"譬如北辰，居其所而众星共之"提供了一个很好的"德化"思想模型。有学者仅凭"无为"二字即认为郑玄是在黄老学所主张的"君无为而臣有为"的意义上作解的②，这是未注意到郑玄在《礼记注》中相关材料而做出的判断。

第三，何晏虽采纳了郑玄"德者无为"的注解，但很可能是根据自己对《论语》的理解来运用"郑玄注"的。如上所论，何晏可能主要是从"任官得其人"这个意义去理解"德者无为"的，这种意义虽也可以为郑玄的旧注所容纳，但郑玄并未特别凸显此义。《礼记·礼运》在论述了祭祀帝、社、祖庙、山川、五祀等之后，强调宗祝、三公、三老、巫、史、卜、筮、瞽、侑等在王之侧，然后说"王中心无为也，以守至正"，郑玄于此无注，孔颖达正义云："既祭祀尊神及委任得人，故中心无为，以守至正之道也。"③ 又《学记》篇云"大德不官"，郑玄注云："谓君也。"孔颖达正义云："'大德不官'者，大德谓圣人之德也，官谓分职

---

① （清）阮元校刻：《十三经注疏》，第3499页。
② "按照郑玄的解释，所谓'为政以德'，就是要求当政的君主要以无为的方式执政；要求君主清静无为，而让百官积极有为；通过君主的无为，鼓励、引导、激发文武百官充分发挥各自的能动性和创造力。"喻中：《说"为政以德"》，《读书》2009年第7期。
③ （清）阮元校刻：《十三经注疏》，第3087页。

在位者。圣人在上，垂拱无为，不治一官，故云'大德不官'也，不官而为诸官之本。"① 这两处孔颖达都以任官、得人、无为作解，而这些意思郑玄都未言及。结合郑玄以"德化"和"使民不可以烦"解《中庸》《哀公问》之"无为"来看，郑玄大概以为孔子及其弟子所言的"无为"之德是以至诚为内核，而兼及至诚之德所具有的化民之效的。② 傅嘏曾评论何晏之为人，称"何平叔外静而内铦巧，好利，不念务本"③，裴松之称"何晏以为圣人无喜怒哀乐"④，而何晏自己的奏文谓"善为国者必先治其身，治其身者慎其所习"，"为人君者，所与游必择正人，所观览必察正象，放郑声而弗听，远佞人而弗近，然后邪心不生而正道可弘也"。⑤ 这些都表明何晏的治身思想更强调好的环境的重要性，与儒家至诚思想不相契合。可以说，何晏对郑玄"德者无为"的引用是断章取义的，他未必不知道郑玄以"无为"解"德"的用心所在，但他更强调任官得人，这正与他强调君主修身当以"慎其所习"，特别是"所与游必择正人"作为要义是一致的。

第四，据皇侃《义疏》将"德者无为"视为郑玄的注解，可以得到《论语集解》和郑玄《礼记注》相关史料的支持，郑玄对"德者无为"

---

① （清）阮元校刻：《十三经注疏》，第3304页。

② 陈来在解释"为政以德"时说："为政即从事政治的治理与领导，'以德'在字面上可能有两种意义，即道德教化和道德表率。而从整个句子来看，为政以德并不是泛指以道德治理国家，而是特指为政者以自己的道德作为民人的表率，故后句说'譬如北辰居其所而众星拱之'，即为政者能作道德表率，人民自然都会归向为政者，如众星环绕北极星一样。"这里以"道德表率"作为"以德"的特指，实兼具了郑玄所强调的至诚及其化民之效两义。参阅陈来：《论"道德的政治"——儒家政治哲学的特质》，《天津社会科学》2010年第1期。

③ （晋）陈寿：《三国志》，第624页。

④ 裴松之又指出王弼不赞同何晏的看法，其言云："弼与不同，以为圣人茂于人者神明也，同于人者五情也，神明茂故能体冲和以通无，五情同故不能无哀乐以应物，然则圣人之情，应物而无累于物者也。今以其无累，便谓不复应物，失之多矣。"（晋）陈寿：《三国志》，第795页。

⑤ （晋）陈寿：《三国志》，第122页。

的理解很可能来自《礼记》之《中庸》《哀公问》等篇，其要义在于以至诚修德和"使民不可以烦"的德化思想，这与朱熹等从《论语》"笃恭而天下平"出发强调修德有为、不以智术笼络天下可谓殊途同归。在"为政以德"的诠解传统中，郑玄与朱熹的理解和诠释应是比较贴合孔孟之间的儒学语境的。这就意味着，毛奇龄的批评实际建立在多重误解之上。其一，将"德者无为"视为包咸而非郑玄之言，有失察之嫌，由此而谓"尚有马郑向歆辈以师承儒术挽回其间"则难以自洽；其二，谓"德者无为"是"汉儒搀和黄老之言"的论断并不准确，郑玄身处东汉末年，其时经学盛而黄老衰，"德者无为"一语主要是郑玄综合《论语》和《礼记》相关文本而拟的，并无充分的证据说明郑玄此注受了黄老之言的影响；其三，何晏虽是断章取义地引述了郑玄的注解，但其对"德者无为"的理解主要还是儒家式的，见其采纳"无为"便判其为"援儒入道"的"异学"，显得比较武断；其四，朱熹澄清了"德者无为"的儒学意涵，并尝试廓清其与老子之无为学说的关系，并非"从而和之"，影射"洛闽诸儒果寿涯麻衣华山道者之徒与"更是捕风捉影。

第五，魏晋时期对"为政以德"的理解也是多样的。《史记·滑稽列传》云："子产治郑，民不能欺；子贱治单父，民不忍欺；西门豹治邺，民不敢欺。三子之才能谁最贤哉？辨治者当能别之。"①《史记》裴骃集解云：

> 魏文帝问群臣："三不欺，于君德孰优？"太尉钟繇、司徒华歆、司空王朗对曰："臣以为君任德，则臣感义而不忍欺；君任察，则臣畏觉而不能欺；君任刑，则臣畏罪而不敢欺。任德感义，与夫导德齐礼有耻且格等趋者也。任察畏罪，与夫导政齐刑免而无耻同归者也。孔子曰：'为政以德，譬如北辰，居其所而众星共之。'考以斯言，论以斯义，臣等以为不忍欺不能欺，优劣之县在于权衡，非徒

---

① （汉）司马迁：《史记》，中华书局1982年版，第3213页。

低卬之差，乃钧铢之觉也。且前志称'仁者安仁，智者利仁，畏罪者强仁'。校其仁者，功则无以殊；核其为仁者，则不得不异。安仁者，性善者也；利仁者，力行者也；强仁者，不得已者也。三仁相比，则安仁优矣。《易》称'神而化之，使民宜之'。若君化使民然也。然则安仁之化与夫强仁之化，优劣亦不得不相县绝也。然则三臣之不欺虽同，所以不欺异矣。则纯以恩义崇不欺，与以威察成不欺，既不可同概而比量，又不得错综而易处。"①

在这段魏文帝与群臣的对话中，钟繇、华歆、王朗综合《论语·为政》的"为政以德"章和"道之以政"章来解"三不欺"，为理解"为政以德"提供了一个生动的政治语境。其要义是将"君任德"与"君任察""君任刑"对举，并与"安仁""利仁""强仁"关联起来，劝魏文帝任德、安仁以化臣民。司马贞索隐云："其德优劣，钟、华之评实为允当也。"② 这种对《论语》的理解与运用，与郑玄、朱熹、王夫之等大体不差，都强调了君主以仁者安仁的态度修身成德所具有的德化天下的政治价值。

第六，朱熹、王夫之等将郑玄注中的"无为"直接与老子关联起来，看似自然，实则与思想历史本身不符。他们试图区分孔、老无为思想的差异，这固然无可厚非。遗憾的是，他们对老子之无为思想的理解存在着较多误解和偏见，远不如他们对孔子"为政以德"等思想的理解那么准确。

---

① （汉）司马迁：《史记》，第 3213~3214 页。
② （汉）司马迁：《史记》，第 3214 页。

"从有为到无为"与"从无为到有为"

——孔子与老子治国方法与理念的异与同

曾美珠

（山东大学儒学高等研究院）

摘 要：孔子、老子都是身处礼崩乐坏、战乱频繁、国家昏乱的春秋时期。孔子企图透过"德化"和"礼治"的"有为"治国手段，实现像尧舜时代一样"垂拱而治"、"无为"而天下治的政治理想。而老子则主张以"无为"的治国方式，来达到天下太平、社会和谐、人民自足的"有为"政治效验。二者的政治主张看似截然不同，但深究其内涵，会发现他们有着相当多的一致性。两者都要求"统治者"必须"以身作则"，本着"化"的方式，企图用最少的政治手段，来达到最佳的政治成效，做到"所守者至简而能御烦，所处者至静而能制动，所务者至寡而能服众"的境况。因此，孔子的"有为"转换成了"无为"；而老子的"无为"最终反而成就了政治上的"有为"，可见其道虽殊途却能同归于一致。

关键词： 德化　礼治　有为　无为

孔子与老子所处的时代背景相同，都是身在礼崩乐坏、战乱频繁的春秋时期，因此都同样表现出了强烈的对于现实世界"无道"的批判，以及迫切想要重建和谐社会秩序的想法，于是分别提出了不同的治国方法和理念。孔子提出以"仁政"为核心，用"德化"和"礼治"的治国手段，希望实现像尧舜那样"恭己而正南面"、"无为"而天下治的政治理想。老子则是强调以"无为"的方法，使昏乱的社会能复归于有序和谐的状态，以达到"天下治"的"有为"成效，并让人民能过上甘其食、美其服、安其居、乐其俗的生活。尽管两人的政治主张不同，但其政治目的和宗旨是相同的：都渴望通过有效的政治手段和方法来达到天下太平、社会和谐、人民自足的理想境况。

一、孔子政治思想的"有为"与"无为"

在礼崩乐坏、各诸侯国相互争夺且兵荒马乱的春秋时期，孔子继承了周代的"礼乐文明"精神，急切地想要把代表天道的普遍原理转换为社会共同遵循的制度规范——"礼"重新建立起来，并加以统治者的"德化"仁政，来恢复社会的秩序。虽然在当时，孔子没有成功地实现他的政治理想，但其提出的"德化"和"礼治"之治国方法和理念，还是深深地影响着中国后世。

（一）孔子治国之道的"有为"：德化与礼治

在早期儒家哲学里，政府的权威很大程度上来源于"统治者"推行的"德政"，德政是天命眷顾的依据，也是百姓拥戴君主及其政权的前提，即"皇天无亲，惟德是辅；民心无常，惟惠之怀"（《尚书·蔡仲之命》）。他们认为只有"德政"才能获得人民的拥戴和天下的长治久安，故而主张"以德治国"。① 孔子继承这个传统后提出了："道之以政，齐之以刑，民免而无耻；道之以德，齐之以礼，有耻且格。"②（《论语·为政》）的主张。因此，"为政以德，治国以礼"是孔子政治思想的一贯立场。他强调"德化"与"礼治"才是治理国家的根本之道，而不是利用一些"政治手段"或"刑罚"来统治国家。因为以"制度"或"刑罚"来治理国家，只能让人民被动地服从，来使自己免于罪罚，甚至还会有逃遁避罪的心理。但"德礼"之治，则能使人民自觉地约束自己的行为，且"日迁善而不自知"。如《礼记·缁衣》所言："夫民教之以德，齐之以礼，则民有格心；教之以政，齐之以刑，则民有遁心。"

所谓的"德化"，重点在"化"，即"感化"的意思。它强调统治者自身必须要"以身作则""以德修身"，如此才能起到"上行下效""风行草偃"之政治效验。人民便不需强制规范和管控就被感化，自动效尤以让自己行为合理，如此即能轻松有效地治理好国家。如孔子自己所说："政者，正也。子帅以正，孰敢不正？"③（《论语·颜渊》）"正"就是要求统治者自身的言行能体现出正确的行为规范，以及"正而不偏"的处理行政事务的原则，且总能做自己名分应该做的事——处事公正、赏罚公平，那么被统治的人民必然会心甘情愿地服从种种制度规定。如此，国家自然安定有序而有条不紊。

而且，孔子也强调这种凡事都能"躬行以率之"的统治手段，能在政治上起到很好的效果，让上位者所要推行的政策或相关规范等，能相当容易、自然且顺畅地落实下去，不需任何强制的政治手段或刑罚，就能达到维持社会良好秩序的效果。但相反地，如果统治者自身无法以身作则，再强硬的政治手段或刑罚都无法取得理想的政治效果，甚至会有反效果。像孔子所言"苟正其身矣，于从政乎何有？不能正其身，如正

---

① 朱承、Luo Yan：《德治、礼教与共同体意识——试论祭公谋父的政治思想》，《孔学堂》2022年第4期。

② （宋）朱熹：《四书章句集注》，中华书局1983年版，第54页。

③ （宋）朱熹：《四书章句集注》，第137页。

人何"①(《论语·子路》)和"其身正,不令而行;其身不正,虽令不从"②(《论语·子路》)就是这个道理。因此,在孔子的政治思想中,政治的主要工作乃在"化人",非"治人",更非"治事"。他主张"德化"是最不费力、最省心,也是最有效的国家治理方式。就如朱熹《四书章句集注》中所引范氏的话:"为政以德,则不动而化、不言而信、无为而成。所守者至简而能御烦,所处者至静而能制动,所务者至寡而能服众。"③ 这样,为政者只需要"以身作则",就能起到上行下效、政通人和、国家得治的政治效果。如孔子所说:"君子之德风,小人之德草。草上之风,必偃。"④(《论语·颜渊》)亦即,在儒家"德治"传统中,当政令不畅、礼制被违的时候,"上位者"首先要反省自己的作为是否正当、德行是否端正。就如孟子说的那样:"行有不得者,皆反求诸己,其身正而天下归之。"⑤(《孟子·离娄上》)不然,就会产生"上梁不正下梁歪"的情况,"上位者"言行不一致是很难令人民信服的。

孔子的治国之道除了"德化",还有所谓的"礼治",即要对人民进行道德教化,就是用道德法则来指导和引导人民,以达到社会的有序与和谐。所谓"礼节民心,让则不争"便强调若不以礼让为国,则上下不敬、不和,其极必出于相争,相争则生乱,如何得治?而且这"礼"也不只是用来要求人民的,统治者本身也得以"礼"来规范和约束自己。如孔子所说"修己以敬""修己以安人""修己以安百姓"⑥(《论语·宪问》),就主张从上到下,无不以"礼"来自我规范。而且他认为在位者自身如果能以"礼"为教并能以身作则,自然能感动人心,使人民容易尊重你、信服你。如孔子所说:"上好礼,则民莫敢不敬;上好义,则民

---

① (宋)朱熹:《四书章句集注》,第144页。
② (宋)朱熹:《四书章句集注》,第143页。
③ (宋)朱熹:《四书章句集注》,第53页。
④ (宋)朱熹:《四书章句集注》,第138页。
⑤ (宋)朱熹:《四书章句集注》,第278页。
⑥ (宋)朱熹:《四书章句集注》,第159页。

莫敢不服；上好信，则民莫敢不用情。夫如是，则四方之民襁负其子而至矣。"①(《论语·子路》) 如此，才能从上到下都能"莫不尊礼、循礼"，才能产生良好的社会风气和氛围，国家自然和谐有序。

所以，天子治理天下要依靠"修德"与"礼成"，政治秩序要凭借"德礼之教"才能维系与巩固。君主怀德治国，百姓才会服从并接受教化，社会才会安定，才能使天下人真正地服从礼制，从而自觉地去履行自身的伦理和政治义务。如孟子所说："以力服人者，非心服也，力不赡也；以德服人者，中心悦而诚服也，如七十子之服孔子也。"②(《孟子·公孙丑上》) 若用"道德"与"礼义"来约束、影响百姓，使百姓从内心深处接受教化，那么无需使用政令刑罚等外在规范，便可使民心服从、天下大治。因此，在孔子的政治思想主张中，"德化"和"礼治"就是顺应民众本性及其利益诉求的本质所在，也是最好的治理国家的方法。只要统治者能以身作则，就能起到引导和鼓励民众自觉修养自身德性的作用，并创造条件满足民众的生活欲求，制定礼法让民众明确行动的界限，如此社会自然和谐有序，国家安定而人民安康。

(二) 孔子的政治理想："无为"而天下治

一般的观念里，几乎都认为"无为而治"是老子的政治思想特质，孔子是不提倡的，这是很大的误解。其实孔子的政治理想也是向往能达到"无为而治"的境界，如他自己所说："无为而治者，其舜也与？夫何为哉，恭己正南面而已矣。"③(《论语·卫灵公》) 孔子一生都非常推崇三王时代的政治盛况：国家太平、人民安康。更重要的是只有当时的"统治者"本身都是"道德高尚"的圣王，才能真正起到"上行下效"的政治效果，真正做到孔子所谓的"为政以德，譬如北辰，居其所而众

---

① (宋) 朱熹：《四书章句集注》，第 142 页。
② (宋) 朱熹：《四书章句集注》，第 235 页。
③ (宋) 朱熹：《四书章句集注》，第 162 页。

星共之"①(《论语·为政》),"君子之德风,小人之德草。草上之风,必偃"(《论语·颜渊》)的理想境况。

但孔子这里所强调的"无为"和老子所主张的"无为"还是有很大差别的。简单地说,老子的"无为"是其治国的手段,但孔子的"无为"乃是其治国的理想目标。亦即,孔子认为一个"统治者"要在政治上真正做到"无为而治"。所谓的"恭己正南面""垂衣裳而天下治"的境况,并非是一件容易之事。首先"统治者"除了必须"以身作则""道德高尚",还要在处理行政事务时去除个人之私心、私见、私利、私欲,做到秉持"无意必固我"、大公无私、正直无偏的原则。而且总能保持"圣人无常心""以百姓心为心"的精神,凡事能把百姓的利益摆在最前面,总是站在人民的立场去考虑。就像《孝经》中所说的:"君子则不然,言思可道,行思可乐,德义可尊,作事可法,容止可观,进退可度,以临其民。"②上位者自己的所言、所思、所行、所事、所乐等一言一行,都可以为人民的典范,如此才可能让人民"畏而爱之,则而象之。故能成其德教,而行其政令"③,真正达到"不动而化,不言而信,无为而成""垂衣裳恭己无为而天下治"的政治成效。

从以上论述可以明显看出,"德化"和"礼治"作为"有为"的政治手段,在很大程度上,其关注的核心都放在"统治者"身上。亦即,在孔子的治国方法和理念上,"统治者"自身的德行和作为,对一个国家和人民的影响是非常巨大的,也是一个国家能否治理好的关键所在。所以,"上位者"要时时刻刻注意自己的所言、所行、所事,这是一个合格的统治者不可回避的责任和义务。

---

① (宋)朱熹:《四书章句集注》,第53页。
② 曾振宇:《孝经今注今译》,人民出版社2018年版,第96页。
③ 曾振宇:《孝经今注今译》,第96页。

二、老子政治思想的"无为"与"有为"

"无为而治"普遍被认为是老子最重要的政治思想主张,但有很多人对所谓的"无为"产生了很多的误解,甚至还认为老子这种主张是明显的"愚民"政策,认为在老子的观点里治理国家最好或最有效的办法,就是想办法让人民"无知无欲",那"统治者"即可高枕无忧地无需任何作为地达到"无为而治"天下平的境况。这明显是对老子"无为而治"思想的很大误解和扭曲。其实,老子自己也说了是"为无为",就是以"无为"之方法来"作为",而不是真的"无所作为"。那什么是其所说的"无为"之手段呢?这就必须依据老子的文献来做进一步的分析。

(一) 老子"无为"的治国之道

老子说:"不尚贤,使民不争;不贵难得之货,使民不为盗;不见可欲,使民心不乱。是以圣人之治,虚其心,实其腹,弱其志,强其骨。常使民无知无欲。使夫智者不敢为也。为无为,则无不治。"①(《老子》第三章)"为政者"若不尊崇贤者虚名,人民就不会生起想要获得宠视的争夺之心;不特别看重难得或珍贵的财货,人民就不易起窃盗之心;不刻意去凸显那些容易引发人欲念去追逐的事物,那人民的心志就不易被惑乱。老子认为真正有智慧的"统治者"要做到:能淡化人民不必要的心思和欲念,使他们不会生起过多不必要的想法或主张;要满足人民的衣食基本需求,如此人民就不会有过多的贪求;削弱人民的欲求,使他们不生机智诡巧;最后就是要好好锻炼人民的体魄,让他们能够安康地生活。如果"统治者"能做到这些,才能让人民真正地常处于"无欲无知"、满足安乐的状态。如此,纵使再聪明的人,也不知还能再为人民多做什么。这样,才能真正通过所谓的以"无为"或说不需过多作为的治

---

① 余培林:《新译老子读本》,三民书局2007年版,第7页。

国手段,达到天下"无不治"的理想境况。

由此,可以明显看出,老子所谓的"无为"不是真正的"无所作为",或者说"统治者"只需端坐高台而无所事事。相反地,"无为而治"的政治主张对"统治者"的要求是相当高的。首先从主体上,"统治者"自身要做到不要过多地凸显个人的喜好和价值趋向,即所谓的"不尚贤""不贵难得之货";也不能过多地去彰显和强调那些容易激起人民欲望的事物,即所谓的"不见可欲",真正做到"上不欲,下不争"。其次从客观上,对待人民要能真正做到让他们身心都"自足自满",就是在生活上让人民不愁吃穿,在心理上淡化他们不必要的心思和贪欲,使他们的心灵能回归清静纯朴,身体都能舒心和安康。这样人民才能"无知无欲",真正地感到心满意足,从而没心思争抢。这样,社会和国家才能长治久安。由此可见,老子所谓的"无为而治",是把"无为"作为"治"的实现手段,而且此中所谓的"无为"包含相当多的内涵和作为。不是"不作为",而是需要"在位者"花更多的心思自我修炼去获得"为无为"的治理手段。老子如此之主张,要达到其所谓的"无为"而治,所要求的"有为"手段可能比孔子的"有为"有过之而无不及。

另外老子又强调:"以正治国,以奇用兵,以无事取天下。吾何以知其然哉?以此。天下多忌讳,而民弥贫;朝多利器,国家滋昏;人多伎巧,奇物滋起;法令滋彰,盗贼多有。故圣人云:我无为而民自化,我好静而民自正,我无事而民自富,我无欲而民自朴。"①(《老子》第五十七章)治理国家最好的方法是要以正道治理国家,如果需要用兵作战,则要以出其不意的策略做到速战速决,最低限度地减少伤亡。也就是说,必须用最轻松和最少的干预方式来治理天下才是最好的。因为一个国家禁令愈多,人民反而动辄得咎不敢多为,于是国家愈来愈穷;权谋愈多,人与人之间会愈加防备,互相钩心斗角,国家就更混乱;"上位者"如果

---

① 余培林:《新译老子读本》,第118页。

巧计太多，人民会起而效尤，于是巧诈伪夺之事层出不穷；国家法令愈来愈严苛和繁复，逼得人民无法生活，盗贼就会愈来愈多。由此可见，"统治者"对人民干涉愈多，或国家制定的法规、条文、规矩愈多，国家反而愈容易陷入纷乱与不平。所以老子主张真正有智慧的"统治者"在治理国家时，无需太多刻意的"作为"，人民反而能自然自足；"统治者"如果能"以身作则"做到清静无为，人民就跟着真实纯正；尽量做到无事不打扰和干涉百姓，人民反而能自安自足；自身"清心寡欲"，人民自然就能朴实无华。如此，上下各安且自足，国家自然安康且太平。

由以上老子的主张可以看出，所谓的"无为"思想，几乎都是在要求"统治者"能学习"道"运化万物的自然无心，以及顺应大自然运行之规律和法则，不要有过多"人为"的妄作。他认为真正有智慧的领导者，只要自身能做到无为、好静、无事、无欲，并且在国家的治理上不要规定太多的禁令、法规，太凸显个人的权谋和巧诈等，反而能用最轻松的方式达到"为无为"而天下平、人民安康而自足的"有为"境况。这应该就是老子想要追求的"无为而治"的思想深意。

（二）老子"有为"的治国成效

如果说"无为"是老子在政治上的治国手段，那"有为"就是其想要达到的政治成效。就如他自己所说"为无为，则无不治"①（《老子》第三章），"无为而无不为。取天下常以无事，及其有事，不足以取天下"②（《老子》第四十八章），这几句都特别强调治国必须遵守"无为"的精神和手段，才能真正把国家治理好。这种崇尚"无为"的治国手段，其实是从效法自然之"道"而得到的灵感。如"道常无为而无不为，侯王若能守之，万物将自化"③（《老子》第三十七章）就强调人要向大自

---

① 余培林：《新译老子读本》，第 7 页。
② 余培林：《新译老子读本》，第 100 页。
③ 余培林：《新译老子读本》，第 79 页。

然学习宇宙运化万物的法则和规律,认为真正有智慧的"统治者",如果能把自然之道运用到治理国家上,那国家自然就能像大自然的运行一样自然和谐。

所以在老子的政治思想里,"统治者"只能是一个"辅佐"的角色,而不是一个"主宰者"或"专制者",他不能将个人过多的私人意志和想法,加诸在人民身上,更不要用过多的制度或规定来干涉和介入人民的生活,而是要像"道"在运行万物一样"自然""无为"。所以他强调说:"是以圣人无为故无败,无执故无失。……是以圣人欲不欲,不贵难得之货;学不学,复众人之所过。以辅万物之自然,而不敢为。"①(《老子》第六十四章)统治者如果"有心"(刻意)作为,反而会导致失败;太固执己见(私意),反而会产生反效果。所以真正有智慧的统治者应保持"无所为而为"的心态去治理国家,无所执着,一切循道而行,顺应自然,不要有过多个人不必要的欲念和主观意志,也不自以为是,要保持自己"清静无为""大智若愚"的样子,只有在人民离道失真时适时地将其引回正道即可。所以老子认为一个真正有智慧的"统治者",只是一个从旁辅助国家自然发展的帮手,只需做到"损有余而补不足"②(《老子》第七十七章)即可,而不是一个凡事都要事必躬亲、事事干涉的"主宰者"或"专制者"。如此才能真正做到老子说的"无为而成"③(《老子》第四十七章)。

老子的政治观为何会特别强调"无为"?这源于他一贯的思想特质——崇尚自然,效法"道"的精神,凡事都要向大自然学习。他希望"统治者"能把"道"运行自然的法则和特性复制或运用到治国之道上,也因此,他特别强调"任自然""无为"的治国方法,主张"统治者"对人民不要有过多的人为干涉,以及制定一些外在的种种规范、法令、

---

① 余培林:《新译老子读本》,第132页。
② 余培林:《新译老子读本》,第154页。
③ 余培林:《新译老子读本》,第99页。

制度等，如此反而能让国家的运作更自然和谐，更能释放民众的活力和创造力，进一步推动社会和经济的发展，真正达到"侯王若能守之，万物将自宾。天地相合，以降甘露，民莫之令而自均"①（《老子》第三十二章）的理想境况。

由此可见，老子企图通过"无为"达到"有为"的政治成效，这和他的思想特质是息息相关的。他尊崇宇宙之"道"，主张人应该向"道"学习，并能将"道"的精神和特质运用到人世间。尤其在治国之道上，更是强调"统治者"必须要能把握"道"的精神和内涵，才能很好地治理国家。所以，老子所谓的处"无为"之事，并非什么事都不做，而是要学习"道"本身"无为"而运化万物的方式，顺应自然按"自然法则"行事。表面看起来似乎"无所作为"（因其无心所以无形），但实际上"无所不为"（生养万物、成就万物）地让世界自然而和谐地运行着。亦即，所谓的"无为"是要求统治者治理国家时要遵循自然本性和规律的"有为"（自我要求）。只有这样的"无为"，才能达到"无不为""无为而治"的政治成效。

三、共创从"有为"到"无为而治"的"德化"理想世界

在一般人的思想中，"德政"或"德化"似乎是儒家独有的政治理念，但在对孔子与老子的政治观作深入探究之后，发现他们之间有很多共通之处，而最核心和最重要的共同点就是他们都相当推崇"德化"的治国理念。也就是说，在治国手段上，都是相当推崇或一致认可，最好或最有效的治国之法，就是从"统治者"自身做起，都要求"在位者"必须以身作则、以"德"修身，本着"德化"的方式来感化人民，使人民自然地提升自己的道德素养，进而能自我约束或自我净化。如此，就

---

① 余培林：《新译老子读本》，第70页。

不需要用过多"外在"的治理手段,如礼制、刑罚、禁令、法规等,即可达到社会和谐、天下太平的政治成效。他们都企图从"在位者"自身要求做起,通过以"化"代替"治理"的治政手段,实现以"无为"(最少的有形作为)达到"有为"(天下无不治)的政治成效。

(一) 孔子与老子"德化"之异

当然,同样讲"德",孔子和老子所主张的"德"的内涵是很不同的。之前已经大体说明了孔子的"德化"思想,是以其"仁"为核心而展现出来的,重视的是行为的合"礼"性以及规范性。而老子所谓的"德"则是关联着其"道"的主张,有德者即"有道者",而"有道者"就是能体悟和认知"道"之法则和规律并效法之人。按照余培林先生的说法:"道创生万物,内存于万物之中,便叫作德。德是道的作用,也是道的显现。"① 因此,老子常常说的"圣王抱一为天下式"②(《老子》第二十二章)、"侯王得一以为天下贞"③(《老子》第三十九章),此中所谓的"一"即"道"。他主张一个有智慧的"统治者"一定要善于"坚守"和"体认"道的规律和法则以及其运化万物的精神,并且将其运用在治理国家上,如此便能将国家治理好。

那所谓"道"或"一"的内涵是什么呢?一个人做到什么程度才能算是有"德"之人呢?老子在第二十二章有说道:"是以圣人抱一为天下式。不自见,故明;不自是,故彰;不自伐,故有功;不自矜,故长。"④ 在七十二章也说:"圣人自知不自见,自爱不自贵。"⑤ 可见,其心中的"圣人"或所谓的"有德之人",必须要做到"不自我表现""不自以为是""不自夸其功""自恃其能""不张扬自己"。如孔子所说的要做到

---

① 余培林:《新译老子读本》,第 12 页。
② 余培林:《新译老子读本》,第 49 页。
③ 余培林:《新译老子读本》,第 84 页。
④ 余培林:《新译老子读本》,第 49 页。
⑤ 余培林:《新译老子读本》,第 146 页。

"无意必固我",不要过多地凸显个人之喜好、意志、想法和主张等,要效法"道"运化万物时之自然,不要对其做不必要的人为干涉。因为"妄为,乃凶""凶乃乱",所以老子才会常常强调"无为",就是警告统治者别"妄作"或去做一些不必要甚至影响人民生活的行为。

因此,我们可以说"无为而治"是孔子和老子都向往的治理目标和政治理想,且要实现这个理想都必须透过"上位者"之"德"来"化"民。只是孔子是透过"仁政"和"礼治"(教化)来培养百姓的自我约束能力,以实现"化成天下"的理想。而老子则是透过"统治者"自身的好静、无事、无欲、不自是、不自见、不妄为等的自我约束和自持,来达到让人民自化、自正、自朴、自足的社会和谐境况。所以,同样强调"德化"的治国理念,但用的手段仍有所不同。

(二) 共创"德化"的理想社会

总结以上,孔子的政治观是属于"仁政"模式,就是德政、礼治模式。老子的政治观则是属于"道治"模式,就是"无为"模式,做到顺其自然,"无为而无不为"。孔子的"有为"并不是用一些具有强制性的制度,来规范和要求人民按照政府的主张去做。而是要求统治者以身作则、以德修身,以礼来规范和约束自己,进而去"感化"人民,并且能起到"教化"人民的效果,让人民无需外在的"刑罚"规定,也能自觉地约束自己,如此国家自然能和谐有序而不纷乱。老子的"无为"主张,也不是真的让统治者都"无所作为""不用作为",而是要求在位者尽量不要把自己的个人意识强加于人民,更不要过多地去凸显自己个人之私意。再者,在对人民的统治和态度上,不要有过多无谓的干涉和"刑罚"、命令等,例如一些不必要的观念、法规、法令和规定。这些种种无形的"禁忌",反而会让人民感到动辄得咎,言论、行为都失去自由,不敢说,不敢做,自然就不会有什么过多的创新性。

因此,结合孔子与老子的政治思想,可以看出两人有一致的想法,都强调"德化"和"无为而治",都认为最有效和最简单的治国方法,就是从"在位者"自身着手,主张只要统治者自身能以身作则,以"德"修身、正身,自然就能对人民起到"感化"的效果,让人民自觉地规范和约束自己的行为,这样就不需要过多外在的政治手段,反而能起到最好的政治成效。亦即,依赖"德化"的潜移默化之功以维护良好的社会秩序,其实是用最温和、最轻松的"无为"方式,实现最有效的"有为"之治。而且这种由"德化"所形成的"自发型秩序"之社会,也是最符合人心和人性发展的社会,即事物以及每一个人的潜质都能在没有过多无谓的外力干扰下得到最充分的发展。

"父母之邦"和"大国下流"

——孔老的"邦""国"之论

李晓英

(周口师范学院)

摘 要：孔老各自以"父母之邦"和"大国下流"表达了对理想邦国和安平治世的展望。孔子的"父母之邦"，是在地域、宗亲和族类融合的基础上，概之以礼让治国的准则，蕴之以识政、避乱、保身的文化道统。老子的"大国下流"则源自一种超越地理疆域和政治管辖的责任感，强调柔濡谦下的大国风范，反对强权一统、扰攘不休的君权扩张，并以修身、治家与治国的不一致性，凸显大国"善"政的独特风范。

关键词：孔子 父母之邦 礼让 老子 大国下流 善

孔老思想的同归之处是都聚焦于修身治国，心灵结构和治理结构是二者共同的关注点。孔老在谈论治国时都表达了对现实制度的批判，不同之处在于背后的力量支撑不同：孔子的父母之邦由地理疆域生发而出，与五族共和的族类融合相伴生，与血缘宗亲保持一致，在此基础上形成礼乐的政治权威。父母之邦的概念凸显治理过程中的礼乐权威，依靠的是周公之礼乐制度。周公礼乐制度既是孔子精神的反映，也构成了孔子的文化基因。老子凭借的则是"生而不有，为而不恃"的道，具体有行为效法道之"玄德"的圣人，将守柔安弱谦下的"下流"视为大国"善政"。孔子将政治权威和道德权威的属性赋予周公的礼乐制度，以赞颂家国的一致性来倡导由圣臻王、政教合一。治国过程中，士人远离危乱之邦的自保，则是周礼的损益和对"父母之邦"的升跃。老子的"大国下流"源自一种非疆域、非宗亲、非行政的治国理念，具有超地缘、超分派的特点。老子关于"大国下流"的阐论，其鹄的是"大"，重点却是"下"（谦下），凸显的是治理者谦下、守柔、安处弱势的心态、胸襟、眼量和精神风范。老子强调修身、齐家和治国的不一致，削弱了治理者政教合一的特点，一定程度上挣脱了治理过程中的道德趋向的束缚，对纠缠于政教合一的观念是一次纠正和纠偏。

对于孔老的邦国治理方式和治理原则，学术界有以下成就：有学者谈论了孔子的邦国态度和政治立场的关联①；有学者讨论孔子的治国责任和安邦责任思想②；有学者从小邦君子政治的角度，解读孔子与弟子的讨论，认为他们更多讨论的是底层小区域的治理，教育引导弟子从事小邦政治③。对老子的国家治理思想，学术界在圣人观和天下观为基础的成果之外，还提出了其他丰富的治国理论，如刘笑敢提出老子思想为"大国

---

① 杨朝明：《中国早期的邦国观念与爱国主义传统的形成》，《北方论丛》1995年第5期。

② 涂可国：《试论儒家的国家责任伦理思想》，《中国文化论衡》2019年第1期。

③ 颜世安：《不言与言：早期儒墨之争的一个问题》，《江海学刊》2013年第6期；颜世安：《孔子的社会理想——天下有道》，《新世纪图书馆》2017年第11期；宋化玉：《"君主本位"还是"君子本位"：论孔子政治思想中的两条线索》，《孔子研究》2023年第5期。

风范"提供思想文化土壤①;高亨以侯王政治的视角审视老子政治哲学的意义②;冯友兰、陈鼓应对小国寡民新的理解③,揭示出老子国家治理中的无为原则。以上学者从不同角度对孔老国家治理的探索,是笔者在这个问题上再次深入的基础和前提,笔者分别以"父母之邦"和"大国下流"为切入点,解读孔老不同的治理理念和治国原则及方式。孔子在地域、族类和血缘宗亲基础上探索礼仪制度的行政权威和文化基因,赋予"父母之邦"一种精神力量和文化道统的意味,给予道德和政治一定的融合。老子则以"大国下流"凸显了谦下、崇柔、不尚武力的大国风范,削弱了治理者政教合一的特点,一定程度上挣脱了治理过程中的道德趋向的束缚。

一、"父母之邦":现实与理想的交汇

(一) 地理疆域上的"父母之邦"

"父母之邦"在孔子现实生活中指的是鲁国,是孔子的出生地,具有乡土、乡情意味,孔子借柳下惠之口曰:

> 柳下惠为士师,三黜。人曰:"子未可以去乎?"曰:"直道而事人,焉往而不三黜?枉道而事人,何必去父母之邦?"(《论语·微子》)

---

① 刘笑敢:《老子与大国风范》,张骁儒主编:《深圳市民文化大讲堂 2012 年讲座精选》(上册),社会科学文献出版社 2014 年版。

② 高亨:《老子正诂》,中国书店 1988 年版,第 62 页;周可真:《老庄思想同异辨》,《社会科学战线》1995 年第 3 期;宋洪兵:《如何建构一种以谦让与宽容为内涵的政治秩序——论老子的政治思想》,《哲学研究》2021 年第 6 期。

③ 冯友兰:《中国哲学史新编》(上),人民出版社 1998 年版,第 347 页;陈鼓应、白奚:《老子评传》,南京大学出版社 2001 年版,第 234 页。

柳下惠出身于鲁国公族，主要生活在鲁僖公时期，为孝公五世孙。他不仅以善于讲究贵族礼节著称，还颇具儒家道德的理想形象。柳下惠直道事人而不枉道，走到哪里也免不了会受压抑，然而个人的原则是不可以改变的，既然如此倒没有必要离开生养自己的故土。"父母之邦"是一个非政治的地理文化概念，就是先辈所居之地，是祖先开辟的生存之地，柳下惠崇拜、爱惜和捍卫这片生生不息、世代相传的土地，即位于自己家乡的那一片土地。在柳下惠的认知理念中，把"一片固定疆土"称之为"父母之邦"，并赋予这片疆土生生不息和传宗接代的特殊含义，予以崇拜、爱惜和捍卫。更具深意的是，柳下惠把鲁国比喻为"父母之邦"，恰恰体现了繁衍生命最直接的载体寓意。

孔子和柳下惠一样深知事君的难处。"父母之邦"关注血缘亲情，也看重道的体悟和践履。柳下惠强调不离开"父母之邦"，应该也是孔子的态度，包含了对鲁国主权、大好河山、灿烂文化以及骨肉同胞的感情。孔子这点与柳下惠相似而有差别。柳下惠与孔子的不同之处，则是应该去而没去，不可仕亦出仕。不过，这只有在父母之邦才如此。相对于个人际遇而言，柳下惠对父母之邦的感情更加深沉，诚如《风俗通义·十反》中所说"展禽（柳下惠）不去于所生"，或曰"柳下惠不去父母之国"。[①] 孔子对故国也有特殊感情，然而他表现得更加合乎时宜。鲁君无道，孔子便离开鲁国，寻找能实现个人抱负的贤良之君。

鲁国在当时诸侯国中势力并不强大，但因为其是孔子的出生地，所以孔子对它很有感情。在说到疆域和领土时，孔子不以领土大小来讨论国家实力的强弱和大小：

  安见方六七十如五六十而非邦也者？（《论语·先进》）
  道千乘之国，敬事而信，节用而爱人，使民以时。（《论语·学

[①]　（汉）应劭撰，王利器校注：《风俗通义校注》，中华书局1981年版，第208、240页。

而》)

> 千乘之国，摄乎大国之间，加之以师旅，因之以饥馑，由也为之，比及三年，可使有勇，且知方也。(《论语·先进》)

五六十里的地方就算不上一个国家吗？"千乘之国"即意味着从兵车的规模讨论国之疆域和领域。

鲁国为周公父子所建，是为周初征伐天下的东部据点，与齐国一道坚守着周人势力范围的最东侧防线。此地分布着诸多古国部落，其中有殷商开发过的、文明程度较高的商奄与蒲姑，也有如莱夷、淮夷等原有土著氏族部落，周人称这里为"东土"。《诗·鲁颂·閟宫》说"遂荒大东，至于海邦"，东土社会与周人故乡西岐丰镐之风截然不同，周人如何确立统治？鲁国在此建国后，便采用了仁爱的和平发展模式。

> 昔者先王以为东蒙主，且在邦域之中矣，是社稷之臣也。何以伐为？(《论语·季氏》)

以前先王让颛臾主持东蒙山的祭祀，颛臾依附于鲁国，在鲁国疆域之内，任何人都不能攻打它。

> 言忠信，行笃敬，虽蛮貊之邦，行矣。言不忠信，行不笃敬，虽州里，行乎哉？(《论语·卫灵公》)

"父母之邦"和其他邦国形成良好的共处和发展关系，父母之邦以华夏在人口数量和文化上的优势，展示出华夏以文明教化"蛮夷"的精神，言语忠实诚信，行为笃厚恭敬，以此开展与他邦的交往，一方面形成了开放的"国际"关系，另一方面也有效传承了周公之制：

> 鲁公伯禽之初受封之鲁，三年而后报政周公。周公曰："何迟

也?"伯禽曰:"变其俗,革其礼,丧三年然后除之,故迟。"太公亦封于齐,五月而报政周公。周公曰:"何疾也?"曰:"吾简其君臣礼,从其俗为也。"及后闻伯禽报政迟,乃叹曰:"呜呼,鲁后世其北面事齐矣!夫政不简不易,民不有近;平易近民,民必归之。"(《史记·鲁周公世家》)

鲁国恪守周人制度,将故乡的法规适用到新占领的地区,变更当地旧俗,革除土著礼制,历经三年完成此项功业。鲁国与姬周同姓,故恪守周礼。即使到了礼崩乐坏的春秋后期,晋大夫韩宣子还说"周礼尽在鲁矣"(《左传·昭公二年》)。

鲁国既寄托了周公之制的复兴,又承载孔子兴灭继绝的理想:

谨权量,审法度,修废官,四方之政行焉。兴灭国,继绝世,举逸民,天下之民归心焉。(《论语·尧曰》)

从当时的历史背景看,要建立"大一统"的君权,要依靠兼容并蓄的精神,战国、秦、汉流行的"五帝并祭"就是早期"五族共和"的反映①,要实现"天下之民归心",就要做到"兴灭国,继绝世,举逸民",如此才能缓解各国各族间的矛盾冲突,建立共处共存、同心同德的大一统政权。

问人于他邦,再拜而送之。(《论语·乡党》)

孔子托人向住在其他诸侯国的朋友问候时,便向受托者拜两次以送行。"邦"主要指一邦、国之人民、百姓、族群。

---

① 李零:《丧家狗:我读〈论语〉》,山西人民出版社2007年版,第334页。

> 子欲居九夷。或曰：陋，如之何？子曰：君子居之，何陋之有！（《论语·子罕》）
>
> 邦君之妻，君称之曰夫人，夫人自称曰小童；邦人称之曰君夫人，称诸异邦曰寡小君；异邦人称之亦曰君夫人。（《论语·季氏》）

以上材料体现出孔子的国家观和天下观。国君的妻子，国君称她为夫人，夫人自称为小童；国内的人称她为君夫人，在其他国家的人面前称她为寡小君；别的国家的人也称她为君夫人。

（二）精神层面上的"父母之邦"

"父母之邦"这个概念离不开政治和治理，它也是政治、家国脉络下的邦国，即王权统治的范围。

> 有国有家者，不患寡而患不均，不患贫而患不安。（《论语·季氏》）

国家是一个政治概念，是指由君王控制下的一片疆域，它由国土、人民（民族）、文化和政府四个要素组成，是政治权力与领土、人民的统一。"家""国"在治理层面会出现同样的问题——贫富不均，二者是导致社会动荡的重要原因。

对于王权治理，孔子提出礼让治国的主张：

> 能以礼让为国乎？何有？不能以礼让为国，如礼何？（《论语·里仁》）
>
> 为国以礼，其言不让，是故哂之。（《论语·先进》）
>
> 夫礼，先王以承天之道，以治人之情，故失之者死，得之者生……故圣人以礼示之，故天下国家可得而正也。（《礼记·礼运》）
>
> 颜渊问为邦，子曰：行夏之时，乘殷之辂，服周之冕，乐则

《韶》《舞》。放郑声，远佞人。(《论语·卫灵公》)

孔子强调以礼让治国。"礼"是中国文化的标志，是由先民的生活习惯、风俗逐渐演变为民众共同的行为规范，经由夏、商、周三代因革损益而形成礼仪制度。"礼"所涉及的层面包含个人生老病死的过程，以及各种社会、政治关系，涵盖百姓生活的方方面面，礼仪制度可以说是维系家族伦理、治国理政的重要规则。礼让治国发展成为禅让天下的基础：

子曰："泰伯，其可谓至德也已矣！三以天下让，民无得而称焉。"(《论语·泰伯》)

"泰伯"即"太伯"，是周朝先祖古公亶父的长子。据《史记·周本纪》记载，古公有三子——太伯、仲雍、季历，季历法有子昌（周文王）。古公预见姬昌之圣德，打算传位于幼子季历。太伯为实现父亲心愿，与仲雍"奔荆蛮，文身断发，示不可用，以避季历"，使君位得以传给季历和姬昌。其重点在于，将天下与君位禅让给贤者，传贤不传嫡，体现了原始民主制中选贤任能的准则，因而得到孔子的赞颂。

善人为邦百年，亦可以胜残去杀矣。(《论语·子路》)
孔子曰："大哉河海乎，下之也。"(《尸子·明堂》)

在"天下共苦战斗不休"(《史记·秦始皇本纪》)的年代，孔子不只探讨个人修身与治世问题，更关心国家机器能否正常运作、天下秩序是否能正常维持的问题。孔子"为邦"的标准则是行仁去暴、求贤务士，追求的是善人理政。

孔子对"父母之邦"的鲁国赋予文化道统的期望：

齐一变，至于鲁；鲁一变，至于道。(《论语·雍也》)

> 子禽问于子贡曰:"夫子至于是邦也,必闻其政,求之与?抑与之与?"子贡曰:"夫子温、良、恭、俭、让以得之。夫子之求之也,其诸异乎人之求之与?"(《论语·学而》)

孔子离开齐国时,"接淅而行",离开故国鲁国时,却"迟迟吾行也",这里隐含了不去父母之邦的情怀和传统。孔子周游列国就是为了兴灭继绝。孔子希望用周礼的典章制度及伦理治道,作为"天下有道"的理想依据,孔子看重周天子的权威,彰显"天下共主"的地位,"郁郁乎文哉,吾从周也",反对强大诸侯在"尊王攘夷"的旗号下争夺、互相兼并和吞并,以及由此导致的社会动荡,便提出了"兴灭继绝"的理想。

> 兴灭国,继绝世,举逸民,天下之民归心焉。(《论语·尧曰》)

鲁国是东周的寄托和象征,寄寓了孔子的圣王梦。为了施展抱负,孔子不惜降志辱身,曲线救世:他会见名声不好的风流皇后南子,遭到学生的误解,不得不赌咒发誓。公山弗扰叛鲁,佛肸抗晋,更是孔子平日所痛恨的"犯上作乱"活动,这两个叛臣召孔子,孔子居然应命前往。子路以夫子平日教诲"危邦不入,乱邦不居"质问他,孔子做出解释,他应命的目的并非帮助乱党,"夫召我者而岂徒哉?如有用我者,吾其为东周乎"(《论语·阳货》)。在动荡变革的时代,代表新兴势力、与传统权威对立的"乱党",在孔子看来也是兴灭继绝的途径。也就是从这个层面上讲,郭沫若认为:"在公家腐败、私门前进的时代,孔子是扶助私门而墨子是袒护公家的"。① 孔子站在"仁"的立场推进理想的实现。孔子作《春秋》,绝笔于鲁哀公十四年(公元前481年)西狩获麟。孔子感叹麟为鲁哀公得:"吾道穷矣!"《论语·子罕》记载孔子另一次感叹:"凤鸟不至,河不出图,吾已矣夫!"孔子自叹"吾已矣夫","父母之邦"

---

① 郭沫若:《十批判书》,东方出版社1996年版,第502页。

的理想与滔滔天下的落差,使孔子难以心安。

事实上的父母之邦,无法实现孔子的理想:

> 禄之去公室五世矣,政逮于大夫四世矣,故夫三桓之子孙微矣。(《论语·季氏》)

> 天下有道,则礼乐征伐自天子出;天下无道,则礼乐征伐自诸侯出。自诸侯出,盖十世希不失矣;自大夫出,五世希不失矣;陪臣执国命,三世希不失矣。天下有道,则政不在大夫;天下有道,则庶人不议。(《论语·季氏》)

> 鲁哀公问孔子曰:"鲁有大忘,徙而忘其妻,有诸?"孔子曰:"此忘之小者也。昔商纣有臣,曰王子须,务为谄,是其君乐须臾之乐,而忘终身之忧;弃黎老之言,而用姑息之谋。"(《尸子·卷下》)

面对"滔滔者天下皆是也,而谁以易之"的现状,孔子没有听从"与其从辟人之士也,岂若从辟世之士哉"的劝告,而是坚持"天下有道,丘不与易也"。孔子将道统层面的"父母之邦"看得更为重要,它主要体现为周公之制和周之礼乐,只要实现周公之制,在哪里都可以是"父母之邦"。因此,鲁君接受齐国女乐、文马,怠于政事,孔子便离开鲁国;孔子于卫国俸禄为粟六万斗,卫灵公怠于政事,不任用孔子,孔子便离开卫国。"父母之邦"成为一个道统观念。

孔子担忧君权旁落导致朝政动荡,他认为坚守君权更重要:

> 郑简公谓子产曰:"饮酒之不乐,钟鼓之不鸣,寡人之任也;国家之不乂,朝廷之不治,与诸侯交之不得志,子之任也。子无入寡人之乐,寡人无入子之朝也。"自是以来,子产治郑,城门不闭,国无盗贼,道无饿人。孔子曰:"若郑简公之好乐,虽抱钟而朝可也。"(《尸子·治天下》)

也正是从这个角度出发，孔子对"周公返政"的状况颇有微词：

周公其不圣乎？以天下让，不为兆人也。（《尸子·卷下》）

孔子视周公为礼制文明的里程碑，在《尸子》中孔子质疑"周公返政"的现象，固然是尸子借题发挥，借孔子从教化百姓、实施抱负的立场出发，强调权位和名分的重要性。但我们也可以看出孔子思想中，有对君权在握的看重以及君权旁落的担心。为了君权的名正言顺，孔子提出礼让治国的主张：

能以礼让为国乎？何有？不能以礼让为国，如礼何？（《论语·里仁》）
为国以礼，其言不让，是故哂之。（《论语·先进》）
夫礼，先王以承天之道，以治人之情，故失之者死，得之者生……故圣人以礼示之，故天下国家可得而正也。（《礼记·礼运》）

孔子强调以礼让治国。孔子"为邦"的标准则是行仁去暴、善人理政：

善人为邦百年，亦可以胜残去杀矣。（《论语·子路》）
颜渊问为邦，子曰：行夏之时，乘殷之辂，服周之冕，乐则《韶》《舞》。放郑声，远佞人。（《论语·卫灵公》）

从前代历史中寻求借鉴、延续文治也是"为邦"之道的要求。"一言兴邦"，孔子看到享有至尊的国君既可因言兴邦，也可以因言误国，更应该谨言慎行，以实现"一言兴邦"。此句因此成为政治治理领域的名典。

接受时人阳货的质疑，孔子省思了自己"怀宝""迷邦"的困惑，"怀其宝而迷其邦，可谓仁乎"（《论语·阳货》）。他反思自己有治国才能却听任国家日益动荡迷乱，这本身就是对仁之道的背离。孔子批判了覆邦、丧邦、失邦、迷邦的社会现状。"恶利口之覆邦家者"，他憎恶用巧言善辩颠覆国家的人。孔子谈到"丧邦"：

> 如不善而莫之违也，不几乎一言而丧邦乎？(《论语·子路》)

国君的威严在于大权独揽。但是如果国君治国决策不科学精确，还要乾纲独断，那也就是"一言丧邦"。孔子反对邦国的内耗分裂，"远人不服而不能来也，邦分崩离析而不能守也，而谋动干戈于邦内"(《论语·季氏》)。

孔子非常恋政，但对识判邦（国）之有道和无道，他提出警醒世人的标准：

> 邦有道不废；邦无道免于刑戮。(《论语·公冶长》)

一个人的政治智慧体现为国家清明时不会被罢免，国家黑暗时可免于刑罚。

> 宁武子，邦有道，则知；邦无道，则愚。其知可及也，其愚不可及也。(《论语·公冶长》)

宁武子在国家政治清明时聪明，在国家政治黑暗时装糊涂。他的聪明别人可以做到，但他的装糊涂，别人赶不上。

> 危邦不入，乱邦不居。天下有道则见，无道则隐。邦有道，贫且贱焉，耻也；邦无道，富且贵焉，耻也。(《论语·泰伯》)
> 邦有道，危言危行；邦无道，危行言孙。(《论语·宪问》)

孔子谈论危邦时，关涉更多的是如何自保自救，虽然也隐含批判性，但更多的是权力场下的自保。同时，孔子也不禁感慨时不我予的境遇，能否受到重用只能取决于人君，所以说"用之则行，舍之则藏"。在孔子身上，或现或隐，或行或藏，都是以拯救时弊为己任。

> 邦有道，谷；邦无道，谷，耻也。(《论语·宪问》)
> 用之则行，舍之则藏。(《论语·述而》)

孔子讨论更多的是道德和政治的问题，国家的清明与否直接决定以道佐人者的或仕或隐。国家的治理状态决定士人的生活状态，更显示孔子对权力者的温顺抗拒。

从保全性命和志节的角度出发，孔子播下了出世哲学的种子："邦有道，则仕；邦无道，则可卷而怀之。"(《论语·卫灵公》)"国家有道，其言足以生，国家无道，其默足以容。"① 孔子主张以道事君"道不行，乘桴浮于海"，"以道事君，不可则止"。孔子的退隐不是消极逃避，而是坚持守道的另一种方式，通过退隐维护"仁"的基本价值观念。这种退隐只是避开黑暗政治，并非逃避现实。即使在隐居时仍保持积极的入世心态，关注时局发展和国计民生。"隐居以求其志，行义以达其道。"(《论语·季氏》)

（三）父母之邦：家国的一致

孔子看到邦国和家族治理原则的一致性，他礼赞君臣关系和父子关系的一致、修身与治民的相合：

> 出则事公卿，入则事父兄，丧事不敢不勉。(《论语·子罕》)

---

① 姜义华、张荣华、吴根梁：《孔子——周秦汉晋文献集》，复旦大学出版社1990年版，第222页。

> 仲尼曰:"得之身者得之民,失之身者失之民。不出于户而知天下,不下其堂而治四方,知反之于己者也。"(《尸子·处道》)

"公卿"表示邦国,代表一个大家。邦国是一个大家,而国君就是最高的家长。"父兄"表示家族,是维系亲情血缘的宗主。在儒家政治哲学对国家所做的描画中,无论"出"还是"入",都只有父子兄弟,没有类似古代希腊城邦中的那种"公民"。"出"展示说话主体在家庭家室中,"出""入"就是相对于家庭而言的外出和回归。"出"和"入"是并列并行的,但孔子首先强调"出",即在诸侯国和卿大夫的治理空间中,看重从邦国到家族家室的反推。尽管孔子的赞赏体现出"礼赞论"的国家观,君臣关系和父子关系一体、治民和修身相合的家族国家观,但孔子看重的是从"国"到"家"的反推,而非从"家"到"国"的推扩。孔子是将国置于家之上,"出"置于"入"之上,君臣关系置于父子关系之上的。

《论语·颜渊》:"在邦无怨,在家无怨。"在邦国做事没有抱怨,在卿大夫的封地做事也不抱怨,体现出孔子的邦、家一致论。孔子首先强调"在邦无怨",然后才是"在家无怨",而不是先"家"再"邦"。尽管家庭(族)是社会生活的组织基础,中国政体的形成是由家族到国家,国家融合在家族里面,社会上层建筑的状况也直接与家庭(族)父子关系、国家中的君臣关系息息相关。但孔子从反面阐述国家伦理向家庭伦理的辐射,处理好邦国内的政务,才能处理好家族内部的家务,体现出治国和治家一致的特征。甚至隐含着治国是治家的前提,走出家族、处理邦国是眼界提升和事务的扩大,然后再从邦国政务回归家族事务,这是治理范围的缩小,也是治理经验的熟悉操作和应用。治国高于治家。

孔子和弟子讨论什么是通达,明确指出如何才能"在邦必达""昭于诸侯":

> 子张对曰:"在邦必闻,在家必闻。"子曰:"是闻也,非达也。

夫达也者，质直而好义，察言而观色，虑以下人。在邦必达，在家必达。夫闻也者，色取仁而行违，居之不疑。在邦必闻，在家必闻。"（《论语·颜渊》）

孔子曰："可与言终日而不倦者，其惟学乎？其身体不足观也，勇力不足惮也，族姓不足称也，宗祖不足道也，而可以闻于四方，而昭于诸侯者，其惟学乎？"（《韩诗外传》）

孔子和子张都谈到了邦国、家族治理原则的一致性，子张看到的是闻名和名声在邦、家的一致性，他将"达"误解为"闻"，以为只要出名就行了。孔子强调的是通达之人的"质直而好义，察言而观色，虑以下人"的修养，将这种修养视为"在邦必达，在家必达"的条件和基础。孔子这里从邦推到家，首先强调的是邦，在邦国中表现通达，就一定能在家（卿大夫）中表现通达。孔子将人"昭于诸侯"的唯一标准定在好学方面。

邦国治理的范围视域扩大，走向了"万方"的境域，并且邦国治理不仅和齐家有关，在修身论题上更能窥见端倪：

朕躬有罪，无以万方；万方有罪，罪在朕躬。（《论语·尧曰》）

在《汤誓》曰："余一人有罪，无以万夫；万夫有罪，在余一人。"（《国语·周语上》）

昔者汤克夏而正天下，天大旱，五年不收，汤乃以身祷于桑林，曰："余一人有罪，无及万夫。万夫有罪，在余一人。无以一人之不敏，使上帝鬼神伤民之命。"于是翦其发，磨其手，以身为牺牲，用祈福于上帝。民乃甚说，雨乃大至。则汤达乎鬼神之化，人事之传也。（《吕氏春秋·顺民》）

"躬"指自我和自身，"万方"指四方、四邦，"身"与"我"在古书中互训：商汤面对国家持续严重干旱的情况而说出罪己的话，他自认为要

主动承担政治责任,不能将之归咎于百姓,他同时进行自我惩罚。这不仅可以恩及"万方",而且行及"四海":

> 远人不服,则修文德以来之。(《论语·季氏》)
> 明目而视之,不可得而见也,倾耳而听之,不可得而闻也,志气塞乎天地,此之谓五至。(《礼记·孔子闲居》)
> 无声之乐,气志既起;无体之礼,施及四海;无服之丧,施于孙子。(《礼记·孔子闲居》)

"四海"的治理通过自身之"行"来实现,可见,孔子及儒家修齐理论的广泛流行。当然,行及"四海""天下"的基础不仅在于君主个体之修身,还在于一个得当的治理团队的产生:

> 子贡问孔子曰:"古者黄帝四面,信乎?"孔子曰:"黄帝取合己者四人,使治四方,不计而耕,不约而成,大有成功,此之谓四面也。"(《尸子·卷下》)

"合己"乃是修己的扩大,是从一人之修扩充到一个团队的修炼磨合,这样能提高治理效率。

二、老子对"大国者下流"的向往

(一)何为"大国"

"下"具有下风、下游、下方之意,也有甘处于下风、安处弱势之意,更重要的是老子由此表现出以下为上的反转,借此强调、推崇上位者谦下、柔濡的原则、态度和心境,倡导谦和不语、深藏不露的姿态。

> 大国者下流，天下之交，天下之牝。牝常以静胜牡，以静为下。故大国以下小国，则取小国；小国以下大国，则取大国。故或下以取，或下而取。大国不过欲兼畜人，小国不过欲入事人。夫两者各得其所欲，大者宜为下。(《老子》第六十一章)

"大国者下流"，强调治国者要有比较柔和、舒缓、谦卑、甘处于下风的心境，而不是处处追求天下第一、天下最强的态度。"故大国以下小邦，则取小国；小国以下大国，则取大国。故或下以取，或下而取。"大国本来就很强，不必再公开高调宣扬，不宜再炫耀强大和强势，不宜树敌，应该让自己处于"下流""下游"，以谦下平和的姿态面对小国，保持隐藏不露的政治智慧（"希言自然""多言数穷"）。无论大国对小国谦让而取得小国的信任，还是小国对大国谦让而见容于大国，老子都强调柔濡谦下的治国之方，尤其是大国更应该保持宽阔的胸襟，"大者宜为下"，"牝常以静胜牡，以静为下"。治理天下应该居于百姓之下，治理者不追求利益、不追求发号施令，才可能领导百姓，百姓才不会把统治者看成重压和负担。"下"指的是治理者的谦下、安处弱势、不认为可以主宰民众、不使民争的意涵，隐含上位者对百姓的包容、宽谅和慈爱。

"小国以下大国，则取大国"，如果小国姿态低，大国觉得小国好欺负，大国就会吃掉小国。老子的意思不是说小国要取"在下"的原则，他或许认为小国要有自强的意识，不能一味示弱。老子的思想重点在于大国本来就很强，反而不必逞强。意思是，大国要处在下游，处在弱势，来表现自己的襟怀，这样才能包容小国，小国也愿意与你合作。"大者宜为下"，大的应该处于小端，也是说君王（老子称圣人）要领导天下，应该甘居于百姓之后、之下，大国不追求利益、不追求发号施令，才可能领导百姓，百姓才不会觉得你给他们带来负担。

> 江海所以能为百谷王者，以其善下之，故能为百谷王。是以圣人欲上民，必以言下之；欲先民，必以身后之。(《老子》第六十六

章）

  善用人者，为下。（《老子》第六十八章）
  强大处下。（《老子》第七十六章）

在老子看来，社会的治理过程应该像江海那样，体现"善下"的品格。首先应礼贤下士，以谦下平易之语来言说，才能得到民众的尊重，此即"欲上民，必以言下之"。"在民之先"体现为引领民众，"在民之后"则是在行为过程或利益关系上处于民众之后。通过"在民之后"以达到"在民之先"，不同于咄咄逼人的进取活动，而是表现为"以退为进的行事原则"。因此，上位者虽居于民之上，而民并不觉得是负担；虽处于民之前，民众也不以此为障碍。这样的统治者，天下之人都乐于拥戴而不会感到厌倦，所谓"是以圣人处上而民不重，处前而民不害，是以天下乐推而不厌"，便可以视为对以上方面的概述。江海之所以能够成为百川河流所汇往的地方，乃是由于它善于处在低下的地方，故能成为百川之王。上位者治理百姓，必须用谦和的言辞对人民表示谦下，要想领导人民，必须把自己的利益放在他们的后面。

老子的"大国"之大，意在"甘其食，美其服，安其居，乐其俗"的瞻望，源自一种超越地理疆域和政治管辖的责任感，而非某种强权一统、妄自尊大的企图，大国之"大"，意在于"小"：

  小国寡民。使有什伯之器而不用，使民重死而不远徙。虽有舟舆，无所乘之；虽有甲兵，无所陈之。使民复结绳而用之。甘其食，美其服，安其居，乐其俗。邻国相望，鸡犬之声相闻，民至老死，不相往来。（《老子》第八十章）

这一理想治理类型的特征是将物质文明和工具的使用频率降到最低，将不同族群的交往频率降到最低，人们生活幸福、安居乐俗。结合《老子》第十七章：

> 太上，下知有之。其次，亲而誉之。其次，畏之。其次，侮之。

老子沿用了春秋以来的固定句式，赋予它更深的哲学意味，将"太上"与政治或政制结合起来。① 最好的、最合理的政治或治理就是，上位者的政治形象与政治作用隐而不显，而位于底层和下面的百姓处于不被打扰、不被干涉的状态。太上之治理的神奇、高妙效果和结果，评判标准在于"下知有之"，萧公权称老子之治为"虚君民治"②，"因之"突出了其治理的方式和方法，"善"是对其的高度赞颂。

（二）"大国"高妙治理方式的颂赞

首先，老子一系列"大"来配套"大国"：

> 是以圣人终不为大，故能成其大。（《老子》第三十四章）

效法大道的圣人，在治国的时候，始终以不自以为大，来成就治国的伟大。

> 朴散则为器，圣人用之，则为官长，故大制不割。（《老子》第二十八章）

"大制"即"大治"，指"至治"或完美之治。《说文解字》曰："割，剥也。""剥，裂也。""割"本谓剥离或分解，其于事物自然有所毁伤或残害，本亦含有"害"义。段玉裁释"割"曰："'割'谓残破之。"且谓"割"与"害"古音义皆同，可互用。在"大制无割"中，"割"喻治者

---

① 郑开认为这种"太上、其次"的政治叙事言简意赅地体现了儒、道、法等诸子百家尤其是黄老学的政治期望和社会愿景。郑开：《道家政治哲学发微》，北京大学出版社 2019 年版，第 328~329 页。

② 萧公权：《中国政治思想史》，辽宁教育出版社 1998 年版，第 160 页。

妄加"割裂"庶民众物的"有为"之行，有"割"则必有所伤害；相反，"无割"喻"无为"，"大制无割"义即"大治无为"。既然"无割"，"大治"无害于庶民众物，因此"下知有之"。"大制无割"在《老子》文本中还有其他概念可以替换。

  治大国若烹小鲜。(《老子》第六十章)

"烹小鲜"和"无割"同义，"下流"形象地揭示了为何"下知有之"的君王才是理想的君王，这类君王"处无为之事，行不言之教"，对民众实行无为而治，行动上无所为，语言上无所施，不干涉民众言行。"爱民治国，能无知乎？"(《老子》第十章)百姓感觉不到这类君王的存在，才能安居乐业。

  下君尽己之能，中君尽人之力，上君尽人之智。(《韩非子·八经》)

上等治理者不用智而用法治去治理国家，反而能让臣民充分发挥他们的聪明才智。与老子有所不同，韩非子作为黄老学派的代表人物，反对统治者用个人的才智去取代"法治"。"下知有之"的君王一方面"功成事遂"，成就大业，实现政治理想；另一方面顺应民众本性，满足民众的愿望需求，做到君王理想与民众要求的天然一致。

  天下皆谓我道大，似不肖。夫唯大，故似不肖(《老子》第六十七章)
  大丈夫处其厚，不居其薄；处其实，不居其华。(《老子》第三十八章)
  强大处下，柔弱处上。(《老子》第七十六章)
  大音希声，大象无形。(《老子》第四十一章)

其次，老子"大国"之政超越形名，体现为"善"政，体现为治理者政治与修身的分离：

> 善建者不拔，善抱者不脱，子孙以祭祀不辍。修之于身，其德乃真；修之于家，其德乃余；修之于乡，其德乃长；修之于国，其德乃丰；修之于天下，其德乃普。(《老子》第五十四章)

善于建树的人、善于抱持的人，能为对象考虑，无心而为，因而能使对象不愿拔、不想脱，这种修养堪称"善建""善抱"。老子认为的"善"，是在不同治理范围各有内涵和界别："真德""余德""长德""丰德""普德"。老子看到修身、齐家、治国和治天下各自的独立性，对修身和治理二者泾渭分明的"领域范围"了然于胸。"善"是根据具体面对的范围来具体实行不同的行事标准，修身、理家、治乡、安邦、定天下虽然相互关联，但各有边界，一个人的修身与否不能决定他的治国治天下能力，同样一个人治天下的评价，并不主要源于其修身和修家的水准，而应该看他治天下的进步。老子的"善"表现出与儒家的分野：修身的归修身，治国的归治国，即个人在社会上的作用，取决于他是否推动了历史的前进，不在于他用什么方法达到了目的，而取决于这一目的是否与历史进程一致、与天下大势一致。不在于怎么做的动机，而取决于所作所为的客观效果。

老子将修身与理政的分离誉为"善建"和"善抱"，称赞这种治国方式的高超、高明、高妙、工巧：

> 善行无辙迹，善言无瑕谪，善数不用筹策，善闭无关楗而不可开，善结无绳约而不可解。(《老子》第二十七章)

"善行""善言""善数""善闭""善结"之善为形容词，意为工巧、高明。河上公将第二十七章题目定为"巧用"，突出"善"的高超巧妙之意。老子最早赋予"善"工巧、高明的含义，筹策、关楗、绳约作为工具的象征，在铺出规则的同时，也带来各种局限和约束。不可开、不可解和无瑕谪是超越形名的好的效果，它们证明了超越形名的工巧高明。李贽的解释更具体："自谓有法可以救人，是弃人也。圣人无救，是以善救。"① 上德之人之行为工巧高超，福祉绵延不绝。

  善者不辩，辩者不善。(《老子》第八十一章)

"辩"不仅有言论、分疏之意，在社会治理层面上更具有依形名而治之意。严遵注："不善之人，分道别德，散朴浇醇，变化文辞，依义托仁……辩也。……（圣人）去辩去知，去文去言。……辞巧让福；归于无名，为而不恃，与道俱行。"② "辩"牵涉到春秋时期激烈的名实论争。老子既与孔子的正名对立，也反对邓析在辩说上的名言是非。老子强调"善者不辩"，亦是在超越形名制度，就是对"亲而誉之"的降级处理。

  总而概之，孔子的治国理念是执着于"父母之邦"的情感寄托，"父母之邦"不仅是地理疆域层面上的祖先故国，不仅仅是情感血缘的载系缠绕，更多的是通过对邦国关系一致的礼赞，表达了对理想之政的一种憧憬：以对政治形势的判别取舍寄寓对周公礼制的复兴和挽救。因此，孔子的"父母之邦"更多具有文化道统上的归宿，包含对家、邦（国）一致的认同和接受。老子的"大国下流"则是对柔性治理和无为政治的形象化阐释，源自一种超越地理疆域和政治管辖的责任感，强调柔濡谦下的大国风范，反对强权一统、扰民不休的君权扩张，隐含修身、治家与治国的不一致性，凸显大国"善"政的独特风范。

---

① （清）魏源：《老子本义》，岳麓书社2004年版，第679页。
② （汉）严遵著，王德有点校：《老子指归》，中华书局1994年版，第121页。

有为与无为：孔子与老子治国理念比较

法 帅 周一楷

摘 要：孔子与老子的政治思想构成儒道两家治国理念的基本框架。孔子主张"为政以德"，采取积极有为的态度拨乱反正，最终达到的却是一种"无为而治"的理想状态。老子反对儒家的仁义礼乐等"有为"做法，主张"无为而无不为"，通过无为以求"道法自然"的有为之治。二者观点的截然不同，与他们所把握的世界运行规律即天道观密切相关。孔子所把握的道，指的不仅是客观世界的自然规律，还包含着生生之德，这是孔子仁爱思想的渊源。老子对于天道自然的认知与孔子不同，他认为，道之本性就是自然无为，自然无为乃支配宇宙万物的根本规律，也是人类应当信守的基本行为准则。而天道运行是发展变化且充满矛盾辩证的，这都已为孔子和老子所肯定和承认。不过，孔子重视中庸，执两用中，因而主张克己复礼、为政以德，以此解决矛盾的对立状态，实现与天道自然的合一。老子强调自然无为、小国寡民、复守天道无败无失,因而老子强调反复并守柔用弱。他们对天道自然的认识不同,实现天人合一的方法便会不同,所以治国理念呈现出有为与无为之异。

关键词: 有为　无为　孔子　老子　治国理念

先秦时期是中华民族思想文化取得重大突破的阶段,以孔子、老子为代表的儒道思想开始形成,并在历史演进中逐渐成为中国传统思想的重要源头。孔子与老子皆身处于一个天下无道的时代,他们的思想学说都旨在为国家治理提供有效方案。他们提出的"为政以德"的有为政治与"道法自然"的无为政治,不仅在治国方法上有着根本的不同,而且他们所希望取得的"无为而治"与"无为而无不为"的理想目标也完全相反。如何厘清他们思想逻辑的发展以及二者间的异同,实在是一项饶有兴味且充满意义的课题。

一

儒道两家是中国传统文化的重要组成,孔子与老子是两家的奠基者。面对衰周之世,孔子主张"为政以德",采取积极有为的态度拨乱反正,但最终达到的是一种"无为而治"的理想状态。子曰:"为政以德,譬如北辰,居其所而众星共之。"(《论语·为政》)用道德的力量治理国家,就会像北极星那样,安然处在自己的位置,别的星辰都环绕着它。执政者以德治国,能够得到民众的积极回应和认同,产生自然无为的治理效果。子曰:"无为而治者,其舜也与!夫何为哉?恭己正南面而已矣。"(《论语·卫灵公》)能够不做什么就使天下得到治理的人,大概只有舜吧!他做了什么呢?他只是庄重端正地向南而坐罢了。圣人端正自己的德行，就能上行下效形成一种道德感召的局面，从而实现政通人和与国家善治，"修己以安人""修己以安百姓"（《论语·宪问》）。君主自身的道德修养是实现国家治理的关键，因此，孔子重视君主的模范表率作用，"政者，正也"（《论语·颜渊》），只要国君持守道德规范，就能够正己正人。他把这种影响形象地比作风和草的关系："君子之德风，小人之德草。草上之风，必偃。"（《论语·颜渊》）统治者自身品德的优劣，决定着政治的好坏，"上敬老则下益孝，上顺齿则下益悌，上乐施则下益谅，上亲贤则下择友，上好德则下不隐，上恶贪则下耻争，上强果则下廉耻"（《孔子家语·王言解》）。否则，若上位者无德，像桀纣般"在其位不谋其政"，必将招致天下人起而革命。

孔子的"无为而治"思想，不仅指最高执政者要有道德，还指统治阶层都需要是德才兼备的人才，"任官得其人"。有德者在位，自然就会摈斥不仁之人及其影响，从而能够以德行来引导民众。"舜有天下，选于众，举皋陶，不仁者远矣。"（《论语·颜渊》）王充在《论衡》中说："舜承安继治，任贤使能，恭己无为而天下治。故孔子曰：'巍巍乎！舜、禹之有天下，而不与焉！'"① 朱熹认为，"无为而治者，圣人德盛而民化，不待其有所作为也"②，"为政以德，则无为而天下归之"③。也就是说，通过端正自己的德行，选拔仁智兼具之人，形成"我有是德而彼自服，不待去用力教他来服耳"④ 的局面。有鉴于此，徐复观将孔子的德治概括为："孔子在政治上的无为思想，极其究，乃是要以教育代替政治，以教育解消政治的思想。"⑤ 由此可见，孔子的"无为而治"思想可归宗于以德化人，通过为政者修一己之德从而自正正人、自化化人，进而使得庶民百姓化归于"仁"，达于"天下归仁"的境界，从而实现"无为

---

① （汉）王充著，黄晖整理：《论衡校释》，中华书局1990年版，第340页。
② （宋）朱熹：《四书章句集注》，中华书局1983年版，第162页。
③ （宋）朱熹：《四书章句集注》，第53页。
④ （宋）黎靖德编，王星贤点校：《朱子语类》，中华书局1986年版，第536页。
⑤ 徐复观：《中国思想史论集》，上海书店出版社2004年版，第192页。

而治"的理想。①《论语·颜渊》记载:"季康子问政于孔子曰:'如杀无道以就有道,何如?'孔子对曰:'子为政,焉用杀?子欲善而民善矣。'"在孔子看来,不施教化,专以严刑峻法来对待民众是一种不人道的行为。对于法律所禁止的行为,孔子坚持进行广泛的宣传教育,强调"道之以德,齐之以礼"(《论语·为政》),用礼来统一人们的思想和行为,变刑罚强制性的外在约束为内在的自觉,使人民免触刑律,因此,孔子讲"善人为邦百年,亦可以胜残去杀矣"(《论语·子路》)。孔子的治国理念从修身开始,政者正身,然后由己及人,"其身正,不令而行;其身不正,虽令不从"(《论语·子路》)。孔子修身的理想境界是君子,即能做到仁者爱人的人,分而言之,即"己欲立而立人,己欲达而达人"(《论语·雍也》)和"己所不欲,勿施于人"(《论语·颜渊》)。在天下无道之际,孔子面对诸侯国的侵夺、贵族的奢淫,以及"苛政猛于虎",主张以德治来重建政治秩序。故此,孔子从周而变古,认为执政者若能以德治国,最终将实现一种无为而治的和谐治世理想。

面对同样的无道社会,老子反对儒家的仁义礼乐等"有为"做法,主张"无为而无不为",通过无为以求"道法自然"的大顺之治。老子深信乱世之由,不在制度不良,而在有为本身之不足为治。无道社会的出现,实乃智欲过盛无从节制的有为之错。老子说:"五色令人目盲,五音令人耳聋,五味令人口爽。"(《老子》第十二章)还说:"慧智出,有大伪。"(《老子》第十八章)在老子看来,人类社会循着智欲发展出的文明成果,即礼乐文化,不仅没有使社会安定发展,反而造成了人们道德的败坏和社会秩序的混乱。社会的动荡无序,实则是人们背离了道的结果,老子据此对当时的社会制度进行了深刻批判。"故失道而后德,失德而后仁,失仁而后义,失义而后礼。夫礼者,忠信之薄而乱之首"(《老子》第三十八章),这是老子的社会历史观,他的这一思想从另一

---

① 高连福:《孔子"无为而治"政治思想及其国家治理价值》,《山东大学学报》(哲学社会科学版)2016年第4期。

个方面揭示了一个社会事实，就是社会伦理道德的产生是人与人之间关系紧张的结果，"大道废，有仁义；慧智出，有大伪；六亲不和，有孝慈"（《老子》第十八章），老子的这些批判思想深刻揭示出春秋时期社会政治中存在的问题。按照老子的思想逻辑，治理国家不能靠仁义智慧等有为的方式，如果统治者以智治国，民众也会相应地以智来进行反抗，国家反而是越治越乱。"以智治国，国之贼；不以智治国，国之福。"（《老子》第六十五章）因而，老子的政治主张首先表现在否定当时国家治理的一切文明成果，即"绝圣弃智""绝仁弃义"，治国必须采取与道的自然本性相符合的方式，那就是无为。

在老子的政治思想中，无为是其治理的手段，无不为才是其治理的真正目的。老子曰："圣人处无为之事，行不言之教。万物作焉而不辞，生而不有，为而不恃，功成而弗居。"（《老子》第二章）"我无为而民自化，我好静而民自正，我无事而民自富，我无欲而民自朴。"（《老子》第五十七章）。圣人以无为的态度处理世事，以无言的态度施行教化。就像自然无为的道一样，使万物各自成长而不事先加以规定，生育万物而不占为己有，促成万物而不自恃有功，不以成功而自居。因而，老子的政治思想倾向于消极无为，以"道法自然"为社会治理之术。"是以圣人之治，虚其心，实其腹；弱其志，强其骨。常使民无知无欲，使夫智者不敢为也。为无为，则无不治。"（《老子》第三章）面对礼崩乐坏的政治秩序，圣人采取的治理原则是：排空百姓的心机，填饱百姓的肚腹，减弱百姓的竞争意图，增强百姓的筋骨体魄，使老百姓没有智巧和欲望。既然秩序衰败是知欲有为造成的，那就从精神上根除知欲，但物质上保证民众的生命健康。圣人按照"无为"的原则去治理国家，办事顺应自然，那么，天下就不会不太平了。"其政闷闷，其民淳淳；其政察察，其民缺缺"（《老子》第五十八章），统治者如果能够以无为治国，民众就会淳朴善良；如果统治者以智慧治国，民众就会失去善良的品质。"天下多忌讳，而民弥贫；民多利器，国家滋昏；人多伎巧，奇物滋起；法令滋彰，盗贼多有。"（《老子》第五十七章）统治者的政令越是严苛，社会秩序反而越是混乱，统治者越是希望治理有效，结果却越是适得其反。"取天下常以无事，及其有事，不足以取天下。"（《老子》第四十八章）统治者如果实行有为的政治，一定无法达到其最终目的。"为者败之，执者失之。是以圣人无为故无败，无执故无失。"（《老子》第六十四章）欲强取则必败，欲控制则必失，国家治理不能违反道的本性，所以圣人由于能够遵从于道，顺其自然无为去做，天下归顺，就能够大化天下，不会失败，没有得也就不会失。"道常无为而无不为，侯王若能守之，万物将自化。"（《老子》第三十七章）因此，无为而治在老子看来才是最理想的政治手段，它能够产生最美好的治理效果。

二

面对春秋后期天下无道的局面，孔子主张重建一个有道的政治秩序。孔子提出的仁爱理念，以及为政以德的施政举措，都是为了构建天下有道的社会秩序。在孔子看来，"道"不仅是指人类社会的发展规律，更是包括人类社会在内的整个世界的运行规律。孔子虽然谈论不多，但其天道观依然非常明确清晰。孔子所把握的道，指的不仅是客观世界的自然规律，还包含着生生之德，这是孔子仁爱思想的渊源。子曰："予欲无言。"子贡曰："子如不言，则小子何述焉？"子曰："天何言哉？四时行焉，百物生焉，天何言哉？"（《论语·阳货》）孔子说："我真想不说话了。"子贡说："老师如果不说话，我们还有什么可以传述的呢？"孔子说："天说了些什么呢？四季运行不已，万物生生不息，天说了些什么呢？"在孔子看来，天在进行四季运行自然过程的同时，还生育万物，不曾停止，天道自然的背后有一种生生之德即仁爱，这才是孔子对天道规律的根本把握。《周易》曰："天地之大德曰生。"天地最根本的属性就是"生"，化生万物，生生不息，这才是天地最大的德行。子曰："大哉，尧之为君也！巍巍乎，唯天为大，唯尧则之。荡荡乎，民无能名焉。巍巍乎，其有成功也。焕乎，其有文章。"（《论语·泰伯》）尧作为国家君主，真是伟大呀！崇高呀！唯有天最高最大，只有尧能效法上天。他的恩惠真是广博呀！百姓简直不知道该怎样来称赞他。真是崇高啊，他创建的功绩，真是崇高啊！他制定的礼仪制度，真是灿烂美好啊！"唯天为大，唯尧则之"，言下之意，尧是依照"天道"来治理天下的。尧不仅能够把握自然规律，还能够把握其仁爱原则，自然而然地把它运用到天下治理上，造就上下同心、社会和谐的太平盛世。"荡荡乎，民无能名焉"，意思是说他的恩德是那样广大，百姓们都不知道该如何赞美他，说明尧已经达到了与天地齐辉的境界。孔子主张以德治国，天下就会无为而治，这就是通过有为而达至无为，最终实现天人合一。"天生德于予"（《论语·述而》），孔子认为他从天那里得到了德，人作为天之一份子，自然拥有天的德性，如果以此德来治理国家，就能实现如天地运行般的自然效果。这才是孔子心中无为而治的含义。

老子对于天道自然的认知与孔子不同。他认为，道之本性就是自然无为，自然无为乃支配宇宙万物的根本规律，也是人类应当信守的基本行为准则。"有物混成，先天地生。寂兮寥兮，独立而不改，周行而不殆，可以为天地母。吾不知其名，字之曰道，强为之名曰：大。大曰逝，逝曰远，远曰反。故道大，天大，地大，王亦大。域中有四大，而王居其一焉。人法地，地法天，天法道，道法自然。"（《老子》第二十五章）有物混然而成，在天地形成以前就已存在。听不到它的声音也看不见它的形体，寂静而空虚，不依外力而独立长存，循环运行而永不衰竭，可以作为万物的本原。我不知道它的名字，所以勉强把它叫作"道"，再勉强给它起个名字叫作"大"。它广大无边而运行不息，运行不息而无限伸展，无限伸展后又返回本原。人取法地，地取法天，天取法道，而道纯任自然。道生万物，万物复归于道，宇宙的运行是自然而然的，不假人力也不容人来破坏。从自然无为的原则出发，老子反对人之有为，因为有为破坏了人原始的自然淳朴的本性，造成了人格的分裂，带来了虚伪、狡诈、贪欲、罪恶等社会丑恶现象。"大道废，有仁义；慧智出，有大伪；六亲不和，有孝慈；国家昏乱，有忠臣。"（《老子》第十八章）大道被废弃了，才提倡仁义；聪明智巧出现了，伪诈才盛行一时；家庭出现了纠纷，才出现孝与慈；国家陷于混乱，才现出忠臣。如果天下有道，一切都自然而然。不标榜仁义，而自有仁义。等到以仁义来标榜，则意味着大道已不复存在。由此，老子提出："绝智弃辩，民利百倍；绝伪弃诈，民复孝慈；绝巧弃利，盗贼无有。"（《老子》第十九章）抛弃巧辩，人民可以得到百倍的好处；弃绝伪诈，人民可以恢复孝慈的天性；抛弃巧诈和货利，盗贼就自然会消失。智辩、伪诈、巧利这三者全是巧饰的、背离了道的，不足以治理天下。所以，要治理好天下，就应遵循道的自然无为，以保持朴质，减少私欲。"小国寡民。使有什伯之器而不用，使民重死而不远徙。虽有舟舆，无所乘之；虽有甲兵，无所陈之。使民复结绳而用之。甘其食，美其服，安其居，乐其俗。邻国相望，鸡犬之声相闻，民至老死，不相往来。"（《老子》第八十章）国土狭小人民稀少。即使有把效率提高十倍百倍的器械都不使用，使百姓爱惜生命而不远离家乡。即使有船和车子，也没有地方要乘坐它，即使有铠甲和兵器，也没有什么地方要陈放它。让人们再用结绳记事的方法。让人们吃上甘美的食物，穿上美好的衣服，住上安适的房子，拥有快乐的风俗。邻国之间相互可以望见，鸡犬之声相互可以听见，而邻国之间的百姓到老到死也不相互来往。最终实现天人合一、物我一体、天下大治，复归于道矣。

  人的行为应遵循天道自然，而天道运行是矛盾辩证的，这都是孔子和老子所肯定和承认的。不过，孔子主张通过发扬德性，实现与天道自然的合一。但世界是充满矛盾对立的，要想克己复礼为仁，继而为政以德，就必须解决矛盾的对立状态，在合适的度上进行协调统一，因而孔子重视中庸，执两用中，无过不及而时中。老子主张以"自然无为"为"为"，才能复守天道无败无失，因而老子强调反复并守柔用弱。他们对天道自然的认识不同，实现天人合一的方法便会不同，从而治国理念出现有为与无为之异。

  孔子的中庸之道是对天道的辩证把握。子曰："中庸之为德也，其至矣乎！民鲜久矣！"（《论语·雍也》）孔子极为赞许"中庸"之至德，

"君子中庸，小人反中庸。君子之中庸也，君子而时中"（《中庸》）。孔子的中庸首先表现在不能走极端。"子绝四：毋意，毋必，毋固，毋我。"（《论语·子罕》）其次，表现在矛盾的对立统一。"子温而厉，威而不猛，恭而安。"（《论语·述而》）子曰："学而不思则罔，思而不学则殆。"（《论语·为政》）据记载，尧、舜、禹禅位时谆谆以告的就是这一政治智慧。尧曰："咨！尔舜！天之历数在尔躬，允执其中。四海困穷，天禄永终。"（《论语·尧曰》）尧说："啧啧！你这位舜！上天的大命已经落在你的身上了。诚实地保持那中道吧！假如天下百姓都隐于困苦和贫穷，上天赐给你的禄位也就会永远终止。"舜为政很好地遵循了尧的"执中"教导，孔子称赞他说："舜其大知也与！舜好问而好察迩言，隐恶而扬善，执其两端，用其中于民，其斯以为舜乎！"（《中庸》）孔子说："舜可以算是一个有大智慧的人吧！舜喜欢向别人请教，又善于审查身边的言论，把别人错的和恶的意见隐藏起来，把别人对的和善的意见宣扬出来，并且把众论中之过与不及的加以折中，取其中道施行于民众，这就是舜之所以成为舜的道理吧！"舜也将它传给了禹："人心惟危，道心惟微，惟精惟一，允执厥中。"（《尚书·虞书·大禹谟》）这十六个字便是儒学乃至中国文化传统中著名的"十六字心传"。人心变化莫测，道心中正入微；保持"惟精惟一"之道，才能使人心与道心和谐。"致中和，天地位焉，万物育焉。"（《中庸》）达到了中和，天地便各归其位，万物也都可以顺遂生长。再者，孔子的中庸还表现为时间的合宜。孟子称赞孔子为"圣之时者"也。"孟子曰：'伯夷，圣之清者也；伊尹，圣之任者也；柳下惠，圣之和者也；孔子，圣之时者也。'"（《孟子·万章下》）天道反复的规律使得在位者害怕失其位，进取者因畏惧而转为退，才有了温而厉、威而不猛、不卑不亢、一张一弛之类的行为方法和执中不执一、因时而权变之类的思维准则。孔子的中庸不像道家老子，没有放在由反而复上，而是放在居正勿反上了。

老子满心向往的是复，是从现实返回理想的复。老子认为，世界是矛盾对立并相互转化的，"反者道之动"（《老子》第四十一章）。美丑、善恶、有无、难易、长短都是相互依存的，有此才有彼，有是才有非，有善才有恶。表面看来，正反相对的两个方面是相互对立的，而实际上又是相互包含、相互渗透的。"祸兮，福之所倚；福兮，祸之所伏。"（《老子》第五十八章）任何事物都是你中有我，我中有你，任何事物都不是一成不变。这就是说，事物发展到一定程度，必然会向相反的方面转化，所谓"物壮则老""兵强则灭"。而在治国理念上最根本的反复，是复归于道的自然无为，老子的小国寡民说就是要消灭社会发展出的一切技术和文化，将人的社会关系降低到最低限度。因而，他把奇巧利器视为祸患之源，把文化视为争名夺利的工具，为了避免这些有为造成的祸患，必须将利器与文化毁掉。老子对仁义礼等进行猛烈抨击，因为这都是对道的破坏。"故失道而后德，失德面后仁，失仁而后义，失义而后礼。夫礼者，忠信之薄而乱之首。"（《老子》第三十八章）同时，事物的发展、事物向反面的转化，并不是一下子实现的，需要经历一个数量上不断积累的过程。"合抱之木，生于毫末；九层之台，起于累土；千里之行，始于足下。"（《老子》第六十四章）老子非常重视量变，但他关注的重点是如何控制量变，以防引起质变，这是一种保守之术。如归静、守弱、用柔、处虚、谦下、不争、深藏等。

  总之，孔子认为天道化育万物，有生生之德。老子认为天道自然无为，"无为而无不为"，天让万物自生。二人遵循各自的道，主张以德治国和无为而治，最后回归到天道仁爱的自然状态，以及天道贵无而万物无不为的自然状态。二人对道的理解不同，出发的视角便不同。孔子时中，积极地把道德好的一面发扬出来，引领人们不断发展，同时不忘惩恶，采取德主刑辅的方式；老子贵反，消极地把知欲一面压抑勿滥，专注于根除恶，但给予百姓基本的生命保障。老子守柔用弱，有其重要价值，每个经历动乱的朝代，开始不都是采用无为而治吗？老子以此避免循环反复，而与孔子用中避免走向极端不同。

儒道治国理论的融合与互补

魏晋玄学的有无之辩
与儒道的碰撞统合*

孙宝山

(中央民族大学哲学与宗教学学院)

摘　要：魏晋玄学虽然道家色彩浓厚，并有"新道家"之称，但实际上是儒道碰撞统合的产物，本文主要围绕"有无"之辩这条主线从有无本体、有无功用、有无境界三个方面对此加以论述。何晏、王弼从以"无"为本体引发出"无"的功用和"无"的境界，以调节名教与自然的关系，试图将儒家与道家统合起来，但将社会风气导向了虚无。裴𬱟以"有"为本体提高了"有"的功用，肯定儒家的礼教名分，以消除由尊崇道家的"无"所导致的虚无浮华、轻视礼法、漠视功业的社会风气。郭象在一定程度上承接了裴𬱟以"有"为本体的理路，但又主张自生

---

* 本文为国家社会科学基金一般项目"心学的形成发展与四书学的重构研究"（19BZX065）阶段性成果。

无待、有无相合，倡导立足世间、顺性自足、安命守分，最终把名教与自然、儒家与道家统合起来。

关键词：玄学　儒道　王弼　裴頠　郭象

作者简介：孙宝山，男，1968年生，籍贯为山东泗水，出生于辽宁大连，中央民族大学哲学与宗教学学院教授，主要从事中国哲学研究。

西汉前期，统治者为了恢复因秦末战乱受到重创的社会经济而实行"休养生息"政策，以黄老之学为代表的道家与此正相符合，于是盛行起来成为主流学派。西汉中期到东汉时期，由于官方的尊崇和民间的推动，以今文经学和古文经学为代表的儒学派别先后兴起并取得了主导地位。到了魏晋时期，随着东汉的崩溃，与国家政权结合在一起的儒学也走向了没落，整个社会由重视礼法转向了浮华放任，清谈之风一时兴盛起来并成为社会时尚。以老庄之学为代表的道家也随之兴起，成为当时名士清谈的主要依据，由此而形成了新的学术形态——玄学。玄学探讨的论题主要有有与无、名教与自然、才与性、言与意等，其中有无之辩与名教自然之辩交织在一起构成了清谈论辩的主线，体现了儒家与道家的彼此碰撞和相互统合。魏晋时期，佛教虽已传播，但影响力不大。玄学虽然道家色彩浓厚，并有"道家的继续"——"新道家"之称①，但实际上是儒道碰撞统合的产物，代表了在未受外来思想影响下中国本土思想所能达到的思辨水准。本文主要围绕有无之辩这条主线，从有无本体、有无功用、有无境界三个方面对此加以论述。

---

① 冯友兰：《中国哲学简史》，《三松堂全集》第六卷，河南人民出版社2000年版，第186页。

一、有无本体

所谓有无本体就是指从有无的角度探讨事物的产生根源和存在依据，兼有本原论和本体论的意义。虽然学界有魏晋玄学实现了由先秦哲学的本原论向本体论转化的观点，但实际上在魏晋玄学中本原论与本体论还是混在一起的，并未分开，中国古代哲学基本上都是如此，即便是后来的宋明理学也是这样。

何晏、王弼活跃于曹魏末期，是玄学的开创者。他们尊崇老子，阐扬"无"的学说，以"无"为天地万物的本体和成就事物的依据，所以有"贵无"之称："魏正始中，何晏、王弼等祖述《老庄》，立论以为：'天地万物皆以无为本。无也者，开物成务，无往不存者也。……故无之为用，无爵而贵矣。'"① 何晏把老子思想中居于最高地位的"道"解释为"无"："夫道者，惟无所有者也。自天地已来皆有所有矣；然犹谓之道者，以其能复用无所有也。"② "道"是"无所有"，所谓"无所有"就是"无语、无名、无形、无声"，他在《道论》中说：

> 有之为有，恃无以生，事而为事，由无以成。夫道之而无语，名之而无名，视之而无形，听之而无声，则道之全焉。故能昭音响而出气物，包形神而章光影；玄以之黑，素以之白，矩以之方，规以之员。员方得形而此无形，白黑得名而此无名也。③

"道"是什么都不具有的抽象存在，没有语言可以言说，没有名称可以称呼，没有形体可以观察，没有声音可以听闻，但是所有具体事物都

---

① （唐）房玄龄等：《晋书》卷四十三《王衍列传》，中华书局1974年版，第1236页。
② 杨伯峻：《列子集释》卷第四《仲尼篇》，中华书局1979年版，第121页。
③ 杨伯峻：《列子集释》卷第一《天瑞篇》，第10~11页。

依靠"道"而产生。"道"作为"无所有",体现在"有所有"之中即具有语言可以言说、具有名称可以称呼、具有形体可以观察、具有声音可以听闻的具体事物之中。"无所有"与"有所有"是何晏采用以道释儒的方法对老子的"无"与"有"在本体意义上所做的发挥,其目的是从最高的本体层面以"无"统"有",从而实现以道合儒、以儒补道、儒道互容,正如他在《无名论》中所说:

> 为民所誉,则有名者也;无誉,无名者也。若夫圣人,名无名,誉无誉,谓无名为道,无誉为大。则夫无名者,可以言有名矣;无誉者,可以言有誉矣。……夏侯玄曰:"天地以自然运,圣人以自然用。自然者,道也。道本无名,故老氏曰强为之名。仲尼称尧荡荡无能名焉,下云巍巍成功,则强为之名,取世所知而称耳。岂有名而更当云无能名焉者邪?夫唯无名,故可得遍以天下之名名之。"①

"道"原本是"无所有"的抽象存在,所以老子说只能勉强描述它的状况,圣人就是"道"的体现,其广大崇高,也是不可以称颂的,所以孔子说尧的德行功业是无法称颂的,只能勉强加以描述说"巍巍成功",民众也只是就其所知晓的进行称颂。通过以上论述,何晏就从"无"的本体层面对圣人的功业进行了论证,从而实现了儒道的交通互融。

何晏是清谈的首倡者,比王弼年长三十多岁,二人多有交流,属忘年交。尽管他们的观点有所不同,但在"贵无"这一点上基本是一致的。由于何晏的玄学著作《无名论》《道德论》等已散失,要更详细地了解"贵无论"还得通过王弼。王弼同何晏一样也是把老子的"道"解释为"无",即"无形无名",并将"无"视为天地万物存在的最终根据:"凡有皆始于无,故未形无名之时,则为万物之始。……言道以无形无名始

---

① 杨伯峻:《列子集释》卷第四《仲尼篇》,第121页。

成万物,〔万物〕以始以成而不知其所以〔然〕,玄之又玄也。"① "天下之物,皆以有为生。有之所始,以无为本。将欲全有,必反于无也。"②"道"是"无形无名",即没有形迹、没有名称的存在,"有"即具有形体、具有名称的存在,而这是由"道"开始的。各种具体事物都是凭借"有"而产生,"有"则是以"无"作为根据而开始的,"无"是"有"得以存在的必要保证,由此就可以得出"无"是天地万物存在的最终根据这一"贵无"理论。王弼用"凡有皆始于无""有之所始,以无为本"来解释老子的"有生于无",以"始"代替了"生",一方面解决了"无"如何生"有"的问题,另一方面也使"无"的本体论意义得以凸显出来。"无"作为本体并不是绝对的空无,因为绝对的空无是不可能形成事物的,但这也不是"有",所谓"无"指的是"无形无名",没有任何形迹可以寻求,也没有任何名称可以称呼,王弼说:"欲言无邪,而物由以成。欲言有邪,而不见其形。"③ "夫物之所以生,功之所以成,必生乎无形,由乎无名。无形无名者,万物之宗也。"④ 为什么说"无"是天地万物存在的最终根据,而"有"就不可以呢? 他解释说:"有形则有分,有分者,不温则(炎)〔凉〕,不炎则寒。故象而形者,非大象。"⑤ "若温也则不能凉矣,宫也则不能商矣。形必有所分,声必有所属。故象而形者,非大象也;音而声者,非大音也。"⑥ 有了形体就会产生分化,有分化就会表现出具体的特质,所以"有"就不能像"无"一样成为天地万物存在的根据。"无"就意味着将"有"产生的形体差别消除而走向万物一体,他说:"万物万形,其归一也。何由致一? 由于无也。由无

---

① (三国魏)王弼注,楼宇烈校释:《老子道德经注校释》,中华书局2008年版,第1页。

② (三国魏)王弼注,楼宇烈校释:《老子道德经注校释》,第110页。

③ (三国魏)王弼注,楼宇烈校释:《老子道德经注校释》,第31页。

④ (三国魏)王弼注,楼宇烈校释:《老子道德经注校释》,第195页。

⑤ (三国魏)王弼注,楼宇烈校释:《老子道德经注校释》,第113页。

⑥ (三国魏)王弼注,楼宇烈校释:《老子道德经注校释》,第195页。

乃一，一可谓无？"① 天地万物各自具有不同形体，但其最终走向则是一体，一体性是通过消除各自形体的差别获得的，所以一体也可以说是"无"。此外，"无"作为本体还具有"静"的含义，此种"静"并非动静相对的"静"，而是绝对寂静，他说："天地以本为心者也。凡动息则静，静非对动者也；语息则默，默非对语者也。然则天地虽大，富有万物，雷动风行，运化万变，寂然至无是其本矣。故动息地中，乃天地之心见也。"② 王弼以"无"为本体，以"无"统领"有"，把"有"建立在"无"的基础之上，实际上就是要从本体层面对儒道两家进行统合，把儒家的礼教名分建立在道家的无形虚静、浑然一体的"道"之上。

王衍对"贵无论"甚为推崇，由于其声名显赫，又热衷清谈，从而带动社会风气走向虚浮放任，"矜高浮诞，遂成风俗焉"③。裴頠对何晏、王衍、阮籍等崇尚虚无浮华而导致轻视礼法、漠视功业之风弥漫甚为不满，于是提出"崇有论"加以纠正："頠深患时俗放荡，不尊儒术，何晏、阮籍素有高名于世，口谈浮虚，不遵礼法，尸禄耽宠，仕不事事；至王衍之徒，声誉太盛，位高势重，不以物务自婴，遂相放效，风教陵迟，乃著崇有之论以释其蔽。"④ 裴頠的"崇有论"是针对"贵无论"而发的，他强调"有"的重要地位和作用，反对在现实的存在之外另寻一个本体，否定"有生于无"的观点。他在《崇有论》开篇即提出其主旨："夫总混群本，宗极之道也。"⑤ 他首先从"道"这一最高层面对"崇有论"进行了论证，"道"作为最根本、最高层次的原则是群体事物的原则的总汇，是"群有"的总和。"道"既然是"群有"的总和，就

---

① （三国魏）王弼注，楼宇烈校释：《老子道德经注校释》，第117页。
② （三国魏）王弼著，楼宇烈校释：《王弼集校释》，中华书局1980年版，第336~337页。
③ 《晋书》卷四十三《王衍列传》，第1236页。
④ 《晋书》卷三十五《裴頠列传》，第1044页。
⑤ 《晋书》卷三十五《裴頠列传》，第1044页。

不是"贵无论"所主张的"有"的来源和依据,"崇有论"的基本前提即由此而确立。为了反驳道家的"有生于无"和"贵无论"由此而推衍出的"以无为本",并解决"以有为本"的理论困难,他提出了"始生者自生"的主张:"夫至无者无以能生,故始生者自生也。自生而必体有,则有遗而生亏矣。生以有为已分,则虚无是有之所谓遗者也。"① 一个绝对的"无"是不可能产生有形有象的具体事物的,所以事物起初都是自我产生的,而事物的产生一定要以"有"作为载体,如果没有"有"的话,那么事物也就无法产生,事物的产生就是把"有"作为自己的组成部分,虚无只是事物产生所遗弃的那一部分"有"而已。在此之前,"贵无论"之所以能大行其道,是因为以"有"为事物的本原在理论上存在着难以自圆的困难,各种具体事物是"有",而各种具体事物又是从"有"而来的,这是以"有"生"有",在词义上是同义反复,在生成上则陷入了无限循环,而裴頠提出"自生"这一主张就解决了"以有为本"在理论上的困难,对"贵无论"做出了有力的回应。他以"有"为本体,把"无"视为事物产生所遗弃的那一部分"有",用"有"来统领"无",把"有"提高到了前所未有的地位,对"无"的地位则予以了极大的否定和消解。裴頠以"有"为本体就是要从本体层面肯定儒家的礼教名分,消除由尊崇道家的"无"所导致的虚无浮华、轻视礼法、漠视功业的社会风气,以重建社会秩序和道德规范。

郭象在本体层面也反对"无"能生"有",在一定程度上承接了"崇有论"的理路,对"贵无论"予以了否定,他说:"无既无矣,则不能生有。"② "无"就是空无,空无怎么能产生"有"呢?"道"作为"无"虽然是普遍存在的,但并没有时空表现形式:"故在高为无高,在

---

① 《晋书》卷三十五《裴頠列传》,第 1046 页。
② (晋)郭象注,(唐)成玄英疏:《庄子注疏·内篇·齐物论》,中华书局 2011 年版,第 26 页。《庄子注》是郭象在向秀注的基础上加以增改而成,应视为二人的共同著述,本文为论述方便以郭象为代表。

深为无深,在久为无久,在老为无老,无所不在而所在皆无也。"① "道"既然没有时空表现形式,那么就不能产生"有":"道,无能也。……道不能使之得也。"② 对于"天生万物"这一普遍观点,他也给予了否定:"夫天且不能自有,况能有物哉!故天者,万物之总名也。"③ "天"本身并不是一个实物,只是万物的总汇名称,也不能产生万物。在"天"之外,一个作为主宰的"造物者"也无法确定其是否存在并能否创造出众多形态的物体:"请问夫造物者有邪?无邪?无也则胡能造物哉!有也则不足以物众形。"④ 经过以上一系列的否定之后,他提出了"独化论"的主张:"然则生生者谁哉?块然而自生耳。""块然而生,独化者也。"⑤ "故造物者无主,而物各自造。"⑥ 天地万物之外并没有一个创生者,它们都是自我产生、自我创造的。所谓"独化"也就是"自生",这显然是受到了裴頠的"始生者自生"的影响。但郭象的"独化论"与裴頠的"崇有论"存在根本的不同,裴頠虽然否定"无"能生"有",却认为天地万物并非完满自足,而是彼此凭借、相互依赖:"夫品而为族,则所禀者偏,偏无自足,故凭乎外资。"⑦ 郭象则认为天地万物都是各个自我创生的,不依赖任何其他条件,既不凭借外部的条件,也不借由内在的根据:"物各自造而无所待焉,此天地之正也。"⑧ "独生而无所资借。"⑨ "然则凡得之者,外不资于道,内不由于己,掘然自得而独化也。"⑩ 天地万物都是各自产生、互不依赖的,这就是"无待"。郭象

---

① (晋)郭象注,(唐)成玄英疏:《庄子注疏·内篇·大宗师》,第137页。
② (晋)郭象注,(唐)成玄英疏:《庄子注疏·内篇·大宗师》,第138页。
③ (晋)郭象注,(唐)成玄英疏:《庄子注疏·内篇·齐物论》,第26页。
④ (晋)郭象注,(唐)成玄英疏:《庄子注疏·内篇·齐物论》,第60页。
⑤ (晋)郭象注,(唐)成玄英疏:《庄子注疏·内篇·齐物论》,第26页。
⑥ (晋)郭象注,(唐)成玄英疏:《庄子注疏·内篇·齐物论》,第60页。
⑦ 《晋书》卷三十五《裴頠列传》,第1044页。
⑧ (晋)郭象注,(唐)成玄英疏:《庄子注疏·内篇·齐物论》,第60页。
⑨ (晋)郭象注,(唐)成玄英疏:《庄子注疏·外篇·知北游》,第395页。
⑩ (晋)郭象注,(唐)成玄英疏:《庄子注疏·内篇·大宗师》,第138页。

在本体层面虽然反对"无"能生"有",但也反对物物相待,而是主张自生无待、有无相合。他不以脱离世间、摆脱束缚、自由遨游为指向,而是以立足世间、顺性自足、安命守分为目的,也就是要把名教与自然、儒家与道家统合起来。

二、有无功用

所谓有无功用就是探讨以"无"为本体和以"有"为本体在政治和社会方面所发挥的功能作用,具有政治论的意义。王弼以"无"为功用试图对儒道两家在政治和社会方面进行统合,裴頠则以"有"为功用力图恢复儒家在政治和社会方面的主导作用,重建被虚无浮华的风气所冲击的社会秩序和道德规范。郭象在本体层面对"有"与"无"进行统合,并由此而引发出有无相合的功用和境界,由于其功用论和境界论常常结合在一起,本文将在有无境界中一并加以论述。

王弼以"无"为功用的基本主张是"执一"和"无为",这是以"无"为本体在政治和社会方面的应用,也是对道家的"虚君""无君""无为"和儒家的"尊君""礼治""仁义"所做的一种调和。关于"执一",他从"一"与"多"的角度进行论述:

> 夫众不能治众,治众者,至寡者也。夫动不能制动,制天下之动者,贞夫一者也。故众之所以得咸存者,主必致一也;动之所以得咸运者,原必无二也。
>
> 物无妄然,必由其理。统之有宗,会之有元,故繁而不乱,众而不惑。……故自统而寻之,物虽众,则知可以执一御也;由本以观之,义虽博,则知可以一名举也。①

---

① (三国魏)王弼著,楼宇烈校释:《王弼集校释》,第591页。

基于同样的理路,他对孔子所说的"吾道一以贯之"加以解释说:"贯,犹统也。夫事有归,理有会。故得其归,事虽殷大,可以一名举;总其会,理虽博,可以至约穷也。譬犹以君御民,执一统众之道也。"①"执一"就是把握根本,世上的事物虽然繁杂,但是只要抓住其根本所在就可以理出头绪、统领全体。同样,民众虽然众多,彼此难以相互治理,但是设立一个君主就可以统率和治理他们。在王弼看来,君主制就是"执一"的体现,他从"无"的本体高度对其合理性进行了论证,对道家的"虚君""无君"和儒家的"尊君"进行了调和。不仅如此,"执一"还是"无为"和"礼治"的体现,他说:"真散则百行出,殊类生,若器也。圣人因其分散,故为之立官长。以善为师,不善为资,移风易俗,复使归于一也。"② 圣人因为民众分散无序而为他们设立官员、师长,以善人为规范,对不善人也有所资取而不予放弃,以此来改变民众的道德风尚,再使他们回归到纯一的状态,王弼由此将道家的"无为"和儒家的"礼治"统合起来。关于"无为",他还从"道"的高度并结合"仁义""礼敬"进行了详细的论述:"道以无形无为成济万物,故从事于道者以无为为君,不言为教。"③ "道"以"无为"成就万物,所以追寻"道"的人要把"无为"作为处事的原则。具体而言,在政治和社会方面,君主就要把虚静无欲作为根本原则,以此为基础来建立"仁义":

是以天地虽广,以无为心;圣王虽大,以虚为主。……故灭其私而无其身,则四海莫不瞻,远近莫不至;殊其己而有其心,则一体不能自全,肌骨不能相容。……本在无为,母在无名。弃本舍母,而适其子,功虽大焉,必有不济;名虽美焉,伪亦必生。……竭其聪明以为前识,役其智力以营庶事,虽(德)〔得〕其情,奸巧弥

---

① (三国魏)王弼著,楼宇烈校释:《王弼集校释》,第622页。
② (三国魏)王弼注,楼宇烈校释:《老子道德经注校释》,第74页。
③ (三国魏)王弼注,楼宇烈校释:《老子道德经注校释》,第57页。

密，虽丰其誉，愈丧笃实。劳而事昏，务而治薉，虽竭圣智，而民愈害。舍己任物，则无为而泰。……故仁德之厚，非用仁之所能也；行义之正，非用义之所成也；礼敬之清，非用礼之所济也。载之以道，统之以母，故显之而无所尚，彰之而无所竞。用夫无名，故名以笃焉；用夫无形，故形以成焉。守母以存其子，崇本以举其末，则形名俱有而邪不生。①

天地虽然广大，但遵循着"无"这一根本原则，君主要效法天地，保持虚静无欲、去除私心，以此为基本原则来保持"仁义""礼敬"，这样才能确立秩序、成就功业，而且没有负面效果。如果违背这一原则，竭力运用聪明才智去筹划处理事务，专门推行"仁义""礼敬"来敦厚端正德行，虽然也会取得功效美誉，但会造成虚伪奸巧的风气盛行，政事昏暗甚至社会变乱也由此而产生。通过以上论述，王弼就将儒家的"仁义""礼敬"建立在道家的"无为"基础之上，既使政治运行和社会治理安定有序、富有成效，又会消除刻意用智之弊和虚伪奸巧之风。

裴頠从以"有"为本体这一理路出发又进一步从功用上提高"有"的作用、否定"无"的作用，提出了"济有者皆有"的主张：

故养既化之有，非无用之所能全也；理既有之众，非无为之所能循也。心非事也，而制事必由于心，然不可以制事以非事，谓心为无也。匠非器也，而制器必须于匠，然不可以制器以非器，谓匠非有也。……由此而观，济有者皆有也，虚无奚益于已有之群生哉！②

依靠"无用"的原则是无法保持事物的生长、发育的，遵循"无

---

① （三国魏）王弼注，楼宇烈校释：《老子道德经注校释》，第93~95页。
② 《晋书》卷三十五《裴頠列传》，第1046~1047页。

为"的原则是无法治理众多事物的,"心"与"事"即思考与事务,这两者并非是一回事,但处理事务必须通过"心",不能因为处理事务依靠的不是"事",就说"心"是虚无的,工匠与器皿并非是一回事,但制作器皿必须依靠工匠,不能因为制作器皿依靠的不是器皿,就说工匠是不存在的,由此裴頠得出结论:成就事物的全都是"有"即实在的东西,虚无对于既已产生的群体事物没有任何用处。这样,他就充分肯定了"有"在事物成长变化中的主导作用,彻底否定了被"贵无论"所夸大的"无"的作用。"绥理群生"即治理、教化民众,是裴頠以"有"为本体在政治方面的具体运用,也是他倡导"崇有论"的最终目的所在,他说:

> 夫品而为族,则所禀者偏,偏无自足,故凭乎外资。是以生而可寻,所谓理也。理之所体,所谓有也。有之所须,所谓资也。……众理并而无害,故贵贱形焉。……惟夫用天之道,分地之利,躬其力任,劳而后飨。居以仁顺,守以恭俭,率以忠信,行以敬让,志无盈求,事无过用,乃可济乎!故大建厥极,绥理群生,训物垂范,于是乎在,斯则圣人为政之由也。①

各类事物所禀受的性质只是一部分,都是偏而不全的,所以它们自身的存在皆不充足完满,必须彼此凭借、相互依赖,事物的生存变化都表现出一定的轨迹,这就是理。理体现在各种事物当中,而这些事物又是彼此凭借、相互依存的,所以众多事物之理也是并行而不相妨碍,由此也就形成了社会的等级秩序。人在社会当中要遵守仁义、恭俭、忠信、礼让等行为规范和中庸的行事准则才能成就事业,所以圣人通过确立这些基本的原则来治理、教化民众,垂范后世,从而最终实现社会太平、天下安定的政治目标。这就是"崇有论"的最终走向,裴頠批判道家、

---

① 《晋书》卷三十五《裴頠列传》,第1044页。

恢复儒家的意图也完全彰显出来。

三、有无境界

所谓有无境界就是探讨以"无"为本体和以"有"为本体在内心修养方面所达到的层次高度，具有修养论和境界论的意义。由修养论谈境界论，这是中国哲学不同于西方哲学最显著的特点。何晏、王弼从以"无"为本体引出了各自不同的"无"的境界，裴頠所作的《崇有论》在"有"的境界方面着墨不多，郭象在一定程度上承接了裴頠以"有"为本体的理路，进而以"有"的境界来解释道家的"逍遥"和"无为"。

何晏与王弼志同道合，他们在"无"的本体方面观点相近，在"无"的境界方面却存在分歧。何晏主张"圣人无喜怒哀乐"[1]，即圣人能达到没有喜怒哀乐情感变化的境界，这种"无"的境界具有浓厚的道家色彩。王弼在这一点上并不赞同何晏的观点，他认为圣人的情感是"应物而无累于物"：

> 圣人茂于人者神明也，同于人者五情也，神明茂故能体冲和以通无；五情同故不能无哀乐以应物，然则圣人之情，应物而无累于物者也。今以其无累，便谓不复应物，失之多矣。[2]

圣人只是在智慧方面超出常人，所以能体会并认识到"冲和"即淡泊平和的境界而与"无"相贯通，但在情感方面圣人与常人相同，所以也不会没有喜怒哀乐等情感变化来应接事物，只是圣人的情感应接事物时不会被事物牵累困扰，不能因为其不被事物牵累困扰，便说不再去应

---

[1] （晋）陈寿撰，（南朝宋）裴松之注，陈乃乾校点：《三国志》卷二十八《魏书·王弼传》，中华书局1982年版，第795页。

[2] 《三国志》卷二十八《魏书·王弼传》，第795页。

接事物了。王弼所说的"冲和"情感境界实际上就是儒家的"中和"情感境界,他把此种境界解释为道家的"无"的境界,"无"的境界并不是应接事物没有喜怒哀乐等情感变化,而是不会被事物所牵累困扰。何晏的主张会引导大家为了达到没有喜怒哀乐情感变化的"无"的境界而不去应接事物,放弃对社会的责任,从而造成名教与自然紧张的状态。王弼显然有调节名教与自然的关系的意图,在他看来,没有必要为了达到"无"的境界而放弃社会活动以保持内心平静,从事社会活动只要内心控制得当不受其影响,并不一定会对情感造成伤害,没有必要因为担心情感受到伤害而摒弃社会活动,放弃对社会的责任。从以上所述可以看出,王弼虽然把"无"作为修养的最高境界,但并不意味着他完全倒向了道家,他提倡"无"是为了统领"有",用道家的思想来调节儒家的思想,所以当裴𬱟的叔祖裴徽问:"夫无者诚万物之所资也,然圣人莫肯致言,而老子申之无已者何?"他说:"圣人体无,无又不可以训,故不说也。老子是有者也,故恒言无所不足。"① 这里所说的"圣人"就是孔子,裴徽基于儒家的立场提出质疑,"无"诚然是万物的依据,那孔子为什么不愿谈论,而老子却不断申说呢?裴徽由王弼所主张的以"无"为本体这一理路进行反诘,非常具有挑战性,王弼则从"无"的境界角度予以了巧妙的回应,孔子已经达到了"无"的境界,"无"又不可以解说,所以就无需再说了,而老子还处于"有"的境界,所以需要经常不断地说。王弼倡导"贵无论"被很多人认为偏向道家,但从上述问答可以看出,在他的心目中,孔子的地位依然要高于老子,而孔子高于老子之处在于他达到了"无"的境界,他以道解儒、统合儒道的意图在此表露无遗。

郭象在本体层面反对"无"能生"有",主张自生无待,在一定程度上承接了裴𬱟以"有"为本体的"崇有论"理路,但与裴𬱟所主张的事物由于所禀受的性质都偏而不全,其存在皆不充足完满而需要彼此凭

---

① 《三国志》卷二十八《魏书·王弼传》,第 795 页。

借、相互依赖的观点有所不同,他认为每个事物都具有各自的性质,只要加以满足、实现即可,并不需要寻求彼此凭借、相互依赖,由此而提出了"适性"的主张:"夫大鸟一去半岁,至天(地)〔池〕而息;小鸟一飞半朝,枪榆枋而止。此比所能则有间矣,其于适性一也。"① 他所说的"性"指的是"性分":"物各有性,性各有极。"② "天性所受,各有本分,不可逃,亦不可加。"③ 每个事物自我产生之后都具有"性",每个事物的"性"都有其最高限度,都是既已确定而无法改变的,这就是"性分"。"适性"就是"物任其性,事称其能,各当其分"④,具体地说就是"性之所能,不得不为也;性所不能,不得强为"⑤ "全其性分之内而已"⑥。也就是说,事物要各自安于自己的"性分"、满足于自己的"性分",不要勉强去突破其最高限度。对于"适性",他还进一步阐发说:"苟足于其性,则虽大鹏无以自贵于小鸟,小鸟无羡于天池,而荣愿有余矣。故小大虽殊,逍遥一也。"⑦ 假如事物的"性"得到了充足的体现,那么不管是扶摇直上九万里一去半年的大鹏,还是在树林之间一飞半天的小鸟,即使它们的大小有所不同,但同样都是逍遥的,即"用得其所,则物皆逍遥也"⑧,这就是"适性逍遥"。庄子所说的"逍遥"是脱离世间、摆脱任何束缚的"无待逍遥",是"无"的境界;而郭象所说的"逍遥"是立足世间、安于自性的"适性逍遥",是"有"的境界。"适性逍遥"的最终走向是"命定论",他在《庄子注》中有许多此类的表述,如"不知其所以然而然谓之命"⑨ "知不可奈何者,命也。而安之

---

① (晋)郭象注,(唐)成玄英疏:《庄子注疏・内篇・逍遥游》,第3页。
② (晋)郭象注,(唐)成玄英疏:《庄子注疏・内篇・逍遥游》,第6页。
③ (晋)郭象注,(唐)成玄英疏:《庄子注疏・内篇・养生主》,第69页。
④ (晋)郭象注,(唐)成玄英疏:《庄子注疏・内篇・逍遥游》,第2页。
⑤ (晋)郭象注,(唐)成玄英疏:《庄子注疏・杂篇・外物》,第488页。
⑥ (晋)郭象注,(唐)成玄英疏:《庄子注疏・内篇・应帝王》,第159页。
⑦ (晋)郭象注,(唐)成玄英疏:《庄子注疏・内篇・逍遥游》,第5页。
⑧ (晋)郭象注,(唐)成玄英疏:《庄子注疏・内篇・逍遥游》,第22页。
⑨ (晋)郭象注,(唐)成玄英疏:《庄子注疏・杂篇・寓言》,第500页。

则无哀无乐"①。他所说的"命"实际上是由"性"而表现出来的不可知的必然性,所以他有时也将"性"和"命"连用,如"各正性命之分也"②"任其所受之分,则性命安矣"③。"性命"是无法改变的,安于"性命"的本分,不要超越限度,就可以到达逍遥的境界。郭象所说的"无为"与"适性"是紧密联系在一起的,也是"有"的境界,与道家通常所说的无事无欲、恬静素朴有所不同。在他看来,"无为"并不是拱手默言、无所作为,而是各自根据自己的"性分"活动:"无为者,非拱默之谓也,直各任其自为,则性命安矣。"④ "然自得此为,率性而动,故谓之无为也。"⑤ 只要不超出自己的"性分"、各自顺应自己的本性去活动就是"无为"。比如说,工匠不亲手刻木,但使用斧子去刻;君主不亲自做事,但任用臣属去做,工匠、斧子、君主、臣属各司其职、各当其能、各尽其用,这就是"无为"。⑥ 郭象所说的"无为"实际上就是孔子所说的"君君,臣臣,父父,子子"(《论语·颜渊》)各尽其分,但尽其分给人的感觉好像是一种外在的规定,而"无为"则是发自"性分"的一种内在的要求。郭象所要达到的最终目的是立足世间、顺性自足、安命守分,也就是把名教与自然、儒家与道家统合起来:"夫圣人虽在庙堂之上,然其心无异于山林之中。"⑦

有无之辩与名教自然之辩交织在一起构成了魏晋时期清谈论辩的主线,何晏、王弼由以"无"为本体引发出"无"的功用和"无"的境界,以调节名教与自然的关系,试图将儒家与道家统合起来,但将社会风气导向了虚无,特别是在王衍"贵无"清谈的带动下,整个社会盛行

---

① (晋)郭象注,(唐)成玄英疏:《庄子注疏·内篇·人间世》,第85页。
② (晋)郭象注,(唐)成玄英疏:《庄子注疏·内篇·应帝王》,第159页。
③ (晋)郭象注,(唐)成玄英疏:《庄子注疏·外篇·在宥》,第202页。
④ (晋)郭象注,(唐)成玄英疏:《庄子注疏·外篇·在宥》,第203页。
⑤ (晋)郭象注,(唐)成玄英疏:《庄子注疏·外篇·天道》,第252页。
⑥ (晋)郭象注,(唐)成玄英疏:《庄子注疏·外篇·天道》,第252页。
⑦ (晋)郭象注,(唐)成玄英疏:《庄子注疏·内篇·逍遥游》,第15页。

起了浮华放任、轻视礼法、漠视功业的风气。阮籍、嵇康崇尚道家的自然，批判儒家的礼法，主张抒发性情，嵇康甚至有"非汤武而薄周孔""越名教而任自然""以'六经'为芜秽，以仁义为臭腐"①的激烈言论，将儒家与道家、名教与自然截然对立起来。在一片虚浮放任的时风众势中，裴頠没有随波逐流，而是卓尔独行，建立以"有"为本体的"崇有论"，强调"有"的功用，肯定儒家的礼教名分，以消除由尊崇道家的"无"所导致的虚无浮华、轻视礼法、漠视功业的社会风气。郭象在本体层面反对"无"能生"有"，在一定程度上承接了裴頠以"有"为本体的理路，但又主张自生无待、有无相合，认为每个事物都具有各自性命的本分，倡导立足世间、顺性自足、安命守分，最终把名教与自然、儒家与道家统合起来。

---

① （三国魏）嵇康：《与山巨源绝交书》《释私论》《难自然好学论》，（三国魏）嵇康：《嵇中散集》，《丛书集成三编》第三十六册，新文丰出版公司1997年版，第543、544、554页。

略论《吕氏春秋》儒道融合的三种路径

许富宏

摘　要：《吕氏春秋》是战国中晚期的一部杂家著作，是战国晚期融合诸子百家学说为一体的治国方略宝典。《吕氏春秋》诸思想中占主导地位的是道家与儒家思想，吕不韦及其门客有意识地融合儒道思想，其路径主要包括吸收儒道两家的天人合一思想、以道家的实践来实现儒家重民的理论、以道家因顺思想实现儒家的修身目标等。《吕氏春秋》往往把儒家的看法视作理论，而用道家思想作为实践，做到了理论与实践相结合。《吕氏春秋》儒道融合的路径及其思路对当今的现代化建设颇有启迪。

关键词：《吕氏春秋》　儒道融合　路径

《吕氏春秋》是战国晚期杂家代表作，熔铸了诸子百家学说为一体，构建了一套"治道"的思想体系。《汉书·艺文志》评价杂家的特点时说："兼儒、墨，合名、法，知国体之有此，见王治之无不贯。"这个评价对《吕氏春秋》而言也是准确的。此前学术界已有对《吕氏春秋》与儒家思想、《吕氏春秋》与道家思想的密切关系有过探索，汉代的高诱在《吕氏春秋·序》中说："然此书所尚，以道德为标的，以无为为纲纪，以忠义为品式，以公方为检格，与孟轲、孙卿、淮南、扬雄相表里也。"①高诱认为《吕氏春秋》以道家"无为"为纲纪，但也融合了儒家的"忠义"思想，与孟子、荀子都能相通，可见其做到了儒道相融。清代的纪昀认为"大抵以儒为主，而参以道家、墨家。故多引六籍之文与孔子、曾子之言"②。四库馆臣也指出《吕氏春秋》做到了儒道相融。学术界曾有人研究《吕氏春秋》如何吸收儒家，提出《吕氏春秋》接受了儒家的民本思想、德治观念、伦理规范、乐教之理、教育理论、修身理论、尚公主张、天人合一等③。有学者认为，"从思想渊源上看，对《吕氏春秋》影响较大者首推老子"，而"庄周的影响不可忽视"，"《吕氏春秋》所接受的庄学多取自《庄子》外、杂篇"。④ 可见，探索先秦时期的儒道融合，《吕氏春秋》是一个典范。不过前人虽指出《吕氏春秋》中有儒道融合的现象，但对其融合的路径未加以深究，这里选择从儒家与道家融合的路径角度来谈谈个人的看法，以求教于方家。

一、《吕氏春秋》同时吸收儒道共有的"天人合一"的思想

"天人合一"的思想是先秦时期儒家与道家共有的思想，《吕氏春秋》同时吸收了儒、道两家思想，实现了儒道思想的融合，这是《吕氏

---

① （秦）吕不韦编，许维遹集释，梁运华整理：《吕氏春秋集释》，中华书局2009年版，第3页。
② （清）纪昀等总纂，《四库全书》研究所整理：《钦定四库全书总目》（整理本），中华书局1997年版，第1568页。
③ 参见李家骥：《吕氏春秋通论》，岳麓书社1995年版，第66~71页。
④ 参见牟钟鉴：《〈吕氏春秋〉与〈淮南子〉思想研究》，齐鲁书社1987年版，第23~24页。

春秋》儒道思想融合的一种路径。

以《周易》为代表的儒家主张"天人合一"。《周易·系辞上》说："《易》与天地准，故能弥纶天地之道。仰以观于天文，俯以察于地理，是故知幽明之故。原始反终，故知死生之说。"《周易》的思维就是"与天地准"，就是根据天地的法则，"仰以观于天文，俯以察于地理"而来。《周易·系辞下》说："古者包牺氏之王天下也，仰则观象于天，俯则观法于地，观鸟兽之文与地之宜，近取诸身，远取诸物，于是始作八卦，以通神明之德，以类万物之情。"天地万物包括人，伏羲氏能通天地，说明儒家也认为人与天地彼此相通。《周易》就是人用卦象来表达对天地规律认识的产物，《周易·系辞上》说："圣人有以见天下之赜，而拟诸其形容，象其物宜，是故谓之象。"圣人用"观物取象"的方法来认识自然，并通过卦象来描述与表达。天有意志，人事是天意的体现，人的认识就是来自于自然，人与天、地并立为三才之道。这些都是儒家"天人合一"思想的体现。

道家也主张天人合一。《老子》第二十五章载："人法地，地法天，天法道，道法自然。"人与天地都是自然的产物，人以地为法则，与天地密切相关，这其中已经蕴含天人合一的思想。庄子对"天人合一"思想阐述得最为鲜明，《庄子·齐物论》云："天地与我并生，而万物与我为一。"人与自然和谐统一，这是庄子憧憬的理想世界。

《吕氏春秋》中"天人合一"的思想，可以看作是对儒家、道家思想的吸收。《吕氏春秋·情欲》篇说："人之与天地也同，万物之形虽异，其情一体也，故古之治身与天下者必法天地也。"人与天地是相同的，因此治理天下，必法天地。《吕氏春秋·序意》也说："盖闻古之清世，是法天地。凡《十二纪》者，所以纪治乱存亡也，所以知寿夭吉凶也。上揆之天，下验之地，中审之人，若此则是非可不可无所遁矣。"也就是说，天下的"治道"最根本的还是要从天地之道中来，向自然规律学习。在治国的具体安排上，《吕氏春秋》设置了"十二纪"首章，正是遵从了"道法自然"的理念。如《孟春纪》首章中，就是根据孟春时令来安排政事、治理国家的。"孟春之月,日在营室,昏参中,旦尾中",这是天时,这时节,地理上的特征是"天气下降,地气上腾,天地和同,草木繁动""东风解冻,蛰虫始振",针对这种地理上的特征,在政事的安排上,立春之日,"天子亲率三公九卿诸侯大夫以迎春于东郊",同时"天子亲载耒耜,措之参于保介之御间,率三公九卿诸侯大夫躬耕帝籍田,天子三推,三公五推,卿诸侯大夫九推",表示天子重视农事,然后"王布农事,命田舍东郊,皆修封疆,审端径术,善相丘陵阪险原隰,土地所宜,五谷所殖,以教道民,必躬亲之"。一年之计在于春,适应农时要置农事,这是法天地的具体作为。春天乃万物萌生的开始,此时不宜用兵,故曰"是月也,不可以称兵,称兵必有天殃。兵戎不起,不可以从我始"。其他"十一纪"首章也都是如此,都体现了"无变天之道,无绝地之理,无乱人之纪"的思想。这些都是道家的主张,都是道法自然的思想,同时也是儒家积极倡导的治国主张,《礼记·月令》除了个别字句的差异,与"十二纪"首章皆是相同的。关于《月令》与《吕氏春秋》"十二纪"首章的关系,陆德明说:"蔡伯喈、王肃云:'周公所作。'"① 如果《月令》是周公所作,则《月令》在前,《吕氏春秋》"十二纪"首章在后,那应是《吕氏春秋》吸收《月令》思想。但学术界多不赞同,王锷先生曾做过概括,其中有《月令》篇是出于《吕氏春秋》一说,持此说者有郑玄、卢植、高诱、梁玉绳、万斯大、王引之、张文虎、任铭善、徐复观等人,此说在关于两者之间先后关系的各种说法中"影响最大"。② 如郑玄即说:"名曰《月令》者,以其纪十二月政之所行也。本《吕氏春秋》十二月纪之首章,《礼》家好事抄合之,其中官名、时、事,多不合周法。"③ 虽然《月令》可能晚于《吕氏春秋》,袭用了《吕氏春秋》"十二纪"的首章,即便如此,也说明儒家著作

---

① (汉)郑玄注,王锷点校:《礼记注》,中华书局2021年版,第187页。
② 王锷:《礼记成书考》,中华书局2007年版,第269页。
③ (清)孙希旦撰,沈啸寰、王星贤点校:《礼记集解》,中华书局1989年版,第399页。

《礼记》对《吕氏春秋》的认同,两者之间存在密切的关系。后世儒家学者认同并袭取《吕氏春秋》"十二纪"的首章,根源还是基于《吕氏春秋》的"十二纪"首章和儒家思想"天人合一"思想与法天地的观念高度相合。

二、《吕氏春秋》以道家思想为实践去实现儒家的理论

"重民"思想是先秦时期儒家与道家思想所共有的,但是在理论阐述上侧重点不同。儒家侧重理论阐述,道家侧重实践,强调在现实政治中实现"重民"的目标。《吕氏春秋》吸收儒家与道家的思想,以道家的实践来实现儒家的理论,探索出儒道融合的另一种路径。

儒家思想的一个典型特征就是以民为本的重民、爱民的民本思想。《左传·桓公六年》:"所谓道,忠于民而信于神也。上思利民,忠也。"民众是国家的基础,因此统治者要时时思考如何做有利于民众的事,只有时刻忠于民众,才能得到民众的拥护。所谓"忠"不是忠于君主,而是忠于人民。孔子在总结前人的基础上,将重民思想归纳为以"仁"为主体的思想内涵。《论语·雍也》:"子贡曰:'如有博施于民而能济众,何如?可谓仁乎?'子曰:'何事于仁!必也圣乎!'"孔子把博施于民的爱民行为称为圣,他对爱民行为是高度推崇的。在孔子那里,仁就是爱人。《论语·颜渊》:"樊迟问仁。子曰:'爱人。'"主张仁,在实践中就是爱民、重民的意思。战国时期的孟子将儒家重民思想更加推进一步,《孟子·尽心下》说:"民为贵,社稷次之,君为轻。"孟子把民众的地位放在君主之前,突出以民为本的意涵。孟子说:"得天下有道,得其民,斯得天下矣。得其民有道,得其心,斯得民矣。"(《孟子·离娄上》)意思是说,要想取得最高统治权,就要获得民众的拥护;要想获得民众的拥护,先要获得民众内心对你的认同。虽然孟子思想中还带有等级意识,但其主张君王执政应以民为本的思想倾向还是很显著的。先秦时期另一位儒家大师荀子则注重在实际施政过程中重视民众,他认为,

国家治理的中心工作就是安民,庶人安,则君主有政。他曰:"选贤良,举笃敬,兴孝弟,收孤寡,补贫穷,如是,则庶人安政矣。庶人安政,然后君子安位。"(《荀子·王制》)。荀子强调"庶人安政,然后君子安位",实际上是在强调人君要重视民众的实际利益。《礼记·缁衣》关于"君民关系"的论述也颇为精到,其曰:"民以君为心,君以民为体。心庄则体舒,心肃则容敬。心好之,身必安之。君好之,民必欲之。心以体全,亦以体伤;君以民存,亦以民亡。"其"君心民体"之喻,取象生动,寓意深刻,是儒家重民思想的体现。

但是儒家的重民是建立在"亲亲尊尊"的基础之上的,在儒家观念中,社会上的人是有等级的,儒家始终是站在统治者的立场上的。就连孟子都说:"有大人之事,有小人之事"(《孟子·滕文公上》),大人劳心,小人劳力,"劳心者治人,劳力者治于人;治于人者食人,治人者食于人,天下之通义也"(《孟子·滕文公上》),是在上位的"大人"对在下位的"小人"的恩赐。但是在上位的"大人"会不会有这样的仁心,只能依靠个人的修养与自觉了。如果掌权者任性,不愿意施舍仁心,在下的民众就无法得到关爱了。因此,儒家倡导的民本思想,在实践层面是有缺陷的。

这种缺陷,道家是十分明了的。孟子所言,劳心者不劳力,其所食必依赖劳力者,在道家看来,这便是自私。道家的重民思想恰恰是站在底层民众的立场上。《老子》第三章:"为无为,则无不治。"无为,就是不妄为,要求统治者不要扰乱民众的自然生活状态,这是维护底层民众的利益。《老子》第七十五章:"民之饥,以其上食税之多,是以饥。民之难治,以其上之有为,是以难治。"老子分析了社会上基层民众的实际,发现民不饱食,主要在于税多;民之难治,主要在于居上位者想多作为。所有这些都是扰民之举。故《老子》第十九章说:"绝圣弃智,民利百倍","少私寡欲,绝学无忧"。真正爱民的统治者要"少私寡欲",减少对民众的盘剥。《老子》第五十七章:"故圣人云:'我无为,而民自化;我好静,而民自正;我无事,而民自富;我无欲,而民自朴。'"

国家治理只有实行无为，统治者做到无欲，民众就能自化、自正、自富、自朴。可见，老子是关爱人民的。《老子》主张统治者减少"有为"，任由民众自由发展。《老子》第五章说："天地不仁，以万物为刍狗；圣人不仁，以百姓为刍狗。"天地是无私的，统治者应顺应自然，无所偏爱。这里老子"强调了天地间万物自然生长的状况，并以这种状况来说明理想的治者效法自然的规律（'人道'法'天道'的基本精神就在这里），也是任凭百姓自我发展"①。老子反对儒家对人民所谓的恩赐，而是主张任由百姓自我发展。

《吕氏春秋》对儒家的民本思想是高度认同并虚心接受的，而且把实现儒家的民本思想作为治国的目标之一。但在具体实现民本思想的措施上，《吕氏春秋》吸收的是道家的做法。

首先，要实施无为而治。《吕氏春秋·先己》："故反其道而身善矣；行义则人善矣；乐备君道而百官已治矣，万民已利矣。三者之成也在于无为。无为之道曰胜天，义曰利身，君曰勿身。"吕不韦认为，儒家的修身行义，百官已治，均依赖于用无为之道治理国家。《吕氏春秋·任数》说："因者，君术也。为者，臣道也。为则扰矣，因则静矣。因冬为寒，因夏为暑，君奚事哉！故曰：君道无知无为，而贤于有知有为，则得之矣。"为君之道在于无为，这一点与儒家有很大不同。儒家强调"知其不可为而为之"，强调君主要有作为，君主要积极进取。《吕氏春秋》倡导"无为"，主要是君无为而臣有为。《吕氏春秋·分职》说："夫君也者，处虚素服而无智，故能使众智也；智反无能，故能使众能也；能执无为，故能使众为也。无智、无能、无为，此君之所执也。人主之所惑者则不然，以其智强智，以其能强能，以其为强为，此处人臣之职也。处人臣之职，而欲无壅塞，虽舜不能为。"君主要无智、无能、无为，才是为君之道，如果君主强智、强能、强为则是做了人臣的职分。这里的"无智""无能""无为"，是说君主及统治者不要强自己之智以为智，而要集天

---

① 陈鼓应：《老子注译及评介》，中华书局2009年版，第79页。

下人之智；不要强自己之能，要天下人都服从自己之能，而是采天下人之才能；不强自己之所为要天下人接受，而要任天下人之所为。君主自己遵循顺应自然的规律，不强为、不妄为，就是最大的作为。又因为君主"清虚自守"，并不铺张奢华，实际上是爱惜民力的表现。总之，《吕氏春秋》所主张的治国思想就是黄老之学的"无为而治"思想。《吕氏春秋》关于"无为而治"的论述是黄老之学具有代表性的表述。由此可以看出，《吕氏春秋》是主张君无为而臣有为的。"百官各处其职、治其事以待主，主无不安矣"（《吕氏春秋·圜道》），要做到臣有为就必须要用贤人。《吕氏春秋·振乱》："天子既绝，贤者废伏，世主恣行，与民相离，黔首无所告诉。"这里"贤者废伏"即指贤臣。"举其秀士而封侯之，选其贤良而尊显之"（《吕氏春秋·怀宠》），即倡导用贤能之臣。用贤，也是儒家思想。《礼记·礼运》："大道之行也，天下为公，选贤与能，讲信修睦。"注："天下为公者，天子之位，传贤而不传子也。选贤与能，诸侯国不传世，惟贤能者则选而用之也。"① 可见，儒家的用贤主要是针对君主而言的，强调君主是贤能的君主。而《吕氏春秋》则强调人臣是贤能之人，人君只要循名责实，按分任职即可。总之，《吕氏春秋》中的"无为"，是指君主不去做一件件具体的事，但是要善于驾驭百官去做一件件具体的事，这就是"知百官之要"的含义。

其次，君主必须节欲，做到"清虚自守"。儒家重视礼，而无论是冠礼、婚礼还是丧礼，都有一套繁琐的仪式，在物质上造成奢侈与浪费。道家则与之相反，强调君主自身要节欲。《吕氏春秋》承认人有七情六欲，但是君主必须要节制自己的情欲。《吕氏春秋·情欲》说："天生人而使有贪有欲。欲有情，情有节，圣人修节以止欲，故不过行其情也。"《吕氏春秋·重己》说："凡生之长也顺之也。使生不顺者欲也，故圣人必先适欲。""修节以止欲""必先适欲"，所以说圣人必须是节欲的人。《吕氏春秋·贵生》："夫耳目鼻口，生之役也。耳虽欲声，目虽欲色，鼻

---

① （清）孙希旦撰，沈啸寰、王星贤点校：《礼记集解》，第582页。

虽欲芬香，口虽欲滋味，害于生则止。在四官者不欲，利于生者则弗为。由此观之，耳目鼻口不得擅行，必有所制。"君主必须首先管好自己的五官之欲，"耳目鼻口不得擅行，必有所制"，这样，天下才不会因为君主的耳目鼻口之好而加重负担。所以，君主的"清虚自守"是君主实行"无为"的思想保障。这是为君者不得不明了的一个法则。

最后，顺应民心。儒家也主张顺民心，《孝经·广至德》："非至德，其孰能顺民如此，其大者乎。"邢昺疏谓："若非至德之君，其谁能顺民心如此。"[①] 意即只有至德的君主，才能顺应民心。但是儒家的顺应民心代表的是自上而下给予民众的恩赐。《吕氏春秋·顺民》认为，有德的君主，仅凭自己有德是不能得民心的，取得民心的关键是满足民众的欲望。虽然满足民众的欲望也算是有"德"，但是儒家往往强调从"自身"修养开始，然后推广至天下。《吕氏春秋》认为，得民心，要转换立场，站在民众的立场上，关键在于满足民众的欲望，并以历史上成就功业者如商汤、周文王、越王勾践为例加以说明。如"文王处岐事纣，冤侮雅逊，朝夕必时，上贡必适，祭祀必敬。纣喜，命文王称西伯，赐之千里之地。文王载拜稽首而辞曰：'愿为民请炮烙之刑。'文王非恶千里之地，以为民请炮烙之刑，必欲得民心也。得民心则贤于千里之地，故曰文王智矣"（《吕氏春秋·顺民》）。周文王事纣，朝拜不失时，进贡不失礼，纣王很高兴，赏他千里沃土。而文王却说："我不要千里的土地，只愿替人民请求废除炮烙之刑。"文王这样做，就是为了顺应民心。汤、文王、越王勾践都能够顺应民心，所以能够成功。

所以如果要称王，必定"先顺民心"，"凡举事，必先审民心，然后可举"（《吕氏春秋·顺民》），"不达乎人心，位虽尊，何益于安也"（《吕氏春秋·察微》），可见尊重民意的确是君主必须高度重视的问题。顺民心，必定满足民众的欲望，才能成功。"夫以德得民心以立大功名

[①] （清）阮元校刻：《十三经注疏》（清嘉庆刊本），中华书局 2009 年版，第 5562 页。

者，上世多有之矣。失民心而立功名者，未之曾有也。得民必有道，万乘之国，百户之邑，民无有不说，取民之所说而民取矣，民之所说岂众哉！此取民之要也。"(《吕氏春秋·顺民》)即凡事皆应顺应民心民意，"故凡举事，必先审民心然后可举"，这是为君者不得不明察的关键。

从上文三个方面来看，儒家竭力倡导的重民思想只有在道家思想的主张下才能实现，道家提出的"无为而治""清谈寡欲""顺应民心"都是站在下层民众的立场对上层统治者提出的目标与要求，具有在实践中的可操作性，弥补了儒家空谈而无法做到的缺陷，达到了理论与实践上的互补。

三、《吕氏春秋》以道家因顺思想实现儒家的修身目标

修身是儒家与道家共同倡导的思想，对于如何实现修身的目标，儒家与道家都强调"节欲"。"节欲"与"修身"的共同观点，使得儒家与道家之间融合得比较容易。《吕氏春秋》吸收道家的修身做法来实现儒家的修身目标，做到儒道的互补与融合，这是《吕氏春秋》儒道融合的另一种路径。

修身即治身，这种观念是先秦时期一种普遍的观念，儒家最为强调这一点。中国古代是家国同构的宗法制，因此，君主的修身关乎国家的兴衰。《大学》说："古之欲明明德于天下者，先治其国；欲治其国者，先齐其家；欲齐其家者，先修其身；欲修其身者，先正其心……心正而后身修，身修而后家齐，家齐而后国治，国治而后天下平。自天子以至于庶人，一是皆以修身为本。"儒家认为，治国、平天下的基础是修身，而承担治国、平天下责任的人更是要"以修身为本"。在儒家看来，治国、平天下的人，既有国君也有人臣，只要承担治国重任的人都需要修身。《春秋繁露·仁义法》载："孔子谓冉子曰：'治民者先富之，而后加教。'语樊迟曰：'治身者，先难后获。'以此之谓治身之与治民，所先后者不同焉矣。"孔子是把国君的治身视作前，治民视作后，治国必先

治身。

　　既然治身如此重要，那么到底怎么样才能治身呢？孔子提出"正身说"。《论语·子路》引孔子的话说："其身正，不令而行；其身不正，虽令不从。"又说："苟正其身矣，于从政乎何有？不能正其身，如正人何？"一个人如果能端正自己，那么治理国政有什么困难呢？连自身都端正不了，怎么能端正别人呢？孔子提出"正身"的思想，要求君主能够自己正身。至于如何做到"正身"呢？孔子认为只有对人的欲望进行合理地规范这一条路径。《论语·尧曰》引孔子的话说："欲而不贪。"人有欲望，但是不能过分，贪欲就是过分的欲望。欲而不贪，就是对欲的一种规范，有欲望但不能过分，体现了孔子的中庸之道。"正身"就是要求保持人的欲望在适度的范围之内。上引《大学》则认为修身在于"正心"，侧重从人的精神，从主观意识上对自己的欲望进行克制。孟子继承了孔子的思想，并做了进一步的发展，提出人君必须要做到"寡欲"。在孟子生活的时代，肆欲而成贪欲的现象已经广泛地出现。《孟子·梁惠王上》中记载孟子与齐宣王的对话："王曰：否。吾何快于是？将以求吾所大欲也。"那么齐宣王的"大欲"是什么呢？孟子一针见血地指出："欲辟土地，朝秦楚，莅中国而抚四夷也。"齐宣王的大欲是开疆拓土，使秦国和楚国服从齐国，像齐桓公那样一统天下。在《孟子》中，这一句是很典型的无度之欲的反映。针对这种"大欲"，孟子提出"寡欲"。孟子说："养心莫善于寡欲。其为人也寡欲，虽有不存焉者，寡矣；其为人也多欲，虽有存焉者，寡矣。"（《孟子·尽心下》）孟子的意思是人不能没有欲，但欲不能多只能少。因为在一个欲望众多的社会中，人心就可能散乱浮躁，欲望越多，则各种各样的追求也越多。在孟子的观念里，耳目口腹之欲是小而贱的，它与大而贵的义或善几乎是处在一个完全敌对的态势当中，"欲"进一步，"善"便退一步，"义"也退一步。只有"寡欲"，才能保证人心里的善端。义和善，皆由人心里的善端引发出去。孟子认为寡欲重在"养心"，所以说"养心莫善于寡欲"。他是从"修身""养心"这个角度来思考人如何对待欲望的，"养心"与《大学》里面的"正心"都是侧重从人的内心主观上控制欲望。

荀子在修身上与孟子的观点不同，他提出"礼以正身"。荀子认为人的自然情欲本身无所谓善恶，但不受节制的自然情欲必然导致恶，这是荀子"人之性恶"的真实内涵。在荀子看来，人的情欲不仅无所谓善恶，而且它在根本上就是一种具有天然合理性的存在。《荀子·正名》篇说："欲不待可得，所受乎天也。"《礼论》篇说："人生而有欲，欲而不得，则不能无求。"人的欲望，是得之于天，是与生俱来、自然而然的东西。正因为如此，所以人的欲望是不可去、不可寡的。"虽尧舜不能去民之欲利"（《荀子·大略》），即使是尧舜也不能去除人的欲望。"欲不可去，性之具也"（《荀子·正名》），人的欲望不可去，这是人的天性所决定的。由此可见，荀子在人之"欲"的问题上与孟子有着完全不同的见解。荀子说："凡语治而待去欲者，无以道欲而困于有欲者也。凡语治而待寡欲者，无以节欲而困于多欲者也。有欲无欲，异类也，生死也，非治乱也。"（《荀子·正名》）凡是谈论治国之道要依靠去掉人们欲望的，是因为他们没有办法来引导人们的欲望；凡是谈论治国之道要依靠减少人们欲望的，是因为他们没有办法来节制人们的欲望。有欲望和没有欲望，是不同类的，是生与死的区别，但不是国家安定与动乱的原因。在荀子看来，欲的多少与义不义、善不善，归根结底，与治乱并无必然的关联，善恶治乱的关键并不在于"欲"。君主个人修身的关键在于是否用"礼"来正身。《荀子·修身》篇说"礼者，所以正身也"，"无礼何以正身"。礼，是外在的社会规则或制度，荀子强调通过外在的约束来达到修身的目的。

道家也强调治国必先修身，《老子》第五十四章载："修之于身，其德乃真；修之于家，其德乃余；修之于乡，其德乃长；修之于国，其德乃丰；修之于天下，其德乃普。故以身观身，以家观家，以乡观乡，以国观国，以天下观天下。吾何以知天下然哉？以此。"儒家"修齐治平"的理论当借鉴了《老子》。《老子》这里虽没有说治国以修身为基础，修身是治国的起点，但其思维方式已经暗含这个意思。《列子·说符》："楚庄王问詹何曰：'治国奈何？'詹何对曰：'臣明于治身而不明于治国也。'楚庄王曰：'寡人得奉宗庙社稷，愿学所以守之。'詹何对曰：'臣未尝闻身治而国乱者也，又未尝闻身乱而国治者也。故本在身，不敢对以末。'楚王曰：'善。'"这个故事的真实性已经无法考证，而列子在这里借詹何之口所说的道理却是很深刻的。这个道理就是作为一国之君，治理国家必须从自身做起。在修身的路径上，道家着重强调"无欲"。《老子》第三十七章说："不欲以静，天下将自正。"不欲就是无欲。第五十七章说："我无欲，而民自朴。"只要君主做到"无欲"，天下的人民自然就朴素而易于管理。君主"无欲"就会在客观上减轻庶民的负担，在治国上确实能起到一定的效果。从老子所论来看，他主张的"节欲"更多是针对君主。庄子也主张节欲，反对任欲而行。《庄子·大宗师》注："物之感人无穷，人之逐欲无节，则天理灭矣。"庄子则从个人修养的角度来谈节欲，不仅仅是针对担负国家治理的责任者。

《吕氏春秋》综合吸收了儒家与道家的"修身"思想以及修身的办法，《吕氏春秋》把"修身"的对象紧紧系在君主的身上，要求君主注重修身，庶民则不必苛求。《吕氏春秋·先己》论为君之道说："凡事之本，必先治身。"治身是处理一切事务的根本。为了说明这个道理，《吕氏春秋》还注重举例，如《先己》篇曰："'欲取天下，若何？'伊尹对曰：'欲取天下，天下不可取。可取，身将先取。'"君主依靠什么来取得天下？主要是依靠君主个人的修身。所以说："昔者，先圣王成其身而天下成，治其身而天下治。"（《吕氏春秋·先己》）古代的圣王都是因为先提高自身的修养，然后才治理好天下的。对于如何修身，《吕氏春秋》综合了儒家孔子、孟子与道家老子的看法，提出了"适欲"的新观点，为君主的修身提出了自己的解决办法。

首先，《吕氏春秋》肯定人是有欲望的，而且人的欲望是天生的。《吕氏春秋·情欲》篇说："天生人而使有贪有欲。欲有情，情有节，圣人修节以止欲，故不过行其情也。"天生人而使人有贪心、有欲望。但是欲望受到客观外在条件的约束，客观外在的条件是有适度的。圣人根据外在的条件是否适度来控制自己的欲望。这种肯定人的合理欲望的思想与荀子的认识是相合的。既然人有欲望是天性，那否定人的合理欲望是不可行的，但是让人的贪欲无限放大而不加约束更是不可行的。因此，君主需要"正欲"。正欲，就是端正自己的欲望。"欲不正，以治身则夭，以治国则亡"，所以"正欲"是修身和治国的基础。孟子的"寡欲"、老子的"无欲"都要求君主克制自己的欲望。但是这对于拥有绝对权力的君主来说，是很难做到的，只有极少数圣人才能做到。因此，在现实中很难得到实施。

其次，《吕氏春秋》提出"适欲"，适欲就是法天地。孟子强调从人的内心来克制欲望，荀子则强调通过外在的客观约束来控制人的欲望，而《吕氏春秋》则调转方向，从道家的"法天地"角度来阐述如何控制欲望，"故古之治身与天下者必法天地也"（《吕氏春秋·情欲》）。法天地，就是效法天地的规律。《重己》篇说："凡生之长也顺之也，使生不顺者欲也，故圣人必先适欲。"人首先要生存下去，人生存下去的前提是满足口、耳、鼻、身之所需。但是"耳目鼻口不得擅行，必有所制"（《吕氏春秋·贵生》），"适欲"即可。"适欲"，就是因顺，这种思想主要来自于道家。《老子》第二十五章："人法地，地法天，天法道，道法自然。"人以"适欲"为标准，来衡量君主之欲是否得"正"，比孟子的"寡欲说"更能为君主所接受，实践的可能性也更大，体现出了《吕氏春秋》的君本位思想，这与《吕氏春秋》站在统治者的立场也是相一致的。

值得注意的是，儒家或道家对国君的"正欲"大都侧重从个人的角度出发，《吕氏春秋》中的"欲"不再是个人愿望、个人心理或身体需要的"欲"，而是作为一个国家的君主——国君如何治理国家的理想和愿望。这一点与上文《孟子》所说的"大欲"是相通的。"适欲"指的是一个国家的治理或发展要根据国家的实际情况，如土地、人口、地形、周边的国家等综合条件决定治国的策略，而不是根据君主个人的喜好，不顾客观的外在条件。这就是"法天地"，这在战国晚期是有现实意义的。《吕氏春秋》采用道家的"道法自然"思想来达到儒家的修身目标，就君主个人来说，更能被君主所接受，在现实中也更具有操作性。在这方面，《吕氏春秋》探索出了一条儒道融合的路径。

　　总之，《吕氏春秋》中的儒道融合路径丰富多样，比如以道家养生思想来实现儒家的孝道等，将另撰文分析。《吕氏春秋》中的儒道融合的路径主要特征是采用道家的方法去实现儒家提出的目标，采取道家的措施来达成目标。这给今日人们研究儒道融合提供了一个获得启示的地方。

孔子与老子人生哲学的相通相同

杨朝明 李文文

摘　要：无论学术传统还是文化传统，我们都常将儒家与道家、孔子与老子放在对立的位置上加以观照和研究。通过对读先秦儒家与道家典籍中的相关文献，尤其《孔子家语》与《道德经》，可以看到孔子与老子的人生哲学实是深深扎根于西周文明土壤的并蒂之花。两者在人生哲学的诸多方面存在极大的相通乃至相同之处，这也启迪我们从一个新的角度重新认识先秦儒家与道家文献的理论意义及其对于和谐人生的实践意义。

关键词：孔子　老子　道　相反相成　和谐

无论学术传统还是文化传统，我们研究孔子与老子的关系，看到的往往是二人的差异，或者说，我们已经习惯于将儒家与道家、孔子与老子放在对立的位置上去观照。然而，当我们研读《孔子家语》时，又真真切切地感受到他们在人生哲学方法论上深层的一致性。《孔子家语》的几个篇章都有孔子"闻诸老聃"之类的说法，《孔子家语·致思》篇则记载孔子本人所说"自南宫敬叔之乘我车也，而道加行"，这是说南宫敬叔帮助孔子一起适周问礼的事情，所以王肃注说："孔子欲见老聃而西观周,敬叔言于鲁君,给孔子车马,问礼于老子。孔子历观郊庙,自周而还,弟子四方来习也。"① 这一说法不仅有《孔子家语·观周》篇的详细记述,而且很多典籍都可以印证,二人的一致渊源有自。

孔子、老子的人生哲学方法论的相通乃至相同意义重大,这对于"中国传统思想"研究方法的补偏救弊十分必要,也有助于我们深入思考《孔子家语》的价值等学术问题。我们对读先秦儒家与道家典籍,尤其是《孔子家语》与《道德经》,可以清晰地看到孔子与老子的人生哲学实是深深扎根于周代文明土壤的并蒂之花。既然我们常常奢谈儒、道之异,则不妨回到"儒"与"道"的源头,研究他们的思维方式。在孔子、老子那里,会得到许多关于怎样获得和谐人生的智慧启迪。

一、成而必变,相反相成

西方有哲学家认为,之所以不断有人投身哲学领域进行研究,目的之一便是追求永恒。这种追求是一种本能,最早出于对生活的热爱和对灾难的躲避。② 今日,难道热爱生活和躲避灾难不是哲学研究的至高目的了吗?实际上,中国古老的思想传统,也是在这样的追寻中产生、发展的。

今本《逸周书》的第一篇是《度训》,其中开篇就说:

天生民而制其度。度小大以正,权轻重以极,明本末以立中。③

先王建立制度,同样是基于对民性、民生的思考,所以《度训》又说:

---

① 杨朝明、宋立林主编:《孔子家语通解》,齐鲁书社2013年版,第80页。
② 参见[英]罗素著,何兆武、李约瑟译:《西方哲学史》(上卷),《罗素文集》第7卷,商务印书馆2012年版,第85页。
③ 黄怀信、张懋镕、田旭东:《逸周书汇校集注》(修订本),上海古籍出版社2007年版,第2页。

> 凡民生而有好有恶。小得其所好则喜，大得其所好则乐；小遭其所恶则忧，大遭其所恶则哀。凡民之所好恶，生物是好，死物是恶。民至有好而不让。不从其所好，必犯法，无以事上。①

顺民之好恶，思想者立中补损，从而度小大、权轻重、明本末。

这里《逸周书》讲述了"损益"之道，也就是关于"立中以补损，补损以知足"②的道理，在后来，老子、孔子都曾谈到。

老子说：

> 物或损之而益，或益之而损。（《道德经》第四十二章）
> 为学日益，为道日损。损之又损，以至于无为。（《道德经》第四十八章）
> 天之道，其犹张弓与？高者抑之，下者举之；有余者损之，不足者补之。天之道，损有余而补不足。（《道德经》第七十七章）

事物往往就是这样，外部条件有所不足反而发展得好，或是好的外部条件反而使发展受到束缚。就像一个饱经沧桑的人，他历尽了苦难，这反而成了他成才的条件。损中有益，益中有损，二者不以对立的属性而存在，而是相互渗透、相辅相成。"学"与"道"就是如此，为学日有增益，为道则日有减损。"学"愈厚而"道"愈精，"道"愈精，境界越高，最后就达到无为之境了。

认识到这一点，是基于对天地运行法则的把握。老子看到，天道往往减损有余来补给不足，所以"高者抑之，下者举之；有余者损之，不足者补之"。他看到了"或损之而益，或益之而损"的规律，于是形成了这一认知。

---

① 黄怀信、张懋镕、田旭东：《逸周书汇校集注》（修订本），第 8 页。
② 黄怀信、张懋镕、田旭东：《逸周书汇校集注》（修订本），第 2 页。

孔子也对"损益"之道有深刻认识。《孔子家语·六本》记载:"孔子读《易》,至于《损》《益》,喟然而叹。"弟子子夏询问他何以叹息,孔子说:"夫自损者必有益之,自益者必有决之,吾是以叹也。"孔子此言,与老子"或损之而益,或益之而损"如出一辙。

接着,孔子谈了"为学"与"为道"的关系:

> 子夏曰:"然则学者不可以益乎?"子曰:"非道益之谓也。道弥益而身弥损。夫学者损其自多,以虚受人,故能成其满。博哉!天道成而必变。"(《孔子家语·六本》)

在孔子的弟子中,子夏于诸经皆有钻研,特别注意发掘经意。他细察《易》理,《隋书·经籍志》称子夏传《易》,说:"孔子为《彖》《象》《系辞》《文言》《序卦》《说卦》《杂卦》,而子夏为之传。"他不把《周易》用于占卜,而是从义理上引申发挥,因此后人说"卜商入室,亲授微言"①。在这里,作为孔子易学的传人和此中翘楚,子夏仍然被孔子的论述所折服。所以子夏说:"商请志之,而终身奉行焉。"(《孔子家语·六本》)

孔子说的"成而必变",在孔子本人看来是"天道"使然。与老子一样,孔子认为一个人掌握道术越是广博精到,就越感不足,就"损其自多"。作为学者,自认为不足之处有很多,才会"以虚受人",由此而成就盈满,不断向上。天道所昭示的,就是"有所成则有所变"这样的道理。

不难理解,经典的本质,乃是先贤圣哲用他们的真心看到了生活的真相,讲出了真话。对于生活的真相,容易看得清楚吗?柏拉图打了个比喻,他把这个世界比作是一个洞穴,我们在洞穴里面只能看到外面明

---

① 参见杨朝明:《子夏及其传经之学考论》,《孔子研究》2002年第5期。

朗世界的各种现实的暗影。① 身在洞内，能看到的只是生活的投射，并不见得、察得生活的真谛，正如俗语"当局者迷，旁观者清"所说，唯有外其身，或者后其身，才能观其全貌。

对于生活，老子有他的观察和思考。在老子看来，生活中的一切都有其内在的规律，有一种力量推动着它们按其自身规律而存在、运动，这种原始的动力本身就是存在。这个存在，在天地之前就已经出现，只是人们不知道应该如何称呼，于是老子说"字之曰道"（《道德经》第二十五章）。

表面看来，老子讲得轻松，但他确实看到了化生一切的本源，就是"道"这么简单的一个字，却是中华先贤圣哲们所言、所论的中心。老子说："道生一，一生二，二生三，三生万物。"（《道德经》第四十二章）孔子说："朝闻道，夕死可矣！"（《论语·里仁》）孟子说："得道者多助，失道者寡助。"（《孟子·公孙丑下》）庄子说："天下之治方术者，多矣。皆以其有为，不可加矣，古之所谓道术者，果恶乎在？曰无乎不在！"（《庄子·天下》）孙子说："道者，令民与上同意也。故可以与之死，可以与之生，而不畏危。"（《孙子兵法·计篇》）

在先秦时期"百家争鸣"中，各家各派虽自有主张，但他们毕竟有着共同的认知基础，这就是认识"道"。"道"仿佛是个秘籍，掌控着天、地、人的命运，掌握着宇宙万物的运行法则。这个认知影响久远，直到今天。在现代日常生活中，若听到对于一个人的评价是品行好、有美德，比如忠信勤勉、彬彬有礼、乐于助人，那这人的具体表现应可圈可点。可若是评价一个人"道行很深"，那么此人水平一定是高的。具体高在哪里？也许说不清楚，琢磨不透。

但是，可以肯定的是，"道"是智慧与力量的源泉。知"道"，行"道"，带给我们的是看清真相的能力、面对困难的勇气、获得幸福的能力。这一切，正是和谐人生的主旋律。"道"，虽然说不清楚，却也有迹

---

① 参见［英］罗素：《西方哲学史》（上卷），第102页。

可寻。

对于这一点,老子有他的发现。他说:

>   反者,道之动。(《道德经》第四十章)

在老子看来,"道"的运动是向着相反的方向变化和行进的。事物往往相互作用,事物的矛盾与对立转化是永恒不变的。我们如果细致观察,就会发现万物的运行都走向了相反的方向。显然,老子的认知源于对自然现象的观察。太阳从东方升起,在西方落去;黄河、长江从西部发源,流向东部的海洋;冬天到来的时候,春天就不远了;每一座山峰的邻居,总是幽深的峡谷。

从这样的存在中,老子获得了许多启迪。万物的未来,将走向它的反端;万物现在的状态,都由它的反端发展而来。所以,老子说了下面的话:

>   有无相生,难易相成。(《道德经》第二章)
>   后其身而身先,外其身而身存。(《道德经》第七章)
>   夫唯不争,故天下莫能与之争。(《道德经》第二十二章)
>   功成不名有,衣养万物而不为主。(《道德经》第三十四章)
>   将欲取之,必固与之。(《道德经》第三十六章)
>   贵以贱为本,高以下为基。(《道德经》第三十九章)
>   大音希声,大象无形。(《道德经》第四十一章)
>   万物负阴而抱阳。(《道德经》第四十二章)
>   天下难事,必作于易;天下大事,必作于细。(《道德经》第六十三章)
>   为之于未有,治之于未乱。(《道德经》第六十四章)
>   信言不美,美言不信。(《道德经》第八十一章)

可见，老子所谓"反者，道之动"是整部《道德经》的主旋律。老子的"相反相成"与孔子的"成而必变"，说的是一样的道理。道，乃朝着反方向行进，这可以带给我们很多思考，对于获得和谐人生意义重大。

二、思远志广，原始察终

老子说"反者，道之动"，修持大道的机会，老天是反着给的。所以，真正的福也往往通过反端的事件而生发。老子说："祸兮，福之所倚，福兮，祸之所伏。"（《道德经》第五十八章）人们理解的祸患、困苦，如果换个角度看，也许是福非祸。这意味着，人们要提升境界，要有超越意识，要站在更高、更远处去思考。

要超越常理，莫若回归常理。比如，"有之以为利"（《道德经》第十一章），这个道理天下人尽知。所以孔子也说：

> 富与贵，是人之所欲也……贫与贱，是人之所恶也。（《论语·里仁》）

"天下熙熙，皆为利来；天下攘攘，皆为利往。"每个人都向往富贵，渴望拥有，皆不愿贫贱。富，与贫相反，代表物质上的享有，升官发财，货利权色都在"富"的区间。贵，与贱相反，代表精神上的追求，被人尊重、夸赞，享有美名，都在"贵"的范畴。许多人一生的追求，尽在于此。若是梦想成真，在世人眼中，多是有福之人。

这种"福"从哪里来？当然是个人的努力。但是，个人在哪些方面努力？怎样才可以修得这样的福报？这才是更重要的。

按照儒家的逻辑，一个人有德，才会有"得"。

> 《礼记·乐记》云：德者，得也。
> 《大学》云：有德此有人，有人此有土，有土此有财，有财此有

用。德者,本也,财者,末也。

《中庸》云:故大德,必得其位,必得其禄,必得其名,必得其寿。

先秦时期,"道"与"德"是两个概念,有着清晰的边界。老子、孔子都谈"道"与"德"的关系。老子说:

道生之,德畜之。(《道德经》第五十一章)

道,是生发的力量,化生一切。德,是长养的力量,承载万物。孔子说:

夫道者,所以明德也;德者,所以尊道也。是以非德道不尊,非道德不明。(《孔子家语·王言解》)

孔子认为,因为有道在,所以德得到彰明。没有道,德的好坏也就失去了标准。所谓"大学之道,在明明德"(《大学》),既然有"明德",就有与之相对的"恶行"。如何区分和界定"明德"与"恶行"?道就是标准。因为有德在,道得到了尊崇。

人们通常说:有德才有得,有诚才有成。如何做到有德?真诚修道者有德。所以老子说:

孔德之容,唯道是从。道之为物,惟恍惟惚,惚兮恍兮,其中有象;恍兮惚兮,其中有物。窈兮冥兮,其中有精,其精甚真,其中有信。(《道德经》第二十一章)

德,全然地遵从道。最大的德,就是顺从道。道是何物?它恍恍惚惚、深远幽冥,它的虚实难以辨识。但是,就在这恍惚之中、幽冥之际、有无之间,道彰显出了一种意象,这种意象逐渐转为具体的形物,包含着至精至诚的动力。它真切可见、真实可信。

《大学》有云：

> 意诚而后心正，心正而后身修，身修而后家齐，家齐而后国治，国治而后天下平。

道所彰显的意象，就是诚意、正心。意象转化为具体的形物，就是修身、齐家、治国、平天下。在这其中，一股力量的泉流贯穿于终始，它时时涌动、永不停息、无处不在、无穷无尽。这一切，就是"道"的作用了。

道，竟有这般力量！于是，知道、修道、悟道、得道，成为历代志士仁人毕生的追求。孔子说"朝闻道，夕死可矣"（《论语·里仁》），又说"士志于道"（《论语·里仁》），"君子谋道不谋食"（《论语·卫灵公》）。志士仁人就是为大道而生的！

道是如何发生的？老子提出"反者，道之动"，道的运行是反方向行进。那么，道的发生，就不是像"得其位，得其禄，得其名，得其寿"那般美好且让人乐于接受了。修道的机会，往往以反端的事件生发，比如遇到困厄、面对灾祸。假如能够避免，没有人愿意在困厄与灾祸中饱尝愁苦滋味。但是，"人生不如意十有八九"，理性面对不如意，超越悲苦，就显得十分重要了。

孔子的一生多经困厄。其中，"陈蔡绝粮"是非常典型的事例。孔子师徒受难于陈、蔡两国之间，断粮多日，外无所通。子路想不通，提出一个问题，因为他听孔子讲过："为善者，天报之以福，为不善者，天报之以祸。"（《孔子家语·在厄》）孔子师徒积德怀义，为什么还会沦落到如此"穷"的境地呢？他不解地质问孔子："君子亦有穷乎？"（《论语·卫灵公》）穷，是穷困，是困厄，也是穷途末路。孔子回答说：

> 君子固穷，小人穷斯滥矣。（《论语·卫灵公》）

在孔子看来，同样面对穷境，君子的选择是理性认知，安然地对待，坚守底线。小人则如泛滥的洪水，无所不用其极。可能是牢骚抱怨，有时也不择手段。"小人喻于利"（《论语·里仁》），给予小人直接的利益好处，他是喜悦的，然而当修道的机会降临的时候，他根本不认识"道"。因为不认识，自然就错过。

奥古斯丁说："生活中的幸运和灾祸为善人和恶人所共有。"[1] 生活中的幸运与灾祸也为君子与小人所共有，但这绝不意味着善人与恶人、君子与小人就是一回事。奥古斯丁认为"就好比在同样的火里，黄金闪光，而糠秕冒烟；同受连枷敲打，秸草扁瘪，而谷粒洁净。……同样力度的伤害对善人是一种考验、净化和纯洁，而对恶人来说是遭殃、毁灭和根除。因此，受到同样的伤害后，恶人会咒骂、亵渎'上帝'，而善人会求告和赞美'上帝'。所以，重要的区别不在于遭受什么苦难，而在于什么样的人在受苦。同样受搅动，污泥发出熏人的臭气，而香膏则发出馨香之气"[2]。

苦难、困厄是试金石，只有真金才不怕火炼，真正的生命成长是在困苦之中成就的。在困厄中，人的心志与追求开始萌发。这时候，孔子特别强调人应该思远志广，知事物之终始。他说：

> 晋重耳之有霸心，生于曹、卫；越王勾践之有霸心，生于会稽。故居下而无忧者，则思不远；处身而常逸者，则志不广。庸知其终始乎？（《孔子家语·在厄》）

人居下而忧，则思远志广。如果了解事物的发展规律，明白事物的相反相成，就是真正的知事物之终始。晋文公重耳称霸的雄心，萌生在他逃

---

[1] ［古罗马］奥古斯丁著，王晓朝译：《上帝之城》，人民出版社2006年版，第1页。
[2] ［古罗马］奥古斯丁著，王晓朝译：《上帝之城》，第12页。

亡于曹、卫两国的时候；越王勾践称霸的雄心，萌生在他被困于会稽的时候。所以，身居下位而无忧者，思虑不远；生活安逸的人，其志不广。

历史上，这样的例子不胜枚举。如司马迁就列举过："昔西伯拘羑里，演《周易》；孔子厄陈蔡，作《春秋》；屈原放逐，著《离骚》；左丘失明，厥有《国语》；孙子膑脚，而论兵法；不韦迁蜀，世传《吕览》；韩非囚秦，《说难》《孤愤》。"① 这皆为发愤之所作，应了老子"祸兮，福之所倚"的话。对于有修为的君子来讲，正向的担当是修德，反向的承负是修道。修道，是真正的固本培元，是长根的功夫。故老子云："深根柢固，长生久视之道也。"（《道德经》第五十九章）

有了心志与追求，还需要锤炼担当与胜任的能力。思远志广需要如此，知其终始才能如此。孟子说："天将降大任于是人也，必先苦其心志，劳其筋骨，饿其体肤，空乏其身，行拂乱其所为，所以动心忍性，曾益其所不能。"（《孟子·告子下》）担当大任者，确实要有常人所不能及的智慧与力量，这是道在生发。在这个过程中，苦、劳、饿、空变成了催化剂，历练出成熟的心智。

三、洞明天道，调其盈虚

老子说"反者，道之动"，又接着说"弱者，道之用"（《道德经》第四十章）。老子告诫人们，"道"的运用需要我们保持柔弱的状态。

道，反方向运行，真正的福气，最初的表现可能是厄运。人生要经历困厄，要面对困难，必然会吃亏、吃苦。如果把吃苦、吃亏的"好处"明白透彻，苦就不苦，吃亏也是福。这不是失意人生的最后慰藉，而是对于真理的真切洞察。

罗素在《自由人的崇拜》一文中说："正是勇气的作用，使我们面对灾祸的降临敢于承受，而不因希望的破灭而牢骚满腹。勇气还把我们的

---

① 参见（汉）司马迁：《史记》，中华书局1982年版，第3300页。

思想从无望的自怨自艾中解脱出来。"① 这种对崇高信仰的顺服，不仅正当而且正确，它正是智慧之门，这个"智慧之门"正是中国哲学家所说的"入道之门"。禅宗六祖慧能讲他自己的经历，也说辛苦受尽，命似悬丝，经历累劫，终得正果。② 面对大是大非，在动荡飘摇之中，弦歌鼓瑟，静定如一，这不是传说，也不只发生在孔子身上。如此则远离愤怒、怨恨和烦恼，取而代之的是定、静、安、虑、得。《大学》说：

> 知止而后有定，定而后能静，静而后能安，安而后能虑，虑而后能得。物有本末，事有终始，知所先后，则近道矣。

人洞明天道，才能做到真正的淡定，才知道应该"止"于何处。

那么，该止于何处呢？止于大道。这就需要洞明、知悉大道。对于辛苦乃至劫难，正确、理性的态度不是抗拒，而是坦然地面对和接受，这便与慧能所言"凡夫即佛，烦恼即菩提"③ 异曲同工了。这还是源于道的运行规律——"反者，道之动"。智慧由烦恼而生，如何面对、化解烦恼，这个过程就体现了人的智慧。没有烦恼，也许就没有智慧可言。懂得这个道理，并不是要主动找亏吃、找难受。如此，则走向了反端。

据说，苏格拉底被处死前留下了一句话，他说："是该走的时候了，我去死，你们去生。我们所去做的哪个事更好，谁也不知道，除非是神。"④ 这当然不是鼓励人们要加速走向另外一个世界。对于一般人，未知、消亡、挫折、失败总是最坏的事情。但是，"山重水复疑无路，柳暗花明又一村"，只有结束，才会有新的开始。这样思考，也许就不会对失败、消亡等如此恐惧。在很多情况下，恐惧与忧患源于对结果的未知。

---

① ［英］罗素著，戴玉庆译：《罗素自选文集》，商务印书馆2006年版，第15页。
② 参见赖永海主编，尚荣译注：《坛经》，中华书局2010年版，第37页。
③ 参见赖永海主编，尚荣译注：《坛经》，第44页。
④ ［古希腊］柏拉图著，吴飞译：《苏格拉底的申辩》，华夏出版社2007年版，第142页。

但结果往往不是一个固定的点,更不是终点。或者讲,它只是一个阶段的终点,却也是另外一个阶段的起点。

在谈到"损益"之道时,孔子说:

> 凡持满而能久者,未尝有也。故曰:"自贤者,天下之善言不得闻于耳矣。"昔尧治天下之位,犹允恭以持之,克让以接下,是以千岁而益盛,迄今而逾彰。夏桀、昆吾自满而无极,亢意而不节,斩刈黎民如草芥焉。天下讨之如诛匹夫,是以千载而恶著,迄今而不灭。观此,如行则让长,不疾先;如在舆,遇三人则下之,遇二人则式之。调其盈虚,不令自满,所以能久也。(《孔子家语·六本》)

我们很难见到自满却能长久的人,假如一个人趾高气扬,他就难以听进善言。帝尧与夏桀的对比使得这个道理更加清晰。诚信恭敬待人,用谦让的态度对待臣下,就有千百年的名声;如果自满妄为,不加节制,斩杀百姓如同割草,天下人讨伐他们就如同诛杀独夫民贼。依此来看,尊敬长者,礼贤下士,调节盈满和虚空,不让自满情绪发生,才能保持长久。

能够"调其盈虚",是明白大道的表现。既然修持大道的机会是反着降临的,那么就不用惧怕困厄、祸患的锤炼。祸可以转化为福,明白了这些,进而早早行动,才可以更好地避祸趋福,因为道还是按照它固有的规律运行,它"独立而不改,周行而不殆"(《道德经》第二十五章),循环往复,永不停息。

怎样"调其盈虚"?面对功劳、名利、富贵,人们都希望满而不溢,都希望没有被倾覆的危险。事实上,满就会溢,功成名就、志得意满时,往往就像处于"危楼高百尺"之地。这时,又应该做些什么呢?

孔子与弟子们在鲁桓公庙看到一座欹器,被称为"宥坐之器"。何以被称为"宥坐之器"?因为它的特点很明显:"虚则欹,中则正,满则覆。明君以为至诚,故常置之于坐侧。"(《孔子家语·三恕》)水少的时候就倾斜，放东西或注水适中的时候正好中正，满了就立即倾覆。明君常常以此为诫，将它放于座位旁边。

这是真的吗？要来试一试。孔子请弟子们注水，果然，中则正，满了就覆水难收。孔子深深叹息："夫物恶有满而不覆哉？"子路请教："敢问持满有道乎？"孔子说：

> 聪明睿智，守之以愚；功被天下，守之以让；勇力振世，守之以怯；富有四海，守之以谦。此所谓损之又损之之道也。（《孔子家语·三恕》）

所谓"持满"，就是既能保持盈满的状态，又不至于倾覆。怎样做到呢？孔子认为，聪明睿智，就用愚笨来持守；功勋卓著，就用辞让来持守；勇力闻达，就用怯懦来持守；富有四海，就用谦和来持守。所谓损之又损，实乃愚、让、怯、谦之意。真正的持盈之道，是要守住"有"；而守住"有"，则离不开"损"。有功、有名，不意味着功不去、名不离。

关于这样的道理，老子也有他的观察与阐发。他说：

> 持而盈之，不如其已。揣而锐之，不可长保。金玉满堂，莫之能守。富贵而骄，自遗其咎。（《道德经》第九章）

持守盈满，不如适可而止。孔子师徒所见"宥坐之器"的例子就是很好的证明。愈是锐利的锋芒，愈是不可长保。金玉满堂，却不能自守。某著名导演谈自己在山西拍电影最大的感受，就是看到那些深宅大院全都易了主，拿钥匙的都是外姓人，就告诫自己不要太贪。富贵骄慢，将自取其咎。功成名就之时，就是身退之时，正是"功成名遂身退，天之道"（《道德经》第九章）。功成之时，志得意满，需要调节，也就是不居功自傲，此乃持守自谦之道。

事实上，在天地之间，最有功者莫过于天、地、日、月。可是，"天无私覆，地无私载，日月无私照"（《孔子家语·论礼》）。天、地的做法是：

> 长之育之，成之熟之，养之覆之。生而不有，为而不恃，长而不宰，是谓玄德。（《道德经》第五十一章）

生育、长养、滋润，生长万物并不占有，做了并不恃恃，长养并不宰制，老子称之为"玄德"。这是潜蓄而不著于外的德性，自然无为，可称为"天德"。孔子说：

> 天何言哉！四时行焉，百物生焉，天何言哉？（《论语·阳货》）

天从来都不说什么，但春作、夏长、秋敛、冬藏，万物受其润泽。这源于"天"的无私、无功、无言，反而成就了天长地久。所以，老子说：

> 是以圣人终不为大，故能成其大。（《道德经》第六十三章）
> 以其不争，故天下莫能与之争。（《道德经》第六十六章）
> 天之道，不争而善胜，不言而善应，不召而自来。（《道德经》第七十三章）

在老子看来："跂者不立，跨者不行，自见者不明，自是者不彰，自伐者无功，自矜者不长。其于道也，曰余食赘形。物或恶之，故有道者不处。"（《道德经》第二十四章）踮着脚尖，不能稳立；跨步前行，终不长久；自我表现者，反而不明达；自以为是者，反而得不到彰显；自我夸耀者，实在是无功；骄傲自满者，反而没有生长。这些情况，对于道来讲，就像是残羹剩饭，让人厌恶，有道之士自然不会做这些事。过了头，想回头都难。所以：

> 是以圣人自知不自见，自爱不自贵。故去彼取此。(《道德经》第七十二章)

自知与自见、自爱与自贵，其实就在一念之间，有时也相距十万八千里。关于这些道理，老子问："明白四达，能无知乎？"心如明镜，能不能执守空无，静定如一？生命不能空度，但要有留白。在空灵之美中，才有无限的遐想。所谓的可能性、希望和梦想，尽在其中。

需要注意的是，我们在谈论"满而不溢"，谈论关于"损"的话题时，一定是在"有"的前提下。"有"什么？有天下之人向往的物与事，如聪明睿智、功被天下、勇力振世、富有四海等等。若本来就一无所有、空无一物，没有什么可"满"之处，"损"又从何谈起呢？先有聪明睿智，才有守之以愚。

显然，"愚"并非"愚蠢"，而是明白四达却不自以为是。有"功被天下"，才有"守之以让"；有"勇力振世"，才有"守之以怯"；先有"富有四海"，才有"守之以谦"。当没有"有"的时候，昂扬向上、努力进取，方是正道。

那么，如何才能"有"？老子说：

> 天下难事，必作于易；天下大事，必作于细。(《道德经》第六十三章)
>
> 为之于未有，治之于未乱。合抱之木，生于毫末；九层之台，起于累土；千里之行，始于足下。(《道德经》第六十四章)

何时为，何时不为？何时益，何时损？无有要生有，满时就要损。贵在身处一端，知其反端。在老子看来，要做到"知其雄，守其雌""知其白，守其黑""知其荣，守其辱"(《道德经》第二十八章)。说到底，雄、雌、白、黑、荣、辱，都是生活的不同状态。对于生活，每个生命都应有理性认知。静定、安于，是人生和谐的至佳状态。

四、素位而行,不愿其外

老子所说的"反者,道之动"之"反",与"返"通用。返,即归返生命本来的历程。

面对现实的生活,如何安顿自己的生命与本心?基督教普及的道理是,在现实生活中应该更忠诚于"上帝"。苏格拉底则认为,人们更应该服从于神。老子、孔子等中国的先哲认为,相对于功名利禄这些现实中的"有",人们更应该信任化生这一切却看不见的"道"。

道的特质是什么?老子说:

> 乐与饵,过客止。道之出口,淡乎其无味,视之不足见,听之不足闻,用之不足既。(《道德经》第三十五章)

悦耳的音乐,可口的美食,对于过客来讲极具吸引力。道之出口,却如一杯白开水平淡无味,或者连白开水也不如,它看不见、听不到,用起来却永不衰竭。也就是讲,无论是否"天下有道",大道都在那里,如如不动、不生不灭、不增不减。它好像无影无踪,其实有迹可循。

既然"反者,道之动",那么在归返生命本来的历程时,那些微不足道者却可能是至关重要的。很多人所追求向往的,看似重要,可能也没那么重要。比如,孔子强调为人处事的道理与枝节,如"弟子入则孝,出则悌"(《论语·学而》)之类,人人能知能行,就在举手投足中,在视听言说间。这些,看似微不足道,却往往是道的至高表达。

老子论及"众人熙熙,如享太牢,如春登台""众人皆有余""俗人昭昭""俗人察察"的场面(《道德经》第二十章),春日里,桃花开,人们打扮得花枝招展,奔往功名利禄,去争难得之货。在利益纷争处,总是热闹得很,许多小丑,粉墨登场。于是,就有了花言巧语,有了工于心计,有了精明省察,也有了"人为财死,鸟为食亡"。

对于这些，孔子的态度十分明确，他以此为耻。

> 子曰："巧言令色，鲜矣仁。"（《论语·学而》）
> 子曰："巧言、令色、足恭，左丘明耻之，丘亦耻之。"（《论语·公冶长》）

花言巧语的人鲜有仁爱之心，孔子不欣赏伪善的面孔。之所以有这样的表现，要么是欲速成者，要么是贪小利者。对于这些，老子同样痛惜不已。他自问自答，引发人们的警醒。

> 名与身孰亲？身与货孰多？得与亡孰病？是故甚爱必大费，多藏必厚亡。故知足不辱，知止不殆，可以长久。（《道德经》第四十四章）

名誉与生命，何者可爱？生命与财货，何者贵重？获得与失去，何者有害？过分的贪爱必造成更大的耗费，更多的私藏必造成更重的损失。所以，知其所足，不受侮辱；知其所止，没有危险。如此，便能长久存在。

这样做，与"自以为是"多有不同。要知道，在"有"的时候，尽心竭力去追逐爱与财富，带来的反而是耗费与损失。所以，老子的选择不是追逐，而是让它发生。他看到天下万物有这样的表现：

> 物或行或随，或呴或吹，或强或羸，或载或隳。是以圣人去甚、去奢、去泰。（《道德经》第二十九章）

万物缤纷，它们有的走在前，有的随在后；有时嘘气取暖，有时吹气为凉；有的身强力健，有的骨弱筋柔；有的厚实堪载，也有的颓废倾塌。无论如何，这一切都是大自然的神奇造化，有其存在的合理性，诚如黑格尔所说："凡是合乎理性的东西都是现实的；凡是现实的东西都是合乎理性的。"① 接受自然天成，胜过自以为是。这包括接受他人，也包括接受自己。也就是讲，自己若是先进，也要接受后进存在，不飞扬跋扈。先进者所拥有的力量不是要时时愤懑，而是帮助他人，化解忧患，消除恐惧。若自己是后行者，贵在安分守己。不是不努力，而是不投机取巧，不坑蒙拐骗。所以，圣人的表现是"去"，去掉极端、去掉奢侈、去掉过分。

《论语》中亦有类似的表达：

> 子绝四：毋意，毋必，毋固，毋我。（《论语·子罕》）

不凭空猜测，不绝对肯定，不固执不化，不自以为是。佛家倡导"无我相、无人相、无众生相、无寿者相"②，理则相通。那些人云亦云、随波逐流、固执己见的人格特点，乃源于一份"我执"、一份私臆、一份偏见、一份由固执而产生的执滞和郁结。

"我"很重要，此道理世人尽知。可是，"我"也是最大的障碍，天下人却知之者少。"我要""固执""执守"本身并没有错，如"择善而固执"就是"诚"，成事就是需要这样的执着与恒定。不过，怕的是这一念落脚在私己、私意与私利上。如果落脚在"私"，空间就会不停地内缩，直到缩成一条夹缝，小到连自己也放不下。反此，若杜绝了甚、奢、泰，去除了意、必、固、我，没有了我相、人相、众生相、寿者相，同是一念恒定，信心清静，立足于天地正道、人心公理，空间就将不停地放大延扩。还是那个夹缝，却可以大到与天地同在。这个空间不在外，而在内，就在心灵深处。人心可以装得下天地，诚是从意义上来论的。

要实现身存，需要抽身其外；要实现身先，需要静守其后；要成就

---

① ［德］黑格尔著，范扬、张企泰译：《法哲学原理·序言》，商务印书馆1961年版，第11页。
② 赖永海主编，陈秋平译注：《金刚经·心经》，中华书局2010年版，第62页。

自我，需要全然的无私。如此这般，无我，成就了大我；无私，反而成其私；终不为大，故能成其大；不争，故天下莫能与之争。

老子有他的选择："我独异于人，而贵食母。"(《道德经》第二十章)"贵食母"，就是归返生命本来的历程，回归生命本来的模样。体察虚灵的本心，信守宁静的元神，方能回得去。老子说：

> 致虚极，守静笃。万物并作，吾以观其复。夫物芸芸，各复归其根。归根曰静，是谓复命。复命曰常，知常曰明。不知常，妄作凶。(《道德经》第十六章)

万物自然地生长，纷纭交错，却又井然有序。它们各自回到生命本源，如同树根滋养着枝叶花果，但叶落归根，再次润养树根。归根是自然的表现，是静定的举止，是生活的回复，是生命的归返。这是常，是常识，是常理。纵然斗转星移，时光变迁，真正的"常"如如不动，是永恒。老子提醒人们要知常，如果"不知常，妄作"，结果便是"凶"。

生命向根本处回归的旅程，就是道的运行轨迹。按照这个轨迹，可以看到的现象是：

> 天得一以清，地得一以宁，神得一以灵，谷得一以盈，万物得一以生，侯王得一以为天下正。(《道德经》第三十九章)

天清、地宁、神灵、五谷丰盈、万物欣欣向荣、侯王成为天下人的示范与导向。当侯王成为天下人的示范与导向，人间的秩序就有了定位。《大学》云：

> 为人君，止于仁；为人臣，止于敬；为人子，止于孝；为人父，止于慈；与国人交，止于信。

君仁、臣敬、子孝、父慈、国人相交有信。这些道理甚易知，但又甚难行，难行在于"比较心"的生发。若是我对他人有礼，可是他人对我无礼怎么办？若是我对他人忠心，他人对我不忠怎么办？依照老子的思想，这是"中士"的行为，他们半信半疑。老子说：

  上士闻道，勤而行之，中士闻道，若存若亡。(《道德经》第四十一章)

  事实上，道，周流不殆，永远都在起作用。它运行的轨迹是"反者，道之动"，反方向运行。怕什么就来什么，愈是比较，就愈是纷争。愈是怕吃亏者，才好占小便宜，而占小便宜者必吃大亏。只有全然的付出，付出得全然，才能真正的无挂碍。《心经》有云："无挂碍故，无有恐怖。远离颠倒梦想，究竟涅槃。"① 朱熹《四书章句集注》云："为所当为而不计其功，则德日积而不自知矣。"② 功是功夫，功还是功劳。不计较付出所有的功夫，不在意是否有功劳，品德的提升，就在不知不觉中。这样的过程，就是修道了。

  在现实生活中，如果对"付出"与"得到"过于算计，在财富与地位方面患得患失，将"希望"和"害怕"都集中于自我，是不会镇定自若地看待富与贵、贫与贱的，也很难有真正的超越。老子说："宠为下。得之若惊，失之若惊，是谓宠辱若惊。"(《道德经》第十三章) 集万千宠爱于一身，这为很多人向往，却又苦于求之不得。可是，老子为什么说"宠为下"呢？当有所得成为一个人的幸福源泉时，那当他面对"失"的时候，还能否全然地承担和接受就成了问题。当富与贵、贫与贱的境况变化时，宠辱若惊者的世界往往面临着摧毁。然而，对于看清真相、宠辱不惊者，对于那些对自我有着真正觉知者，他会物来不拒、过

---

① 赖永海主编，陈秋平译注：《金刚经·心经》，第 134~135 页。
② (宋)朱熹：《四书章句集注》，中华书局 2011 年版，第 131 页。

往不咎,有着真正的超越。这种超越不是虚空,是真切的现实,是真实的存在。因觉知而超越,这是生活对于行道者的最佳回报。

于是,就有了《中庸》所云:

> 君子素其位而行,不愿乎其外。素富贵,行乎富贵;素贫贱,行乎贫贱;素夷狄,行乎夷狄;素患难,行乎患难,君子无入而不自得焉。

安然接受生活赋予生命的一切。是福?是祸?非福也非祸。担得起,将得到真正的超越,品享真正的人生和谐。当生命的琴弦被调得和谐时,上天的每一次碰触,都可以奏出欢悦的音符。

"一人"与"兆民"之间：竹简《文子》与秦汉新道家的治理思想[*]

张丰乾

（西安外事学院）

摘　要：竹简《文子》是基于道家立场，实现了儒道互补的典范。它强调最高统治者的根本任务是要给天下百姓找到最合适的出路和办法，"道""德"是治理天下的根本依据，而"仁""义"则是应用性的范畴，彻底解决问题，还是要依靠"道"与"德"。竹简《文子》高度重视"兆民"与"一人"的关系，该书以对话体的形式提出了"王道唯德"，强调圣人治理天下，效法天道，奉行的是"卑、退、敛、损"之道；认为养护民众是王者之德，"积怨成亡，积德成王"；统治者骄横、奢侈、不救济民众，就是"无德"。它要求最高统治者以"道"和

---

[*] 本文系国家社科基金后期资助项目"《文子》新刊及综合研究"（19FZXB059）阶段性成果。

"德"为行为依据,强调君主若"不养",就会带来"诸侯背叛""兆民离散"的严重后果;提出"德""仁""义""礼"为治理"四经";在战争性质的问题上,则提出"五兵"说,明确反对"贪兵""忿兵",认为"义兵"才是可取的。其"四经""五兵"说也是对银雀山汉简和马王堆帛书相关思想的丰富和发展。在具体的治理方法上,竹简《文子》提出了"执一无为",这是推陈出新的理论成果。综合判断,竹简《文子》是汉初新道家的代表性文献。

关键词:竹简《文子》 王道唯德 一人 兆民 四经 五兵 秦汉新道家

"《易大传》曰:'天下一致而百虑,同归而殊涂。'"司马谈以这句话作为《论六家之要指》的开篇词,他接着说"夫阴阳、儒、墨、名、法、道德,此务为治者也,直所从言之异路,有省不省耳"。在司马谈看来,六家都是要为天下的太平找一条出路,区别在于是"省事"还是"不省事",而"省不省"的区别也就是各个学派的"歧路"所在。

在中国古典哲学中,无论是"道",还是"德",抑或是"道德",往往被看作是君子选择、寻求和实践的对象,这在修养的层面上是没有问题的。在政治哲学中,儒家往往要求统治者,尤其是最高统治者要注重自己的品格修养,率先垂范,他们所说的"道德"往往就是"仁义"。司马谈在《论六家之要指》中批评说:"以为人主天下之仪表也,主倡而臣和,主先而臣随。如此则主劳而臣逸。"实际上,更为要害的问题在于儒家所强调的那个"自己",是"人主"自己、"君子"自己和"圣人"自己,而不是百姓自己。他们主张在"爱"的名义下把天下人看成一家人,把别的人当作自己人,把老百姓看作随形的影和跟风的草,这当然是美好的理想。然而,也很容易走向反面,因为对于百姓的宰制,其根据就在于对"道"和"德"的垄断,百姓除了顺从就是感恩戴德。而事实上，君王他们自己也很辛苦，因为事事要做表率，还不能容忍"岐出"和"旁流"。

而竹简《文子》则以道家思想为基础，以对话体的方式，提出了一系列治理天下的对策，实现了与儒家思想的"无缝衔接"。

一、道者，德之元

在秦汉之际的道家文献竹简《文子》中①，对"道"、对"德"、对"道德"都极其重视，认为"道""德"是治理天下的根本依据，而"仁""义"等则是应用性的范畴。彻底解决治理天下的问题，还是要依靠"道"与"德"。换言之，竹简《文子》也是强调最高统治者的根本任务是要给天下百姓找到出路和办法，"仁""义"在诸多办法中是次于"道"和"德"的，而"道"和"德"的地位和功能并不相同，"道"是终极的创生者。

（一）"道"是万物生成的源头，也是"德"的始元及诸事物的根本和依赖。

竹简《文子》中的"道"，不是孤悬的逻辑或思维上的设定，而是本元和本根：

> 夫道者，德之元也，百事之根……万物恃之而生，侍（恃）之而成，侍（恃）之而宁。②

---

① 参见拙文《竹简〈文子〉的撰作年代》，载于赵敦华主编：《哲学门》第十一辑，北京大学出版社 2005 年版。

② 所引简文源自河北省文物研究所定州汉简整理小组：《定州西汉中山怀王墓竹简〈文子〉释文》，《文物》1995 年第 12 期，并根据今本《文子》作了部分补充，需要改正的字用"（）"标出，并重新标点。残缺之文暂未补全，"□"表示未能释读出的文字；"……"表示不完整的简文。原释文所后缀的竹简标号省略。竹简《文子》出土已愈五十年，至今没有较为完整的释文公布，殊为可惜。

"道"自身也不是产生于"无",而是产生于"有",这和老庄对于"无"的强调有很大区别。但竹简《文子》仍然坚持对于"弱""柔""短""寡""低"(足下)的强调:

> 夫道者,原产于有;始于弱而成于强;始于柔而成于刚;始于短而成于长;始于寡而成于众,始……之高,始于足下;千方之群,始于寓强……
> ……生者,道也。

(二)有天道,有人道;天道为"德"之运行;圣人以"卑、退、敛、损"之德效法天道。

老子有言:"道生之,德畜之",这是生成论的表述;孔子亦言"志于道,据于德",这是实践论的角度。在竹简《文子》之中,则是合而言之。尤其值得注意的是,竹简《文子》提出天道是"德"之运行,"德"兼具超越性和可实践性。

> 文子曰:"天道,德之行也,自天地分畔至今,未……"①
> 平王曰:"人法天道奈何?"
> 文子曰:"圣人法于天道,民(卑)者以自下,卑、退、敛、损,所以法天也。此功者,天道之所成,听圣人,守道□"
> 平王曰:"请问人道。"

具体而言,圣人不是高高在上,而是自动居于低下的,以谦卑、退让、收敛、减损的方式效法天道,而不是倨傲、争先、扩张和侵占。但

---

① 天地之道,以德为主。道为之命,物以自正。至微甚内,不以事贵。故不待功而立,不以位为尊,不待名而显,不须礼而庄,不用兵而强。故道立而不教,明照而不察。道立而不教者,不夺人能也。明照而不察者,不害其事也。(传世本《文子·自然》)

竹简《文子》一再突出王者的"成功"之道，说明了其强烈的政治哲学意图，只不过在实现目标的途径中道家特色明显。

二、"德"的功能是养育，要在积累，有"王德""淳德"等类型

竹简《文子》中的"德"，也不是抽象的论说或宽泛的说教，而是蓄养的力量，也是可积累的品行，与"怨"相对。竹简《文子》以"亡"与"王"两种后果对举，说明积怨与积德截然不同的效果，告诫与劝勉并存。进而指出，理想的"王德"，"鬼神"也会信服。

> 养者，德也。①
> 积怨成亡，积德成王……有德而上下亲矣，上下亲则君……
> ……鬼则服矣，是谓王德。

平王尚不甘心，进一步追问，作为"人主"，虽然贤能，但是遭遇到了败坏暴乱的失道，凭借一个人的力量，想改化动乱很久的民众，怎么可能：

---

① 文子问德。老子曰："畜之养之，遂之长之，兼利无择，与天地合，此之谓德。""何谓仁？"曰："为上不矜其功，为下不羞其病，大不矜，小不偷，兼爱无私，久而不衰，此之谓仁也。""何谓义？"曰："为上则辅弱，为下则守节，达不肆意，穷不易操，一度顺理，不私枉挠，此之谓义也。""何谓礼？"曰："为上则恭严，为下则卑敬，退让守柔，为天下雌，立于不敢，设于不能，此之谓礼也。故修其德则下从令，修其仁则下不争，修其义则下平正，修其礼则下尊敬。四者既修，国家安宁。故物生者道也，长者德也，爱者仁也，正者义也，敬者礼也。不畜不养，不能遂长。不慈不爱，不能成遂。不正不匡，不能久长。不敬不宠，不能贵重。故德者民之所贵也，仁者民之所怀也，义者民之所畏也，礼者民之所敬也。此四者，文之顺也，圣人之所以御万物也。君子无德则下怨，无仁则下争，无义则下暴，无礼则下乱，四经不立，谓之无道。无道不亡者，未之有也。"（传世本《文子·道德》）

> 王曰："人主唯（虽）贤，而曹（遭）淫暴之世，以一人之权，欲化久乱之民，其庸能？"
>
> （文子曰）："然臣闻之：王者盖匡邪民以为正，振乱世以为治，化淫败以为仆（朴）……淳德……积硕，生淳德。淳德与大恶之端以……"① "君子之骄奢不施，谓之无德。"

文子的回答是：王者就是要匡正邪辟的民众，把混乱的世道治理好，把败坏放纵化作简朴淳厚。淳朴的德行也会积小成大，有了"淳德"就可以发现大奸大恶的端倪，及早防备。作为统治阶级的君子，如果骄奢淫逸，而不知布施于民众，就可以判定为"无德"，从而加以谴责。而恶言恶行积累到一定程度，必然招致灭亡。

三、修德以"听"，途径有深浅

竹简《文子》中特别强调以"听"修德，有深浅之分。

> 脩（修）德非一听，故以耳听者，学在皮肤；以心听者，学在肌月（肉）；以神听者，学在骨髓……故听之不深者知不远，而不能尽其功，不能……

---

① 平王问文子曰："吾闻子得道于老聃，今贤人虽有道，而遭淫乱之世，以一人之权，而欲化久乱之民，其庸能乎？"文子曰："夫道德者，匡邪以为正，振乱以为治，化淫败以为朴，淳德复生，天下安宁，要在一人。人主者，民之师也，上者，下之仪也。上美之，则下食之，上有道德，则下有仁义；下有仁义，则无淫乱之世矣。积德成王，积怨成亡。积石成山，积水成海。不积而能成者，未之有也。积道德者，天与之，地助之，鬼神辅之，凤皇翔其庭，麒麟游其郊，蛟龙宿其沼。故以道莅天下，天下之德也。无道莅天下，天下之贼也。以一人与天下为仇，虽欲长久，不可得也，尧、舜以是昌，桀、纣以是亡。"平王曰："寡人敬闻命矣。"（传世本《文子·道德》）

上文指出"听"是修养德行的重要途径,而且分析出"听"有不同的层次,这是竹简《文子》重要的思想特色,对于平素自以为是,动辄发号施令,而不肯听从劝谏的帝王来说,不啻是一剂清醒剂。笔者有专文讨论,兹不赘述①,但需要再次特别提出。

四、王者一道,王道唯德

"王者"在古代政治哲学中,寓意"天下归往"。"王者"与"霸者"成就伟业都会诉诸武力,也都会采取各种政治措施。但竹简《文子》强调,王者奉行的是纯一的"道",而不是杂多的"道",具体而言,"德"是王道的唯一内容:

> 平王曰:"王者几道乎?"文子曰:"王者一道而已矣。"平王曰:"古者有以道王者,有以兵王者,何其以一道也?"文子曰:"古之以道王者,德也,以兵王者亦德也。……故王道唯德乎!臣故曰一道。"平王……

"王道唯德"的思想并不意味着竹简《文子》是彻底的反战主义,而是强调战争必须遵循道义原则,下文将有申述。

五、道产德畜,圣王务修道德

道和德的地位和作用略有不同,但都是治理天下的根本依据,是"圣王"必须重视的法则。

---

① 详见拙文《听的哲学——以"圣""智"为线索》,李志刚、冯达文主编:《思想文化的传承与开拓》(第一辑),巴蜀书社2002年版。

>文子曰:"道产之,德畜之。道有博……"
>
>平王曰:"为正(政)奈何?"
>
>文子曰:"御之以道,养之以德,勿视以贤,勿加以力。□以□□……□言。"平王曰:"御……勿视以贤则民自足,毋加以力则民自朴……不御以道,则民离散;不养,则民倍(背)反(叛);视之贤,则民疾诤(争),加之以……则民苛。兆(逃)民离散,则国执(势)衰;民倍(背)……上位危。"
>
>平王曰:"行此四者何如?"文子曰:……
>
>平王曰:"子以道德治天下,夫上世之王……"
>
>文子曰:"□使桀纣脩(修)道德,汤武唯(虽)贤,毋(无)所建。夫道德者,所以相生养,所以相畜长也,相亲爱也……"
>
>上有道德,则下有仁义,下有仁义则治矣,上毋道德,则下毋仁义之心,下毋仁义心。
>
>文子曰:"用道德。"平王曰:……
>
>文子曰:"主哉乎?是故圣王务脩(修)道德。"

文子所说的"四毋"是典型的道家表达,是对统治者的明确要求和限制,而且证明和肯定了仁义的重要作用,并将"道""德"合称,强调圣王务必修习,同样体现了"秦汉新道家"的理论特色。

六、"四经"与"五兵"说

德、仁、义、礼在《文子》中被称为"四经",对四者的定义,正反两方面的功用都有明确讨论,显然是对儒家思想的吸收。

>德者民之所贵也,仁者民之所怀也,义者民之所畏也,礼者民之所敬也。此四者,文之顺也,圣人之所以御万物也……逾节谓之无礼。无德者则下怨,无仁则下争,无义则下暴,无礼则下乱。四

经不立，谓之无道。

  平王曰："用仁何如？"文子曰："君子

  是谓用仁

  不仁者，虽立不□□其

  理事，故必仁且

  兹谓之无仁，淫

  耶。"平王曰："用义可如？"文子曰："君子□

  有行义者如是

  义而兄

  □□是胃（谓）用义"

显然，"德"是一个承上（道）而启下（仁、义、礼）的范畴。

"用兵有五：有义兵，有应兵，有忿兵，有贪兵，有骄兵……义兵王，应兵胜，忿兵败，贪兵死，骄兵灭。"（传世本《文子·道德》）《汉书·魏相传》记载魏相元康年间上书谏出击匈奴："臣闻之，救乱诛暴，谓之义兵，兵义者王；敌加于己，不得已而起者，谓之应兵，兵应者胜；争恨小故，不忍愤怒者，谓之忿兵，兵忿者败；利人土地货宝者，谓之贪兵，兵贪者破；恃国家之大，矜民人之众，欲见威于敌者，谓之骄兵，兵骄者灭：此五者，非但人事，乃天道也。"

魏相所引之言可以说是出自《文子》，和竹简以及传世本都大体一致。《吴子·图国》也把起兵的性质分为五种：义兵、强兵、刚兵、暴兵、逆兵。《淮南子·兵略》也有："五兵不厉，天下莫之敢当"之语，其中的"五兵"是五种兵器，而且《文子》所讲的"五兵"的具体内容，也不见于《淮南子》。

前文已述，竹简《文子》中"王道唯德"的思想，实际是因为"平王"提出了"王者几道"的问题，"文子"回答说"王者一道"，"平王"接着追问古代有以道王的、以兵王的，怎么能说是"一道"呢？"文子"于是进一步提出了"五兵"说，从区分战争的性质入手，

证明"王道唯德":

> 平王曰:"王者几道乎?"
> 文子曰:"王者一道。"
> 平王曰:"古者有以道王者,有以兵王者,何其以一道也?"
> 文子曰:"古之以道王者,德也,以兵王者亦德也。……者,谓之贪兵;恃其国家之大,矜其人民之众,欲见贤于适(敌)者,谓之骄兵;义兵……故王道唯德乎!臣故曰一道。"

传世本《文子·道德》中的文字可以和竹简本互相对照:

> 文子问曰:"王道有几?"
> 老子曰:"一而已矣。"
> 文子曰:"古有以道王者,有以兵王者,何其一也?"
> 曰:"以道王者德也,以兵王者亦德也。用兵有五:有义兵,有应兵,有忿兵,有贪兵,有骄兵。诛暴救弱谓之义;敌来加己,不得已而用之谓之应;争小故不胜其心谓之忿;利人土地,欲人财货谓之贪;恃其国家之大,矜其人民之众,欲见贤于敌国者谓之骄。义兵王,应兵胜,忿兵败,贪兵死,骄兵灭,此天道也。"

竹简虽然残缺,但是其中也谈到了"用兵有五"是可以肯定的。马王堆帛书《十大经·本伐》:"世兵道三,有为利者,有为义者,有行忿者。"其中对"为义者"的解释是"伐乱禁暴,起贤废不肖",和竹简《文子》一致。与《十大经·本伐》相比,竹简《文子》中的"义兵"和"忿兵"就是对"有为义者""有行忿者"而行兵道的概括,"贪兵"是对"有为利者"的扩大,"应兵"和"骄兵"则是添加了新的内容。从这一点看出,竹简《文子》当出于帛书《十大经》之后。

《十大经·顺道》又说:"不广(旷)其众,不为兵邾,不为乱首,不为宛（怨）谋（媒）。"注释者云"郑"当读为"主"。竹简《文子》2437 号："为兵始，为乱首，小之行之，身受大殃（殃），大人行……"《十大经》中提出了"不为乱首"的原则，竹简《文子》则说明了"为乱首"所带来的不良后果，也可证明竹简《文子》比帛书《十大经》晚出。

七、上有道德，下有仁义则治

在竹简《文子》中，道德和仁义分别对应于上级与下级，明确强调了"上有道德，则下有仁义，下有仁义则治矣。上毋道德，则下毋无仁义之心，下毋仁义心……"今本《文子·上仁》中有一段"仁义礼何以为薄于道德"及为何不看重用兵的论述：

> 故知不如修道而行德，因天地之性，万物自正而天下赡，仁义因附。是以大丈夫居其厚，不居其薄。
> 古之为君者，深行之谓之道德，浅行之谓之仁义，薄行之谓之礼智，此六者，国家之纲维也，深行之则厚得福，浅行之则薄得福，尽行之天下服。古者，修道德即正天下，修仁义即正一国，修礼智即正一乡，德厚者大，德薄者小。
> 故道不以雄武立，不以坚强胜，不以贪竞得。立在天下推己，胜在天下自服。得在天下与之，不在于自取。故雌牝即立，柔弱即胜，仁义即得，不争即莫能与之争。故道之在于天下也，譬犹江海也。
> 天之道，为者败之，执者失之。夫欲名之大，而求之争之，吾见其不得已。而虽执而得之，不留也。夫名不可求而得也，在天下与之，与之者归之。天下所归者德也，故云：上德者天下归之，上仁者海内归之，上义者一国归之，上礼者一乡归之。无此四者，民不归也。不归用兵，即危道也。故曰：兵者不祥之器，不得已而用

之。杀伤人，胜而勿美。故日死地，荆棘生焉。以悲哀泣之，以丧礼居之。是以君子务于道德，不重用兵也。

这一段文字中的提问者应该是"平王"，皆不见于《淮南子》，上下文的论述相当缜密，显然是对竹简《文子》有关思想的发挥。而这些文字前后所掺入的《淮南子》中的内容，虽然也是讨论"仁义"的问题，在内容上却格格不入。"上德""上仁"的说法当然是来自《老子》，《文子》中进一步提出"上德者""上仁者""上义者""上礼者"，显然是向儒家靠拢，而直接的根据则是"德仁义礼""四经"的提法。今本《文子》则进一步拟出了"上德""上仁""上义""上礼"四个篇名，而"下德"一词在《老子》中就已经出现，孙星衍所言古本的篇名《文子》"上下"相配的怀疑是没有根据的，更何况，这里的上是"以……为上"的意思。

和竹简《文子》比较接近的是，《素书》开篇把道、德、仁、义、礼五者作为一个整体来讨论：

夫道、德、仁、义、礼，五者一体也。道者，人之所蹈，使万物不知其所由。德者，人之所得，使万物各得其所欲。仁者，人之所亲，有慈惠恻隐之心，以遂其生成。义者，人之所宜，赏善罚恶，以立功立事。礼者，人之所履，夙兴夜寐，以成人伦之序，夫欲为人之本，不可无一焉。

我们当然也可以把它视为另一种"五行"学说，但它更重要的是对"失道而后德"这种"递减失落"型的论说方式的修正，对儒家思想的吸收更加充分。

在"道"比"德"更加根本的问题上，《管子·四时》的提法甚至比《文子》更激进："道生天地，德出贤人。道生德，德生正，正生事。是以圣王治天下，穷则反，终则始。德始于春，长于夏。刑始于秋，流于冬。刑德不失，四时如一。刑德离乡，时乃逆行。作事不成，必有大殃。"《吕氏春秋·先己》也把道看成比德更重要的因素："五帝先道而后德，故德莫盛焉。三王先教而后杀，故事莫功焉。五伯先事而后兵，故兵莫强焉。当今之世，巧谋并行、诈术递用，攻战不休，亡国辱主愈众，所事者末也。"

这里我们需要注意的不仅是"道生德"的理论，还需要注意"刑德"与"刑名"以及"德义"之间的关系。道家所影响的各派，对"道"的看法大体一致，但是主"德义"则反对刑罚，主"刑名"则轻视"德义"。"刑德"并用，在法家那里，"德"只是赏赐一类的恩惠，而儒家的德则包括感情上的关怀和爱护。在竹简《文子》中明确表示刑罚不足以使国家安宁，在坚持"道"的主宰地位的同时，肯定"仁、义、礼"的作用，而用"德"来统帅它们，一起构成"四经"。《管子》中把"礼、义、廉、耻"作为"国之四维"，《吴子·图国》则把运用"道义礼仁"的能力称为"四德"："夫道者，所以反本复始；义者，所以行事立功；谋者，所以违害就利；要者，所以保业守成。若行不合道，举不合义，而处大居贵，患必及之。是以圣人绥之以道，理之以义，动之以礼，抚之以仁。此四德者，修之则兴，废之则衰。故成汤讨桀而夏民喜说，周武伐纣而殷人不非；举顺天人，故能然矣。"可见，在行为实践的层面，具体的"道"，也是被纳入"德"的。

八、天子之德："一人"与"兆民"之间

竹简《文子》强调民众是君主"养"的对象，"不养"会带来"兆民离散"的严重后果。更有天子作为"一人"，应该如何做的理论阐述，而且更多是"平王"自己的主动咨询。

秦汉政权以暴力更迭之后，虽然有郡县制和封建制的重大区别，但是维护或者说争夺"天下"的最高统治权的目标是基本一致的。正如我们所熟悉的观点——结束割据、安定基层民生是汉初的大势所趋、民心

所向。汉代的人对这一点有充分认识:

> 秦灭周祀,并海内,兼诸侯,南面称帝,以四海养。天下之士斐然向风,若是,何也?曰:近古而无王者久矣。周室卑微,五霸既灭,令不行于天下,是以诸侯力正,强凌弱,众暴寡,兵革不休,士民罢弊。今秦南面而王天下,是上有天子也。即元元之民冀得安其性命,莫不虚心而仰上。当此之时,专威定功,安危之本,在于此矣。(《新书·过秦下》)

所以,汉政权建立后,怎样维护统治的秩序同样是最要紧的问题。

这种状况在这一时期的思想界有充分的反映,"朝请与诸侯""人主与兆民""贵为天子,富有四海""传之后嗣"等问题就是竹简《文子》等著作所共同关注的问题。比如"贵为天子,富有四海",从《孟子》以来皆有提及,《庄子·盗跖》:"昔者桀、纣贵为天子,富有天下……是以贵为天子,富有天下,而不免于患也。"《说苑·敬慎》:"夫贵为天子,富有四海,不谦者,失天下,亡其身,桀、纣是也。可不慎乎?故《易》曰:'有一道,大足以守天下,中足以守国家,小足以守其身,谦之谓也。'"

"贵为天子,富有四海"是富贵的极致,同时也是很大的挑战。秦汉之际,总结历史经验,强调"贵为天子,富有四海"所要承担的风险和应该采取的态度特别频繁。汉武帝时,总结秦朝失败的教训仍然从这一角度出发:"秦贵为天子,富有天下,灭世绝祀者,穷兵之祸也。故周失之弱,秦失之强,不变之患也。"(《史记·平津侯主父列传》)这些言论都是有针对性的,秦二世曾经明言:"凡所为贵有天下者,得肆意极欲,主重明法,下不敢为非,以制御海内矣。夫虞、夏之主,贵为天子,亲处穷苦之实,以徇百姓,尚何于法?朕尊万乘,毋其实,吾欲造千乘之驾,万乘之属,充吾号名。"(《史记·秦始皇本纪》)

汉代的思想家反复强调"秦(殷)鉴不远",提出了各种各样的对策，或者用桀、纣为例。武帝时，伍被劝谏淮南王刘安："臣闻微子过故国而悲，于是作《麦秀之歌》，是痛纣之不用王子比干也。故《孟子》曰'纣贵为天子，死曾不若匹夫'。是纣先自绝于天下久矣，非死之日而天下去之。今臣亦窃悲大王弃千乘之君，必且赐绝命之书，为群臣先，死于东宫也。"（《史记·淮南衡山列传》）竹简《文子》中则说实现"富有天下，贵为天子，富贵不离其身"，或者"大而不衰，高而不危者"的最好途径是"执一无为"，显然是从统治者最关心的问题入手，对道家的思想加以发挥。

秦始皇的最大心愿是"朕为始皇帝。后世以计数，二世三世至于万世，传之无穷"，即"施于后嗣，化及无穷"（《史记·秦始皇本纪》）。但是，事与愿违，秦建国之后"诛罚日益刻深，群臣人人自危，欲畔者众"（《史记·李斯列传》），终历二世而亡。

汉政权建立以后，内部包括皇室内部的权力斗争一直非常激烈。"非刘姓者不得称王"，虽然排除了皇权"旁落"的可能，但是，也为众多"刘姓王"内部争夺最高统治权埋下了伏笔。刘邦定天下以致文景二帝之时，皇权的延续和争斗一直是社会生活中的主题。竹简《文子》中所说的"王若能得其道而勿废，传之后嗣"一句有很强的针对性。

贾谊向汉文帝所陈述的"可痛惜者一，可为流涕者二，可为长大息者六。若其他倍理而伤道者，难遍以疏举"（《新书·数宁》）。集中起来无非也是中央集权的稳定性和连续性的问题。贾谊指出："窃迹前事，大抵强者先反。淮阴王楚最强，则最先反；韩王信倚胡，则又反；贯高因赵资，则又反；陈豨兵精强，则又反；彭越用梁，则又反；黥布用淮南，则又反；卢绾国比最弱，则最后反。长沙乃才二万五千户耳，力不足以行逆，则功少而最完，势疏而最忠，全骨肉。时长沙无故者，非独性异人也，其形势然矣。"（《新书·藩强》）竹简《文子》中提到"朝请不恭"也就不奇怪了。贾谊认为汉文帝应该采取削弱诸侯势力的措施，竹简《文子》则侧重劝诫天子自身要尊道贵德，效法天地，卑退敛损，而不是"富贵骄人"。

结合传世本，有关内容包括："以一人之权，而欲化久乱之民，其庸能乎？""天下安宁，要在一人。""以一人与天下为仇，虽欲长久，不可得也"等。这些说法在汉初的最高统治者那里，也经常被提及。《史记·孝文本纪》记载文帝在即位的第二年年底因为月晦日食而自我检讨，明确宣示："天下治乱，在朕一人。"《汉书·贾谊传》则记载贾谊被任命为梁怀王太傅时向文帝上书说："夫教得而左右正，则太子正矣，太子正而天下定矣。《书》曰：'一人有庆，兆民赖之。'此时务也。""一人有庆，兆民赖之"出自《尚书·吕刑》。《尚书》中多有"予一人""我一人"的称呼，被广泛用来指代最高统治者。司马迁赞叹说："盛哉，天子之德！一人有庆，天下赖之。"（《史记·建元已来王子侯者年表序》）古代社会的兴衰，亿万民众的安危的确取决于"那一个"高高在上的"人"。竹简《文子》重视"兆民"与"一人"的关系，自然也是受了汉初社会背景的影响。

汉文帝时天下尚未完全安定，诸侯僭越的现象比较普遍，如何以"一人"之力，安顿久乱之民，驾驭诸侯王公，是皇帝最关心的事情，而这些也恰好是竹简《文子》所讨论的议题。

但中国古书，素有托古讽今的传统，古人已经认识到"贱近而贵远"是"人之常情"。于是，作者戴着各种各样的面具"假戏真唱"。其中的真实信息，必定和当时社会各阶层普遍关注的问题相关联。

九、"执一无为"论

刘邦曾考虑建都洛阳，"欲与周室比隆"，身边策士纷纷附和。但是，刘（娄）敬认为周以德服天下，而刘邦连年征战，"使天下之民肝脑涂地"。所以刘敬明确对刘邦说：

> 陛下取天下与周室异。周之先自后稷，尧封之邰，积德累善十有余世。公刘避桀居豳。太王以狄伐故，去豳，杖马箠居岐，国人

争随之。及文王为西伯，断虞芮之讼，始受命，吕望、伯夷自海滨来归之。武王伐纣，不期而会孟津之上八百诸侯，皆曰纣可伐矣，遂灭殷。成王即位，周公之属傅相焉，乃营成周洛邑，以此为天下之中也，诸侯四方纳贡职，道里均矣，有德则易以王，无德则易以亡。凡居此者，欲令周务以德致人，不欲依阻险，令后世骄奢以虐民也。及周之盛时，天下和洽，四夷乡风，慕义怀德，附离而并事天子，不屯一卒，不战一士，八夷大国之民莫不宾服，效其贡职。及周之衰也，分而为两，天下莫朝，周不能制也。非其德薄也，而形势弱也。今陛下起丰沛，收卒三千人，以之径往而卷蜀汉，定三秦，与项羽战荥阳，争成皋之口，大战七十，小战四十，使天下之民肝脑涂地，父子暴骨中野，不可胜数，哭泣之声未绝，伤痍者未起，而欲比隆于成康之时，臣窃以为不侔也。(《史记·刘敬列传》)

没有定都洛阳而西进关中是刘邦取胜的关键。但是，如刘敬所言，周的分裂是形势使然。在即将获得胜利，还没有取得政权之时，建立像周那样延续数百年的王朝而避免像秦一样仅历二世而亡，对刘邦来说是很有吸引力的。但是，刘敬从"积德"的角度论述周王朝的成就，和竹简《文子》"积怨成亡，积德成王"的思想比较一致。

不少学者奇怪，为什么《文子》一书要托名"平王"，实际上，就谥法而言，"执事有制曰平。布纲治纪曰平"(《史记·正义·谥法解》)。竹简《文子》中说："使桀纣脩（修）道德，汤武唯（虽）贤，毋（无）所建"，陆贾更加直截了当地对刘邦说："乡使秦已并天下，行仁义，法先圣，陛下安得而有之？"(《史记·陆贾列传》) 竹简《文子》是要突出"道德"的力量，而不是"平王"的地位。更何况即便是被班固《古今人表》列入"下愚"的周平王，也要比桀纣的形象好。另外，我们还要考虑，周平王的形象在西汉年间并非恶劣，大概是经历了西汉败落的东汉人对导致王权旁落的君主更为鄙视。

还有，托名并不一定是要依托大家都熟悉的"圣帝明王"。《庄子》

中的"监河侯",在《说苑》的佚文中也被替换成"魏文侯"。所以,竹简《文子》的出现对于我们认识古书的通例也是很有好处的。

就思想倾向而言,竹简《文子》强调无为而治,又强调道德仁义的作用和教化的功能,认为刑罚不足取,讲究用兵的正义性,这些都和汉初的社会情形和政治需要完全吻合。汉初的皇帝也乐于向臣下征询治理天下的途径和方法,比如陆贾著名的"不能以马上治天下"的言论。王博业已指出,陆贾《新语》一书与竹简《文子》在守天下、持柔、强调君主"以身为教则民化",并反对以刑罚治国等方面均有相同或相近之处。①

特别是《新语·无为》中提到:"夫法令者,所以诛恶,非所以劝善。故曾、闵之孝,夷、齐之廉,此宁畏法教而为之者哉?故尧、舜之民,可比屋而封,桀、纣之民,可比屋而诛,何者?化使其然也。"和竹简《文子》"主国家安宁,其唯化也,刑罚不足"的思想完全一致。《新语·无为》文末引孔子之语:"移风易俗。"又曰:"岂家令人视之哉?亦取之于身而已矣。"竹简《文子》说"古圣王以身先之,命曰教",二者的思想和句式都如出一辙。

《汉书·东方朔传》记载,汉武帝问东方朔"吾欲化民,其有道乎?"东方朔回答说:

> 尧舜禹汤文武成康上古之事,经历数千载,尚难言也,臣不敢陈。愿近述孝文皇帝之时,当世耆老皆闻见之。贵为天子,富有四海,身衣弋绨,足履革舄,以韦带剑,莞蒲为席,兵木无刃,衣缊无文,集上书囊以为殿帷;以道德为丽,以仁义为准。于是天下望风成俗,昭然化之。

汉武帝提问的背景是"天下侈靡趋末,百姓多离农亩"。相比之下,

---

① 王博:《关于〈文子〉的几个问题》,《哲学与文化》1996年第8期。

"孝文皇帝"所面对的就是竹简《文子》中所说的"久乱之民"了。《大戴礼记·盛德》把"道、德、仁、圣、义、礼"称为"六政",认为是"御政之体",和竹简《文子》也有密切联系。由此也可印证竹简《文子》撰作于汉初。

陆贾之后,儒家思想的地位日益上升。贾谊虽然对秦朝的过失有鞭辟入里的批评,和竹简《文子》比较接近,但《新书》所提出的相应的治国方略和竹简《文子》有很大不同。

《文子》强调"有德而上下亲矣",《新书·服疑》则要求建立和维护森严的等级制度:"贱有级,服位有等……擅退则让,上僭则诛。"

《文子》讲"执一无为",《新书·道术》虽然也说"衡虚无私,平静而处,轻重毕悬,各得其所。明主者南面而正,清虚而静,令名自命,令物自定"。但是,其更强调"无执不藏"。

《文子》认为"见小也,故能成其大也",《新书·益壤》却提出:"故大人者,不怵小廉,不牵小行,故立大便以成大功",表现出了"积极有为"的态度。

《新书·孽产子》甚至斥责"无为"的主张:"今也平居则无茈施,不敬而素宽,有故必困,然而献计者类曰:'无动为大'耳。夫无动而可以振天下之败者,何等也?曰:为大夫治,可也;若为大乱,岂若其小?悲夫!俗至不敬也,至无等也,至冒其上也,进计者,犹曰'无为',可为长大息者此也。"但是从贾谊所斥责的"献计者"来看,"无为"的思想其实是很有市场的。

再来看陆贾之论。《新语·无为》中说:"道莫大于无为,行莫大于谨敬。"俨然是"新道家"的口吻,但是他紧接着说:

> 何以言之?昔舜治天下也,弹五弦之琴,歌《南风》之诗,寂若无治国之意,漠若无忧天下之心,然而天下大治。周公制作礼乐,郊天地,望山川,师旅不设,刑格法悬,而四海之内,奉供来臻,越裳之君,重译来朝。故无为者乃有为也。

把"舜"和"周公"作为无为的代表,显然符合儒家的一贯立场,孔子就讲过只有舜可以做到无为而治。这也许是"援道入儒"的滥觞,把陆贾看作是汉代的"新儒家"或许更加贴切。"无为"当然是传承了道家的一贯思想,而"执一"则是对"无执"的明显修订。竹简《文子》提出"执一无为",才是名副其实的汉代"新道家",在共同的时代背景下建构了自己独特的思想体系。

十、汉初的文化生态与政策

其一,大收篇籍,百家再现。

秦始皇推行的文化政策虽然以"焚书坑儒"为极端代表,但是他并不是要灭绝文化,而是要垄断文化;不是要使"知识分子"灭绝,而是容不得说风凉话、反对他实行郡县制的儒生,其实还包括想利用他、愚弄他的"文化人"。刘邦本来也是很看不起书生的,有"溺儒冠"的恶劣行径。陆贾却能够在刘邦面前理直气壮:

> 陆生时时前说称《诗》《书》。高帝骂之曰:"乃公居马上而得之,安事《诗》《书》!"陆生曰:"居马上得之,宁可以马上治之乎?且汤武逆取而以顺守之,文武并用,长久之术也。昔者吴王夫差、智伯极武而亡;秦任刑法不变,卒灭赵氏。乡使秦已并天下,行仁义,法先圣,陛下安得而有之?"高帝不怿而有惭色,乃谓陆生曰:"试为我著秦所以失天下,吾所以得之者何,及古成败之国。"陆生乃粗述存亡之征,凡著十二篇。(《史记·陆贾列传》)

这是大家都熟悉的材料。笔者感兴趣的是,既然高祖有"试为我著秦所以失天下,吾所以得之者何,及古成败之国"的要求,那么作答者就肯定不是只有陆贾一人。秦汉之际,诸子争鸣的余波未息,黄老之学更居显学地位。这种情形一直持续到武帝时期,董仲舒在"天人三策"中说,当时还存在"师异道，人异论，百家殊方，指意不同，是以上亡以持一统"（《汉书·董仲舒传》）的情形。

至于秦始皇焚书坑儒，也并未造成百家之学的中绝。"孝文皇帝初立，闻河南守吴公治平为天下第一，故与李斯同邑而常学事焉，乃征为廷尉。廷尉乃言贾生年少，颇通诸子百家之书。文帝召以为博士。"（《史记·贾生列传》）贾谊熟悉"诸子百家之书"，说明秦之后思想的承继也还是多元化的。董仲舒建议罢黜"百家言"，更说明汉初的"百家言"是比较兴盛的。推荐贾谊"治平为天下第一"的吴公，则是李斯的同乡，曾经向李斯学习，而李斯又是荀子的学生，可见学术思想的传承自有它内在的生命力。同时，各个时代又有各个时代的特点。

司马迁总结过汉初以来的文化成就和太史公的重要角色："维我汉继五帝末流，接三代绝业。周道废，秦拨去古文，焚灭《诗》《书》，故明堂石室金匮玉版图籍散乱。于是汉兴，萧何次律令，韩信申军法，张苍为章程，叔孙通定礼仪，则文学彬彬稍进，《诗》《书》往往间出矣。自曹参荐盖公言黄老，而贾生、晁错明申、商，公孙弘以儒显，百年之间，天下遗文古事靡不毕集太史公。"（《史记·太史公自序》）《汉书·艺文志》则概括为："汉兴，改秦之败，大收篇籍，广开献书之路。"

其二，学在四方，聚于诸侯。

因为宽松的文化政策和较为自由的文化环境，汉初民间思想家非常活跃。另外，汉初分封诸侯，而诸侯王又广泛养士，规模一度不小于战国时期，一直延续到汉朝后期。比如汉景帝时，梁孝王"拟于天子。招延四方豪桀，自山东游士莫不至"（《汉书·文三王传》）。武帝时期，淮南王刘安更是以招致宾客名闻天下。楚元王刘交、梁怀王刘揖、中山王刘靖等都是熟悉《诗》《书》，重视"知识分子"的。特别是河间献王刘德：

> 以孝景前二年立，修学好古，实事求是。从民得善书，必为好写与之，留其真，加金帛赐以招之。由是四方道术之人不远千里，

或有先祖旧书，多奉以奏献王者，故得书多，与汉朝等。是时，淮南王安亦好书，所招致率多浮辩。献王所得书皆古文先秦旧书，《周官》《尚书》《礼》《礼记》《孟子》《老子》之属，皆经传说记，七十子之徒所论。其学举六艺，立《毛氏诗》《左氏春秋》博士。修礼乐，被服儒术，造次必于儒者。山东诸儒多从而游。（《汉书·景十三王传》）

诸侯的藏书加起来也许要超过"秘府"。事实上，竹简《文子》就是出土于中山怀王墓中的。

汉代诸侯王好诸子之学，持续时间很长。即使在"尊崇儒术"之后，依然如此。《汉书·宣元六王传》记载汉成帝时，东平王"上疏求诸子及《太史公书》"，虽然遭到拒绝和斥责，却说明汉代诸侯王在思想文化方面的兴趣是很浓厚、很广泛的：

后年来朝，上疏求诸子及《太史公书》，上以问大将军王凤，对曰："臣闻诸侯朝聘，考文章，正法度，非礼不言。今东平王幸得来朝，不思制节谨度，以防危失，而求诸书，非朝聘之义也。诸子书或反经术，非圣人，或明鬼神，信物怪；《太史公书》有战国从横权谲之谋，汉兴之初谋臣奇策，天官灾异，地形厄塞：皆不宜在诸侯王。不可予。不许之辞宜曰：'《五经》圣人所制，万事靡不毕载。王审乐道，傅相皆儒者，旦夕讲诵，足以正身虞意。夫小辩破义，小道不通，致远恐泥，皆不足以留意。诸益于经术者，不爱于王。'"对奏，天子如凤言，遂不与。（《汉书·宣元六王传》）

王凤之言说明，这一时期的文化政策已经收紧，诸子之书及《太史公书》被视为异类，"不足以留意"，由中央政府控制。而"五经"的地位则至高无上，其功能也被认为是"无所不备"。但是，中山怀王墓所出土的竹简《文子》以及其他著作如《六韬》《儒家者言》乃至《论语》都应该是诸子的著作。由此可见，西汉诸侯王对于思想文化的贡献非常值得关注。

十一、秦汉新道家的构成

两汉之际的桓谭说："昔老聃著虚无之言两篇，薄仁义，非礼学，然后世好之者尚以为过于《五经》，自汉文景之君及司马迁皆有是言。"（《汉书·扬雄传》）西汉武帝之前，黄老之术受到最高统治者大力支持。"孝文即位，有司议欲定仪礼，孝文好道家之学，以为繁礼饰貌，无益于治，躬化谓何耳，故罢去之。"（《史记·礼书》）他的夫人窦太后有过之而无不及："窦太后好黄帝、老子言，帝及太子诸窦不得不读《黄帝》《老子》，尊其术"（《史记·外戚世家》），以致引发了诸多争端。

汉初的王公大臣更不乏以道家思想立身处世的。比如孝惠帝元年（公元前194年），曹参任齐国相，"尽召长老诸先生，问所以安集百姓。而齐故诸儒以百数，言人人殊，参未知所定。闻胶西有盖公，善治黄老言，使人厚币请之。既见盖公，盖公为言治道贵清静而民自定，推此类具言之。参于是避正堂，舍盖公焉。其治要用黄老术，故相齐九年，齐国安集，大称贤相"（《汉书·曹参传》）。可见黄老之学在汉初很有生命力，一个盖公就使百数的儒生望尘莫及。盖公"治道贵清静而民自定"之类的政治主张经过曹参的实践，取得了很好的效果，而这些思想又正和竹简《文子》相合。其他如陈平、张良等也善于转祸为福。尤其陈平，司马迁感慨说："陈丞相平少时，本好黄帝、老子之术。方其割肉俎上之时，其意固已远矣。倾侧扰攘楚魏之间，卒归高帝。常出奇计，救纷纠之难，振国家之患。及吕后时，事多故矣，然平竟自脱，定宗庙，以荣名终，称贤相，岂不善始善终哉！非知谋孰能当此者乎？"但是，据陈平"自我剖析"说："我多阴谋，是道家之所禁。吾世即废，亦已矣，终不能复起，以吾多阴祸也。"（《史记·陈丞相世家》）文景之时"王生者，善为黄老言，处士"（《汉书·张释之传》），他喝令张释之在大庭广众之下给自己脱袜子,以此来提高张释之的地位。汉武帝时汲黯、杨王孙等人都是"修黄老言显于诸公间",其言行均有道家特色。据《汉书·楚元王传》记载,刘向的父亲刘德"修黄老术,有智略……德常持《老子》知足之计。妻死,大将军光欲以女妻之,德不敢取,畏盛满也"。

汉代黄老之学的兴盛和统治者的价值取向有关,也和战国中后期以来老子之学的未绝有关。战国末年,齐地是黄老之学的重镇。《史记·乐毅列传》记载乐毅的后代在赵国为秦所灭之后流亡至齐国高密。其中有一个叫牙臣公的人,"善修黄帝、老子之言,显闻于齐,称贤师"。"乐臣公学黄帝、老子,其本师号曰河上丈人,不知其所出。河上丈人教安期生,安期生教毛翕公,毛翕公教乐瑕公,乐瑕公教乐臣公,乐臣公教盖公。盖公教于齐高密、胶西,为曹相国师。"而《史记·田叔列传》中则说:"田叔者,赵陉城人也。其先,齐田氏苗裔也。叔喜剑,学黄老术于乐巨公所。"司马迁的父亲也是"习道论于黄子"。可见黄老思想民间传承在秦汉之际也是比较活跃的。

另外,秦汉之际,《老子》中的话经常被引用,《史记·魏豹列传》记载,陈胜起兵为王时,魏国人周市曾经说:"天下昏乱,忠臣乃见。""索隐"已经指出,这是取《老子》"国家昏乱有忠臣"之言为说。吕后去世以后,魏勃教齐悼惠王反,齐相召平被骗,自杀前感叹:"嗟乎!道家之言'当断不断,反受其乱'。"司马迁《史记》,特别是"太史公曰"的部分多次引用《老子》之言。《韩诗外传》同时引用《老子》和《诗经》之言以总结历史智慧:

> 昔者,司城子罕相宋,谓宋君曰:"夫国家之安危,百姓之治乱,在君之行。夫爵禄赏赐举,人之所好也,君自行之;杀戮刑罚,民之所恶也,臣请当之。"君曰:"善。寡人当其美,子受其恶,寡人自知不为诸侯笑矣。"国人知杀戮之刑专在子罕也,大臣亲之,百姓畏之,居不期年,子罕遂劫宋君,而专其政。故《老子》曰:"鱼不可脱于渊,国之利器不可以示人。"《诗》曰:"胡为我作,不即

我谋。"(卷七)

　　公仪休相鲁而嗜鱼,一国人献鱼而不受。其弟谏曰:"嗜鱼不受,何也?"曰:"夫欲嗜鱼,故不受也。受鱼而免于相,则不能自给鱼;无受而不免于相,长自给于鱼。"此明于鱼为己者也。故《老子》曰:"后其身而身先,外其身而身存。非以其无私乎?故能成其私。"《诗》曰:"思无邪。"此之谓也。(卷三)

这是典型的"喻《老》模式"。更加值得注意的是,《老子》和《诗经》一起引用,可见《老子》作为经典的地位在汉初是被广泛认同的。《法苑珠林·破邪篇》及《广弘明集·归正篇》均载三国时著名学者阚泽对吴主之言:"汉景帝以《黄子》《老子》义体尤深,改子为经,始立道学。敕令朝野悉讽诵之。"

　　从以上所述可见,以《老子》思想为核心的道家学派,对于秦汉之际的思想界和整个社会生活的各个领域都产生了深刻的影响。以法家思想为指导的秦国虽然建立了统一的帝国,但是,以黄老为旗帜的道家思想主导了西汉初期的社会思潮,造就了一个真正强大的帝国。而在楚汉相争的激烈过程中,以武力见长的项羽终究不敌善于把握时机、顺因变化、转祸为福的刘邦。刘邦的获胜以及汉初社会的稳定,道家的思维方式都发挥了很大作用。法家实际上也和道家存有渊源,但是秦历二世而亡的教训使得秦汉之际的思想家们着重思考严刑峻法所带来的弊端,转而诉求"道"与"德"的重新阐释并推崇教化的力量。道家的转型在实践上是一批有见识、有能力的人认识到祸福相依、无为因循的好处,并且身体力行,成效显著。但是,在理论上,我们有理由相信,竹简《文子》建构了比较完备的体系。只可惜竹简出土以后由于未能及时整理,保护不力,残缺过多。

　　秦汉之际,儒家也在积极转型,除了鲁国有一些保守的儒生不肯和叔孙通"同流合污",大部分追随叔孙通的儒生都认为叔孙通乃是"当世之圣人"。陆贾、贾谊不仅积极参与朝政,而且有较强的理论建构能力,能够在坚持儒家立场的情况下吸收各家思想。汉初的经学开始复苏和系统化，随着社会的稳定和文化成果的积累，儒家逐渐占据了意识形态上的主导权。

无论怎样，思想资源和社会需要之间总是互动的。竹简《文子》与秦—汉初的社会思潮和文化政策以及时事政治方面都有着内在的联系。而《老子》其书，《汉书·艺文志》记载有多种"传"的存在。《汉书·艺文志》另著录有《道家言》二篇，班固注"近世，不知作者"。可见，即使是时代相近，也有不知道某书的作者是谁的问题。古书作者匿名或者托名实在是常见，所谓的黄老之书托名黄帝的情况大概很难否认，而不少学者苦苦追寻，非要落实的那个"文子"，也许本来就是作者的面具。当然，竹简《文子》一书对于《老子》一书思想的发挥、引申和改造是不能否认的。我们如果承认这个事实，从文本本身的内容出发，"知书论世"，多番比对，才会有实质性的收获。

综上所述，在竹简《文子》中，以帝王之功为着眼点，以"道"为最终根据，以"德""仁""义""礼"为基本原则，以天地万物尤其是天下民众为治理的对象，以"执一无为"为法，力主圣智之道，融合道、儒、墨、兵各家的思想，以道家理论为基础，提出了一系列的治国方针。其对于"道"、对于"德"的解释，"四经"说、"五兵"说、"执一无为"说等都是极具特色的思想，在多个方面丰富和发展了道家理论，理应受到充分重视。窃以为竹简《文子》才是汉代新道家在《淮南子》之前的理论成果。

换言之，竹简《文子》是名副其实的汉代新道家著作，亦即儒道互补的代表作。我们需要摆脱的是书籍出于先秦才宝贵的成见，亦即空言儒道互补的习惯。

论荀子的国家治理思想*

郑治文

(曲阜师范大学孔子文化研究院)

摘　要：作为"中国第一位社会学者",荀子国家治理思想的显著标识是以礼为本、礼法合论。荀子言说的"礼法",所同于法家所谓"法"者在于,从社会政治秩序建构的客观视野来论"礼",并通过以"法"注"礼",强化了"礼"作为制度规范建构的意义,使"礼"(礼法)成为一种秩序建构的客观规则;其所不同于法家者在于:一者,荀子礼法合治的精神实质是以"法"补"礼"、以"礼"统"法",即以"法"的强制性和"刑"的暴力性来推动"礼"所规范下的差等秩序的实现,以"礼"别贵贱长幼、贫富轻重的差等性原则来统摄"法"不别亲疏、不殊贵贱的普遍性精神;二者,荀子通过对"治法"与"治人"以及"良法"与"君子"的辩证认

---

* 本文系国家社科基金项目"现代新儒家荀子学研究"(23BZX049)的阶段性研究成果。

识，在重视"礼"（礼法）的客观性规则的同时，又十分强调"人"（君子、治人）在礼法制度规范建构（尽制）中的主体性作用。

关键词：荀子　国家治理思想　"群"论　"礼法"论　"君子"论

作者简介：郑治文，男，历史学博士，曲阜师范大学孔子文化研究院副教授、硕士生导师，研究方向为先秦儒学（荀子哲学、孟荀比较）和宋明理学。

荀子是"中国第一位社会学者"①，虽同为先秦儒学宗师，然其所异于孔孟者在于，他从"重建秩序"的现实社会政治要求出发重构了儒学精神，构筑了以"礼"论为中心，包含"天生人成"论、"性恶伪善"论、"明分使群"论、"隆礼重法"论等新思想内容的学术体系，强化了儒学经世应世的社会政治之维。"群"论作为荀子思想的重要奠基观念之一，它十分鲜明地体现了荀学的社会学意蕴②。由此出发，我们认为，距今两千多年的荀学可谓是中国古典社会学的最早版本③，荀子儒学可谓是

---

① 参见卫惠林：《社会学》，正中书局1964年版，第17页。
② 黄玉顺研究指出："21世纪儒学界开始注意'社会'概念的儒学解读。'社会'虽是近代日本人对'society'的汉字对译，却体现了一般'社会'概念与汉语传统的'社''会'观念之间的对应关系。严复将'society'译为'群'，源自荀子。确实，荀子的'群'概念即是一般'社会'概念。"（黄玉顺：《儒学的"社会"观念——荀子"群学"的解读》，《中州学刊》2015年第11期。）严复将英国斯宾塞的《社会学研究法》翻译为《群学肄言》，西方社会学第一次被译为"群学"，而中国群学实源于荀子。
③ 参阅景天魁：《论群学元典——探寻中国社会学话语体系的第一个版本》，《探索与争鸣》2019年第6期；宋国恺：《群学：荀子的开创性贡献及对其精义的阐释》，《北京工业大学学报》（社会科学版）2017年第4期。

一种"社会儒学"①"政治儒学"。"在先秦诸子中,能够显明地抱有社会观念的,要数荀子,这也是他的学说中的一个特色。他是认定了群体的作用的,认为'能群'是人类所以能够克服自然界而维持其生存的主要的本领;群之所以能够维持是靠着分工;分工的依据就是礼义。"②"在中国思想史上,以社会群体为基点构建自己理论体系并提炼出核心理念'群'的只有荀子一家,这其实就是古代的社会学。"③以下我们将以荀子"礼"论为中心,旁及其"礼法"论、"礼义"论和"君子"论等重要观念,试图对荀子的国家治理思想(群学)作一简要论述。

众所周知,孔孟荀是先秦儒学发展的杰出代表,然相较于孔孟的醇儒地位而言,荀子却是中国儒学发展史上备受争议的人物。或以其为"杂家",或以其为"儒法过渡的人物"④,或以其为"黄老道家"⑤,甚至还有以其为法家者。通过对荀子礼法思想的讨论和分析,我们发现,荀子确系儒学宗师无疑,因为其礼法思想守护着孔孟儒家重礼治、人治(贤能政治)的基本立场。然而,他又是不同于孔孟的法家化的现实型儒家⑥,因为其言"礼"、言"礼法"又有与法家所谓"法"有极相接近之处。大体说来,荀子言说的"礼法"所同于法家所谓"法"者在于,从社会政治秩序建构的客观视野来论"礼",并通过以"法"注"礼",强化了"礼"作为制度规范建构的意义,使"礼"(礼法)成为一种秩序建构的客观规则。其所不同于法家者在于:一者,荀子礼法合治的精神实质是以"法"补"礼"、以"礼"统"法",即以"法"的强制性和

---

① "社会儒学"的提法借鉴了涂可国的观点,参见涂可国:《社会儒学视域中的荀子"群学"》,《中州学刊》2016年第9期。

② 郭沫若:《十批判书》,《郭沫若全集》(第2卷),人民出版社1982年版,第225页。

③ 牟钟鉴:《荀学新论》,商务印书馆2021年版,第45页。

④ 李泽厚:《荀易庸记要》,《文史哲》1985年第1期。

⑤ 赵吉惠:《荀况是战国末期黄老之学的代表》,《哲学研究》1993年第5期。

⑥ 李泽厚说:"荀子是在新时代条件下的儒家,他不是法家,也不再是像孔孟那样的儒家。"见李泽厚:《荀易庸记要》,《文史哲》1985年第1期。

"刑"的暴力性来推动"礼"所规范下的差等秩序的实现,以"礼"别贵贱长幼、贫富轻重的差等性原则来统摄"法"不别亲疏、不殊贵贱的普遍性精神;二者,荀子通过对"治法"与"治人"以及"良法"与"君子"的辩证认识,在重视"礼"(礼法)的客观性规则的同时,又十分强调"人"(君子、治人)在礼法制度规范建构(尽制)中的主体性作用。

概言之,荀子所谓"礼法"与法家所谓"法"的接近之处在于,都将其作为一种调剂物质、建构秩序的客观规则。不同之处在于,荀子的"礼法"是礼本位的,而"礼"的差等性(等级性)原则不同于"法"的普遍性(一断性)精神。此外,荀子的礼法思想还重视将"法"(礼法)的客观规则与"人"(君子、治人)的主体作用相结合以建构秩序,体现了儒家贤能政治、精英政治的特点。

荀子这种以"礼"统"法"、以"法"补"礼"的礼法思想对秦汉以后中国的国家治理产生了深远影响。秦汉以后,中国古代国家治理中"儒法合流""法律儒家化""法的礼学化"等文化现象在战国末年的荀子那里早已可以窥见其貌矣。

一、礼法与秩序:秩序建构之客观规则的寻求

子学展开的时代是列国纷争、社会动荡的乱世,在这种时代语境下,先秦诸子无论儒、墨、道、法等都有一种浓重的秩序情结①。荀子生当战国末年,天下即将"定于一"的历史前夜,建构秩序的追求在他那里表现得更加直接而迫切。史华兹指出:"先秦时期的思想家,无论是孟子还是荀子,皆有'秩序至上'的观念;追求社会秩序的恢复与稳定是其共

---

① 司马谈在《论六家之要指》中有言曰:"夫阴阳、儒、墨、名、法、道德,此务为治者也。"[(汉)司马迁:《史记·太史公自序》,中华书局1982年版,第3288~3289页。] 此句说的就是这个道理。

同的目标，而这样的目标到了战国末年更是具有急迫性。"① 可以说，荀子的整个思想体系都是围绕"建构秩序"这一中心问题而展开的，"也就因此，他的整个思想核心，可以说是通向政治、以政治为依归的"②。

在思考建构秩序的方案时，荀子将目光投到了"礼"上，而为了让儒家的"礼"能够承担起秩序建构的作用，他又对其进行了改造和革新。其中，荀子以"义"和"法"的观念来注"礼"，使"礼义""礼法"成为一种建构社会政治秩序的客观规则，由此极大地显示了"礼"（礼法）作为制度规范建构的意义，这是对儒家礼学思想发展的一次重要理论提升。在"秩序与规则"的观念结构下来看③，荀子"礼法"思想的首要理论意义在于，为社会政治秩序的建构确立了一种客观的制度规范标准。就"礼法"作为客观规则（制度规范）的意义而言，荀子所谓"礼法"无疑更接近法家所谓"法"的精神，而与儒家孟子以仁心仁政为核心的政治哲学思想所表现出的主观的道德精神形成强烈的对比。

以性善论作为观念前提，孟子论政论礼皆收摄到人心的主观自觉上来讲，在孟子那里，仁政（"不忍人之政"）的理想政治秩序的达成不过是以"心"为价值根源的道德精神的实现过程。其言曰：

> 先王有不忍人之心，斯有不忍人之政矣。……恻隐之心，仁之端也；羞恶之心，义之端也；辞让之心，礼之端也；是非之心，智之端也。④

"辞让之心，礼之端也。"孟子礼论的鲜明理论特质即在于其强烈的

---

① ［美］史华兹著，程钢译：《古代中国的思想世界》，江苏人民出版社 2004 年版，第 414 页。
② 袁长瑞：《荀子政治思想中的民本倾向》，《白沙人文社会学报》2003 年第 2 期。
③ 参阅杨国荣：《荀子的规范与秩序思想》，《上海师范大学学报》（哲学社会科学版）2013 年第 6 期。
④ 《孟子·公孙丑上》，杨伯峻：《孟子译注》，中华书局 1960 年版，第 79~80 页。

道德精神和内在化的思想倾向。相形之下，荀子则从"群"论和"性恶"论入手，在社会政治的外在化、客观化的视野下，显示了"礼"作为建构秩序之客观规则的意义。"群"论和"性恶"论统一于荀子对"人"的理解，是其人学思想和人禽之辨的重要内容，这与孟子基于性善论的人学观念有着明显的不同。具体来说，孟子认为，人所异于禽兽者主要在于其"道德性"（人性善），而这种"道德性"又表现为人有区别于禽兽的那一点"善心"。他说："人之所以异于禽兽者几希，庶民去之，君子存之。"① 这"几希"的"善心"（仁心），是人禽之间的根本区别，而能否存养此"心"，又划清了庶民（小人）与君子之间的界限。孟子言："君子所以异于人者，以其存心也。君子以仁存心，以礼存心。"② 此之谓也。

与孟子不同，荀子以"能群"来定位人的本质特点③，他认为，人所异于禽兽者主要在于其"社会性"（"人能群"）④。他从"能群""有辨"等诸论着眼来讨论人禽之别。其言曰：

(人）力不若牛，走不若马，而牛马为用，何也？曰：人能群，彼不能群也。⑤

故人之所以为人者，非特以其二足而无毛也，以其有辨也。⑥

在人禽之辨的问题上，荀子不仅从"群"论入手，也把"礼义"所

---

① 《孟子·离娄下》，杨伯峻：《孟子译注》，第 191 页。
② 《孟子·离娄下》，杨伯峻：《孟子译注》，第 197 页。
③ 潘小慧：《荀子以"君—群"为架构的政治哲学思考》，《哲学与文化》2013 年第 9 期。
④ 郑治文：《德性、群体与人的存在——孟荀人禽之辨比较》，《诸子学刊》2022 年第 1 辑。
⑤ 《荀子·王制》，王先谦撰，沈啸寰、王星贤点校：《荀子集解》，中华书局 1988 年版，第 164 页。
⑥ 《荀子·非相》，王先谦撰，沈啸寰、王星贤点校：《荀子集解》，第 79 页。

确定的人道"有辨""有分""有别"的差等秩序作为人禽之间的根本差别。至于人的群体性存在为什么需要"有辨""有分""有别"？或者说，为什么需要"礼义"来"明分使群"？要理解这个问题，除了以群学观念为基础，还涉及荀子性恶论的思想主张。

孟子论"性善"，是以人人皆有的"不忍人之心"（仁心、善心）立论；荀子论"性恶"，则是从人人皆有的"欲望"入手。在群学观念下，荀子揭示了人是群体性的存在，他认为，人只有结成"群"，才能形成群体的"合力"，而只有依靠群体的力量人才能"胜万物""居宫室"。可问题是，凡人皆有"欲"，倘若顺着人的欲望自然发展就会引起争乱，而争乱必然导致群体秩序的崩溃。荀子以"欲"而论"性"，认为任由人欲发展会导致群体秩序崩溃的严重后果，正是在这个意义下，他才说"人之性恶"，此也正合乎其"所谓恶者，偏险悖乱也"① 的说法。

孟子性善论是"以心善言性善"，将此"善心善性"作为成德成治之"大本"；而荀子则是"以欲论性"，顺"欲"（性）自然发展会造成群体秩序崩溃之后果，故曰其"恶"。人人生而有欲，"人之性恶"，如何才能避免因"人性恶"而造成的秩序解体呢？荀子由此而引出了"礼"的论说。他说：

> 人生而有欲，欲而不得，则不能无求；求而无度量分界，则不能不争；争则乱，乱则穷。先王恶其乱也，故制礼义以分之，以养人之欲，给人之求，使欲必不穷乎物，物必不屈于欲，两者相持而长，是礼之所起也。②

可见，荀子讲"群"论"性"，最终都落实到"礼"论上来理解，其落脚处仍是要凸显出"礼"的制度规范建构的重要意义。以"礼"的

---

① 《荀子·性恶》，王先谦撰，沈啸寰、王星贤点校：《荀子集解》，第439页。
② 《荀子·礼论》，王先谦撰，沈啸寰、王星贤点校：《荀子集解》，第346页。

制度规范建构来化解人的社会性与人的自然性之间存在的冲突关系，避免人因顺性纵欲而相互争夺，因相互争夺而导致秩序解体。

基于"人之能群"与"人之性恶"的认识，荀子认为"群居和一"的理想社会政治秩序建构之关键在于，要使人有"养"有"分"，使"欲"和"物"相持而长，而"礼"正是调节"欲"与"物"之关系的主要依凭①。梁启超评断孟荀政治思想时说："孟子信性善，故注重精神上之扩充。荀子信性恶，故注重物质上之调剂。"②荀子通过"群"论和"性恶"论的观念引出了物质调剂（分）的问题，又将"礼"作为调剂物质的客观依据。以"礼"来进行物质调剂，从而建构社会政治秩序，荀子"礼"论作为制度规范建构之客观性意义由此显露无遗。

不仅如此，荀子还以"法"来注"礼"，使礼法互含，从而进一步加强化了"礼"客观化、外在化的政治论色彩。荀子说"礼法之大分也""礼法之枢要也"③，他将"礼"与"法"结合，确立了"礼法"的观念。荀子合论礼法，确立起"礼法"观念，其首要的理论意义在于，以"法"的客观精神和制度规范意义来强化"礼"、改造"礼"，使"礼""礼法"成为一种建构秩序的客观规则。荀子说："礼法之枢要也。""法者，治之端也。"就寻求秩序建构的客观规则而言，在荀子那里，"礼"与"法"具有同构性的思想关系，其所谓"礼""礼义""法""礼法"等，皆可以指向建构秩序的客观规则。从这个意义上说，荀子的"礼"（礼法）思想就是一种"法"思想。梁启超说："荀子所谓礼，与当时法家所谓法者，其性质实极相逼近。"④

荀子所说的"礼""礼法"之所以与法家所谓"法"的性质"极相逼近"，关键之处正在于，其言"礼""礼法"已经涉及通过客观化的制

---

① 参阅东方朔：《"欲多而物寡"则争——荀子政治哲学的逻辑前提和出发点》，《社会科学》2019年第12期。
② 梁启超：《先秦政治思想史》，东方出版社1996年版，第113页。
③ 《荀子·王霸》，王先谦撰，沈啸寰、王星贤点校：《荀子集解》，第214、221页。
④ 梁启超：《先秦政治思想史》，第119页。

度规范来调剂物质,以建构社会政治秩序的问题①。以"礼"作为调剂物质(分)的客观依据,这是荀子礼论的深刻之处和精彩之处,而"'分'一旦引进礼中,同时也改造了古老的礼,给礼输入了权利的新义,予以了法的解释"②。当"礼"作为调剂物质的"分"的客观规则时,"礼"也就有了"法"的内涵,"礼""礼法"与"法"在荀子思想中就有了同构性的关系。诚如中国台湾学者吴进安所认为的,从荀子的礼法思想来看,法固然包括在礼中,但已触及"人欲与利益"调和的问题,亦可看出"法"已逐渐显现其价值意义。③ 由"礼"而衍生出"法",使"礼""礼法"具有了"法"的那种作为客观化的制度规范建构的意义,这是荀子对儒家礼论的一次重要理论提升,也是其礼法思想的重要内蕴所在。

二、礼与法:礼法合治和差等秩序

作为秩序建构的客观规则,荀子所谓的"礼""礼法"与法家所谓的"法"当然具有极相接近之处,不过,我们也应注意到,荀子的"礼法"思想毕竟是以"礼"为本而展开的,他只是借助"法"的精神强化了"礼"的制度规范建构意义,据此而言,荀子以"礼"为本的"礼法"思想与法家的"法"思想之间又具有儒家之"礼"与法家之"法"的差异性。换言之,荀子礼法思想中,"礼"(礼法)与"法"具有同构

---

① 林宏星认为:"若就着现代意义的'政道'而言客观化,则荀子之措思用力多在'治道'一边;若就着一理想之观念求其客观之落实,并进而化之于社会的现实组织、政治制度之中而言,荀子之礼论确具有自觉寻求客观化的努力。"见林宏星:《"道礼宪而一制度"——荀子礼论与客观化的一种理解》,《陕西师范大学学报》(哲学社会科学版)2017年第3期。

② 俞荣根:《儒家法思想通论》,广西人民出版社1998年版,第407页。

③ 吴进安:《荀子"明分使群"观念解析及其社会意义》,《汉学研究集刊》2006年第3期。

性的一面，同时又始终保持着儒法之间的思想张力。就后者而言，荀子虽将礼法合论，确立起"礼法"观念，然这并不意味着在荀子那里"礼"与"法"之间就是一种完全平等并列的关系。因为荀子所谓"礼法"除了作为秩序建构之客观规则的思想意蕴外，其更为突出的内涵是以"礼"统"法"、以"法"补"礼"，即借助"法"的力量来实现"礼治"的差等秩序。也就是说，荀子所谓"礼法"所不同于法家所谓"法"，而终归于儒家文化系统者正在于其"礼"本位的基本立场。当"礼法"作为秩序建构之客观规则时，"礼法"无疑已十分接近法家"法"的原则和精神，然当"法"为"礼"所统摄，只是作为"礼"的补充和辅助时，"礼法"就又有了不同的精神实质和内涵。具体来说，当我们对"礼"与"法"进行儒法之间的适度思想区分时，荀子合论礼法应该主要包括以下两个方面的思想内涵。

其一，以"法"补"礼"，借助"法"的强制性和"刑"的暴力性来保证"礼治"的推行。为确保礼治的实现，荀子对儒家礼论的一大重要发展和推进就是较孔孟更加深刻地认识到了"礼"本身的局限性，从而试图以"法"和"刑"来辅助礼治的推行。在荀子看来，"礼"虽明分了等级秩序，确定了每个社会角色所对应的规范和要求，但是，如果不考虑"礼"的执行力，那礼治将不足于落到实处。为此，在实现群体秩序的基本追求下，荀子在高度重视"礼义"的社会治理意义的同时，也更加积极地肯定"法"与"刑"的治理效用，由此在"隆礼"的基础上又提出了"重法""重刑"的主张①。冯友兰先生说："法有国家之赏罚为后盾，而礼则不必有也。"② 其实荀子或许早已经有了这种认识，他已认识到了"礼"之于"法"（刑）的优越性，但"礼"又毕竟只是一种软性的约束，与"法"这种刚性的约束相比，"礼治"缺乏"法治"

---

① 陈登元说："重礼者，儒家固有之见解，而重法者，荀子随环境而变化之一种结果。"见陈登元：《荀子哲学》，上海三联书店2014年版，第127页。

② 冯友兰：《中国哲学史》，中华书局1961年版，第414页。

背后那种国家强制力作为后盾,而当缺乏"法治"背后的国家强制力做后盾时,又很难保证礼治的真正实现。诚如白奚先生所言:"荀子已清楚地意识到礼义的局限性,所以他认为,要使社会按照正常的秩序运行,就不仅要靠非强制性的规范——'礼义',还要依靠强制性的规范——'法度'。"①

荀子认为,面对"人之性恶"这个最基本的"经验事实","圣人"要"使天下出于治,合于善",除了需要"明礼义",还要"立君上之势""起法正""重刑罚"②。所谓"明礼义"和"立君上之势""起法正""重刑罚"其实就是要合用"礼义"和"法度"(刑罚)以保证理想秩序的实现。"君人者,隆礼尊贤而王,重法爱民而霸"③,荀子主张君主通过礼(德)与法(刑)两种治理手段来实现"出于治,合于善"的国家治理目标。在荀子礼法思想中,礼与法(刑)的关系也可以这样来理解,"打个形象的比方,如果说'礼'就如同是行车路上的各种交通指示标志和规则,明示你的车该怎样行、该何处停,那么'法(刑)'就是那些巡视和执法的警察,对不遵守或违反交通法规的车辆进行劝阻和惩戒。法(刑)是因礼而有、依礼而行、为礼而存"④。由此可见,荀子所谓"隆礼至法"主张的提出,就是设想在坚持"礼治"的基本方向的同时,又试图用"法治"来辅助其实现,我们甚至可以说,荀子之所以"重法""重刑"就是希望借用"法"的强制性和"刑"的暴力性来保证"礼治"的实现⑤。他说:"治之经,礼与刑,君子以修百姓宁。明德慎

---

① 白奚:《道德形上学和礼法互补——战国儒学的两个重要理论推进》,《中国哲学史》2011 年第 4 期。
② 《荀子·性恶》,王先谦撰,沈啸寰、王星贤点校:《荀子集解》,第 440 页。
③ 《荀子·大略》,王先谦撰,沈啸寰、王星贤点校:《荀子集解》,第 485 页。
④ 路德斌:《荀子与儒家哲学》,齐鲁书社 2010 年版,第 247 页。
⑤ 关于荀子政治哲学中"礼""法""刑"关系的详细论述,参阅孙旭鹏:《荀子政治哲学中"礼""法""刑"的关系》,《江西社会科学》2014 年第 2 期。

罚，国家既治四海平。"① 荀子这种"礼""法""刑"合治的思想，既显示了儒家礼与乐的教化意义，又较孔孟更加明确了法与刑的治理价值。

总之，荀子合论礼法，一方面由"群"而论"礼"，从群体社会政治秩序构建的角度来叙述"礼"的意义和功能，由此凸显了"礼"类似于"法"的那种客观的制度规范建构意义；另一方面，荀子认识到了儒家礼治论的不足，试图以"法"（刑）的强制手段来推行礼治，从而改变了儒家重礼而轻法的倾向。就荀子礼法思想以"法"的强制性和"刑"的暴力性来辅助礼治实现的重要精神实质而言，荀子无疑还是儒家的礼治论者，并没有滑向法家所谓"法治"（刑治）的一端。此是儒法大分，不可不辨。

其二，以"礼"统"法"，以"礼"的原则和精神来改造"法"，使"法"的普遍性（一断性）让位于"礼"的差等性（分别性）。荀子"礼法"观念中，"礼"的主体性地位，除了表现为以"法"补"礼"，还包括以"礼"统"法"，将"礼以别异"的差等性精神融入"法"思想之中，实现"法"的"礼"化。在荀子的思想世界，"礼"是建构社会政治秩序的主要规则，它具有"分"（别、辨）的重要作用和功能。何谓"分"（别）？荀子曰："贵贱有等，长幼有差，贫富轻重皆有称者也。"②由此，凭借礼"别"贵贱长幼、"分"贫富轻重而确立的社会政治秩序，就是一种有等有差的差等秩序。"礼"所规定的有"分"（别）的差等秩序，以及不同的社会分工和角色安排等是实现人之"群居和一"的重要保证③。如此，"礼"所规范下的世界就是君臣父子、兄弟夫妇、士农工商等各有其分、各载其事的差等化的世界。

尽管荀子明确主张"隆礼至法"，并提出了"礼法"的概念，但

---

① 《荀子·成相》，王先谦撰，沈啸寰、王星贤点校：《荀子集解》，第461页。
② 《荀子·礼论》，王先谦撰，沈啸寰、王星贤点校：《荀子集解》，第347页。
③ 荀子说："故先王案为之制礼义以分之，使有贵贱之等，长幼之差，知愚、能不能之分，皆使人载其事而各得其宜，然后使悫禄多少厚薄之称，是夫群居和一之道也。"见《荀子·荣辱》，王先谦撰，沈啸寰、王星贤点校：《荀子集解》，第70~71页。

"礼"与"法"结合的主要目的不是推行"法治",而恰恰是为了确保"礼"所确立的差等秩序的实现。荀子说"故非礼,是无法也"①"礼义生而制法度"②,又云"礼者,法之大分"③。当荀子一再强调"礼"之于"法"的本源性、基础性、统摄性地位时,"法"就被"礼"化了,"礼"的那种以"分"为特点的差等性精神就这样融入了"法"的思想中。或如有论者指出的:"荀子思想的最大特色是将'分'的概念纳入到礼的作用和职能之中,同时又将礼提高到法的高度。因此在某种程度上,礼所具有的'分'的作用和职能也成为法的精神的体现。"④ 若是这样,"法"的普遍性精神就让位于了"礼"的有"分"有"别"的差等性原则。当"分被纳入了传统的礼,权利观念就被消融在'亲亲''尊尊'的血缘身份制度中,权利本位的法观念也就难以独立发展了"⑤。换言之,在"礼"的有"分"有"别"的差等性原则的统摄下,"法"的那种作为普遍性规则的意义就很难表现出来。

"法家不别亲疏,不殊贵贱,一断于法。"⑥ 显然,荀子所谓的"礼法"并不具备"法"的那种"不别亲疏,不殊贵贱"的"一断性"特点,因为"礼法"是以"礼"为本的,而"礼"通过"分"的功能所确立的是一种差等化的秩序。"礼"(礼法)所规范下的这种"差等秩序",并不同于"法"所规范下的那种"公道世界"。⑦ 因此,荀子虽明言"礼

---

① 《荀子·修身》,王先谦撰,沈啸寰、王星贤点校:《荀子集解》,第34页。
② 《荀子·性恶》,王先谦撰,沈啸寰、王星贤点校:《荀子集解》,第438页。
③ 《荀子·劝学》,王先谦撰,沈啸寰、王星贤点校:《荀子集解》,第12页。
④ 商晓辉:《万物以齐为首:慎到与荀子法思想比较研究》,《原道》2017年第2辑。
⑤ 俞荣根:《儒家法思想通论》,第406~407页。
⑥ (汉)司马迁:《史记·太史公自序》,第3291页。
⑦ "差等秩序"与"公道世界"的说法借鉴和化用了东方朔的说法。(参见东方朔:《差等秩序与公道世界:荀子思想研究》,上海人民出版社2016年版。)不过,需要明确的是,我们这里"公道世界"之所谓"公道"是指"法"的那种不别亲疏、不殊贵贱的普遍性、同一性精神。

法",然"礼法"者主要是以"法"补"礼"、以"礼"统"法",这并没有改变其"以礼为宗"① 的儒家思想底色。仅就此而言,荀子的礼法思想仍应归属于儒家"礼治"论,而非法家"法治"论的范畴。儒法之分、礼法之别,在荀子礼法思想中还是存在明确的思想界限。②

综合上述两方面的内容来看,荀子礼法思想中所谓的"礼"与"法"具有相互区分的一面,又有相互融通的一面。就前者而言,它决定了荀子礼法思想"礼治"论的儒家文化底色③,体现了荀子援法入礼,以建构礼治之差等秩序的理想追求;就后者而言,荀子所言说的"礼"已开始偏离"原儒"的精神而向法家"法"的立场逼近,"礼"已经具有了"法"的内涵,"礼""礼法"与"法"同构,都是作为调剂物质(分)、建构秩序的客观规则。

三、礼法与君子:"法"的客观规则和"人"的主体作用

从社会政治的客观视野来论"礼",赋予"礼"于"法"的内涵,将"礼"(礼法、法)作为调剂物质(分),建构秩序的制度规范,这是荀子礼法思想最为显著的理论特点。不过,在荀子的思想世界,良好社会政治秩序的建构又好像不是仅仅依靠"礼法"这样的客观规则就可以实现的。事实上,在考虑秩序建构的问题时,荀子除了重视"法"的客观规则,还十分强调"人"(君子、治人)在制度规范建设过程中的主体性作用。为此,在讨论荀子秩序建构的设想时,除了"礼法",还须涉及一个非常重要的观念,那就是"君子"(治人)。

---

① 《荀子集解·序》,王先谦撰,沈啸寰、王星贤点校:《荀子集解》,第1页。
② 参见郑治文:《道德理想主义与政治现实主义的统一:荀子政治哲学思想特质研究》,山东大学出版社2020年版,第85~88页。
③ 涂可国指出:"礼治主义是儒家政治学说的重要特征,儒家又具有'礼体法用'的治道特征。"见涂可国:《政治儒学的一个重要向度:先秦儒家的法治思想》,《当代儒学》第15辑,四川人民出版社2019年版,第86~87页。

在荀子那里，他通过对"君子"与"良法"以及"治人"与"治法"之关系的辩证认识，确立了其建构社会政治秩序的基本方案。他说："有治人，无治法。……故法不能独立，类不能自行，得其人则存，失其人则亡。"① 又曰："故有良法而乱者有之矣；有君子而乱者，自古及今，未尝闻也。"② "有治人，无治法"，从这样的话语来看，荀子好像只重"治人"（君子）而不重"治法"（良法）。然稍作分析，我们发现，荀子这里并非欲将两者彻底对立起来，他之所以如此立言，不过是为了说明"法不能独立，类不能自行"的道理，从而提醒我们要注意"法"的推行还需要"得其人"，需要有"君子""治人"的参与。"君子"（治人）在"法"的推行过程中为何如此重要呢？这还要从荀子所理解的"君子"说起。

提及儒家的"君子"概念，我们很自然地会想到，它是指一种道德意义下的理想人格。毕竟儒家创始人孔子对君子思想的一个重要发展就是将其由身份的位阶概念变为了道德的理想人格概念。"君子所以异于人者，以其存心也。君子以仁存心，以礼存心。"③ 经过孟子的进一步推扬，"君子"这一概念背后的道德精神愈发强烈而纯粹。然而，与孔孟不同，荀子所谓的"君子"并非主要指向德性意义下的完美人格，它其实与"治人"一样，都是主要指向确立"礼法"所规范下的客观秩序而言的。"在荀子思想中，作为政治之理想人格的君子既是道德的楷模，也是理想的社会秩序和公道世界的设计者、承担者和完成者。"④ 荀子对"治人"，"君子"之于"治法""良法"优先性的肯定，乃是将其"礼法"（法）的客观精神贯彻到底，这并非又转向了孔孟德治仁政的那种强调道德主体性（主观性）的主观论调。对于此一细节，台湾学者韦政通有深刻而

---

① 《荀子·君道》，王先谦撰，沈啸寰、王星贤点校：《荀子集解》，第230页。
② 《荀子·王制》，王先谦撰，沈啸寰、王星贤点校：《荀子集解》，第151页。
③ 《孟子·离娄下》，杨伯峻：《孟子译注》，第197页。
④ 东方朔：《"无君子则天地不理"——荀子思想中作为政治之理想人格的君子》，《邯郸学院学报》2015年第4期。

精当的分析。他认为荀子所说的"治人""君子",当同于尽伦尽制之圣王,"其本性不由主观之德性定,而由客观之礼义定"①。

可见,并非在道德价值的主观立场,而是要在"礼法之治"的客观精神上,方能明确荀子"君子"概念的独特所指。在礼法、君子与秩序的观念结构下,荀子一方面重视秩序建构中"礼法"之客观规范的确立,另一方面,他又深刻认识到了君子(治人)在制度规范确立过程中所能发挥的主观能动作用。荀子说:

> 法者,治之端也;君子者,法之原也。故有君子则法虽省,足以遍矣;无君子则法虽具,失先后之施,不能应事之变,足以乱矣。②
>
> 礼义者,治之始也;君子者,礼义之始也。为之,贯之,积重之,致好之者,君子之始也。③

君子之所以能够成为"法之原""礼义之始",关键在于他们对待礼法、礼义,能够做到"应事之变"、不"失先后之施",做到"为之,贯之,积重之,致好之"。所谓"为之,贯之,积重之,致好之",按我们的理解,是指君子不仅可以确立"治法"(礼义)、推行"治法",还能够"临事而变""知通统类",不断地修正和完善"治法",使"法治"(礼义之治)最终得以完美呈现。正如李涤生在注解荀子的上述话语时所说的:"君子不仅是礼义的生产者、制作者('为之'),而且也是贯彻礼义、积累礼义、并使礼义获得最完满之表现的典范。"④

"礼义者,治之始也""法者,治之端也",礼义(礼法)是"成治"的根本保证,调剂物质(分),建构秩序必循乎"礼法"。"君子者,礼

---

① 韦政通:《荀子与古代哲学》,台湾商务印书馆1966年版,第92页。
② 《荀子·君道》,王先谦撰、沈啸寰、王星贤点校:《荀子集解》,第230页。
③ 《荀子·王制》,王先谦撰、沈啸寰、王星贤点校:《荀子集解》,第163页。
④ 李涤生:《荀子集释》,台湾学生书局1979年版,第179页。

义之始也""君子者,法之原也",君子(圣王)是使礼义可以获得最完满之表现(尽制)的杰出典范①,举凡礼法的生产、制作、贯彻、积累、完善等都离不开君子。"礼法"和"君子"的完美结合,构成了荀子秩序建构的基本方案:"一方面,'法'表现为政治实践中程序化、形式化的方面,政治实践的主体,则是赋予这些'法'以生命力的人,忽略了人,则'法'便难以自行作用。另一方面,仅靠'人'及其内在观念,没有形之于外的普遍规范('法'),治理过程同样无法有效展开。"② 其中,荀子对"法"的普遍规范的注重,表现了其礼法思想的法家化性格,而对"人"(君子、治人)在推行"法治"中的主体作用的高扬,又体现出了儒家贤能政治、精英政治的特点③。他不偏狭地倚重法令制度,更重视具有治理才能的人,这当然更接近孔孟贤人之治。荀子重视治人,是由于他看到国家大事复杂多变,法律常有迟滞不及之处,并非不要"法治","法律是由人来制定和执行的,而法律能否执行好,与其说法律重要,倒不如说人更重要"④,这与孔孟偏重人治的看法又有细微差异⑤。

---

① 荀子"圣王"的观念,非常有助于我们理解其"君子""治人"概念的主要所指。他说:"故学也者,固学止之也。恶乎止之?曰:止诸至足。曷谓至足?曰:圣(王)也。圣也者,尽伦者也;王也者,尽制者也。两尽者,足以为天下极矣。故学者,以圣王为师,案以圣王之制为法,法其法,以求其统类,以务象效其人。"(《荀子·解蔽》,王先谦撰,沈啸寰、王星贤点校:《荀子集解》,第406~407页。)按照其对"圣王"的界定,我们也可以从"尽伦"和"尽制"两个方面来理解"君子""治人"。作为建构社会政治秩序的完美理想人格,"圣王""君子""治人"不仅在道德要求上有"尽"的完满表现,更为重要的是,其在制度规范建设方面亦须有这样的完满表现。(详细论说参见宫浩然、郑治文:《尽伦尽制,由圣入王——荀子对孔子圣人观的继承与改造》,《中国文化论衡》2023年第1期。)

② 杨国荣:《合群之道——〈荀子·王制〉中的政治哲学取向》,《孔子研究》2018年第2期。

③ 参阅干春松:《贤能政治:儒家政治哲学的一个面向——以〈荀子〉的论述为例》,《哲学研究》2013年第5期。

④ 杨鹤皋:《中国法律思想通史》(上),湘潭大学出版社2011年版,第127页。

⑤ 韩伟:《法律起源与秩序生成:荀子法思想重释》,《原道》2019年第2辑。

"有治人，无治法"，在"治人"与"治法"以及"君子"与"礼法"之间，荀子对"治人""君子"的格外偏重，似乎又证明了荀子以礼法和君子为中心的秩序建构思想虽在儒法之间，却又以儒为本的理论特质。诚如有论者指出的："荀子的社会治理思想既承袭了儒家的文化传统，又有个人的思想创新。他的以'礼'治国、以'礼'行政的理论虽与孔子、孟子有所不同，但依然遵循着儒家'仁者爱人''为政以德'的文化精神，并没有走上法家所谓'远仁义，去智能，服之以法'的道路。"①

四、结语

荀子以礼（礼法）为中心的国家治理思想，是我们讨论中国政治思想发展史上的儒法关系问题时的一个重要参照系。其表现出了"礼"的"法"化和"法"的"礼"化之双重面向，前者表明儒家之"礼"具有通向法家之"法"的可能维度；而后者则又表明作为儒学宗师的荀子对儒家"礼治"论思想底色的坚守，以及对法家"法治"观念的礼学化改造。由此，以儒为本，在儒法之间，以礼为宗，礼法合治，构成了荀子礼法思想最鲜明的理论特色。荀子这种以"礼"统"法"、以"法"补"礼"的礼法思想对秦汉以后中国古代国家治理思想的发展具有典范性的奠基意义。"儒法合流"是秦汉以后中国政治文化发展的一条重要主线②，其中儒法合流的一个突出表现就是法律的儒家化，而所谓"法律的儒家化"在很大程度上又主要体现为"法"的"礼"化，即将"礼"的差等性原则融入了"法"的精神和

---

① 季桂起：《试论荀子的社会治理思想》，《社会治理》2021年第11期。
② 参阅王晓波：《"阳儒阴法"是中国文化的主流》，《光明日报》2015年11月30日第16版；朱汉民、胡长海：《儒、法互补与传统中国的治理结构》，《武汉大学学报》（人文科学版）2017年第2期。

实践中①。

秦汉以后，中国古代国家治理中出现的"儒法合流""法律的儒家化""法的礼学化"等文化现象，在荀子礼法思想中其实早就已经十分清晰地呈现出来了。论古，荀子礼法思想对秦汉以后古代中国的政治文明具有深刻的塑造作用；论今，荀子礼法思想中的某些理论因子，比如对"法之义"和"法之数"的区分，对"治人"与"治法"关系的辩证认识等，对当代中国的法治建设仍有一定的参照意义。荀子以礼为中心的国家治理思想，结合礼法而论君子，结合君子而论礼法，对现代法治建设的启迪意义在于：现代法治建设中所需要的法治人才，不仅应该是有德君子，更应该是有才君子，他们不仅具有良好的德性修养，还在治礼义（修正完善法律）方面有突出的治才②。

在荀子的秩序建构设想中，作为制度规范、客观规则的礼（礼法）是实现群体社会秩序的重要保证。以礼（礼法）的制度规范来建构群体秩序，需要进一步引出的就是作为制度规范的礼（礼法）如何才能正当和适宜的问题。荀子以义为中心的正义论思想所要回答的正是这个问题。"正义论"，顾名思义，它所要回答的就是进行制度规范建构时要依循的正义原则的问题。其实，在荀子的正义论思想中，作为制度规范的礼（礼法）赖以建构的正义原则就是义。荀子常以礼义合论，

---

① 美国法史学专家布迪和莫里斯认为："在整个帝国时代，真正体现法律特点的是法律的儒家化——换句话说，是儒家所倡导的礼的精神和有时是礼的具体规范，被直接写入法典，与法律融合于一。"（［美］D. 布迪、C. 莫里斯著，朱勇译：《中华帝国的法律》，江苏人民出版社 1995 年版，第 20~21 页。）瞿同祖更加明确地指出："所谓法律儒家化表面上为明刑弼教，骨子里则为以礼入法，怎样将礼的精神和内容窜入法家所拟订的法律里的问题。换一句话来说，也就是怎样使同一性的法律成为有差别性的法律的问题。"（瞿同祖：《中国法律与中国社会》，商务印书馆 2010 年版，第 378 页。）

② 高雪：《荀子对儒家君子思想政治性维度的凸显》，《阴山学刊》2022 年第 1 期。

已经十分明显地涉及了正义问题的思考。① 冯友兰曾指出:"礼之'义'即礼之普通原理。"② 其所谓的"礼之普通原理"就是义所代表的普遍的正义原则。在讨论荀子正义观念时,黄玉顺提出,"礼制是怎么被确立起来的? 礼制建构的根据何在? 这个根据就是'礼义'、即礼之义,也就是正义原则"③。循义而建构作为制度规范的礼(礼法),"以礼分施,均遍而不偏"④,这反映出了荀子对礼(礼法)的制度规范建构的公平性和适宜性问题的思考。由此,荀子的礼义论与其礼法论、君子论等一样,也是其秩序建构设想中不可或缺的重要理论环节。

---

① 值得注意的是,荀子常常将礼义合论,充分说明了礼与义在其思想世界中的同构性关系。这种"同构性"的关系有时也让荀子的礼论本身就包含着义的内涵,由此而表现为一种公正性的原则。正如杨国荣分析指出的:"礼对所有的社会成员都一视同仁:它乃是根据同一原则对社会成员加以划界分等。换言之,尽管礼包含着等级分界,但它同时又表现为一种客观的划分准则。……于是,在荀子那里,礼便具有双重品格:一方面,它通过度量分界而化解了社会的紧张与冲突;另一方面,它又作为公正的原则而保证了社会分界的合理性。"(杨国荣:《善的历程:儒家价值体系研究》,上海人民出版社2021年版,第109页。)这就意味着,我们在以义论为基础来讨论荀子的正义观念时也需要注意到,其礼论本身也已经涉及了公平性的正义原则的思考。在荀子那里,礼有时就指向礼义而表现为一种正义原则。

② 冯友兰:《中国哲学史》,中华书局1961年版,第414页。

③ 黄玉顺:《荀子的社会正义理论》,《社会科学研究》2012年第3期。

④ 《荀子·君道》,王先谦撰,沈啸寰、王星贤点校:《荀子集解》,第232页。

"为政以德"国家治理思想的当代转化

徐文涛

(中共青岛市委党校领导力研究中心)

摘 要：坚持依法治国和以德治国相结合，就需要继承"为政以德"国家治理思想，将其与马克思主义基本原理相结合，实现创造性转化、创新性发展，使其成为当代国家治理思想的重要组成部分。

关键词：为政以德 道德 国家治理 当代转化

"为政以德"是中国传统德治思想的重要来源。如果要坚持依法治国和以德治国相结合，就需要继承"为政以德"思想，将其与马克思主义基本原理相结合，实现创造性转化、创新性发展，使其成为当代国家治理思想的重要组成部分。

一、"为政以德"中"德"的当代转化

"为政以德，譬如北辰，居其所而众星共之。"(《论语·为政》)这句话通常被理解为如果用道德来治理国政，那么为政者就会像北斗受到

众星拱卫那样得到百姓的拥戴。那么用什么样的道德来治理国政呢？道德观是人们对人与自身、人与他人、人与社会、人与自然伦理关系的系统认识和根本看法，是依靠社会舆论和劝说力量，用善恶进行评价的行为准则、规范体系。① 人们如何看待自己，以及自己与他人、社会、自然的伦理关系，决定了人们认同和遵循何种道德规律体系。儒家道德观重视家庭亲情，从亲情出发构建了一套宗法伦理关系体系，这在传统宗法社会当中当然是适用的。但是当今时代传统宗法制度已经被打破，儒家伦理关系就必须用科学和理性的态度进行反思，找到道德观的逻辑出发点，把逻辑出发点与现实生活感受结合起来，进行创造性转化、创新性发展，儒家伦理观才能具有当代价值。

当我们用科学和理性的态度反思人类历史发展，就会发现任何人类历史能够存在的"第一个前提无疑是有生命的个人的存在"②。有生命的人能够生存就要进行生产活动来满足自己的需要，"因此我们首先应当确定一切人类生存的第一个前提，也就是一切历史的第一个前提，这个前提是：人们为了能够'创造历史'，必须能够生活。但是为了生活，首先就需要吃喝住穿以及其他一些东西。因此第一个历史活动就是生产满足这些需要的资料，即生产物质生活本身"③。一个现实的人要生存首先就要衣、食、住，需要进行物质生产，这是历史唯物主义的第一个前提。人们可以否认这个第一前提，但是只要他还在现实中生活，那首先要考虑的还是衣、食、住，然后才能谈得上其他，"市民社会的利己主义的个人在他那非感性的观念和无生命的抽象中可以把自己夸耀为原子，即同任何东西毫无关系的、自满自足的、没有需要的、绝对充实的、极乐世界的存在物。而非极乐世界的感性的现实却决不理会他这种想象，他的每一种感觉都迫使他相信他身外的世界和个人的意义，甚至他那世俗的

---

① 吴潜涛：《结合时代要求践行人心和善的道德观》，《人民日报》2022年6月20日。
② 马克思、恩格斯：《德意志意识形态》（节选本），人民出版社2018年版，第11页。
③ 马克思、恩格斯：《德意志意识形态》（节选本），第23页。

胃也每天都在提醒他：身外的世界并不是空虚的，而是真正使人充实的东西。他的每一种本质活动和特性，他的每一种生命欲望都会成为一种需要，成为一种把他的私欲变为追逐身外其他事物和其他人的需求"①。人们可以在意识中把自己抽象地想象为与任何东西无关的存在物，然而"感性的现实"以及组成他的思维的感觉会提醒他，他的一切活动都离不开外部的现实生活，离不开生产物质资料的劳动。一切包括道德在内的思想观念和意识都是在满足人的需要的生产和交往实践活动产生的，"思想、观念、意识的生产最初是直接与人们的物质活动，与人们的物质交往，与现实生活的语言交织在一起的"②。人的意识是社会劳动和交往在精神上的反映，"我的普遍意识不过是以现实共同体、社会存在物为生动形态的那个东西的理论形态"③。劳动产品是社会劳动和交往在物质上的反映，"劳动的产品是固定在某个对象中的、物化的劳动，这就是劳动的对象化。劳动的现实化就是劳动的对象化"④，包括满足人的衣食住行需要的物质产品和满足人精神生活需要的文化产品。人的意识通过认识和改造世界自由地创造劳动产品，自由地支配劳动产品满足自己的需要并不断地创造新的需要，由此构成实践活动。人的意识、劳动产品、人的意识和劳动产品的互动关系形成一个有机系统的整体，共同组成现实的生活。正是从这一逻辑出发，历史唯物主义把实践劳动作为人类最本质的活动。

人类社会的发展就是生产和交往的发展，包括认识和改造世界能力的发展，同时包括人类自身生产活动的实践化发展，"人自身的生产，即种的繁衍"⑤，两者共同构成人类实践活动。在原始的生产活动中，家庭

---

① 马克思、恩格斯著，中共中央马克思恩格斯列宁斯大林著作编译局编译：《马克思恩格斯文集》第一卷，人民出版社2009年版，第321~322页。
② 马克思、恩格斯：《德意志意识形态》（节选本），第16页。
③ 马克思：《1844年经济学哲学手稿》，人民出版社2018年版，第233页。
④ 马克思：《1844年经济学哲学手稿》，第47页。
⑤ 马克思、恩格斯著，中共中央马克思恩格斯列宁斯大林著作编译局编译：《马克思恩格斯选集》第四卷，人民出版社2012年版，第13页。

既是人生产自身的生产方式，又是分工的基本方式。家庭关系与动物本能的增殖不同之处在于家庭是人类社会生产的有机组成，因而有对未来的预期和谋划。在动物本来的血缘关系中，父母本能地抚养子女，这是自然界的必然性行为，但是人类子女可以反过来孝敬父母，"盖上世尝有不葬其亲者。其亲死，则举而委之于壑。他日过之，狐狸食之，蝇蚋姑嘬之。其颡有泚，睨而不视。夫泚也，非为人泚，中心达于面目。盖归反虆梩而掩之。掩之诚是也，则孝子仁人之掩其亲，亦必有道矣"（《孟子·滕文公上》）。这样父母抚养子女、子女孝敬父母，就在原来动物的血缘关系基础上实现了实践化，有了实践活动中的预期、谋划和回报，成为人类实践活动的有机组成部分。

儒家思想自觉把握住了在人自身生产行为中体现的血缘亲情，使之成为儒家道德的逻辑出发点。"夫孝，天之经也，地之义也，民之行也。天地之经，而民是则之"（《孝经·三才》），由此实现了情感的实践化，构建了一个独特的精神世界，"乾称父，坤称母。予兹藐焉，乃混然中处。故天地之塞，吾其体；天地之帅，吾其性。民吾同胞，物吾与也"①。从对血缘亲情的自觉把握出发，用情感来体会人类生产活动所创建的世界，人就能体会到这个世界能够满足个人的需要，是与个人生命息息相关的统一体，从血缘亲情出发把整个世界看成一个整体的大家庭，看成宇宙的大生命体，把人民看成自己的同胞，把万物看成自己的同类，成为融入中华民族血脉最深处的"天下为一家"②的精神世界，"中华民族历来讲求'天下一家'，主张民胞物与、协和万邦、天下大同，憧憬'大道之行，天下为公'的美好世界"③。

在这个精神世界中，世界运行的法则是阴阳变化之道，"一阴一阳之

---

① （宋）朱熹、（宋）吕祖谦撰：《朱子近思录》，上海古籍出版社2000年版，第47页。

② 杨天宇撰：《礼记译注》（上），上海古籍出版社2004年版，第275页。

③ 习近平：《在中国共产党与世界政党高层对话会上的主旨讲话》，《人民日报》2017年12月2日。

谓道"(《周易·系辞上》),天地间各种事物都在不停地变化,具体的事物有生有灭,世界的变化本身却是以阴阳两个方面的形式存在,永远都不会停止。这种永远不会停止的阴阳变化就是推动世界发展的根本动力。《诗经·维天之命》说"维天之命,於穆不已",就是形容这一推动力量永不停息的状态。这一推动力量落实到现实世界中就成为天地化育生命的原动力,"天地之大德曰生"(《周易·系辞下》)。天地因为"道"的规则而具有的最伟大的"德"性就是生育万物、化育万物,生生不息,永不停止。阴阳相互作用,天地相互影响,使事物不断发展变化,不断产生新的事物,成为世界大家庭运行的根本法则。

  人和万物一样,都是顺应世界的运行法则而产生,"继之者善也,成之者性也"(《周易·系辞上》),阴阳的运行法则落到人身上就构成了人的本性,成为人从世界所继承的生机。人类社会、家庭、个人之所以能生生不息、绵延不绝,就在于继承了世界赋予人的生机,使人能够通过自己的努力与宇宙大生命体融通合一。人所继承的世界的本性就是"仁","盖仁之为道,乃天地生物之心即物而在"①。"仁"是天地赋予人的本性,《中庸》说"天命之谓性",天地的本性下贯到人而构成人的本性。人与世界上其他万物又不一样,人能够自觉地把握天地之间的"道","人能弘道,非道弘人"(《论语·卫灵公》),用"道"来指导自己的思想和行为。《周易》说:"天行健,君子以自强不息。"(《周易·乾》)人要感通本就与自己融通一体的宇宙万事万物,继承天地生生不息的大德,健行不息,把自己继承的天地生机充分地发挥出来,向内成就自己的德性,向外成就万物的生长发育,帮助天地来化育万物。当人认识和把握住"道"的规则并将其转化为内心的德性,把自己的德性扩张出来而努力奋斗时,就可以与天地合而为一,"与天地合其德,与日月合其明"(《周易·乾》),并在本性实现和扩张的过程中体会人生的快乐和

---

① (宋)朱熹:《朱子全书》(第二十三册),上海古籍出版社2002年版,第3279页。

满足,"发愤忘食,乐以忘忧,不知老之将至云尔"(《论语·述而》)。

"仁"是人的生机所在,既是个体价值的终极体现又是个体处理社会关系的原则,是内在与外在、现实与超越的统一。当人按照"仁"的原则去处理社会关系时,就实现了"义";"义"转化为制度,就成为"礼";人能够自觉认识体验"仁""义""礼"并指导自己的思想行为就达到了"智";人的内心和行为都遵从"仁""义""礼""智"的原则就达到了"信"。这些价值原则就成为儒家的道德,具有了使人们遵守的感染力、说服力。这些价值原则都具有强烈的当代价值,例如,诚信观念就是社会主义核心价值观的组成部分。诚者,信也;信者,纯也,不伪也。古人认为诚信是一个人对外交往最重要的品质之一,"人而无信,不知其可也"(《论语·为政》)。在现代社会,诚信观念更成为市场经济运行的支撑性观念。在很多场合,市场经济也被称为"信用经济",是以信用为基础的经济模式。只有社会拥有完善的信用体系,市场经济才能健康有序地发展。

二、"为政以德"中"为"的当代转化

如果要人们"为"政以德,发挥主观能动性用道德治理国家,就需要社会管理者具有用道德治理国家的动机和能力。

社会管理者为什么要用道德来治理国家?从儒家思想来说,用道德治理国家符合社会管理者的生命成长规律,能够使其生命获得最大的满足感和幸福感。当人们摒除各种欲望的诱惑,把握住自己内心的德性,就能够体会到个体生命涌动、神清气爽的"平旦之气"(《孟子·告子上》),通过不断修养,"心勿忘,勿助长也"(《孟子·公孙丑上》),成己成物,参天地化育,最后养成浩然之气,"其为气也,至大至刚,以直养而无害,则塞于天地之间。其为气也,配义与道;无是,馁也"(《孟子·公孙丑上》)。具有浩然之气的人超越了个体的有限性而趋向于无限,与天地合而为一,成为一个顶天立地的人。这样的人,"富贵不能淫,贫

贱不能移，威武不能屈。此之谓大丈夫"（《孟子·滕文公下》）。他们可以为了仁德，不惜牺牲自己，杀身成仁。中国历史上无数的志士仁人之所以能够为了国家和民族不惜牺牲一切，就在于他们有顶天立地的浩然之气。当个人超越了个体的有限性，就具有了把道德推行于天下的担当意识、责任意识，"天之生此民也，使先知觉后知，使先觉觉后觉也。予，天民之先觉者也，予将以斯道觉斯民也。非予觉之，而谁也"（《孟子·万章上》）。在国家治理过程中体会天地生育之心，以人民健康发展为执政目的，像天地一样没有私欲、不谋私利，为政以德，"天无私覆也，地无私载也，日月无私烛也，四时无私行也。行其德而万物得遂长焉"（《吕氏春秋·去私》）。社会管理者志于道、据于德，以一种强烈的责任感和使命感治理国家，在治理国家的过程中会感受到把"道"推而行之天下之民的事业成就感，"内宫传诏问戎机，载笔金銮夜始归。万户千门皆寂寂，月中清露点朝衣"（《全唐诗·长安秋夜》）。夜深人静，百姓都在休息，不知道什么时候，清冷的月光中朝服上已经缀满了亮晶晶的露珠，一种以天下为己任的责任感油然而生，将人内在的德性修养和外在的事业结合在一起。这样的状态儒家称之为"内圣外王"，可以使人获得极大的满足感。

因而德性不能虚讲，需要转化为实际的为政措施，立德的同时，也要立功、立言，认识世界、改造世界，把道德"举而措之天下之民"（《周易·系辞上》），创立事业。儒家思想把人的认识分为"德性之知"和"见闻之知"，"见闻之知，乃物交而知，非德性所知；德性所知，不萌于见闻"[1]。"闻见之知，非德性之知。物交物则知之，非内也，今之所谓博物多能者是也。德性之知，不假闻见。"[2] "德性之知"是对内心道德法则的认知与体悟，不依靠外在的见闻；"见闻之知"是通过感官认

---

[1] （宋）张载著，章锡琛点校：《张载集》，中华书局1978年版，第24页。
[2] （宋）程颢、（宋）程颐著，王孝鱼点校：《二程集》，中华书局1981年版，第317页。

识外在事物。儒家思想重视人的道德修养和道德人格的塑造，有轻视"见闻之知"的倾向，即使讨论"见闻之知"，也主要讨论与道德相关的社会见闻，不重视对自然规律的认识和探索，缺乏细密的分析。与传统文化不同，马克思主义以现实的实践和社会交往作为认识和社会道德的本原，认为人类社会没有了通过感官接触外界事物所进行的实践和社会交往，也就没有了可以成为个人内心道德法则的社会道德。没有参与实践和社会交往的个人是没有现实意义的抽象存在，"孤立的个人在社会之外进行生产——这是罕见的事，在已经内在地具有社会力量的文明人偶然落到荒野时，可能会发生这种事情——就像许多个人不在一起生活和彼此交谈而竟有语言发展一样，是不可思议的"①。而个人的丰富和发展就是人与世界通过感官进行的互动发展，并在互动过程中丰富个人人格，呈现为道德法则的现实化与践行。马克思主义实践观打通了对自然规律的认识和对道德规律的认识之间的通道，使"见闻之知"与"德性之知"统一了起来。

传统文化重视"德性之知"并非是否定"见闻之知"，而是以"德性之知"为认识的目的，以"见闻之知"为手段，但是产生了负面影响：一是以实用态度对待自然科学技术，没有形成有足够影响力的中国自然科学传统。中国传统社会中不乏对自然界的探索和认识，但是始终没有产生类似追求德性之知的想象力和求知的热情。在探索世界的方法论方面，中国传统文化形成了丰富的辩证思维，但是缺乏严密的形式逻辑传统。二是在道德评判中过分重视动机倾向，忽视具有实际操作性的程序正义。从先秦时期就产生了"大人者，言不必信，行不必果"（《孟子·离娄下》）的观点，认为执政者只要动机正确，不必在乎具体的程序正义。而动机是否正确，其他人是无法通过见闻来判断的，因而道德评判就存在需要由权威、专制来决定的问题，缺乏民主评价。同时重视动机

---

① 马克思、恩格斯著，中共中央马克思恩格斯列宁斯大林著作编译局编译：《马克思恩格斯选集》第二卷，人民出版社1995年版，第2页。

轻视道德的具体实践过程，就会忽略道德实践过程中现实的困难，过分重义轻利，甚至出现违背人性的"饿死事极小，失节事极大"①。这些负面影响使中国传统文化缺乏科学精神和形式逻辑思维。因此以马克思主义实践认识论改造传统的"德性之知"，从德性实践转向德性实践与科学实践并重，使传统的德性修养方法"博学之，审问之，慎思之，明辨之，笃行之"（《中庸》），由注重个人道德修养转向道德修养和社会实践并重，就成为推动中华优秀传统文化创造性转化、创新性发展的主要方面。

因此，中国共产党人强调在伟大的革命事业中提高自己的道德修养，"《孟子》上有这样一句话：'人皆可以为尧舜'，我看这句话说得不错。每个共产党员，都应该脚踏实地，实事求是，努力锻炼，认真修养，尽可能地逐步地提高自己的思想和品质"②，成长为具有坚定信仰的马克思主义者，如刘少奇称赞马克思那样："他能够在患难时挺身而出，在困难时尽自己最大的责任。他有'富贵不能淫、贫贱不能移、威武不能屈'的革命坚定性和革命气节。"③

三、"为政以德"中"政"的当代转化

以道德来治理国家，需要回答以道德"建设什么样的国家"④的重大问题。儒家治理国家的最高理想是大同社会，"大道之行也，天下为公，选贤与能，讲信修睦。故人不独亲其亲，不独子其子，使老有所终，壮有所用，幼有所长，矜寡孤独废疾者，皆有所养；男有分，女有归。货恶其弃于地也，不必藏于己；力恶其不出于身也，不必为己。是故谋

---

① （宋）程颢、（宋）程颐撰，潘富恩导读：《二程遗书》，上海古籍出版社2000年版，第356页。

② 《刘少奇选集》（上），人民出版社1981年版，第106页。

③ 《刘少奇选集》（上），第132页。

④ 习近平：《青年要自觉践行社会主义核心价值观——在北京大学师生座谈会上的讲话（2014年5月4日）》，《人民日报》2014年5月5日。

闭而不兴,盗窃乱贼而不作,故外户而不闭,是谓大同"(《礼记·礼运》)。"大同"社会是"道德"在人类社会的最高体现。大同社会有全民公有的社会制度、选贤与能的管理体制、讲信修睦的人际关系、人得其所的社会保障、人人为公的社会道德、各尽其力的劳动态度。中国共产党治理国家的最高理想是共产主义社会:"在迫使个人奴隶般地服从分工的情形已经消失……在随着个人的全面发展,他们的生产力也增长起来,而集体财富的一切源泉都充分涌流之后,——只有在那个时候,才能完全超出资产阶级权利的狭隘眼界,社会才能在自己的旗帜上写上:各尽所能,按需分配!"① 共产主义社会中人能得到全面发展,物质得到极大丰富,与大同社会一样,有全民公有的社会制度、按需分配的社会保障体制、人人为公的社会道德、各尽其能的劳动态度。共产主义社会是对大同理想的继承与发展,"中华民族的先人们早就向往人们的物质生活充实无忧、道德境界充分升华的大同世界……实现中国梦,是物质文明和精神文明比翼双飞的发展过程……中华文明同世界各国人民创造的丰富多彩的文明一道,为人类提供正确的精神指引和强大的精神动力"②。

共产主义理想落实到中国现实历史发展中表现为中国共产党"为中国人民谋幸福"的初心和"为中华民族谋复兴"的使命,"中国共产党自一九二一年成立以来,始终把为中国人民谋幸福、为中华民族谋复兴作为自己的初心使命,始终坚持共产主义理想和社会主义信念,团结带领全国各族人民为争取民族独立、人民解放和实现国家富强、人民幸福而不懈奋斗,已经走过一百年光辉历程"③,为中华民族共同体的伟大复兴而不懈奋斗。共产主义理想体现在社会主义核心价值观中,就是对国

---

① 马克思、恩格斯著,中共中央马克思恩格斯列宁斯大林著作编译局编译:《马克思恩格斯选集》第三卷,人民出版社2012年版,第364~365页。
② 习近平:《在联合国教科文组织总部的演讲》,《人民日报》2014年3月28日。
③ 《中共中央关于党的百年奋斗重大成就和历史经验的决议》,《人民日报》2021年11月17日。

家富强、民主、文明、和谐的追求,党的十七大报告指出,要坚持社会主义市场经济、社会主义民主政治、社会主义先进文化、社会主义和谐社会的四位一体,建设富强、民主、文明、和谐的社会主义现代化国家。① 经济富强、政治民主、文化文明、社会和谐成为中国国家发展和构建的价值原则和目标,"富强、民主、文明、和谐,说到底,是亿万人民的幸福之所在。有了国家的强盛,才有全体老百姓的幸福生活"②。

"为政以德"思想对当代中国国家治理的价值原则和目标有深刻的影响,本文仅以"富强""和谐"为例来说明。近代以来,中国受到西方列强的打击而不断趋向衰落,"中国积弱由于患贫,西洋方千里数百里之国,岁入财赋动以数万万计,无非取资于煤铁五金之矿、铁路、电报、信局、丁口等税。酌度时势,若不早图变计,择其至要者逐渐仿行,以贫交富,以弱敌强,未有不终受其敝者"③。近代中国的贫弱严重地影响了普通中国人的生活,不但无法追求自由幸福,连生存都成为难题。因此,中国近代的革命历史首先是中华民族团结起来为救亡图存进行的自觉奋斗。中国近代的先贤们正是继承了传统文化特别是儒家的道德思想,才有了为国家、为民族奋斗的强烈使命感和责任感,才有了践行爱国主义、实事求是、艰苦奋斗、开拓创新等精神的思想动力。经过数十年的艰苦探索,最后中国共产党继承先贤志向,找到了马克思主义真理,带领全国人民经过奋斗建立了新中国,让中国摆脱了落后挨打的局面,这是保障中国社会每个公民能自由幸福的前提。

国家富强要以和谐为原则,和谐就是在实践活动中使国家各个层面之间的关系处于良性有序的状态,促进"人和自然界之间、人和人之间

---

① 《中国共产党第十七次全国代表大会文件汇编》,人民出版社2007年版,第11页。

② 龚群:《三层次社会主义核心价值观及其内在关系》,《光明日报》2013年1月5日。

③ (清)李鸿章著:《李鸿章全集》第六册,时代文艺出版社1998年版,第3665页。

的矛盾的真正解决"①。当今世界,科学技术和生产力的发展使人类掌握了从未有过的工具手段,创造了巨大的财富,使现代人的生活比任何时期的祖先都要富裕。但是,当人类掌握了如此强大的工具手段甚至足以毁灭人类自身时,也就面临了人类发展史上从未有过的危险阶段。生态保护、宗教冲突、贫富差距等问题并没有随着生产力的发展而得到解决,反而有恶化的倾向,已经威胁到人类作为一个种族的生存和发展。从中西方文化各自特点来说,西方文化认为每一个个体都是平等独立的存在,个体之间通过契约结合在一起形成社会。社会要正常运转就需要使社会的各要素之间保持协调关系,人与人之间形成良好的合作关系。作为资本主义和现代科学的发源地,西方文化产生了资本主义的自由竞争意识和现代科学的理性认识,同时其中异化的弊病也使个人与整体的关系更容易趋向对抗状态。社会主义核心价值观的和谐观念是对世界文明的继承和发展,同时是对"为政以德"中包含的和谐思想的继承和发展。儒家道德思想立足于生命的感通构建彼此间的和谐关系。在儒家思想看来,人与人之间、人与社会之间、人与宇宙之间,生命息息相通,人与天地宇宙之间是一种血缘的共同体,在处理彼此之间的关系时具有仁爱之心和宽容精神,人们愿意为了维护血缘共同体而奉献。儒家思想对个体的解放有所忽视,从这一方面来说是不足之处,但是如果真正进入儒家的思想体系中就会发现,个体只有通过实践融入大的血缘共同体中,才能获得自己存在的价值和意义,才能真正使个体的生命得到提升与超越,获得个体的安宁与幸福。与西方文化相比,儒家和谐思想更具有"小德川流,大德敦化"(《中庸》)的宽容精神,认为天地之间万事万物都有自己存在发展的道理。正是天地具有的广大博厚,才使天地之间的万事万物得以生长发育。人应当效仿天地的博大,允许不同事物和思想的存在,这对宗教、价值理念不断冲突的现代社会具有重要的启示。

---

① 马克思、恩格斯著,中共中央马克思恩格斯列宁斯大林著作编译局编译:《马克思恩格斯文集》第一卷,人民出版社 2009 年版,第 185 页。

四、把"为政以德"融入当代国家治理实践

近年国家出台了一系列把道德建设落实到国家治理实践中的法律法规。《关于培育和践行社会主义核心价值观的意见》指出:"要把社会主义核心价值观贯彻到依法治国、依法执政、依法行政实践中,落实到立法、执法、司法、普法和依法治理各个方面,用法律的权威来增强人们培育和践行社会主义核心价值观的自觉性……要把践行社会主义核心价值观作为社会治理的重要内容,融入制度建设和治理工作中,形成科学有效的诉求表达机制、利益协调机制、矛盾调处机制、权益保障机制,最大限度增进社会和谐。"① 十九届四中全会进一步提出要坚持以德治国和依法治国相结合,完善弘扬社会主义核心价值观的法律政策体系,把社会主义核心价值观要求融入法治建设和社会治理全过程。2021年,《关于新时代加强和改进思想政治工作的意见》提出要深入开展思想政治工作,培育和践行社会主义核心价值观,加强教育引导、实践养成、制度保障,推动社会主义核心价值观融入社会发展和百姓生活。

"为政以德"首先是对社会管理者的要求,需要加强党员干部的道德修养。继承传统"为政以德"思想,使其与马克思主义基本原理相结合,可以使党员干部汲取传统道德观念和国家治理手段中的有益内容,产生强烈的担当意识、责任意识,为国家民族而不懈奋斗。同时,也可以避免在中国传统社会中就存在的道德建设中的各种问题。例如,对于道德的过分看重以及道德标尺高悬使得很多古代官员对于道德的追求虚伪化;中国古代有民本思想而缺乏民主思想,缺乏来自人民的监督体系,这往往使得政府权力无限膨胀而走向灭亡;中国古代官员往往过分注重学问

---

① 《关于培育和践行社会主义核心价值观的意见》,人民出版社2013年版,第9~10页。

道德，而不能经世致用，出现了许多"平时袖手谈心性，临危一死报君王"的腐儒官员。所以今天党员干部的道德建设不能代替实际的工作过程和合理的制度建设，应尽量避免道德建设的量化绩效考核，否则就容易沦为大话、空话；要避免表面说一套，背后做一套，坚决杜绝潜规则，防止道德建设仅仅成为口号。

"为政以德"还需要落实到具体的国家治理当中。中国传统国家治理重视发挥道德的作用，把孝、悌、忠、信等德行列入法律审判当中。然而在当代中国社会，各种思想交流碰撞，一种道德思想与法律实践结合可能会产生始料不及的结果。2020年实行的《民法典》为构建夫妻之间平等、和睦、文明的婚姻家庭关系，设置了30天的离婚冷静期，随即在当时引起了关于个人的婚姻自由是否受到了侵犯的争议，人们对家庭至上观念与个人自由观念之间的关系进行了激烈的辩论。部分专家在讲述《民法典》时引证国外法律也有相关条目进行辩解，部分人认为本条目侵犯了自己的离婚自由，结婚意愿进一步下降。同样，在个人自我意识增长、内卷压力加大的社会现实中，强调关爱儿童、重视子女培养，是否会导致生育率降低；强调尊重学生、保护未成年人权益，是否会导致教学质量下降，这些问题在现实法律制定和社会治理过程中都需要思考和解决。

2015年最高人民法院发布《关于在人民法院工作中培育和践行社会主义核心价值观的若干意见》。2021年中共中央办公厅、国务院办公厅印发了《关于加强社会主义法治文化建设的意见》，提出"坚持法安天下、德润人心，把社会主义核心价值观融入社会主义法治文化建设全过程各方面，实现法治和德治相辅相成、相得益彰"①。2021年最高人民法院印发了《关于深入推进社会主义核心价值观融入裁判文书释法说理的指导意见》指出，"各级人民法院应当深入推进社会主义核心价值观融入裁判

---

① 《中共中央办公厅 国务院办公厅印发〈关于加强社会主义法治文化建设的意见〉》，2021年4月5日，http://www.gov.cn/zhengce/2021-04/05/content_5597861.htm。

文书释法说理，将社会主义核心价值观作为理解立法目的和法律原则的重要指引，作为检验自由裁量权是否合理行使的重要标准，确保准确认定事实，正确适用法律"①。《意见》提出深入推进社会主义核心价值观融入裁判文书释法说理应当采取的四种解释方法：文义解释的方法、体系解释的方法、目的解释的方法、历史解释的方法。但是在具体解释法律时，要求法官以这一标准来操作司法裁量权就具有很高的难度，需要给法官提供更具体的裁判依据。

第一，要明确道德观念的内涵和外延，形成较为系统的道德评判标准。要把马克思主义道德观和传统道德观相结合，适应现代社会运行规则，形成大众认可的、符合人们生活常识的道德评判标准，特别要处理好各个道德观念之间的关系。保护个人的言论自由，但是造谣惑众、诋毁英烈则需要受到惩罚，这就要处理好自由观念与爱国观念之间的张力关系；维护合同的合法性，但是不支持钻法律空子恶意违约，这就要处理好诚信观念与法治观念之间的张力关系，使法律的审判符合观念所包含的社会常识。和谐不是和稀泥，而是"要依法保护、鼓励诚实守信的当事人，不让讲诚信的当事人在诉讼中吃亏；要依法制裁、谴责不讲诚信的当事人，决不让奸猾失信之人通过诉讼占便宜"②。不能让老实人吃亏、闹事的占便宜，法律制定和执行的目的是要构建和谐友善的人际关系，但是不是要"以德报怨"（《论语·宪问》），而是要"以直报怨""以德报德"（《论语·宪问》），建立符合人的心理预期的人际关系。第二，要系统分析把道德观念融入国家治理的效果并随时进行调整。对效果的判断需要运用科学的方法，对司法热点事件与道德建设的关联度进行研究，丰富道德思想与现实可操作性的关系，实现道德观念与制度、社会现实之间的良性互动。第三，加强对公职人员的道德观培训。使立

---

① 《关于深入推进社会主义核心价值观融入裁判文书释法说理的指导意见》，2021年2月18日，http://www.court.gov.cn/fabu/xiangqing/287211.html。

② 《最高人民法院关于在人民法院工作中培育和践行社会主义核心价值观的若干意见》，2015年10月13日，http://www.court.gov.cn/fabu/xiangqing/15791.html。

法、执法、司法的公职人员对道德观有清晰的认识,并把道德观的内涵外延与历史和现实结合起来,使公职人员特别是法官对道德观之间的张力关系有更深刻亲切的体验,做到既依法判案,又能够遵循社会道德常识,形成独具中国特色的审判方式。

The Enlightened Fusion: Harmonizing Confucianism and Taoism for Effective State Governance

Alireza Khsohrou (Ph. D. in IR, Jilin University), Senior Research Associate at the International Center for Inter-Faith Dialogue at ICRO, Iran.

Abstract: Statecraft is a vital element in any society or country and is a crucial determinant of its stability, growth, and prosperity. Confucianism and Taoism are two main philosophical traditions that have had influential impacts on governance, as well as the social and political systems in East Asian countries, especially in China. While Confucianism emphasizes ethics, moral values, and social responsibility, Taoism highlights naturalism and individual freedom. This article aims to compare and contrast the Confucianism and Taoism philosophies in relation to their perspectives on statecraft and regarding relevant works by examining approved references for both philosophical systems.

Keywords: Statecraft Governance Wuwei Harmony Confucianism Taoism

1. Introduction

Confucianism and Taoism, two ancient Chinese philosophies, offer distinct perspectives on various aspects, including state governance. While their differences are apparent, they also possess complementary elements. The methodology this research is documentary research. Focus on studying the research objectives which have the following research scope which examine the contrasting principles of Confucianism and Taoism in state governance, exploring their views on government, Document scope also based on the information and secondary sources will be studied from the textbook of academic journals, research related to state governance in the English version in Taoism and Confucianism, and then compare the information that has been compared as research.

By understanding their strengths and values, we can develop a more comprehensive approach to effective state governance. This research aims to: Analyze the principles of Confucianism and Taoism concerning state governance and, highlighting their contrasting perspectives while emphasizing their potential for mutual integration. Evaluate the benefits and challenges of integrating elements from Confucianism and Taoism into modern governance as well. Provide recommendations for adopting a holistic approach to state governance by incorporating principles from both philosophies.

2. The Significance of Topic

Understanding the complementary nature of Confucianism and Taoism can enrich contemporary governance practices by incorporating principles that promote stability, ethics, peace, cooperation and friendships. By recognizing the advantages of integrating these philosophies, policymakers can design governance systems that yield long-term stability, societal harmony, and personal well-being.

With consideration of state governance principles have long played a fundamental role in shaping political systems throughout history. Confucianism and Taoism are two distinct philosophical traditions that have significantly impacted governance in China.

3. The Statecraft Definitions of Confucianism Approaches

I should remind that governance from the viewpoint of Confucianism can provide important insights into how society should be organized and governed. We know that Confucianism is a philosophy that is based on the teachings of Confucius, who emphasized the importance of good governance and virtuous leadership.

One of the key principles of Confucian governance is the idea of benevolent leadership. This means that leaders should exemplify a sense of humanity or *Ren*, compassion and effort to work for the common good. The rulers should act as a role model for others and pave the way for a virtuous society. By prioritizing virtues such as *Ren*, promoting ethical leadership, and emphasizing education, Confucianism offers insights into building a harmonious and thriving civil society.

The way of the gentleman, held that superior beings are expected to exhibit virtues such as honesty, kindness and loyalty towards others which in turn will influence and inspire others to cultivate and practice these virtues.

Another important principle of Confucian governance is the idea of moral education. Confucius believed that education was the key to social and personal growth, and the aim was to cultivate a sense of propriety and morality. He believed that education must increase literacy, arts, culture, and knowledge as well as ultimately civilize and regulate human behavior.

Furthermore, Confucian governance stresses the importance of social order and hierarchy. This means that the society must be structured according to the principles of respect and deference, from the ruler to the subjects, to the family to the individual. There is an emphasis on proper ritual as a way of establishing appropriate conduct and maintaining order. Since society cannot function effectively without order, adherence to social norms is a key value in promoting social harmony. In this regard, Confucius believed that an ideal state is governed through moral leadership and the cultivation of virtuous rulers and officials. Key ideas include:

—Meritocracy line with political philosophy: Actually Confucianism emphasizes the concept of a "mandate of heaven," the belief that rulers gain legitimacy through virtuous leadership and can be overthrown if they fail to govern justly. This philosophy has influenced the development of a centralized, bureaucratic government in China, with an emphasis on merit-based civil service exams to select capable officials.

—Ruler-subject Relationship: Confucianism promotes the idea of the "ruler as a moral exemplar," where the ruler's moral virtue is key to governing and setting an example for the people. So Relationship between Ruler and People: Confucianism emphasizes benevolent leadership and the ruler's responsibility to care for the people while maintaining their loyalty through moral persuasion.

—Filial Piety: Rulers and officials should lead with a sense of filial piety, respecting and caring for their people like a family which respect for authority, benevolence and harmony within society. Indeed, Nature of the State: Confucianism views the state as a hierarchical structure with emphasis on social harmony and moral order.

Totally, Confucian governance provides a unique perspective on the principles of governance. It stresses the importance of virtuous leadership, moral education, and societal harmony. By incorporating these values into our governance systems, we can create a healthier and a more peaceful society. Confucianism has influenced many aspects of East-Asian societies, especially in terms of framing social relations and forming codes of ethics, which have even influenced Western ideas such as ones in virtue ethics theories. We can say in current world societies Confucianism provides an insightful and valuable point of view that can enhance our governance for the betterment of all.

4. The Statecraft Definitions of Taoism Approaches

Daoism takes a more hands-off approach, emphasizing natural harmony and spontaneity. Daoists view excessive government intervention as disruptive and prefer minimal governance. Key ideas include:

Wuwei or non-action, this is crucial term in Taoism which takes a more individualistic and naturalistic approach. *Wuwei* is also the epicenter of its doctrine of "the *Dao*" of the ruler or art of rulership. Taoism suggests that individuals should align themselves with the flow of nature and follow the *Dao*, the fundamental principle underlying everything. Instead of actively governing society, Taoism promotes a hands-off approach, allowing things to take their natural course. It believes that excessive interference and rigid social structures can disrupt the spontaneity and harmony of life. Taoist governance recognizes the complexity and unpredictability of the world, and it encourages rulers to be humble in their attempts to control or manipulate it. By relinquishing the desire for power and control, leaders can effectively govern by stepping back and allowing things to unfold in a natural and harmonious manner. In terms of governance, this can suggest that leaders should avoid over-regulating and interfering with the natural order of society.

Allowing natural processes to unfold without excessive control or intervention. Actually, suggesting that the best governance is often achieved by doing little and allowing things to take their natural course.

—Simplicity and humility: Governing with simplicity and humility, Daoists believe in minimal rules and regulations, promoting self-governance and voluntary cooperation.

—Spontaneity: Emphasizing the natural flow of things, Daoists believe that a ruler should adapt to changing circumstances and not impose rigid structures on society.

In this regard, Relationship between Ruler and People is important which Daoism advocates for non-interference, encouraging the ruler to trust in the innate wisdom of the people and avoid excessive control. In sum, Daoism emphasizes minimal intervention, with the ruler adopting a hands-off approach to governance and allowing natural processes to unfold.

5. The Comparison and Contrast on the Statecraft

Analyze the key principles of Confucianism and Taoism, would be illustrated, specifically in relation to government, in order to identify their similarities and differences to gain a comprehensive understanding of how they complement each other. In here, I would like to recognize of the state governance from two the approaches according to the below statements.

First, emphasis on harmony: Both Confucianism and Daoism recognize the importance of achieving harmony, although they differ in their approach to attaining it.

Second, ethical foundations which the philosophies emphasize moral conduct and virtue, albeit with different interpretations.

In differences: First of all, the role of the ruler is important. Confucianism emphasizes moral and interfere leadership, whereas Daoism focuses on a ruler who minimizes interference.

Second, nature of governance: Confucianism stresses education, ritual, and order, while Daoism advocates for natural spontaneity and non-forced action.

6. The Discussion

Governance from the perspective of Taoism and Confucianism is a fascinating topic that has been discussed by scholars and philosophers for centuries. Both Taoism and Confucianism are ancient Chinese philosophical traditions that offer unique insights into how to govern a society. In this essay, we examined governance from the perspective of Taoism and Confucianism and compare and contrast their beliefs in this regard.

Taoism is a philosophical tradition that stresses the importance of naturalness, simplicity, and spontaneity. Taoism holds that the best way to govern is to live in harmony with nature and follow the *Dao*, the natural order of the universe. The *Tao Te Ching*, the foundational text of Taoism, suggests that the best way to govern is to take a hands-off approach and let things take their course. The *Tao Te Ching* also suggests that excessive interference with natural processes leads to disorder and chaos. Therefore, Taoism advocates for minimal interference in the lives of individuals and promotes decentralized governance.

On the other hand, Confucianism is a philosophical tradition that stresses the importance of moral order, hierarchical social relationships, and social harmony. Confucianism believes that the best way to Governance from the viewpoint of Taoism emphasizes the importance of natural harmony, balance, and spontaneity. Taoists believe that society should be governed through natural processes that are in line with the way of the universe. This philosophy emphasizes the importance of humility, simplicity, and balance in order to achieve good governance.

According to Taoist thought, good governance is characterized by the absence of power and control. In contrast, a government that relies on force and control is seen as being out of balance with the natural order of things. A Taoist government is not centralized and does not feature a hierarchical system of authority. Instead, it is characterized by a decentralized system that is more focused on cooperation and collaboration.

Taoist governance as well as emphasizes the importance of virtue and morality in leadership. Politicians and leaders must be guided by a sense of purpose and act for the good of all, not simply for their own benefit. This means that leaders must be virtuous, humble, and selfless. They should avoid selfish motives, avoid excessive involvement in the lives of individuals, and seek to promote the overall well-being of the society as a whole.

Taoist governance also teaches the importance of balance and harmony. Society cannot function effectively if any one aspect of it is given too much emphasis. For example, economic growth cannot be pursued at the expense of social or environmental concerns. Similarly, a Taoist government would emphasize the importance of balancing individual freedom with the common good, ensuring that everyone has the opportunity to live a fulfilling and meaningful life.

It seems that in practice, Taoist governance can take many forms depending on the cultural and social context. However, it emphasizes cooperation, collaboration, and harmony instead of force, control, and dominance. This approach to governance emphasizes humility, simplicity, and balance, and it seeks to promote the overall well-being of society as a whole.

As mentioned, another concept in Taoism is the idea of harmony or balance. In governance, this can suggest that leaders should strive to maintain balance and avoid extremes in policy decisions. Additionally, Taoism encourages leaders to be humble and not to seek excessive power or control.

Overall, while Taoism is not a political ideology, some of its principles can be applied to governance in terms of promoting balance, harmony, and avoiding excessive interference in society. In this sense, Taoism is a philosophical and theological belief that posits that God created the universe but is not actively involved in its affairs. Therefore, Deists do not necessarily have a specific concept of governance related to their beliefs. They may have personal beliefs about how to lead a moral life or how to interact with others, but these beliefs would not be institutionally or doctrinally defined within Taoism.

As significant components of statecraft within society, both Confucianism and Daoism have deeply influenced Chinese governance throughout history. The influence of Confucianism has been particularly notable during imperial periods, where the emphasis on hierarchy, rituals, and moral virtue influenced rulers and policies.

7. Conclusion and Recommendations

Enlightened governance is a continuous journey that requires a careful balance of morals, ethics, and understanding of the complex dynamics of society. By drawing from the rich philosophical traditions of Confucianism and Taoism, today's leaders can find timeless wisdom that can inspire and guide their pursuit of good state governance. As we explore the teachings of these ancient philosophies, we invite readers to reflect on how these principles can shape a brighter future for our interconnected and ever-evolving world.

It is important to note that while these paradoxes exist, they also represent the dynamic and complementary nature of these two philosophies in Chinese history and culture. The coexistence of Confucianism and Taoism has played a significant role in shaping the complex fabric of Chinese society. Indeed, understanding and respecting the strengths and values of both philosophies, a more balanced and comprehensive approach to statecraft can be achieved effectively.

The recommendations for policymakers and practitioners on adopting a holistic approach to state governance by incorporating principles from both schools effectively:

1. Development Research on Art of Governing Centers: Establish research centers that focus on development and governance, integrating ideas from different civilizations such as Western and Eastern perspectives. These centers can serve as think tanks to foster cross-cultural understanding and collaboration, promoting the exchange of ideas and best practices.

2. Utilizing Chinese Thoughts in "Art of Rulership": Explore the application of Chinese philosophical principles like Taoism and Confucianism in the context of the Belt and Road Initiative (BRI) countries. These principles can provide valuable insights into ethical leadership, social harmony, and sustainable development. Policymakers and practitioners can study and incorporate these philosophies into governance and decision-making processes.

3. Silicon Valley Initiative in regard to the cultural context: In order to promote and share the cultural insights of China in this regard, we propose the establishment of a futuristic hub similar to Silicon Valley. This hub, named "CON-TAO Valley," will focus on deepening understanding of Chinese thoughts such as Confucianism and Taoism among selected individuals for a more profound integration of these philosophies into modern governance practices. Additionally, it will serve as a global center for cultural exchange, innovation, and the strengthening of cross-cultural collaboration. This initiative will aim to elevate the teachings of Confucianism and Taoism, instilling a profound understanding of Chinese wisdom and heritage among visitors and tourists. The idea will serve as an incubator for ideas, bringing together entrepreneurs, scholars, policymakers, and visionaries from around the globe.

Acknowledgement: I would like to express my gratitude to all the organizers of the Forum on Confucianism, as well as the participants and scholars from both China and abroad.

传统文化中的儒家与道家

教化与制法：郑玄《论语注》中的孔子形象

刘增光

（中国人民大学哲学院）

摘　要：郑玄对《论语》意义世界的建构，重在勾画出孔子之圣人形象。他认为孔子"隐圣同凡"，以谦卑的姿态教化世人，与凡民共同生活在礼仪共同体中。而礼仪法度实则正是源于圣人之制作，圣人是秩序和文明的开端。制法的圣人与谦卑的圣人构成了圣人的两面，而这两面恰体现于《乡党》一篇中。郑玄通过对《乡党》首末两章所含隐义的充分开掘，认为孔子处于生具圣性足以制作法度，却不遇王者的忧伤境况，但孔子不被凡人所知的"伤"又可以转化为圣圣相知的"乐"，其关键就在于孔子效法周公制礼作乐，作《春秋》以制明王之法，郑玄以此表达了儒家所推崇的明王与贤者共治天下的政治理念。郑玄思想中的圣人观念、圣圣相知的道统观念、孔子之"伤"与"乐"，都可与后世玄学、理学关于圣凡之别、有情无情、理学道统等讨论成为参照。可见，中国哲学研究有必要跳出以范畴概念为中心的研究方法，关注经典中的生活世界以及后世注疏对此生活世界的意义建构。

关键词：圣人　《论语》　郑玄　孔子　制法

作者简介：刘增光，中国人民大学哲学院博士，复旦大学哲学学院博士后，现为中国人民大学哲学院教授、博士生导师。

圣人观念是中国哲学的重要内容，传统的中国哲学研究侧重对于玄学、理学圣人观念的讨论，对于汉代经学内部圣人观念的丰富性多有忽视，而作为两汉经学集大成者的郑玄在这方面的贡献更是罕少为人关注。但深受公羊学影响的郑玄在其《论语注》及相关著述中对于孔子形象的塑造颇具创造性：其一，郑玄强调孔子的圣性乃是天授，不能通过学习得到，这体现出郑玄圣凡绝异的圣人观；其二，孔子谦卑以教人，必须隐藏圣性，"隐圣同凡"也就成为圣人在世的生活方式；其三，凡人不知圣人，唯有圣人才能知圣人，孔子乐尧舜之道正是圣圣相知的体现。这三个方面都无一例外地体现出了政治色彩浓厚的孔子形象：圣性天授意味着只有圣人方能制礼作乐，谦卑以教人则是说圣人才是礼法、秩序的开端者、奠基者，唯圣知圣则是一种重在外王制度的道统观念。本文所发掘的三个方面都尚未被学界所道及。综合言之，在郑玄看来，孔子晚年编订《春秋》是效法周公制礼作乐的行为，而他通过孔子形象所表达的儒家政治理想便是圣人制法与王者行道的应和统一。以思想史角度观之，郑玄《论语注》及其对孔子圣人形象的塑造对魏晋六朝时期有重要影响，但整体来看，从汉代关于圣人制法的讨论，到魏晋玄学关于圣人有情无情的争辩，再到宋明理学关于"学以至圣"的不断肯定，《论语》中的孔子形象呈现出政治化色彩不断被稀释和消解的趋势，《论语》也就从侧重呈现孔子之政治境遇与制法行为的典籍，演变为宋明时期用于修身成德的教化之书。郑玄第一次将制法者的孔子形象灌注进对于《论语》的解释中，只有细究其《论语注》的思想世界，方能明晰《论语》文本以及孔子形象的历史变迁，对中国哲学史脉络中的圣人观念也才能有完整的把握。

一、谦卑以诱人的教化者

《论语·子罕》载"子曰：'吾有知乎哉？无知也。有鄙夫问于我，空空如也。我叩其两端焉。'"郑玄注："言我无知者，诱人也。……有鄙诞之人，问事于我，空空如，我语之……诱人者，必卑之，渐以进之也。"① 与"卑以诱人"相应，郑玄一再提示我们，《论语》中的孔子是一个以谦德自处的人。同篇载"达巷党人曰：'大哉孔子！博学而无所成名。'子闻之，曰谓门弟子曰：'吾何执？执御乎？执射乎？吾执御矣。'"郑注："闻人美之，承之以谦。……执御者，欲名六艺之亵事。"② 孔子之博大与谦卑恰为一体。此处"亵事"一语为郑注所常用，如同篇"贡曰：'夫子圣者与？何其多能？'……'吾不试，故艺'"章，郑注亦云："问夫子圣人德（得）大道，于亵事何其多能，多能者则必不圣。……言天纵大圣人之心，既使之圣，又使之多所能。……鄙事，家人之亵事。……试，用也。艺，伎艺也。言我少不见用，故多伎艺也。"③ 在郑玄看来，孔子本人就是"圣性"与"多能"完美结合的典范，注文"多能者则必不圣"有圣性和技能是相反的寓意，因为圣性是天授或天纵的，而技能是人为或通过后天习得的。④ 也就是说，孔子之为

---

① 王素编著：《唐写本论语郑氏注及其研究》，文物出版社1991年版，第105页。
② 王素编著：《唐写本论语郑氏注及其研究》，第104页。
③ 王素编著：《唐写本论语郑氏注及其研究》，第105页。
④ 这一点，在后世发展为宋明理学中程朱理学与陆王心学的圣人观念的分歧，即究竟是通过格物致知成为圣人，还是发明本心。

圣并非是由鄙事而圣人、由伎艺而道德，他所持的正是"圣不可学而至"的观念。就圣凡之别而言，凡人能此则不能彼，多能则非圣，而孔子恰恰是既有多能"伎艺"又为得大道之圣人。《礼记·学记》中言"大道不器"，郑玄注："谓圣人之道，不如器施于一物。"① 孔颖达申之，认为其意是说"圣人之道弘大，无所不施"，也就是《论语》"君子不器"所蕴之意。② 郑玄对于孔子形象的塑造正是通过区分"才艺"与"大道"、"器"与"道"而实现的，而这一区分，在《论语》中则是通过构造或阐释孔子与弟子之差别来实现的。相对于圣人来说，其他人都是受教者，而圣人之弟子无疑正是受教者的典范。故以圣人之弟子来衬托圣人，比如《子罕》篇的另外一章：

> 颜渊喟然叹曰："仰之弥高，钻之弥坚。瞻之在前，忽焉在后。夫子循循然善诱人，博我以文，约之以礼，欲罢不能。既竭吾才，如有所立卓尔。虽欲从之，末由也已。"
>
> 郑注：忽，谓如恍之惚之惚。诱，进也。颜渊初学于孔子，其道若卑，将可及，若濡，将可入；其后日高而坚，瞻之堂堂在我目前，忽焉复在我后，言其广大而近。夫子之容貌，循循然，善于教进人，一则博我以文章，一则约我以礼法，乃使我暂欲罢倦，而心不能。竭，尽也。立，谓立言也。此言圣人不可及。卓尔，绝望之辞也。既，已也。我学才力已尽矣，虽欲复进，犹登天之无谐（阶）。③

---

① 基本可以断定，这正是郑玄对《论语》"君子不器"的理解。比如邢昺《孝经注疏》在注解《广扬名章》时就说道："此依郑注也。《论语》云：'君子不器。'言无所不施。"详见（唐）李隆基注，（宋）邢昺疏：《孝经注疏》，李学勤主编：《十三经注疏》，北京大学出版社1999年版，第47页。

② （汉）郑玄注，（唐）孔颖达疏：《礼记正义》，李学勤主编：《十三经注疏》，北京大学出版社1999年版，第1071页。

③ 王素编著：《唐写本论语郑氏注及其研究》，第106页。

这一章的意涵极为丰富。第一,"恍之惚之"① 本为《老子》形容"道"之词语,"惚兮恍兮,其中有象"。以"恍惚"作解可烘托孔子与凡人之异。以"恍惚"说明天或者天道,乃是汉人旧说,并非郑玄所创,如《淮南子·原道训》言"夫太上之道,生万物而不有……忽兮恍兮,不可为象"。而汉代今文经学家解释《尚书》中的"禋于六宗"也说:"六宗者,上不及天,下不及地,旁不及四方。居中央,恍惚无有,神助阴阳变化,有益于人。故郊祭之。"② 东汉王充便在批判西汉经学时提到当时流行的"神恍惚无形""天地之间,恍惚无形,寒暑风雨之气乃为神"③等观念,可见郑玄因循了这一传统而以恍惚无形无象来说明孔子之如天如神。毕竟郑玄注文"圣人不可及"正是出自《论语·子张》中子贡对孔子的评价:"夫子之不可及也,犹天之不可阶而升也。"后来的何晏注解《子罕》此章所云"言忽恍不可为形像也"④ 显然是承郑玄而来。而上文所引郑玄以道、器差异说明"君子不器"正与此"无形"之说相应,其背后显露出"形而上者谓之道,形而下者谓之器"(《周易·系辞上》)的影响。观皇侃《论语义疏》可推知魏晋时人以《易传》解《论语》来说明孔子之圣,当受郑玄影响。第二,郑玄认为孔子之道可入而又高坚,广大而又卑近,此并非无意之言,而是本于《中庸》子思对孔子形象的描述——"致广大而尽精微,极高明而道中庸",正如前文所述孔子博大而又多能。而《中庸》在郑玄看来,是"子思作之,以昭明圣祖之德也"⑤。易言之,《中庸》是更早的关于孔子的"传记",远早于司马迁的《孔子世家》,且既然是由孔子之孙所作,那么也更为可靠,因此郑玄以《中庸》参释《论语》。第三,"博我以文章"与"约我以礼法"

---

① 王素认为此处"恍之惚之"的第一个"之"字为衍文。见王素编著:《唐写本论语郑氏注及其研究》,第112页。
② (元)马端临:《文献通考》,中华书局2011年版,第2480页。
③ (汉)王充著,黄晖撰:《论衡校释》,中华书局1990年版,第283、285页。
④ (南朝梁)皇侃撰,高尚榘校点:《论语义疏》,中华书局2013年版,第217页。
⑤ (汉)郑玄注,(唐)孔颖达疏:《礼记正义》,第1422页。

二语互文见义，"文章"指"六艺"，也即"六经"，实则礼亦是文，对"六经"的学习要以礼法为归宿，以"周文"为核心。郑注《礼记·大传》即云"文章，礼法也"①，即礼法为文章中最重要者。第四，依郑注，"所立卓尔"是说颜渊无法用言语描述圣人之道，据此，"夫子之容貌，循循然，善于教进人"和"圣人不可及"恰构成了孔子圣人形象之一体两面。《述而》篇的另外两章，"子曰：'二三子，以我为隐子乎？吾无隐乎尔。吾无行而不与二三子者，是丘也。'"郑注："圣人知道广大，弟子学之不能及，以为有所怀侠要术。"②"子曰：'若圣与人（仁），则吾岂敢？抑为之不厌，诲而不倦，则可谓之云尔。'公西华曰：'正唯弟子不能学也。'"郑注："吾岂敢者，不敢自比方古之人（仁）贤也。……孔子之行正尔，弟子不学及，况于圣人乎？"③"孔子之行正尔"正是对孔子"无隐"的印证。可见，不论是颜渊之"仰之弥高，钻之弥坚"（《论语·子罕》），还是公西华之"不能学"（《论语·述而》），都汇归于那句话——"圣人不可及"。正因"圣人不可及"，所以才会遭到弟子、时人的不理解甚至误解。第五，"才力已尽"而"登天无阶"，意味着才力和大道之间存在巨大差距。所以，"性与天道不可得而闻"（《论语·公冶长》），并不是因为孔子有所隐，而是弟子才力有限。

既然说"学之不能及"，那么，孔子之好学本身就是"卑以诱人"的表征。《论语·述而》"五十以学《易》"章郑注谓："孔子时年四十五六，好《易》，玩读不敢懈倦，汲汲然。"④ 这也正是在以同篇孔子自道的"学而不厌""为之不厌"（《论语·述而》）作解。故而孔子赞赏"暂欲罢倦，而心不能"的颜渊，而批评"豫止不前"⑤的冉有。但是，好学仅仅是圣人的一面，是圣人劝说弟子和他人的表征，应并非圣人之

---

① （汉）郑玄注，（唐）孔颖达疏：《礼记正义》，第1001页。
② 王素编著：《唐写本论语郑氏注及其研究》，第78页。
③ 王素编著：《唐写本论语郑氏注及其研究》，第80页。
④ 王素编著：《唐写本论语郑氏注及其研究》，第78页。
⑤ 王素编著：《唐写本论语郑氏注及其研究》，第106、59页。

所以为圣人的根本。作为圣人之本质的"圣性"是天生的，故《述而》"天生德于予"郑注："天生德于予者，谓授我以圣性，欲使我制作法度。"① 这一点继承了董仲舒以来的"圣人受命说"。郑玄《中庸》注亦云："圣人制作，其德配天地……德不如此，不可以君天下也……非得其时不出政教。"此天生之德即《中庸》与天道合一的"至诚"，故郑注谓："性至诚，谓孔子也。"② 这也意味着，在郑玄看来，圣人之所以为圣人的天生之德必然关联着政教层面的制定礼法，"圣人以立法度为大事"③。循此以进，郑玄对圣凡异同的认识，便与礼直接相关。此点正如深受郑玄影响的皇侃所道："孔子方内圣人，恒以礼教为事。"④

二、"隐圣同凡"的在世者与"乐尧舜之道"的制作者

皇侃的《论语义疏》也与郑注类似，通过说明颜回与孔子之差别来凸显孔子之圣，这与后世理学所倡的孔颜并称有显著差异。《论语义疏》中对"隐圣同凡"⑤ 孔子形象的塑造也正是源于郑玄。孔子谦卑以教化，圣人之道的"恍之惚之"必然要落实在具体的德行、礼仪之"文"上来表现，但圣人的教化并不仅仅限于师徒，更重要的是要教化世人，用郑玄的话说，是"凡人"。唯此，方可呈现教化的普遍性。而圣人也是人，只不过是"出乎其类，拔乎其萃"，圣人必然要在凡世中出现与生活。在

---

① 王素编著：《唐写本论语郑氏注及其研究》，第 78 页。
② （汉）郑玄注，（唐）孔颖达疏：《礼记正义》，第 1460 页。
③ （汉）郑玄注，（唐）孔颖达疏：《礼记正义》，第 1436 页。这样作解是郑玄注经的一个特点，如《诗·大雅·既醉》"君子万年，景命有仆"，郑注："成王女既有万年之寿，天之大命有附着于女，谓使为政教也。"细绎郑意，他必赋予"天生德""大命"具体的内涵，非如此，则无法解释为何是天生德于"予"而非他人，以及附着于成王的命为何是"大"。见（汉）毛亨传，（汉）郑玄笺，（唐）孔颖达疏，（唐）陆德明音释：《毛诗注疏》（下），上海古籍出版社 2013 年版，第 1580 页。
④ （南朝梁）皇侃撰，高尚榘校点：《论语义疏》，第 388 页。
⑤ （南朝梁）皇侃撰，高尚榘校点：《论语义疏》，第 25 页。

凡世中生活，必然不能采取退隐、远离凡民遁入山林的方式，故而只有两种生活方式可选，要么出仕从政，要么以教导民。而在礼崩乐坏的时代，孔子虽周游不息，却不见用于世。因此，圣人在凡世中生活的方式便主要是行教。由此，圣与教就达成了必然而又无奈的统一，即"道之不行也，我知之矣"（《中庸》）。

《论语》中对孔子凡世生活的描述最为细致入微的便是《乡党》篇，此篇开首载"孔子于乡党，恂恂如也，似不能言者。其在宗庙朝廷，便便言"，所述正是孔子日常生活中与人交接的言行举止。而这些言行举止，并不能显示出孔子与他人的不同，最多是体现孔子知礼，或言行举止较他人更符合礼仪规范，这正是孔子对生活世界的介入。人所生活的世界就是一个礼仪的世界，与邻里乡党之人交接，与君交接，与朝廷之人交接，等等。《乡党》篇所显示的正是在凡世生活的孔子，披着礼仪外衣的孔子。对于开篇文字郑玄注云："恂恂，恭顺貌也。似不能言者，所以接凡人。"① 这句话非常突兀，如平地惊雷、晴天霹雳，恰似子贡所言"天纵之将圣也"。天纵圣人，降临凡世，走入人间。并非巧合的是，此处对"恂恂如也"的解释正如他对《子罕》篇"夫子循循然"的解释一样，皆是就夫子之容貌而言，"循循然"是夫子善于诱进凡人，而"恂恂如也"是夫子善于接引凡人，不论何者，都是圣与凡的交接。② "恂恂如也"又如同《子罕》篇"吾有知乎哉，无知也"的描述，郑注谓："言我无知者，诱人也。"③ 孔子"不能言"，又"无知"，皆是隐其圣性，以凡人之面貌示人，故郑玄指出，"恂恂如""循循然"是夫子之容貌，而非夫子之内心，夫子之内心是圣人心性。郑意暗含了后世关于孔子形象

---

① 王素编著：《唐写本论语郑氏注及其研究》，第118页。
② 不妨再看一下朱熹的解释："恂恂，信实之貌。似不能言者，谦卑逊顺。不以贤知先人也。乡党，父兄宗族之所在，故孔子居之，其容貌辞气如此。"孔子之所以谦逊是因为在乡党中孔子之交接者基本都是自己的父兄辈，而不是与"凡人"交接。参见（宋）朱熹：《四书章句集注》，中华书局1983年版，第117页。
③ 王素编著：《唐写本论语郑氏注及其研究》，第105页。

的一种理解——圣凡合一意味着其内为圣、外为凡。孔子博学，并非无知，并非不能言，为政需要贤知，教化则需要能言。而《乡党》篇开首就奠定了这一篇的解释基调，即《乡党》全篇的主旨便是圣人如何接引凡人。《乡党》所述除却最后的"翔而后集"一章，其余皆为孔子行礼守礼之事，是一个礼仪生活的世界，一个守礼行礼的世界就是凡人的生活世界。故孔子之守礼行礼，就是圣人以礼仪接引世人。礼仪就是教，孔子之守礼行礼正是对世人之教。但是，即使这样，世人亦多有不守礼行礼者，此即"礼坏乐崩"。① 依此，礼仪虽是圣人交接凡人之道，亦是凡人生活必然要遵循之道，但是凡人仍不遵循，这就又凸显了圣人的不合时宜、不容于世。

这一"隐圣同凡"的形象，正如《中庸》所言"素其位而行"，此正是标以"子曰"的夫子自道："道不远人。人之为道而远人，不可以为道。……故君子以人治人，改而止……君子之道四，丘未能一焉：所求乎子，以事父未能也；所求乎臣，以事君未能也；所求乎弟，以事兄未能也；所求乎朋友，先施之未能也。庸德之行，庸言之谨，有所不足，不敢不勉，有余不敢尽……君子素其位而行，不愿乎其外。"人所生活的世界就是以父子、君臣、长幼、朋友等人伦关系为经纬的世界。郑注谓："圣人而曰我未能，明人当勉之无已。""庸犹常也，言德常行也，言常谨也。圣人之行，实过于人，'有余不敢尽'，常为人法，从礼也。"孔疏申发郑意，明确指出："（夫子）恐人未能行之。夫子，圣人，圣人犹曰我未能行，凡人当勉之无已。""己之才行有余，于人常持谦退，不敢尽其才行以过于人。"② 《中庸》这段话恰似《论语·宪问》之文"子曰：君子道者三，我无能焉：仁者不忧，知者不惑，勇者不惧。子贡曰：夫子自道也"。虽然此章郑注已佚，但是"夫子自道"岂不正是郑玄"圣人

---

① 这样的例证在《论语》中很多，比如对于他人之"事君尽礼"反以为"谄也"（《论语·八佾》）；以及孔子对子贡说"尔爱其羊，我爱其礼"（《论语·八佾》）。

② （汉）郑玄注，（唐）孔颖达疏：《礼记正义》，第1432页。

而曰我未能，明人当勉之无已"及"圣人之行，实过于人"的佐证？无怪乎何晏注云"孔子云无，而实有也。"① 而"人之为道而远人，不可以为道"，正是"鸟兽不可与同群，吾非斯人之徒与而谁与？天下有道，丘不与易也"（《论语·微子》）的另一种表达。圣人超越凡人，但是圣人仍"常持谦退""庸德庸言"，正是"隐圣同凡"，降格以处。"常为人法，从礼也"正意味着，礼就是圣人的外衣，遵从人人皆遵从的礼，圣人便与凡人处在同一个礼仪共同体中，看起来并没有差别。可见，郑玄对圣人的认识与玄学不同，何晏认为圣人无情，王弼认为"圣人茂于人者神明也，同于人者五情也"②，而郑玄对圣凡同异的辨析，则是从教化维度强调圣凡同遵礼仪，都处于礼仪共同体中。

圣凡之别，在郑玄这里已然成为极重要的议题。郑玄对弟子"学之不能及"的强调突出了圣凡之间的巨大差别，凡人不可能通过学成为圣人。据此，孟子所说"人皆可以为尧舜"（《孟子·告子下》），以及宋明理学家所倡导的"学以至圣"理念，并不为郑玄所认同，据郑意，"圣性"是"天授"的③，或者如《论语·述而》和《中庸》中一再出现的"生而知之"。《乡党》首章郑注所言其实已经明示：圣人并非经过学习或践履凡人的那些礼仪行为"后"才成为圣人，而是从一开始就是圣人。换言之，圣人之接引凡人，就意味着凡人生活所依循的礼仪秩序恰恰出自圣人，礼乐文明即发端自圣人。因此，毫无疑问，《述而》所载孔子自道的"我非生而知之者"也只是孔子的谦辞，是孔子对圣性的隐藏。

圣人之隐可从两重角度分析：一是圣人要"卑以诱人"，以劝世人向善，这是发自圣人主动的隐。更重要的则是第二个原因，即凡人不能识圣人。圣人既然要诱人接人，便需要与凡人同处于人伦礼仪的共同体中，以庸常平凡之形象示人。在此意义上，圣人和凡人并无不同，故当凡人

---

① （南朝梁）皇侃撰，高尚榘校点：《论语义疏》，第375页。
② （三国魏）王弼著，楼宇烈校释：《王弼集校释》，中华书局1980年版，第640页。
③ 王素编著：《唐写本论语郑氏注及其研究》，第78页。

见到孔子时，其实并不知与自己同处的孔子就是"圣人"。即使见到了，也可能会认为这不是圣人，甚至会认为守礼的圣人是迂腐的"异类"，圣人的出现和在场很可能是对凡人生活的一种"打扰"，此实为圣人在世必然会遭遇的吊诡处境。子思《五行篇》载："不仁不智，未见君子，忧心不能惙惙；既见君子，心不能悦。……不仁不圣，未见君子，忧心不能忡忡；既见君子，心不能降。"① 这段话所描述的正是凡人不能知君子或圣人。最令人担忧的是，凡人很可能就没有想要见到君子或圣人的意图或动力。此即凡人的怠惰和凡世的沉沦，就连孔子弟子都会心生懈怠或疑惑，又何况未曾与孔子觌面的人呢！《论语·学而》开首言"人不知而不愠"，孔子深知人与人之间不理解的常态，尤其是在礼崩乐坏的无道之世。

但是，圣人之觉世牖民，正是要"与人为善"②。与人为善之要，则在于见诸行事，与人共行之。天与万物共事，圣人与凡民亦共事，共事则共同在世。此"与"也即《微子》篇"天下有道，丘不与易也""鸟兽不可与同群，吾非斯人之徒与而谁与"之"与"。道家的至人、神人是"无待"的、"无与"的，而儒家的圣人不会那样地"无待""绝缘"，抑或是"独化"。"与"就是"有待"，就是有缘，就是要与人俱化。

但在郑玄思想中，与圣人不被凡人所知相应的，另外一个更为重要的命题是：只有圣人方能知圣人，这一点，郑玄在《中庸》③ 注中有明

---

① 这样的叙述亦见于被后世认为子思所作的《礼记·缁衣》中，可见子思在自己的著述中对圣人问题有深入思考。尤其值得注意的是，郑玄注解《缁衣》"夫水近于人而溺人，德易狎而难亲也，易以溺人"时道及人们在亲近有德者时的一种常态："言水，人所沐浴自洁清者，至于深渊、洪波，所当畏慎也，由近人之故，或泳之游之，亵慢而无戒心，以取溺焉。有德者亦如水矣，初时学其近者、小者以从人事，自以为可，则侮狎之，至于先王大道，性与天命，则遂扞格不入，迷惑无闻，如溺于大水矣。"［(汉)郑玄注，(唐)孔颖达疏：《礼记正义》，第 1511 页。］人一方面亲近有德者，另一方面又往往生发亵慢之心，不能怀有敬畏之心，因此也就半途而废，不能"学以致道"。

② 刘咸炘著，黄曙辉编校：《刘咸炘学术论集·哲学编》(上)，广西师范大学出版社 2010 年版，第 25 页。

③ (汉) 郑玄注，(唐) 孔颖达疏：《礼记正义》，第 1461 页。

确的表达：

> 仲尼祖述尧舜，宪章文武，上律天时，下袭水土。(《中庸》)
>
> 郑注：此以《春秋》之义说孔子之德。孔子曰："吾志在《春秋》，行在《孝经》。"二经固足以明之，孔子所述尧、舜之道而制《春秋》，而断以文王、武王之法度。《春秋传》曰："君子曷为为《春秋》？拨乱世，反诸正，莫近诸《春秋》。其诸君子乐道尧舜之道与？末不亦乐乎尧舜之知君子也。"
>
> 唯天下至诚，为能经纶天下之大经，立天下之大本，知天地之化育。(《中庸》)
>
> 郑注："至诚"，性至诚，谓孔子也。"大经"，谓六艺，而指《春秋》也。"大本"，《孝经》也。
>
> 夫焉有所倚，肫肫其仁，渊渊其渊，浩浩其天。苟不固聪明圣知达天德者，其孰能知之。(《中庸》)
>
> 郑注：言唯圣人乃能知圣人也。《春秋传》曰"末不亦乐乎，尧舜之知君子"，明凡人不知。

自董仲舒开始，时人一般将《春秋》视为孔子制作之典。郑玄继承了公羊学的这一义理，并以《春秋公羊传》末尾文字提炼《中庸》，复调式地强调了"乐乎尧舜之知君子"这一主旨。且依照郑玄的理解，子思《中庸》实为公羊学这一义理的源头，子思本人就是在以《春秋》之义说孔子之德。《中庸》这段文字与《论语·宪问》所载孔子自言"莫我知也夫……下学而上达，知我者，其天乎"相呼应，"莫我知也夫"就是"凡人不知"，凡人不知圣人，也就不可能效法圣人以成为圣人。依郑玄之意，孔子圣性天授，天之知孔子有着必然性。"唯圣人乃能知圣人"，尧舜知君子，作为君子的孔子知尧舜，其中蕴含着强烈的道统论色彩，但与理学不同，此道统是从建立法度角度而言的道统。孔子制定的正当性根据有二：一是"上律天时，下袭水土"，此为法天而制的天道维度；

二是"祖述尧舜，宪章文武"，此为历史性维度。孔子"述尧、舜之道"而"断以文王、武王之法度"，这意味着孔子对先王之道的继承和损益。《论语·述而》就记载孔子"述而不作，信而好古"，此章郑注残缺，然皇侃便径直以《中庸》"祖述尧、舜，宪章文、武"作解①，而郑玄之意在对《述而》"其为人也，发愤忘食，乐以忘忧，不知老之将至云尔"的解释中体现得更为显著："（孔子）乐尧舜之道，思六艺之文章，忽然不知老之将至云尔也。"② 此与上引《中庸》注文意义相同。跳出理学中孔颜之乐的话语体系，可以看到以郑玄为代表的汉儒关于孔子之乐的理解，并不在于如程朱所强调的偏重内圣的"乐道"，而在于孔子能够获知尧舜以来圣王建立法度之道，并循此而作《春秋》，以待后之王者取法。

三、孔子"山梁叹雉"的政治意蕴

"唯圣人乃能知圣人"指的是孔子之"乐"，而"凡人不知"则说明在礼崩乐坏的时代孔子之不遇时，指的是孔子之"伤"。如前所论，玄学家王弼认为圣人"不能无哀乐以应物""圣人之情，应物而无累于物"③，皇侃《论语义疏》中也一再强调圣人无情，而宋明理学基本赞同王弼的观点，如程颢认为"圣人之常，以其情顺万事而无情"④，简言之，魏晋以来思想的主调是要化解圣人之"情"，然而郑玄却特别突出孔子本人的"伤"，如以下两条注文：

> 子曰："凤鸟不至，何（河）不出图，吾已矣夫！"（《论语·子罕》）
> 郑注："有圣人受命，则凤鸟至，河出图，今天无此瑞。吾已矣

---

① （南朝梁）皇侃撰，高尚榘校点：《论语义疏》，第154页。
② 王素编著：《唐写本论语郑氏注及其研究》，第78页。
③ （三国魏）王弼著，楼宇烈校释：《王弼集校释》，第640页。
④ （宋）程颢、（宋）程颐著，王孝鱼点校：《二程集》，中华书局1981年版，第460页。

者，伤不得见用也。"①

　　子在川上，曰："逝者如斯夫！不舍昼夜。"(《论语·子罕》)

　　郑注："言人年往如水之流行，伤有道而不见用也。"②

这两条，可归纳为一句话：孔子见道之不行，感而自伤。显然，这一深切关怀世道而忧伤的孔子形象洋溢着强烈的政治色彩，与玄学、理学的孔子形象都迥然有异。正如上节所述，《乡党》开篇最能体现孔子"隐圣同凡"的在世方式，《乡党》末章则最能说明孔子之"伤"，此章郑注尤显精微与新奇：

　　色斯举矣，翔而后集。曰："山梁雌雉，时哉时哉！"子路共之，三嗅而作。(《论语·乡党》)

　　郑注："见君之异志，见于颜色，则去。回翔审观，而后下止也。孔子山行，见雌雉食其梁粟，无有惊害之志，故曰：时哉时哉！感而自伤之言也。子路失其意，谓可捕也，乃捕而煞之，烹而进之。三嗅之者，不以微见人之过。既嗅之而起，不食之。"③

乍一看，会觉得郑注非常突兀，也让人充满疑惑：子路捕杀雌雉而烹之，这一画面未免显得子路太无仁爱之心了。在解答此疑惑之前，须疏通郑注文意。首先，据敦煌《论语》郑注文本来看，"色斯举矣，翔而后集"与之后的文字似是分为二章。故而我们可以看到郑注中从"见君"到"下止也"，主语皆是孔子，并非"雌雉"。皇侃亦认为"色斯举矣，翔而后集"的主语都是孔子④。其次，换个角度看，郑玄注《论语》往往

---

① 王素编著：《唐写本论语郑氏注及其研究》，第105页。
② 王素编著：《唐写本论语郑氏注及其研究》，第107页。
③ 王素编著：《唐写本论语郑氏注及其研究》，第122页。
④ (南朝梁) 皇侃撰，高尚榘校点：《论语义疏》，第261页。当然，郑玄、皇侃以主语为孔子，本就是在以"雌雉"喻指孔子。

将数章视为一个意义上下贯通的整体①，此处亦当这样看待——"见君之异志"和"无有惊害之志"相对应。后来的朱熹正是将二者视为一章，并解释"色斯举矣，翔而后集"为："言鸟见人之颜色不善，则飞去，回翔审视而后下止。人之见几而作，审择所处，亦当如此。"② "色斯"的主语也就从郑注中的孔子变成了鸟。事实上，汉魏六朝间人也多将这两段文字视为一体，甚至将其与"色斯举矣"之上的"车中不内顾，不疾言，不亲指"一段文字统观以作解，故皇侃云："谓孔子在处睹人颜色而举动也。"③ 但是这样一来，就将"色斯举矣"所指涉的对象普泛化了，不再是特指孔子见君之颜色，而是见他人之颜色，失去了郑注所含有的强烈的君臣不相遇的政治色彩。相应地，他们的解释也就将"翔而后集"以及"山梁雌雉"的意义普泛化了，何晏"集解"曰："周生烈曰：'回翔审观而后下止也。'"又言："山梁雌雉，时哉时哉！"④ 皇侃《义疏》言："雉逍遥得时也。所以有叹者，言人遭乱世，翔集不得其所，是失时矣。"⑤ 皇侃所引虞赞之说亦谓："譬人在乱世，去危就安，当如雉也。"⑥ 显然，他们都将孔子之"叹"视为孔子叹"人"在乱世之不得时，但郑玄明确是在说孔子，认为是孔子在"感而自伤"。皇侃等人所描述的是一种无差别的乱世生活状态，而郑玄所看到的是作为圣贤的孔子所身临的政治境遇。如果还不够明显的话，那么还有一个细节，汉魏六朝间的解释无一人像郑玄那样，将"山梁雌雉"解释为"雌雉食其梁粟"，而是解释为"山梁间见有此雌雉"⑦。"梁"究竟是"山梁"还是"梁粟"，差异甚大，因为梁粟可喻指禄位，"雌雉食其梁粟"，恰恰是从反面象征

---

① 乔秀岩：《北京读经说记》，万卷楼图书股份有限公司2013年版，第183页。
② （宋）朱熹：《四书章句集注》，第122页。
③ （南朝梁）皇侃撰，高尚榘校点：《论语义疏》，第261页。
④ （南朝梁）皇侃撰，高尚榘校点：《论语义疏》，第261~262页。
⑤ （南朝梁）皇侃撰，高尚榘校点：《论语义疏》，第262页。
⑥ （南朝梁）皇侃撰，高尚榘校点：《论语义疏》，第263页。
⑦ （南朝梁）皇侃撰，高尚榘校点：《论语义疏》，第262页。

孔子之不得其位，故孔子"感而自伤"。这便是此处郑注所蕴之政治意义。

从《论语》中孔子与子路的一些对话来看，子路往往代表了不能理解孔子之道的形象。置此勿论，郑玄这里还有更深广的意义世界，似正与《春秋》"西狩获麟"并列而观。《春秋公羊传》记载："十有四年春，西狩获麟……麟者，仁兽也。有王者则至，无王者则不至。……孔子曰：'孰为来哉？孰为来哉？'反袂拭面，涕沾袍。"① "西狩获麟。孔子曰：'吾道穷矣！'"何休注云："麟者，太平之符，圣人之类。时得麟而死，此亦天告夫子将没之征。"② 麒麟之死象征夫子之没，麒麟作为仁兽而不为人所知，正如孔子作为圣人却周游而不遇。麒麟为王者或圣人而至，却为人狩杀，"无王者出"则孔子将不得见用。同理，"雌雉无有惊害之志"，却为子路捕杀，孔子自伤不得见用。二者呈现出意义的同构。③ 依郑玄之意，《子罕》篇"凤鸟不至"也正是在说"无王者出"。

在《礼记·礼运》中，麒麟、凤凰俱属"四灵"。而《大雅·卷阿》言成王任贤之事也出现了凤凰，将其作为太平的象征。为了便于分析，先将诗文与毛传、郑笺并置于下：

> 凤皇于飞，翙翙其羽，亦集爰止。蔼蔼王多吉士，维君子使，媚于天子。
>
> 毛传：凤皇，灵鸟，仁瑞也。……翙翙，众多也。蔼蔼，犹济济也。

---

① （汉）何休解诂，（唐）徐彦疏：《春秋公羊传注疏》，上海古籍出版社 2014 年版，第 1187~1192 页。郑玄深受何休"公羊学"影响，其解《中庸》即受其启发。
② （汉）何休解诂，（唐）徐彦疏：《春秋公羊传注疏》，第 1195 页。
③ 钱穆认为《论语》之编辑不成于一时，前十篇为第一次结集，《乡党》为末篇，而"山梁叹雉"则为末篇之篇末，"见孔子一生之行止久速"，"更见深义"，"得此一章，画龙点睛，竟体灵活，真可谓神而化之也"。详见钱穆：《论语新解》，九州出版社 2011 年版，第 254 页。

郑笺：凤皇往飞翙翙然，亦与众鸟集于所止。众鸟慕凤皇而来，喻贤者所在，群士皆慕而往仕也。因时凤皇至，故以喻焉。①

凤皇鸣矣，于彼高岗。梧桐生矣，于彼朝阳。菶菶萋萋，雍雍喈喈。

毛传：梧桐不生山冈，太平而后生朝阳。梧桐盛也，凤皇鸣也。臣竭其力，则地极其化，天下和洽，则凤皇乐德。

郑笺：凤皇鸣于山脊之上者，居高视下，观可集止。喻贤者待礼乃行，翔而后集。梧桐生者，犹明君出也。生于朝阳者，被温仁之气，亦君德也。凤皇之性，非梧桐不栖，非竹实不食。菶菶萋萋，喻君德盛也。雍雍喈喈，喻民臣和协。②

第一，"亦集爰止"之"集"也即《乡党》篇末"翔而后集"之"集"。故郑玄在诗笺中再次使用了"翔而后集"，这足以显示出强烈的隐喻关联。第二，郑玄以成王周公时为周之太平世，凤凰出现于《卷阿》诗中正是指涉太平。第三，在郑玄看来，凤凰喻贤者，而非王者，梧桐才是王者。但是从西汉的毛传来看，梧桐并不指涉王者，反推之，毛传也并不以凤凰指涉贤者。简言之，毛传仅仅是以凤凰和梧桐为太平的象征，所以他才会说：梧桐太平而后生朝阳，天下和洽则凤凰来。由此可见，对此二章的理解，毛、郑差异甚大，绝非如清人陈奂所言"此笺申传也"③，郑玄实则对毛传之说做了扭转。依郑意，此"贤者"正是此诗《小序》所言"召公"或"周公"，考虑到周公与成王共成太平，此贤者就是指周公。由此，"众鸟慕凤皇而来，喻贤者所在，群士皆慕而往仕也"，就是说众多的德才之士看到周公在朝，故而来仕，他们所慕从者乃

---

① （汉）毛亨传，（汉）郑玄笺，（唐）孔颖达疏，（唐）陆德明音释：《毛诗注疏》（下），第1644页。

② （汉）毛亨传，（汉）郑玄笺，（唐）孔颖达疏，（唐）陆德明音释：《毛诗注疏》（下），第1646~1647页。

③ （清）陈奂撰，滕志贤整理：《诗毛氏传疏》，凤凰出版社2018年版，第900页。

是贤者，而非在位的王者。众鸟之所以群飞的原因在于慕凤凰，而凤凰之所以居止于此的原因就在于梧桐，这就象征着有王者出方能有贤者来辅佐，贤者之出仕是有选择的，正如凤凰"非梧桐不栖，非竹实不食"，此即郑玄所言"贤者待礼乃行"。故而郑玄解释《卷阿》首章"有卷者阿，飘风自南"就说："喻王当屈体以待贤者，贤者则猥来就之。"① 孔颖达深体郑意，谓："兴贤者之将仕也，则相时待礼，择可归就。见其明君出矣，于彼仁圣之治世，乃往仕之。"② "相时待礼"也即《乡党》"山梁叹雉"章的"时哉时哉"。"雌雉"食梁粟，得其时；贤者出仕行道，居其位，食其禄，亦须得其时。"雌雉"之食梁粟就是贤者得禄位之象征，难怪郑玄要在诗笺中特别说明"非梧桐不栖，非竹实不食"，哪怕这句话源自《庄子·秋水》。

　　由此即可看到郑玄对"四灵"的解释有着一致性，"四灵"为太平世而来，但是"四灵"的出现，主要是因为有贤者、圣人，如周公、孔子等。郑玄的解释在很大程度上削弱了"四灵"与王者的关联，转而着力构建"四灵"与有德且当居其位的贤者、圣人之间的关联。周公、召公得其位而有凤凰出现，相应地，凤鸟不至、麒麟至而被杀，则是孔子"伤有道而不见用"的象征。在圣王分离、德位不一的时代，实现太平之治，可行的路径是寻求明王与贤辅的共治，故孟子以辅正太甲的伊尹为志，而在郑玄看来，孔子则是以辅相成王的周公为志。成王与周公共治，构成了王与圣的合一，且周公所代表的贤者的存在恰是对成王所代表的天子之权力的辅正与限制，此亦正是郑玄屡言孔子"伤有道而不见用"的真实用意。而周公制礼作乐以致太平，言外之意就是孔子亦制礼作乐，故其《六艺论》直言："孔子既西狩获麟，自号素王，为后世受命之君制

---

① （汉）毛亨传，（汉）郑玄笺，（唐）孔颖达疏，（唐）陆德明音释：《毛诗注疏》（下），第1636页。
② （汉）毛亨传，（汉）郑玄笺，（唐）孔颖达疏，（唐）陆德明音释：《毛诗注疏》（下），第1647页。

明王之法。"①《论语·述而》:"甚矣吾衰也,久矣吾不复梦见周公!"郑注:"孔子昔时,庶几于周公之〔道〕,末年以来,圣道既备,不复梦见之。"② 程朱将"衰"视为孔子不再具有"行周公之道"的心志,"无复是心,而亦无复是梦矣"③,与郑玄截然相反,此说实源于皇侃《论语义疏》中所载孔安国注④,而郑玄则将"衰"视为指称孔子晚年的中性话语,之所以说"圣道既备",正是因为孔子晚年作《春秋》的制法之举。就此而论,圣人仍是制度、秩序的开端者。可见在郑玄的思想中,孔子制作《春秋》是上承周公制礼作乐的行为,周公是儒家士人进入政治场域的典范。周孔并称,制法在于周孔,而行道则有待王者,既然当其世而不遇明王,则修订"六经"以待后世。由此,孔子的"伤"方转化为仁者对于尧舜之道的"乐",制作《春秋》,"断以文王、武王之法度",也就从早年的梦周公归于晚年的"不复梦"。

四、余论

郑玄通常并不在冠以"中国哲学史"名称的书籍中出现,传统的中国哲学研究是以范畴、概念以及以此为基础的哲学命题为核心,这无疑是深受西方哲学影响和限囿的结果,这样一来中国历史上非常丰富的经典、经典注疏及作者的思想也往往就不在哲学研究的范围之内。学界对此加以反思,认为在肯定传统哲学史学科意义的前提下,应"尝试对经典做不以范畴研究为中心的哲学性探究","不是排斥对古典思想做概念的研究,而是要直接面对经典世界的生活经验,把观念置于具体的背

---

① (周)左丘明传,(晋)杜预注,(唐)孔颖达正义:《春秋左传正义》,李学勤主编:《十三经注疏》,北京大学出版社1999年版,第25页。

② 王素编著:《唐写本论语郑氏注及其研究》,第75页。因原书残缺,故《论语》正文内容据别书补,另注文中"末年以来"也因原文缺而据别书补。

③ (宋)朱熹:《四书章句集注》,第94页。

④ (南朝梁)皇侃撰,高尚榘校点:《论语义疏》,第156页。

景中去理解"，或者更进一步，"从古典的生活经验中，发掘未经明言而隐含其中的思想观念，进行有深度的哲学反思"。①本文所关注的"圣人"并非概念或范畴，却是中国哲学中至为重要的思想观念。"凤凰""麒麟"也不是概念，而是"物"，也是非常重要的思想意象或观念。郑玄《论语注》对《乡党》篇的重视，正是从孔子的生活世界出发，体会孔子的内心以建构《论语》的意义世界。通过对此篇首末两章微言隐义的发掘，他将孔子塑造为秩序的发端者与法度的制作者，并在经传文本的注释中建构起了"山梁叹雉"与《春秋》篇末"西狩获麟"以及《诗经·卷阿》"凤凰于飞"相呼应的意义世界，对象征太平世的麒麟、凤凰的形象做了新的理解，将二者与周公、孔子的形象直接对应起来，从而揭示出了《论语》所隐含的明王与圣贤共治天下的政治理念。孔子所身处的礼崩乐坏的生活世界与郑玄身处的汉末乱世相互映照，郑玄对孔子制法形象的强调也就从侧面显露出了郑玄思想的意义世界，他遍注群经，尤重三礼，正体现出了制法的思想抱负。

当我们将郑玄《论语注》纳入中国哲学研究的视域，便能生发出很有意义的哲学比较：在郑玄这里，圣性天授，凡人不知圣人，故圣人谦卑或隐藏圣性，这不仅仅是孔子作为圣人的教化方式，还因孔子在世生活的必然态势就是如此。而在理学尤其是朱熹对孔子形象的认识中，强调圣人的谦卑是出于内在修养而自然流露出的德性，这一德性是凡人通过学习修养可以达到的。类似地，郑玄对孔子"感而自伤"的突出阐述，揭示了孔子对现实政治社会的忧思，故孔子于晚年法天承圣以制作法度，这完全不同于后世玄学、理学对于圣人之情的讨论，其显著区别在于，玄学与理学对于圣人性情的讨论已基本脱离了孔子所身处的时代境况，变成了对于"什么是完满的性情"进行讨论的哲学概念，孔子也成了"抽象"的圣人。也因此，郑玄对孔子德性的思考，更近于"政治德

---

① 陈少明：《经典世界中的人、事、物——对中国哲学书写方式的一种思考》，《中国社会科学》2005年第5期。

性",即作为制法者的德性,而非就"人是否通过学成圣"而言的"美德德性"。理学对圣人心性精神的推崇,重在道统心传,可以激发士人践履道德的内在动力,而郑玄以礼法制度为文明传承的核心要素,体现出了鲜明的"宪章"意识。思考中华文明的演变与传承,这两个维度都不可或缺。

严复解读《老子》的多重视界及其反响

魏义霞

严复被誉为近代西学第一人,他在翻译、介绍西学的同时,还热衷于解读国学经典,如《〈老子〉评语》《〈庄子〉评语》。无论在老学史还是在中国近代哲学史上,《〈老子〉评语》都占有重要一席。学术界对严复的《〈老子〉评语》以及严复与老子思想的关系多有关注,也涌现出一批研究成果。这些研究成果从不同角度探讨了严复的老学观,开拓了审视、解读严复中学观和文化观的多个向度,对于全面把握严复的中西文化观提供了有益尝试。以往有关《〈老子〉评语》的研究对严复解读《老子》的多重视界探讨不多,有关严复同时代的思想家对《〈老子〉评语》的评价特别是为《〈老子〉评语》作序的三位作者的观点更是少有问津。本文拟推进这方面的研究,旨在从严复解读《老子》的多重视界入手,结合夏曾佑、熊元锷和曾克耑对《〈老子〉评语》的评价,探讨严复对《老子》的解读、诠释以及《〈老子〉评语》的反响,以期就教于方家。

一、西学视界

严复具有深厚的西学素养,这影响了他对老子思想的审视和对《老子》的解读。换言之,严复的老学观深受西学的影响,西学视界是他审视、解读和诠释《老子》的基本维度之一。严复本人的哲学和文化思想的建构秉持中西互释的原则和范式,他的《〈老子〉评语》和老学观也不例外。具体地说,严复将中西互释的范式运用到对《老子》的解读、诠释之中,与西学互释成为他审视老子、评注《老子》的基本维度和重要方式。一方面,在翻译西方著作时,严复习惯于以老子的思想加以疏导,《孟德斯鸠法意》便是明证。另一方面,严复热衷于以西学为参照解读、诠释国学经典和诸子思想,以此推动传统文化的内容转换和现代化。在阐发、诠释《老子》以及老子思想的过程中,他喜欢将老子的思想与西学相互印证,《〈老子〉评语》便是典型的代表。

早在翻译西方著作时,严复就秉持中西互释的原则和范式,援引老子的思想加以梳理和诠释,这一点在《孟德斯鸠法意》等译作中表现得尤为明显和突出。在《〈老子〉评语》中,他同样贯彻了这一原则,以西学反观、审视《老子》,并对老子的思想与各种西方思想、学说进行互释。可以看到,在以西学解读、印证老子思想的过程中,严复提及和援引的西方学说、人物以及经典名目繁多、五花八门,牵涉到的内容从哲学到自然科学,再到包括自由、平等和民主思想在内的启蒙思想等等,可谓是一应俱全、应有尽有。例如,就严复提到的,与老子思想相似的西方哲学家来说,就有法国著名的启蒙思想家孟德斯鸠、德国古典哲学的集大成者——黑格尔、英国的不可知论者——赫胥黎和西方现代哲学中实证主义的创始人——斯宾塞。除此之外,严复还提到了德国的不可知论者——康德。饶有趣味的是,严复判定老子的哲学属于不可知论,并沿着这个思路不遗余力地挖掘、提揭《老子》不可知论方面的内容。尽管如此,严复在将康德和《老子》的思想加以比较之时,却未集中于不可知论,而是聚焦老子之道与康德的善恶观。严复的理由是:《老子》第三十八章的思想与康德对善恶的理解大致相同。基于这种认定,严复在总评《老子》第三十八章时写道:"此章大旨,谓仁义与礼不足为用,而待道而后用之。此其说,与德儒汗德(即 Kant,现在通译为康德,下同——引者注)所主正同。汗德谓一切之善,皆可成恶,惟真志无恶。德者,道散而著于物者也。"① 再如,就自然科学来说,被严复搬来为老子的思想作注脚的,除了达尔文以及赫胥黎和斯宾塞等人的进化论(严复称之为天演学说),还包括以物理学、数学为首的其他诸多学科。在物理学中,严复首推牛顿力学和"以太"说,于是将之用于对《老子》的解读和诠释中。在《老子》第二十六章的评语中,他不止一次地写下这样的话:

> 二语乃物理公例,执道御时,则常为静重者矣。②
> 以静重自处者,自有此验。③

在严复的视界中,老子精通力学原理,并使力学原理在《老子》中反复出现。对于这个观点,严复提交的证据便是《老子》第九章的"持而盈之,不如其已。揣而梲之,不可长保",依据严复的解读和诠释,老子说这些话旨在强调:"持而盈之,冲虚之反也;揣而梲之,静重之反也。"④ 不仅如此,老子的上述观点奠定了他的思想与牛顿力学的亲缘性。与此同时,严复还用西方近代物理学所讲的以太概念解释被老子奉为世界万物本原的道,在将二者都视为"第一因"的前提下肯定老子之道与物理学所讲的以太异名而同实。沿着这个思路,严复在《老子》第四十

---

① 严复:《〈老子〉评语》,王栻主编:《严复集》(第四册),中华书局 1986 年版,第 1092 页。
② 严复:《〈老子〉评语》,王栻主编:《严复集》(第四册),第 1086 页。
③ 严复:《〈老子〉评语》,王栻主编:《严复集》(第四册),第 1086 页。
④ 严复:《〈老子〉评语》,王栻主编:《严复集》(第四册),第 1079 页。

三章的"无有入无间"一句上批注曰："无有入无间，惟以太耳。"① 在严复看来，世界万物的本原也就是西方哲学家津津乐道的"第一因"，老子在尊奉道为"第一因"的基础上以无称道，断言"有生于无"，就是为了强调世界是一个由无形之道演变为有形之万物的过程。

至此可见，老子的思想在严复的中西互释中发挥了重要作用，反过来也表明与西学互释是严复审视、解读《老子》的基本维度之一。综观严复的思想可以得出结论：如果说他在翻译西方著作时，以中学对之加以疏导的目的是以《老子》《庄子》和《周易》为代表的中国哲学经典为《进化论与伦理学》（严复译为《天演论》）、《论法的精神》（严复译为《孟德斯鸠法意》或《法意》）进行导读的话，那么，严复在诠释中学时习惯于与西学相互印证，则旨在以各种各样的西方思想和学说充实包括《老子》在内的中国经典以及中学内涵。通过将自由、平等、进化和民主等近代价值理念注入其中，推动包括《老子》以及老子思想在内的传统文化的内容转换和现代化。与这一理论初衷息息相关，在以西学审视、解读《老子》以及老子思想的过程中，严复提到了西方的哲学、启蒙思想和自然科学，反复从不同维度展示、论证《老子》以及老子思想与西学的相近相通。更有甚者，严复认为老子与基督教一样讲究灵魂不死，提出的证据是老子讲"知常"，而所谓的"知常"在他看来就是灵魂不死②。在严复的解读和诠释下，《老子》以及老子的思想囊括了西学的所有门类。

总之，得天独厚的西学素养为严复对《老子》以及老子思想的解读、诠释提供了有利条件，也为他的《老子》观和老学观打上了鲜明的西学印记。诚然，中西互释以及中学、西学与佛学的视界圆融是近代哲学有别于古代哲学的基本特色，并不限于严复，近代哲学家的中学观即国学观以及对国学经典和国学人物的解读都带有这种特征。在这个前提下，

---

① 严复：《〈老子〉评语》，王栻主编：《严复集》（第四册），第1094页。
② 严复：《〈庄子〉评语》，王栻主编：《严复集》（第四册），第1115页。

有两个问题亟待澄清：第一，近代哲学家对中学的选择侧重相去甚远。康有为一面极力强调墨学和孔学与西学相近相通，尤其是孔学，一面对老学与西学的相近相通三缄其口。谭嗣同肯定孔教、墨教和耶教都讲仁，却对老子思想与西学的关系未置一词。梁启超从宗教、逻辑学、政治学和社会学等多个角度反复对墨子的思想与西学进行互释，同时将孔子代表的儒家思想与西方哲学直接联系起来，建构宇宙未济东方仁学的人生观。除此之外，他还将众多国学人物的思想以及学说与西学相互观照，却对老子提及不多。与康有为、谭嗣同和梁启超等人相比，严复在对中学与西学互释的过程中侧重道家，故而选择了《老子》和《庄子》。深入剖析可以发现，选择何种国学经典和国学人物与西学互释反映了近代哲学家的文化观。对于他们来说，与西学互释的，也就是他们推崇的。从这个意义上说，《〈老子〉评语》以及《〈庄子〉评语》流露出严复的道家情结。第二，严复热衷于中西互释，与西学互释的中学以道家为主，老子以及《老子》是其中的主力军。这就是说，在严复的思想中，对《老子》以及老子思想与西学的互释比对以孔子为代表的儒学人物或以《春秋》为代表的儒家经典多。一言以蔽之，以西学反观《老子》是严复解读、诠释《老子》以及老子思想的最大特色，也因而成为他的老学观的亮点之一。后续的事实反复证明，严复的这一做法反响强烈，也收到了良好的效果。无论夏曾佑、熊元锷还是曾克耑在为《〈老子〉评语》作序时都不约而同地对这一点予以充分说明，并且都给予了高度评价。

二、佛学视界

在严复看来，老子所讲的道与佛学所讲的自在、不二法门是一个意思，从根本上说都可以归结为对"第一因"的称谓。基于这种理解，严复对老子的"有物混成，先天地生"给予了如是解读和诠释："老谓之道，《周易》谓之太极，佛谓之自在，西哲谓之第一因，佛又谓之不二法门。万化所由起讫,而学问之归墟也。"① 对于中国近代的学术界来说,哲学尚应归于舶来品——既属于新兴概念,又属于新兴学科。无论作为新兴概念还是作为新兴学科,哲学的内涵和地位都尚未达成共识。这给了严复选择的空间和解说的自由,严复借此开拓了一条独特的哲学之路。总的说来,他不是像梁启超代表的其他近代哲学家那样将哲学定位为"爱智慧"(philosophy),而是侧重从"物理学之后"(metaphysics)的角度界定、理解哲学,因而极力彰显哲学形而上学的意蕴和内涵。沿着这个思路,严复强调,哲学的基本问题是探究世界万物背后的"第一因"。这使得对世界万物本原的回答变得至关重要,也成为他评判哲学的基本依据。可以看到,老子凭借道对"第一因"的探讨和回答是严复称赞老子是哲学家的前提,也奠定了他对老子哲学的推崇备至。更为重要的是,严复认为,老子之道、佛学之自在证明,老子、佛学对"第一因"的津津乐道如出一辙,对"第一因"的回答别无二致。无论老子之道还是佛学之自在皆无对待、不增不减、不生不灭,在这个意义上将二者视为同一存在未尝不可。对于这个问题,严复进一步解释说:"老氏之自然,盖谓世间一切事物,皆有待而然,惟最初众父,无待而然,以其无待,故称自然。此在西文为 Self-existence。惟造化真宰,无极太极,为能当之。乃今俗义,凡顺成者皆自然矣。又如释氏之自在……变幻起灭,独有一物,不增不减,不生不灭……故称自在。"② 由此可见,依据严复的解读和发挥,老子之道、佛学之自在异名而同实。循此逻辑和思路,严复最终得出了两点认识:第一,老子之哲学、佛学与西方哲学相近,老子之道、佛学之自在与后者所讲的"力质本体,恒住真因"同义。第二,无论老子推崇的道还是佛学所讲的自在都是不可知的,道、自在表明老子哲学和佛学是相通的,都属于不可知论。

---

① 严复:《〈老子〉评语》,王栻主编:《严复集》(第四册),第 1084 页。
② 严复:《〈群己权界论〉译凡例》,王栻主编:《严复集》(第一册),中华书局 1986 年版,第 133 页。

问题到此并没有结束,在肯定老子哲学和佛学都属于不可知论的前提下,严复将二者一起引向神秘之境。例如,在介绍西方的灵学时,他将《老子》和佛学思想与灵学所讲的内容相联系。依据严复的剖析,老子所讲的"知常"和佛学所讲的"性海"都没出不可知的范围,并且,二者都将人引向不可知之域。这就是说,老子哲学与佛学一样属于不可知论,并且都带有某种神秘色彩。与此同时,严复将老子所讲的"知常"、佛学所讲的"性海"以及"妙明"与《周易》的内容直接联系起来,借助《周易》中的"精气为物,游魂为变"和"寂然不动,感而遂通"(严复表述为"精气为魂,感而遂通")指出,老子哲学中的"知常"、佛学所讲的"性海""妙明"都表明老子哲学、佛学和《周易》一样肯定精神的奇妙精微、绝对永恒。这个说法既彰显了老子哲学和佛学共同的心学旨归,又表明二者的哲学与基督教宣扬的灵魂不死有同一意趣。可以作为证据的是,《庄子》的"仲尼曰,死生亦大矣",严复解释为"即以下所云'心未尝死',即老子所谓知常,佛所谓妙明,耶稣所谓灵魂不死"[①]。

在此基础上,严复进一步指出,老子哲学与佛学不只主旨相同,甚至连思维方式和价值旨趣也十分相似。对于这一点,二者对无、少的诠释和表达为《老子》和佛学提供了最佳注脚。正是在这个意义上,严复不止一次地声称:

老之用在少,而释之用在无。[②]
老言无死;佛说无生。[③]

综观严复的思想不难看到,他对佛学的理解侧重有宗而不是空

[①] 严复:《〈庄子〉评语》,王栻主编:《严复集》(第四册),第 1115 页。
[②] 严复:《〈老子〉评语》,王栻主编:《严复集》(第四册),第 1083 页。
[③] 严复:《〈老子〉评语》,王栻主编:《严复集》(第四册),第 1096 页。

宗——对于这一点，无论严复对佛学自在的津津乐道还是对"性海""妙明"的高度关注都是明证，并且是基于"物理学之后"的意趣予以诠释的。严复从无而不是从空的角度界定、理解佛学，自然而然地拉近了佛学与以道为无的老子哲学之间的距离。正是在这个前提下，严复进而宣布，老子和佛学都从无的角度理解生死问题，因而在人生观和价值观上趋于一致。正是这些理解使严复在解读、诠释《老子》的过程中不时将老子的思想与佛学联系起来，也使佛学视界成为他审视、解读《老子》不可或缺的重要维度和视界。

三、《周易》及儒学视界

严复习惯于将《老子》与《周易》《庄子》联系在一起，统称为中国哲学之"三书"。这样一来，他对《老子》与《周易》进行观照乃至互释也就顺理成章了。正因为如此，《周易》的视界也成为严复解读《老子》以及老子思想的重要维度。在严复的视界中，老子之道就是《周易》所讲的太极。具体地说，道、太极不仅与佛学的自在一样是对"第一因"的探究，而且对"第一因"也给予了相同的回答。从根本上说，老子尊奉的作为"第一因"的道就是语出《周易》的太极，道与太极为同一存在。这是严复对《老子》与《周易》思想相互诠释的前提，也大致框定了他从《周易》的维度审视老子、解读《老子》的致思方向和价值旨趣。

严复进而指出，道、太极表明，老子和《周易》奉为"第一因"的存在如出一辙，从"第一因"中推演宇宙万物的思维模式别无二致。具体地说，老子之道和《周易》之太极都属于"公例"，以"公例"为"第一因"进行推理表明，《老子》和《周易》都运用演绎法建构自己的哲学体系。有鉴于此，严复将《老子》和《周易》视为中国哲学演绎法的典型代表。对此，严复解释说："道，太极也……夫公例者，无往而不信者也。……非公例，则非不易之是非，顺之必吉，违之必凶者矣。"①综观严复的思想可以发现，他一再强调老子擅长逻辑学，《老子》的逻辑方法与《周易》哲学一样属于演绎法。这段议论则为严复的这个观点提供了注脚，同时也拉近了《老子》以及老子思想与《周易》之间的距离。依据严复的分析，《老子》第四十二章的"道生一，一生二，二生三，三生万物"与《周易》的"易有太极，是生两仪。两仪生四象，四象生八卦，八卦定吉凶"属于相同的哲学建构，因为二者遵循相同的逻辑推理，都是由一至多，也就是都由公理推导出个别结论。道、太极皆是公理也就是严复所说的"公例"，故而"无往而不信"。循着这个逻辑，他得出结论：如果说寻找宇宙"第一因"表明《老子》和《周易》与西方哲学的致思方向是一致的，证明了二者都是哲学著作的话，那么，《老子》和《周易》对于"第一因"的回答则带有中国哲学的鲜明特质和独特印记。原因在于，道、太极在表明《老子》和《周易》都倾向演绎法的同时，也先天地注定了《老子》以及老子哲学与《周易》的亲缘性。在严复的视界中，《老子》以及老子思想和《周易》在哲学方面的相同之处除了共同注重演绎法，还包括恪守不可知论。严复多次指出，老子和《周易》在哲学上都属于不可知论，对《老子》与佛学不可知论相近相通的论证就包括《周易》在内。

值得一提的是，严复认定孔子是《周易》的作者，这意味着他强调《老子》与《周易》的相近相通也就等于承认老子与孔子思想的相近相通。不仅如此，严复还直接将《老子》与孔子及儒家思想相联系，进行互释。例如，严复在《老子》的"强行者有志"中读出了积极有为和凌云壮志，并将之与孔子、孟子代表的儒家追求道义的志向直接联系起来。②

---

① 严复：《〈老子〉评语》，王栻主编：《严复集》（第四册），第1093页。
② 严复在"强行者有志"一句句上写下的评语是："惟强行者为有志，亦惟有志者能强行。孔曰：'知其不可而为之。'孟曰：'强恕而行。'又曰：'强为善而已矣。'……凡此，皆有志者也。"见严复：《〈老子〉评语》，王栻主编：《严复集》（第四册），第1089页。

在此基础上，严复进一步弥合老子与孔子、孟子以及周敦颐等人的思想，借此证明老子与孔子等人代表的儒家思想在关于生死的人生观、求善的价值观上是一致的。在论证老子与儒家思想的内在一致性的过程中，严复特意提到了《老子》第二十二章。他在评注《老子》时对这一章格外重视，从《周易》《中庸》到朱熹皆在严复对这一章的评注中不期而至。对于《老子》第二十二章，严复给出的总体评价是："此章之义，同于《大易》之谦卦。"① 不仅如此，他在《老子》第二十二章的开章便评注曰："曲，一部分也；举一部分，则全体见矣。故《中庸》曰，其次致曲。天下惟知曲之为全者，乃可以得。故西人重分析之学，朱晦菴亦言大处不行，终由小处不理也。"②

无论对于严复本人还是对于《老子》来说，严复以《周易》《中庸》等经典和孔子、孟子、周敦颐、朱熹等人解读《老子》的做法都意义非凡。对于这个问题，可以从以下两个方面去理解：第一，从严复思想意义的角度看，架设了严复早期与往期思想的桥梁。众所周知，严复的思想以1918年为界，前后之间变化巨大，以至于判若两人。就对中西文化的侧重而言，1918年之前以宣传、翻译西学为主，1918年之后以挺立中学为主；就对中国文化的侧重而言，早期以老子、庄子代表的道家思想为主，晚期以孔子、孟子代表的儒家思想为主。从这个意义上说，严复对《老子》与儒家思想相通的解读既展示了《老子》的儒学维度，又从侧面奠定了他从早期转向晚期的思想连贯性和相通性。第二，从《老子》意义的角度看，《〈老子〉评语》展示了严复思想的独特气质，特别是在戊戌思想家中的卓尔不群。严复审视《老子》的儒学视界既直观呈现了《老子》内容的开放性、多元性和圆融性，又展示了他迥异于同时代哲学家的《老子》观以及老学观。这是因为，与严复同时代的近代哲学家如谭嗣同、梁启超等人绝口不提《老子》与儒学的内容有相通之处，更遑

---

① 严复：《〈老子〉评语》，王栻主编：《严复集》（第四册），第1084页。
② 严复：《〈老子〉评语》，王栻主编：《严复集》（第四册），第1083页。

论像严复那样对《老子》与诸多儒学经典和儒家人物的思想进行互释了。康有为对探究《老子》以及老子与孔子的关系乐此不疲，连篇累牍地声称，老子作为孔子后学只得孔学之"一端""一体"，并且对《老子》流露出明显的贬损之意。正是在这个意义上，康有为一而再、再而三地宣称：

  老子之学，只偷得半部《易经》。①
  《易》言刚柔，老只有一个柔字。②
  老子之学，得孔子之一端。③

  康有为认定老子的思想既不出孔子的范围又低于孔子的思想，并且他将老子以及《老子》出现的时间后移。他断言："虽《老子》《管子》亦皆战国书，在孔子后，皆孔子后学。"④ 显而易见，康有为认定《老子》是隶属于孔子思想的，并在这个前提下对《老子》极尽贬损之能事。甚至可以说，康有为对《老子》以及老子思想的提及和阐发都围绕着彰显孔子权威这个终极目的展开。与康有为的立言宗旨相去霄壤，严复对《老子》与儒学相通的解读、诠释是在老子独立于孔子的思想，且《老子》与儒家经典平等对话的前提下进行的。正因为如此，严复以《周易》以及儒学视界审视《老子》的做法在揭示《老子》内容的丰富性、多面性、包容性和圆通性的同时，既彰显了《老子》的独立地位，又提升了《老子》的价值和意义。

---

  ① 康有为：《万木草堂口说·学术源流》，《康有为全集》（第二集），中国人民大学出版社2007年版，第144页。
  ② 康有为：《万木草堂口说·易》，《康有为全集》（第二集），第156页。
  ③ 康有为：《万木草堂口说·学术源流》，《康有为全集》（第二集），第138页。
  ④ 康有为：《桂学答问》，《康有为全集》（第二集），第21页。

四、《〈老子〉评语》的反响

《〈老子〉评语》从开始写作到哀辑出版一直备受关注，夏曾佑、熊元锷和曾克耑都先后为之作序，足以证明其在当时的影响力。三人所作的序从不同角度生动再现了时人对《〈老子〉评语》的评价，也从侧面印证了《〈老子〉评语》的开拓性和创新性。分析这些序言，既有助于直观了解《〈老子〉评语》在当时的反响，又有助于透过当时的历史背景和文化语境深刻体会其学术意义和理论价值。

夏曾佑与戊戌志士交往甚密，学术切磋较多，对严复的思想也比较熟悉。不知是否是出于这个原因，夏曾佑为《〈老子〉评语》所作之序最长。品读、概括夏曾佑为《〈老子〉评语》所作的序，可以归纳为三个方面：

其一，夏曾佑指出，《老子》的表达方式极为独特，给后世对《老子》的解读和诠释造成了困惑。具体地说，中国古籍如"六艺"等皆托物言理，《老子》则言理而不托于物。不托物而言理的言说方法使《老子》的表达抽象蕴藉，也因此造成了后人对《老子》的解读歧义丛生。沿着这个思路，夏曾佑将历史上对《老子》的解读划分为四种不同的类型：第一，战国后期的韩非等人作《解老》《喻老》，老子因而成为名法家之始祖。第二，西汉初年，盖公、黄生等人之学以黄老自号，老学成为显学，被视为黄帝之大家。第三，佛教传入中土之后，老子与释迦牟尼并祠，老子的思想也随之与宗教相混，张角、张陵和寇谦之等人都借助老子的名义创教或传教，老子因而成为道教的教主。第四，魏晋名士放浪形骸，隐遁山林，好言老庄，老子也随之成为玄学名士标榜的圣人。

夏曾佑总结说，从古至今，假托老子而自见者不下百家千家，归纳起来，不外乎以上四种情况。在这个前提下，他强调指出，从前解老的四种情况都没有洞察到老子之"宗极"。因此，其论虽异，却都没有抓住老子思想之精髓，故而皆为非。

其二，在批判前人解老的基础上，夏曾佑肯定严复找到了解读《老子》的正途。在他看来，严复对《老子》的诠释至确，因而为达诂。这是因为，严复将老子的思想置于西学的视域之下，直接与达尔文、孟德斯鸠和斯宾塞的思想相参照，以西方思想疏发老子之旨。夏曾佑进一步解释说，严复之所以这样做，可谓是天人相合——既是环境使然，又有人为因素。以老子与斯宾塞为例，两人思想的基本内容"皆其古来政教之会通也"，"若夫老子之所值，与斯宾塞等之所值，盖亦尝相同矣"。正是由于这个原因，如果说"老子生古代之季，古之世，称天以为治。主宰前定之义，原于宗教，而达于政治，凡在皆然"的话，那么，"斯宾塞等生基督宗教之季，基督之教，称天以为治，主宰前定之义，原于宗教，而达于政治，均与老子之时同"。① 这表明，天人际会促成了老子与斯宾塞思想的相通相近，严复的难能可贵之处恰恰在于洞察到了这一点，因而能够抓住老子思想的精髓。正因为严复抓住了老子思想的精髓，所以，《〈老子〉评语》才能够发"二千数百年"所未发。

其三，夏曾佑强调，严复对《老子》的解读之所以是达诂，是因为严复所处的中国近代社会与老子、斯宾塞之世相同。这拉近了严复与老子、斯宾塞之间的距离，使严复能够对两人的思想感同身受。正是由于这个原因，严复可以审时度势，在以斯宾塞的思想印证《老子》的过程中借题发挥，阐发自己的思想。在夏曾佑看来，即使没有斯宾塞，严复读《老子》"亦能作如是解"，斯宾塞的作用只是印证了《老子》的思想而已。

总之，依据夏曾佑的说法，由于《老子》文本的特殊性，后人皆不解其味，以至于使一部老学史异化为一部老子思想的误读史。中国近代特殊的历史背景和时代需要选择严复成为揭示《老子》本旨的第一人。当然，严复也没有辜负时代的选择和历史的重托。凭借《〈老子〉评语》，严复一扫前人对老子的误解，使老子的思想终得以真面目示人。从

---

① 夏曾佑：《〈老子〉评语》夏曾佑序，王栻主编：《严复集》（第四册），第1100页。

这个意义上说，《〈老子〉评语》发前人所未发，意义和价值自然不容低估。

熊元锷之序别开生面，从成书过程的角度介绍了《〈老子〉评语》的由来，进而给出了自己的评价。他之所以这样做，既有特殊原因，又有得天独厚的条件。熊元锷即熊季廉，是严复的得意门生。熊元锷将严复批注的《老子》以《侯官严氏评点〈老子〉》为题在日本出版，为《〈老子〉评语》的出版立下了汗马功劳。1901年，熊季廉、熊育锡出版严复的第一本文集——《侯官严氏丛刻》。对此，严复的感激之情溢于言表，写诗曰："就中爱我最真挚，屈指先数南昌熊。"诗中的"南昌熊"就是指熊季廉，因为熊季廉是南昌人，故而严复对他有"南昌熊"之称。

与严复的师生之谊使熊元锷非常熟悉严复的思想，与《〈老子〉评语》的诸多渊源则使他更了解《〈老子〉评语》成文的具体背景和文化语境。熊元锷强调，老子思想是中国哲学之滥觞，历史上解老、注老者不乏其人。尽管如此，由于《老子》文字深奥、主旨精微，历代注家均未能达其大旨。历数历史上的解老著作，或者使读者如堕五里雾中，或者将老子思想演绎为"神仙妖妄之说"。近代对老子思想的解读与古代相比发生了巨大转变，却与当代解老者一样不能对老子思想深中肯綮，而是走向了另一种误区，有些学者甚至将中国的亡国灭种之灾归咎于老子。熊元锷总结说，上述现象的出现具有相同的根源，质言之，都是未达老子本旨、未察理道之真的缘故。严复秉持"去伪崇真"的原则评点《老子》，尽去前人的"心成之说"，对《老子》所作的注释"字字皆有着落，还诸实地"。至于严复解读《老子》"着落""实地"的实际内容为何，熊元锷并未做出具体说明。不过，从上下文推测应指严复针对"时人"对《老子》的误读。所谓"时人"即"忧时之士"，实际所指则是梁启超。

深入剖析熊元锷为《〈老子〉评语》所作的序可以看到，他的重点不像夏曾佑那样梳理古代"历史"，而是着眼于现实。这用熊元锷本人的话说便是："近世论稍稍异，忧时之士，恫宗国颠危，求其故而不得，则一归咎于老子。"① 不仅如此,熊元锷无心比较严复对《老子》的解读、评注与前人的差异,而是有意凸显严复的公允、精准。这就是说,熊元锷的目的不仅在于阐明《〈老子〉评语》的创新性、开拓性,而且在于论证它的正确性、权威性。有鉴于此,熊元锷参与到对于老子评价的争论之中,从逻辑上驳斥了时人将中国近代的贫困衰微归咎于老子的观点。对此,熊元锷提出的理由是:老子是诸子之一,《老子》(又称《道德经》,熊元锷采用了这个称谓)远没有像四书五经那样达到家传户诵的程度。因此,如果说非要将中国近代社会的衰微归咎于传统文化的话,那么,也应该是指责孔子以及儒家的经典误国,而不应该将老子或《老子》视为罪魁祸首。由此可见,熊元锷在老子观上与严复是一致的,严复对这一点也颇为受用,因而在《〈老子〉评语》中多次援引熊元锷的观点作为自己论证的有力支撑。更为重要的是,严复本人非常看重《〈老子〉评语》,因为它带有论战的性质,可以借助对《老子》的解读和发挥暗中批驳梁启超代表的其他近代哲学家对老子的贬损。梁启超在《论中国学术思想变迁之大势》中将老子说成是导致中国贫困衰微的罪魁祸首,这与严复对老子的解读和评价截然相反。一目了然,面对严复与梁启超的争议,熊元锷是站在严复一边的,尤其是被他批评的"忧时之士"让人不禁联想到梁启超,因为梁启超的笔名便是"哀时客"。

  曾克耑之序②以陆九渊的"东海有圣人出焉,此心同也,此理同也。西海有圣人出焉,此心同也,此理同也。南海北海有圣人出焉,此心同也,此理同也。千百世之上有圣人出焉,此心同也,此理同也。千百世之下有圣人出焉,此心同也,此理同也"(《陆九渊集·象山先生行状》)为切入点,这个做法表明,他的序基于一个"前理解",那就是:中西学术思想相通。沿着这个思路,曾克耑指出,佛学从天竺传入中国之后,

---

  ① 熊元锷:《〈老子〉评语》熊元锷序,王栻主编:《严复集》(第四册),第1101~1102页。
  ② 曾克耑:《〈老子〉评语》曾克耑序,王栻主编:《严复集》(第四册),第1102~1103页。

国人以各种思想和采取各种形式对之进行疏通。西方思想传入中国之后，国人也像当年对待佛学一样对之予以疏通、解读。尽管如此，在严复之前，国人始终走不出将西学视为形下之学的思想偏见和理论误区。这使国人对待西学仅重视其工艺技巧，故而只是看中其"窥天测地"的实用价值。严复扭转了这一局面，在介绍、翻译西学时将之与《周易》《春秋》《大学》《中庸》直接联系起来，让国人懂得了西方除了工艺技巧，还有《周易》《春秋》之教化和《大学》《中庸》之精义方面的内容。在这个前提下，曾克耑肯定了严复对《老子》的点评价值，并且从两个不同的方面进行了阐释：第一，与翻译西方著作时援引中学加以疏导、贯通相一致，严复在评点《老子》时援引了西方的学术思想，证明了中国与西方学术的相通、相合。第二，援引西学解读《老子》使严复获得了对老子思想的真解，不仅为老子洗刷了清谈误国的罪名，而且让人体悟到老子思想是真正的民主政治——"真南面君人之术"。一言以蔽之，由于严复的解读，老子的思想才能够以真面目示人。

依据曾克耑的分析，中西学术的互释是必然的，老学与西学互释正如历史上中国本土文化与佛学传入时与儒家、道家思想的互释。因此，在西学刚传入时，国人便开始将之与中国本土文化相对接。严复有别于前人或时人的卓越贡献在于，将老子的思想与西学相对接，在为老子正名的同时，也改变了人们对西学肤浅的认识和蔑视的态度。

上述内容显示，三位为《〈老子〉评语》作序的作者持有的立场各不相同，立论的角度更是大相径庭。夏曾佑回顾、追溯了中国几千年的老学史，熊元锷则是从写作过程切入的，曾克耑侧重中西文化的圆融和互释。问题的关键是，三人从不同起点出发，最终却殊途同归——对《〈老子〉评语》的至高赞扬是相同的。深入比较、分析夏曾佑、熊元锷和曾克耑之序不难发现，三人对于《〈老子〉评语》的认识在以下几个方面达成了共识：第一，强调严复对《老子》的解读得老子思想之真解。第二，肯定严复纠正了人们关于老子思想贻害无穷的认识。第三，赞同严复反对将中国的贫困衰微归咎于老子。其中的任何一条都展示了严复对老子思想的创新解读,证明了《〈老子〉评语》对老子思想的解读既与古人有别,又针对当时人们对老子的诽谤有感而发。从这个意义上说,三个序形象而生动地再现了《〈老子〉评语》在当时的影响。稍加留意即可发现一个饶有趣味的现象,那就是:三位作者所作的序皆有一种顾左右而言他的意味。一个明显的证据是,夏曾佑、熊元锷和曾克耑都大讲特讲《〈老子〉评语》的前提、背景或意义,却极少对《〈老子〉评语》本身的内容进行挖掘或具体论述。例如,熊元锷肯定严复对《老子》的评注"达老子本旨",却没有援引《〈老子〉评语》中的具体例子进行解释、论述或证明。同样,他认定老子思想是中国哲学的滥觞,之后便没有了下文。再如,曾克耑指出严复为老子辩护,却没有具体说明《〈老子〉评语》在哪些方面、通过什么内容或凭借什么方式为老子正名。即使是文字最长的夏曾佑之序,也带有这种特征。

五、结语

《〈老子〉评语》既带有近代哲学与生俱来的时代特征,又拥有严复哲学思想的独特气质。近代哲学带有"不中不西即中即西"① 的特点,严复的思想作为近代哲学的组成部分也概莫能外。这一特点表现在他对《老子》的解读和诠释上便是《〈老子〉评语》的多元文化视域。诚然,多元文化视域是近代哲学的时代烙印和显著特征,近代哲学家对包括《老子》以及老子思想在内的传统文化的解读和诠释都带有这种特点。在这个前提下尚须进一步澄清的是,严复对《老子》的解读和诠释带有不容忽视的鲜明个性,淋漓尽致地展示了他的哲学理念和学术意趣。如果说相同的历史背景和文化语境使严复对《老子》以及老子思想的解读、诠释与其他近代哲学家呈现出相似性或相同性的话,那么,不同的哲学

---

① 梁启超:《清代学术概论》,《梁启超全集》(第五册),北京出版社1999年版,第3104页。

理念和学术意趣则预示了严复与其他近代哲学家的不同性和差异性。具体地说，严复与康有为、谭嗣同和梁启超的思想具有一致性，共同组成了"戊戌启蒙四大家"①。"戊戌启蒙四大家"都对老子津津乐道，对老子以及《老子》的思想解读和态度评价却差若云泥。相比较而言，谭嗣同对老子的提及、阐发最少，并且以否定评价为主。尽管如此，他不止一次地提及、解读老子的思想则是毋庸置疑的。在"戊戌启蒙四大家"中，严复对老子情有独钟，并借助对《老子》的解读建构了迥异于康有为、谭嗣同和梁启超的《老子》观和老学观。

严复对老子的关注度和推崇度在不同时期也不相同，对老子的推崇备至主要集中在1918年之前，并且通过对《老子》的评注集中体现出来，于是便有了《〈老子〉评语》。尽管严复对老子思想的解读和发挥并不只限于《〈老子〉评语》，《〈老子〉评语》却是研究严复《老子》观和老学观的基础文本。这是因为，他并没有专门研究或阐发老子思想的论作，也没有系统诠释《老子》的学术著作。正是由于这个原因，完全抛开《〈老子〉评语》，便不可能深入了解严复对《老子》的解读和诠释。而不了解严复对《老子》的解读和诠释，也就无法全面把握他的老学观以及由此而来的中学观和中西文化观，更遑论深刻体会严复与康有为、谭嗣同和梁启超等其他近代哲学家的老学观的差异以及戊戌启蒙思想内部的分歧了。

透过《〈老子〉评语》可以看到，严复对《老子》所作的评语或评注每段大多在一二十字左右，最多也不过百字，短的则仅有几个字。尽管如此，严复却在对《老子》每段评语字数不多的《〈老子〉评语》中容纳了各式各样的思想要素，提到的中西学说、人物和事件林林总总，包罗万象。《〈老子〉评语》淋漓尽致地展示了严复的综合学养和哲学理念，同时也将他审视《老子》的多维视界发挥到了极致。严复本人具有道家情结，对《老子》的解读自然少不了道家维度。就严复解读《老

---

① 魏义霞：《戊戌启蒙四大家比较研究》，人民出版社2015年版，第1~13页。

子》的视界来说,他尤为热衷于老子与庄子、《老子》与《庄子》的对读和互释。这方面的内容另有探讨,本文并没有对这方面的内容进行探究。除了道家视域以及老子与庄子、《老子》与《庄子》的比较和互释,西学、佛学和儒学是严复审视、解读和评价《老子》最重要也最基本的维度,与西学、佛学和儒学的互释也因而成为严复解读《老子》、诠释老子思想不可缺少的组成部分。

值得注意的是,《〈老子〉评语》借助对《老子》的解读既凝聚了严复的哲学理念、文化意趣和政治诉求,又在从不同维度展示老子思想内容的同时,反击了包括康有为、谭嗣同和梁启超在内的其他近代哲学家对老子的负面评价,因而直观再现了戊戌启蒙思想内部的分歧。康有为、谭嗣同和梁启超尽管对老子的态度、评价与严复存在本质区别,然而,与这三人相比,严复属于慕老派,三人则属于排老派。尽管如此,康有为、谭嗣同和梁启超对老子的排斥程度也不完全相同,对老子的批评也呈现出激烈与温和之别。谭嗣同是近代哲学家中最激进的排老派,对老子思想从始至终都持否定态度;康有为对老子思想的评价以否定为主,却对养生方面的内容流露出难以按捺的好感;梁启超对老子的评价可以分为两个阶段,早年受康有为的影响而抨击老子的思想贻害中国,后来则将老子和孔子、墨子一起誉为中国文化的"三圣"(或者"三位大圣")而顶礼膜拜。尽管如此,康有为、谭嗣同和梁启超都对老子的思想发出过严厉批判,并且都将中国近代社会的贫困衰微归咎于老子的政治、经济或哲学思想。可以看到,三人或者将老子说成是几千年暴政的始作俑者,或者将老子说成是陷近代中国于万劫不复深渊的罪魁祸首。面对三人对老子的谴责和攻击,严复竭尽全力为老子辩护,而这一切主要是通过《〈老子〉评语》完成的。有鉴于此,《〈老子〉评语》无论在严复的哲学观还是在中国近代哲学史以及老学史上都拥有重要一席。

在肯定《〈老子〉评语》的理论意义和价值的同时,不得不提的是,从形式上看,严复解读、诠释老子思想的代表作是《〈老子〉评语》,而《〈老子〉评语》显然不是严格意义上的学术研究著作。这一点以无可辩驳的事实说明，严复对老子思想的解读、诠释侧重对《老子》文本的疏导，《〈老子〉评语》以注疏、评注和导读为言说方式乃至诠释范式。评语的方式与专题研究相比带有零星散漫、不成系统甚至难以全面深入等缺陷，却拥有较大的自由度和灵活性。严复对《老子》的解读、诠释也带有评注方式与生俱来的特点，可以不求自成体系、主题连贯或思想深刻，而只是依据自己的学术意趣和价值诉求对书中感兴趣的章、句、词或字进行"取便发挥"。正因为如此，在肯定严复对《老子》的解读独具匠心的同时，也应该看到《〈老子〉评语》由于不成体系而带来的诸多缺陷。这主要包括：没有对老子包括其哲学思想在内的各方面思想进行深入研究和系统诠释，没有对老子的哲学概念进行深入阐发，缺乏对《老子》核心主题的提炼和诠释等。

孔子五行说考索

刘爱敏

（山东师范大学齐鲁文化研究院）

摘　要：孔子的五行说就是《礼运》中提到的"礼义学仁乐"，这是孔子据"木火土金水"天道五行创立的治道五行说。《礼运》文中所记孔子论天道五行之言应为子游所记，而非战国后期阴阳五行家之言窜入。因为子游以习礼见长，能从天道探索礼之本源，于"治人情"处落实礼之功用，重视由礼达仁之目的，通晓礼"周流"之运转特点，所以孔子传"礼义学仁乐"五行于子游，使子游最得孔子思想精微之义。孔子、子游五行说虽是子思、孟子五行说的直接来源，但二者构成元素不同、排序不同，各元素之间的关系也存在是否与天道五行相类的差别，从中可见二说的思想理路、修养方法等方面的不同。

关键词：孔子　子游　子思　孟子　五行

《荀子·非十二子》明确指出子思、孟子的五行思想来自孔子、子游，说明孔子有五行思想，或其思想中至少包含五行思想的因素，且孔子和子思、孟子之间五行思想的传承是通过子游来实现的。马王堆帛书《五行》和郭店竹简《五行》的先后问世,使聚讼千年的思孟五行问题尘埃落定,思孟五行就是简帛《五行》篇中的"仁、义、礼、智、圣"五种德行。思孟五行说既已确定,那么孔子的五行思想又是什么呢?过去由于文献不足,学者对此问题一直搁置未论。近年出土文献的不断问世激活了学者对有关子游思想的研究,河北定州八角廊汉简《儒家者言》、安徽阜阳双古堆汉墓木牍以及上博简《民之父母》的出土,使学者确认《孔子家语》其书不伪①,而其中《礼运》篇确为子游所记孔子之言②。本文在学者们对出土文献和传世文献研究成果的基础上,探索孔子的五行说,也为聚讼千年的思孟五行寻绎思想源头,为荀子之言求得彻底的解释。

一、孔子治道五行说:礼义学仁乐

《礼运》篇见于《孔子家语》和《礼记》,是考察孔子、子游五行思想的重要文献。此篇的核心观点是"夫礼,先王以承天之道,以治人之情",此句包含两层意思:一是礼上源于天道;二是礼下治人情。人道源于天道,天道如何,人道也应如何,由天道推求治道是此篇的逻辑思路。天道的运行规律是"五行",《礼运》对此作了具体阐释:

---

① 李学勤:《竹简〈家语〉与汉魏孔氏家学》,《孔子研究》1987年第2期;胡平生:《阜阳双古堆汉简与〈孔子家语〉》,袁行霈主编:《国学研究》(第七卷),北京大学出版社2000年版;王承略:《论〈孔子家语〉的真伪及其文献价值》,《烟台师范学院学报》(哲学社会科学版)2001年第3期;庞朴:《话说"五至三无"》,《文史哲》2004年第1期;杨朝明:《〈孔子家语〉的成书与可靠性研究》,杨朝明、宋立林主编:《孔子家语通解·代前言》,齐鲁书社2013年版。

② 任铭善:《礼记目录后案》,齐鲁书社1982年版,第23页;杨朝明、卢梅:《子游生年与〈礼运〉的可信性问题》,《史学月刊》2010年第7期。

> 故人者，天地之德，阴阳之交，鬼神之会，五行之秀。天秉阳，垂日星；地秉阴，载山川。播五行于四时，和四气而后月生。是以三五而盈，三五而缺，五行之动，共相竭也。五行、四气、十二月，还相为本；五声、六律、十二管，还相为宫；五味、六和、十二食，还相为质；五色、六章、十二衣，还相为主。故人者，天地之心，而五行之端，食味、别声、被色而生者也。圣人作则，必以天地为本，以阴阳为端，以四时为柄，以日星为纪，月以为量，鬼神以为徒，五行以为质，礼义以为器，人情以为田，四灵以为畜……五行以为质，故事可复也。①

此段是说人源于自然，是天地品性的体现，是阴阳相交、"鬼神"相合的产物，由五行的精粹之气所化成。由于人源于自然，所以人道应本于天道，天道的运行规律是"五行"，即以"五"为时间单位而循环运行：月亮是三五而盈，三五而缺，圆缺交替，循环不已；太阳是一年分五行②、四时、十二个月，还相为本；声、味、色是五声六律十二管、五味六和十二食、五色六章十二衣，然后"还相为宫""还相为质"或"还相为主"，循环往复，所以人间的圣人作则也应该法自然之道。"五行以为质，故事可复也"，意为以五行迭相为质，事情就可以循环往复。

《礼运》在论述天道五行后，接着提出了圣王下治人情的方法：

> 圣王修义之柄、礼之序，以治人情。人情者，圣王之田也，修礼以耕之，陈义以种之，讲学以耨之，本仁以聚之，播乐以安之。③

这里以种田喻治国，圣王根据百姓的性情施以礼、义、学、仁、乐

---

① 杨朝明、宋立林主编：《孔子家语通解》，第373~374页。
② 此处，五行与四时、十二月连用，指的是"五时"，即把一年分为五段，而非指五种材质。
③ 杨朝明、宋立林主编：《孔子家语通解》，第380~381页。

五种措施。五种"治人情"方法的提出，本于天道五行，是对天道五行的效法。郑玄《三礼目录》云："名曰《礼运》者，以其记五帝三王相变易，阴阳转旋之道。"孔颖达疏曰："子游所问唯论礼之运转之事，故以《礼运》为标目耳。"① 人事效法天道而动，既然天道运行可称为五行，那么，圣王之道的运行亦可借五行称之。因思孟五行探讨的是德行，故可称之为"德行五行"②；而孔子之"礼义学仁乐"五行关注的是治国，故可称之为"治道五行"。

"礼义学仁乐"治道五行是孔子的创造，此五字最能代表孔子思想的核心内涵。"礼"与"仁"是孔子学说的两大支柱，"礼"主要承自西周礼乐，是外王之学；"仁"有对西周周公敬天保民、明德慎罚、孝友伦理思想的继承③，也有对邹鲁④、齐地"仁"观念的吸收⑤，但更多的是孔子本人在综合东西方文化基础上的创新，是内圣之学。沟通二者的途径是"义"和"学"，孔子崇义好学，如"君子之于天下也，无适也，无莫也，义之与比"（《论语·里仁》），"饭疏食饮水，曲肱而枕之，乐亦在其中矣。不义而富且贵，于我如浮云"（《论语·述而》），"十室之邑，

---

① （汉）郑玄注，（唐）孔颖达疏：《礼记正义》，（清）阮元校刻：《十三经注疏》（清嘉庆刊本），中华书局2009年版，第3061页。

② 1973年马王堆帛书《五行》出土时，因卷首残缺，庞朴根据内容将其名定为《五行》，魏启鹏则名之为《德行》，后郭店简出土完整的《五行》篇，开头即以"五行"起："五行：仁形于内谓之德之行，不形于内谓之行。义形于内谓之德之行，不形于内谓之行。礼形于内谓之德之行，不形于谓之□。□□于内谓之德之行，不形于内谓之行。圣形于内谓之德之行，不形于内谓之德之行。"（参见荆门市博物馆：《郭店楚墓竹简》，文物出版社1998年版，第149页。引言部分未完全依原文，仅注释后文字，后文引本书内容同。）因此，我们称之为"德行五行说"。

③ 韩星：《孔子创立儒家学说——宗周礼乐文明与儒学渊源》，《学习时报》2018年6月13日。

④ 王志民：《战国时期"邹鲁之风"的形成与演变》，《山东师范大学学报》（人文社会科学版）2015年第3期。

⑤ 刘爱敏：《东夷文化中"仁"的观念对孔子的影响》，《齐鲁文化研究》（总第二辑），齐鲁书社2003年版。

必有忠信如丘者焉，不如丘之好学也"（《论语·公冶长》）。仁、义和礼、学分别被孟、荀发扬光大，孟子将仁、义的关系比喻为"仁宅义路"①，由义达仁；荀子主张劝学，学习的对象是天、地、君、亲、师，通过学而知礼。孔子主张人的修养在依于仁、立于礼的修炼后，最后成于乐，如"志于道，据于德，依于仁，游于艺"（《论语·述而》），"兴于诗，立于礼，成于乐"（《论语·泰伯》）。朱熹解释说："乐有五声十二律，更唱迭和，以为歌舞八音之节，可以养人之性情，而荡涤其邪秽，消融其查滓。故学者之终，所以至于义精仁熟，而自和顺于道德者，必于此而得之，是学之成也。"② 孔子向师襄子学鼓琴，由习其曲，到得其数，进而得其志，最后能知文王之为人（原文见《史记·孔子世家》）。孔子通过学琴使自己道德上达到"和顺"的境界，是对"成于乐"三字的最好诠释。可以说，"礼义学仁乐"五行是对孔子思想宗旨的总括和提炼。

孔子的五行思想不仅见于《礼运》篇，还见于《孔子家语·五帝》：

> 孔子曰："昔丘也闻诸老聃曰：'天有五行：水、火、金、木、土。分时化育，以成万物，其神谓之五帝。'古之王者，易代而改号，取法五行。五行更王，终始相生，亦象其义。故其为明王者，而死配五行。是以太皞配木，炎帝配火，黄帝配土，少皞配金，颛顼配水。"③

孔子之言说明人道五行取法于天道五行，并且五行之义为终始相生。《五帝》篇中天道五行已与人道圣王、五正④相配，五帝的排序按五行相

---

① 《孟子·离娄上》载孟子曰："仁，人之安宅也；义，人之正路也。旷安宅而弗居，舍正路而不由，哀哉！"
② （宋）朱熹：《四书章句集注》，中华书局1983年版，第105页。
③ 杨朝明、宋立林主编：《孔子家语通解》，第285~286页。
④ "勾芒为木正，祝融为火正，蓐收为金正，玄冥为水正，后土为土正。"参见杨朝明、宋立林主编：《孔子家语通解》，第287页。

生之义承续，五行起自木，因为木为东方，是万物之初。孔子关于"五正"的话又见于《左传·昭公二十九年》晋国大夫蔡墨所言。

孔子治道五行是由天道五行类推而来，作为天道历数的"木、火、土、金、水"五行内部各元素之间随阴阳的盛衰而自然地产生了相生关系，那么，孔子的治道五行"礼、义、学、仁、乐"五元素之间是否也有这种关系呢？《礼运》用种田之喻试图把天道五行的相生关系赋予治道五行。圣人"治人情"有一个修礼、陈义、讲学、本仁、播乐的过程，这个过程可比作种田中的耕、种、耨、聚、安五个阶段，列表如下：

本体	礼	义	学	仁	乐
喻体	耕	种	耨	聚	安

为了强化这种关系，《礼运》又从反面进行论证：

> 故治国不以礼，犹无耜而耕；为礼不本于义，犹耕之而弗种；为义而不讲于学，犹种而弗耨；讲之以学而不合之以仁，犹耨而不获；合之以仁而不安之以乐，犹获而弗食；安之以乐而不达于顺，犹食而不肥。①

因为耕、种、耨、聚、安的农事过程源于自然天道的有序运转，所以耕、种、耨、聚、安五元素之间存在着自然的相生关系，与之相类的礼、义、学、仁、乐五元素之间因此也被赋予了相生关系。

---

① 杨朝明、宋立林主编：《孔子家语通解》，第381页。

二、《礼运》所载"天道五行"为子游所记孔子之言，非后人之言窜入

孔子的治道五行是由天道五行类推而来，是建立在天道五行基础上的。有学者怀疑天道五行非子游所记孔子之言，而是战国后期阴阳五行家之言掺入，如任铭善认为："五味六和十二食五色六章十二衣者，乃《明堂阴阳》之说，不得以捆入礼义之大经。是知此非子游所记孔子之言，而后人窜入者是也。此不可以不辨。"① 王锷与任铭善观点相近，也认为主体部分应当是子游所记，大概写于战国前期，但在流传过程中，"故人者，其天地之德"至"故先王秉蓍龟"一段文字是"战国晚期阴阳五行家言而滥入者"，原因是"这些文字主要论述人本天地、阴阳、鬼神、五行之气而生，天地间五行、四时、十二月，五声、六律、十二管，五味、六和、十二食及五色、六章、十二衣等是周而复始、循环往复地运行，因此，圣人制礼作则以天地、阴阳、五行、四时为本。这些思想，与《月令》所言，基本吻合，而与《礼运》其他文字不协……如果去掉前面谈论阴阳五行的文字，可以看出，前后都是在讨论礼制，文理更为顺畅"②。杨天宇也认为此篇"不会早于阴阳五行思想盛行的战国晚期，很可能是秦、汉时期的作品"③。如果天道五行是战国后期阴阳家之言所掺入，那么孔子的治道五行说也可能是后人补入而非孔子本人思想，因为治道五行是由天道五行类推而来，大前提不成立，谈何推论？那《礼运》中孔子的天道五行是否为后人之言所掺呢？

《礼运》中孔子论天道五行涉及两个问题：一个是五行的配属如五

---

① 任铭善：《礼记目录后案》，齐鲁书社 1982 年版，第 25 页。
② 王锷：《"大同""小康"与〈礼运〉的成篇年代》，《西北师大学报》（社会科学版）2006 年第 6 期。
③ 杨天宇：《礼记译注》，上海古籍出版社 1997 年版，第 362 页。

声、五味、五色问题，另一个是四时与五行的配置问题："播五行于四时，和四气而后月生。"学者之所以怀疑"故人者，其天地之德"至"故先王秉蓍龟"一段文字非子游本人所记孔子之言，而是战国后期阴阳五行家之言所掺入，就是因为这两个问题是战国后期阴阳五行家所热衷的论题。

首先看五行的配属问题。文献证明孔子时代五声、五味、五色一类的五行配属属于时人共识。《左传·昭公元年》载：

> 天有六气，降生五味，发为五色，征为五声，淫生六疾。六气曰阴、阳、风、雨、晦、明也，分为四时，序为五节，过则为灾。①

昭公元年（公元前541年），孔子（公元前551—前479年）10岁，秦国医和并提五味、五色、五声，并用六气来解释五味、五色、五声的产生。

《左传·昭公二十四年》亦记载郑国大夫游吉回答晋国大夫赵简子问礼之事，正与《礼运》观点一致：

> 吉也闻诸先大夫子产曰："夫礼，天之经也，地之义也，民之行也。"天地之经，而民实则之。则天之明，因地之性，生其六气，用其五行。气为五味，发为五色，章为五声，淫则昏乱，民失其性。是故为礼以奉之……为政事、庸力、行务，以从四时……民有好、恶、喜、怒、哀、乐，生于六气。是故审则宜类，以制六志。②

---

① （周）左丘明传，（晋）杜预注，（唐）孔颖达疏：《春秋左传正义》，（清）阮元校刻：《十三经注疏》（清嘉庆刊本），第4396~4397页。
② （周）左丘明传，（晋）杜预注，（唐）孔颖达疏：《春秋左传正义》，（清）阮元校刻：《十三经注疏》（清嘉庆刊本），第4576~4579页。

礼的制定上承天地的四时、五行、六气，下治人的好、恶、喜、怒、哀、乐六志，孔颖达疏："此六志，《礼记》谓之六情。在已为情，情动为志，情志一也，所从言之异耳"①，此句点明了《左传》与《礼运》之礼"上承天道，下治人情"观念的一致性。鲁昭公二十五年（公元前517年），孔子34岁，与郑国大夫游吉属同时代人，游吉能说出四时、五行、六气和五味、五色、五声之类的话，孔子、子游作为以礼名世者说出《礼运》中"五行四时十二月"一段话完全正常，何以一见五行配属就断定是战国晚期阴阳五行家窜入的呢？

《孙子兵法·势篇》也提到五声、五色、五味：

> 终而复始，日月是也；死而更生，四时是也。声不过五，五声之变，不可胜听也；色不过五，五色之变，不可胜观也；味不过五，五味之变，不可胜尝也；战势不过奇正，奇正之变，不可胜穷也。奇正相生，如循环之无端，孰能穷之哉！②

孙武与孔子大约为同时代人，孙武把五声、五色、五味之变与日月、四时的循环变化并提，来比喻战术上奇正相生的道理。可见，他对五声、五色、五味的说法非常熟悉，如同日月、四时一样，可以用作比喻的本体去说明其他复杂事物。

曾跟随孔子学习儒术的墨子③也提到五色，《墨子·贵义》把五色与四方、十天干相配：

> 子墨子北之齐，遇日者。日者曰："帝以今日杀黑龙于北方，而

---

① （周）左丘明传，（晋）杜预注，（唐）孔颖达疏：《春秋左传正义》，阮元校刻：《十三经注疏》（清嘉庆刊本），第2107页。
② 李零译注：《孙子译注》，中华书局2009年版，第139页。
③ 《淮南子·要略》："墨子学儒者之业，受孔子之术，以为其礼烦扰而不说，厚葬靡财而贫民，服伤生而害事，故背周道而用夏政。"

先生之色黑,不可以北。"子墨子不听,遂北,至淄水,不遂而反焉。日者曰:"我谓先生不可以北。"子墨子曰:"南之人不得北,北之人不得南,其色有黑者,有白者,何故皆不遂也?且帝以甲乙杀青龙于东方,以丙丁杀赤龙于南方,以庚辛杀白龙于西方,以壬癸杀黑龙于北方,若用子之言,则是禁天下之行者也。是围心而虚天下也,子之言不可用也。"①

另外《老子》中有"五色令人目盲,五音令人耳聋,五味令人口爽"(《老子》第十二章)的记载,《左传·昭公二十九年》中还有蔡墨论五官、五祀之言。五行的配属不仅有五色、五声、五味,还包括五官、五祀,涉及自然、政治和祭祀等不同领域。五行的配属不断增加,言及者众多,似乎成了当时的流行话题。五行配属,除了上述所列,还有音律、行气、数字、井、兽等等,如《管子·幼官》是对悬挂在玄宫中"东西南北中"五方的十幅图的说明性文字,记载了五方框架下的五行配属,东方的配属是:"君服青色,味酸味,听角声,治燥气,用八数,饮于青后之井,以羽兽之火爨。"有学者认为这些配属并不是后世的阴阳五行家所为,而是春秋时期姜齐的历法制度,战国早期已经定型。②

其次,关于四时与五行的配置问题。《孔子家语·礼运》载"播五行于四时,和四气而后月生"③,文中提出了四时与五行的调和问题,但未有具体的配置方法。四时节令与五行时令是古代两套不同的历法体系,

---

① (清)孙诒让撰,孙启治点校:《墨子间诂》,中华书局 2001 年版,第 447~448 页。

② 刘宁:《由上古历法推考〈管子〉之〈幼官〉与〈幼官图〉原貌》,《管子学刊》2013 年第 3 期。

③ 杨朝明、宋立林主编:《孔子家语通解》,第 374 页。

学者考证夏代实行的是五行十月历①,《汉书·艺文志》载有《阴阳五行时令》一书,惜亡佚而不可考,而商代实行的是四时十二月历②。理论上,两种历法的融合应随着夏、商两代的交替而出现,《左传·昭公元年》有"分为四时,序为五节"之载,说明春秋晚期四时与五节已被并提,但仅限于此,未涉及深入的配置细节。四时与五行的调和问题是战国至秦汉时期礼家的一个重要命题,《汉书·艺文志》记载的《四时五行经》大概成文于四时与五行两套历法的调和时期,但亦已亡佚。从传世文献《管子》之《五行》和《幼官》可见五行历法制度的存在,以及四时与五行两套历法互相融合的轨迹和方式。《管子·五行》分一年为"木、火、土、金、水"五行,每行 72 天,实际上就相当于一年五季,每季 72 天,全年共 360 日。《管子·幼官》记录了三十时节,每时节 12 天。三十节气是五行历法框架下的节气系统,是五行的进一步细分。《幼官》中三十时节在四时中的分配可列表如下:

---

① 陈久金先生曾专门就夏朝时期的十月历进行了系统考证,他根据《夏小正》记载的星象和物候,特别是斗柄下指到斗柄上指中间相差五个月,以及最长日(夏至)到最长夜(冬至)也相差五个月等记载,认为《夏小正》是一年为十个月的太阳历。这种历法在夏王朝曾一度被广泛使用,只是后来被十二月历替代,但一直到新中国成立前,还一直完好地保存在彝族等西南少数民族地区。参见刘尧汉、陈久金、卢央:《彝夏太阳历五千年——从彝族十月太阳历看〈夏小正〉原貌》,《云南社会科学》1983 年第 1 期;陈久金:《论〈夏小正〉是十月太阳历》《彝族十月太阳历的发现及研究》,《陈久金天文学史自选集》,山东科学技术出版社 2017 年版。

② 殷商甲骨刻辞中出现了东、西、南、北四方神名和风名:"东方曰析风曰协,南方曰因风曰凯,西方曰彝风曰韦,北方曰伏风曰役。"李学勤先生说:"四方风刻辞的存在,正是商代有四时的最好证据。"参见李学勤:《商代的四风与四时》,《中州学刊》1985 年第 5 期。

《管子·幼官》三十时节与四时五方相配表

四时五方	《幼官》三十时节		
东方（春）	1. 地气发	2. 小卯	3. 天气下
	4. 义气至	5. 清明	6. 始卯
	7. 中卯	8. 下卯	
南方（夏）	9. 小郢	10. 绝气下	11. 中郢
	12. 中绝	13. 大暑至	14. 中暑
	15. 大暑终		
中方			
西方（秋）	16. 期风至	17. 小卯	18. 白露下
	19. 复理	20. 始节	21. 始卯
	22. 中卯	23. 下卯	
北方（冬）	24. 始寒	25. 小榆	26. 中寒
	27. 中榆	28. 寒至	29. 大寒之阴
	30. 大寒终		

从上表可以看出五行与四时的配置方式。《幼官》为把五行系统中的三十个时节强制配置到四时五方的框架中，只好把中方的 6 个节气割裂，分配到四方四时中去，结果导致春夏秋冬四时所含日期不一致，春秋皆包含 8 个节气，各 96 日，夏冬则只有 7 个节气，各 84 日。因为三十时节与四季本来就属于不同的历法体系，所以无论怎么配置都不均匀。《幼官》的三十时节中只出现了春、秋的名称，没有四季的概念，说明此篇成文较早，最晚应成文于春秋后期，与《左传·昭公元年》"分为四时，序为五节"同时或稍晚。银雀山汉简有《三十时》篇，也把一年分为三十个节气，经学者考证，包括银雀山汉简在内的《阴阳时令占候之书》是先于邹衍且流行于齐地的早期阴阳学著作①，那么"播五行于四时"

---

① 陈乃华：《先秦阴阳学说初探——〈曹氏阴阳〉〈三十时〉的文献学价值》，《山东师大学报》（社会科学版）1996 年第 6 期。

的说法应该源自早期阴阳学，但夏代实行的五行十月历法制度，在春秋晚期的孔子时代已开始与四时历融合。

综合以上考证，"五行四时十二月"一段为子游所记原文也应无疑，而非战国后期阴阳五行家之言所掺入。孔子的天道五行论和治道五行说分别论证《礼运》之核心观点礼"上承天之道"和"下治人之情"两层意思，缺一不可。无天道五行，则无法推出治道五行；无治道五行，则无以表达孔子的礼治思想。天道五行是对前人知识的继承，治道五行则是孔子思想在前人基础上的创新。两种五行说，一论礼的天道来源，一论礼的治人功用，共同揭示了礼之本质。

三、孔子何以传"礼义学仁乐"五行于子游

孔子把"礼义学仁乐"五行学说传授给子游，被子游记录和传承下来，也成了子游思想的一部分，那么，孔子何以把"礼义学仁乐"五行说传给子游，而非其他弟子？

子游以习礼见长，有关子游的文献大多与问礼、习礼、论礼有关。《尸子》曰："仲尼志意不立，子路侍。仪服不修，公西华侍。礼不习，子游侍。辞不辩，宰我侍。亡忽古今，颜回侍。节小物，冉伯牛侍。曰：'吾以夫六子自励也。'"① 在孔门弟子中，子游的礼学最得老师倚重。《礼记·檀弓》上下两篇记载了子游14则故事，皆是其生活中问礼、论礼、践礼之事：子游问孔子礼2则，子游与曾子、有子等人问礼、论礼6则，子游与曾子、子夏一同参加葬礼以子游行礼为是2则，子游以礼纠正公孙文子废庶立嫡1则，子游观礼并评价2则，子游助鲁悼公主持有子丧礼1则。从这14则故事中，我们可以看出子游对礼的专精程度比子夏、曾子、有子等人都高，其礼学成就在孔门弟子中是最突出的。所以沈德潜《吴公祠堂记》说："子游之文学以习礼自见。今读《檀弓》上

---

① （清）马骕撰，王利器整理：《绎史》，中华书局2002年版，第2312页。

下二篇，当时公卿大夫士庶凡议礼弗决者，必得子游之言以为重轻。故自论小敛户内，大敛东阶，以暨陶咏犹无诸节，其间共一十有四，而其不足于人者，惟县子'汰哉叔氏'一言，则其毕生之合礼可知矣。"① 上博简《子道饿》中，子游因鲁司寇对自己"食而弗与为礼"② 而离鲁南游，结果导致自己的儿子"道饿而死"，此事亦可见子游践礼、守礼的决绝。"礼"成了子游生活的核心。但与子夏相比，子游重礼之本，而非礼仪细节。《论语·子张》记载："子游曰：'子夏之门人小子，当洒扫、应对、进退，则可矣。抑末也，本之则无。如之何？'"子夏门人重洒扫、应对等礼之细节，被子游讥为礼之末。那么在子游心中，什么是礼之本？子游的礼学有什么特点？

子游之礼注意到了三对关系，一是礼与道的关系。子游能从天道的高度认识礼的本源和内涵。《论语·阳货》载：

子之武城，闻弦歌之声。夫子莞尔而笑，曰："割鸡焉用牛刀？"子游对曰："昔者偃也闻诸夫子曰：'君子学道则爱人，小人学道则易使也。'"子曰："二三子！偃之言是也。前言戏之耳。"③

子游用礼乐教化民众，孔子讥笑子游"割鸡焉用牛刀"，子游却从"君子学道则爱人，小人学道则易使"的高度回答孔子。"道也者天道也"④，《庄子·天道》曰："古之明大道者，先明天而道德次之。"⑤ 道，

---

① 程树德撰，程俊英、蒋见元点校：《论语集释》，中华书局1990年版，第743页。其中"陶咏犹无"之"无"应作"舞"，指《礼记·檀弓下》"人喜则斯陶，陶斯咏，咏斯犹，犹斯舞"一节。

② 释文参考廖名春：《上博楚竹书〈鲁司寇寄言游于逡楚〉篇考辨》，《中华文史论丛》2011年第4期。

③ 杨伯峻：《论语译注》，中华书局2009年版，第179~180页。

④ 国家文物局古文献研究室编：《马王堆汉墓帛书》（壹），文物出版社1980年版，第24页。

⑤ 方勇译注：《庄子》，中华书局2015年版，第208页。

首先指的是"天之道",然后才扩展到"人之道"。子游认识到天道是礼的本源,天道能指导礼乐之行,礼乐能弘扬天道,道是礼的内涵和本质,礼乐是践行道的形式和途径,这就是礼与道的关系。因为子游特别注重礼与天道自然的关系,在孔门弟子中独树一帜,因此又被称为"弘道派"①。子游论礼上达天道,为他以礼乐教化百姓的践礼行为寻找到了形而上的宇宙论根据,是吸收道家、阴阳家思想来补充儒家"罕言性与天道"的不足。子游与内圣派的曾子不同,属于外王派。在外王派中,又与子夏之儒注重礼之细枝末节不同,他上循天理,从天道溯源礼之根本,因此与道家、阴阳家的关注点有交叉之处。

二是礼与仁的关系。上述事例中,子游用礼乐教化百姓的目的是"爱人"。何谓"爱人"?孔子曰"仁者爱人"。《说苑·贵德》记载:"季康子谓子游曰:'仁者爱人乎?'子游曰:'然。''人亦爱之乎?'子游曰:'然。'"②可见子游继承了孔子"仁者爱人"的思想。子游弦歌武城就是希冀借助外在的礼乐教化百姓,让人学得天道,并深入人心,最终达到"仁"的目的。此事例中,还包含了另一对概念"道"与"仁"的关系:天道下落到人心便是仁,仁即心中之道。由礼到仁,需要通过学,由此便形成了"礼—学—仁"的路径,这个路径已初步具备了《礼运》人道五行"礼义学仁乐"中的关键因素,体现了子游思想从外王到内圣的逻辑理路,这也与孔子所讲的"克己复礼为仁"一致。孔子曾多次论述"礼"与"仁"两大核心概念之间的关系,《礼记·仲尼燕居》记有子游、子张、子贡侍于孔子燕居之时,纵言至于礼,孔子对子游讲到郊社、尝禘、馈奠、射乡、食飨五种礼背后所体现的仁的实质:

子曰:"郊社之义,所以仁鬼神也;尝禘之礼,所以仁昭穆也;

---

① 姜广辉:《郭店楚简与道统攸系——儒学传统重新诠释论纲》,《中国哲学》第21辑,辽宁教育出版社2000年版。

② (汉)刘向撰,向宗鲁校证:《说苑校证》,中华书局1987年版,第106页。

馈奠之礼，所以仁死丧也；射乡之礼，所以仁乡党也；食飨之礼，所以仁宾客也。"①

孔子又为三人讲到两君相见之礼所体现的仁爱精神：

两君相见，揖让而入门，入门而县兴。揖让而升堂，升堂而乐阕。下管象武，夏籥序兴。陈其荐俎，序其礼乐，备其百官。如此，而后君子知仁焉。②

子游论礼较多，并主张践礼，但在他这里，礼只是方式和途径，他的最终目的是实现"仁"，这一点使其又与"难为仁"的子张区别开来。子游曾以"未仁"来评价子张："吾友张也，为难能也，然而未仁。"（《论语·子张》）孔子亦曾评价子张"师也辟"（《论语·先进》）；子贡曾引孔子语评价子张曰："其不伐则犹可能也，其不弊百姓者则仁也。"③说明孔子也认为子张未达到"仁"的境界，原因在于"弊民"。这与其礼乐教化的目的在于"爱人"的思想不符，所以子游认为子张不仁。

三是礼与情的关系。礼因人情而产生，礼的作用是节制、调节人情。《礼记·檀弓下》记载子游与有子的话：

有子与子游立，见孺子慕者，有子谓子游曰："予壹不知夫丧之踊也，予欲去之久矣。情在于斯，其是也夫。"子游曰："礼有微情者，有以故兴物者。有直情而径行者，戎狄之道也。礼道则不然，

---

① （汉）郑玄注，（唐）孔颖达疏：《礼记正义》，（清）阮元校刻：《十三经注疏》（清嘉庆刊本），第3501页。

② （汉）郑玄注，（唐）孔颖达疏：《礼记正义》，（清）阮元校刻：《十三经注疏》（清嘉庆刊本），第3502页。

③ （清）王聘珍撰，王文锦点校：《大戴礼记解诂》，中华书局1983年版，第110页。

人喜则斯陶，陶斯咏，咏斯犹，犹斯舞，舞斯愠，愠斯戚，戚斯叹，叹斯辟，辟斯踊矣，品节斯，斯之谓礼。"①

有子要去掉"踊"礼，子游解释说礼是调节人的感情的，对于过度哀伤的人来说，礼的作用就是节制他们的悲痛，"丧致乎哀而止"（《论语·子张》），不要因为哀伤过度而损害自己的身体。对于那些无哀痛之心的人来说，礼使他穿上孝服，以引发出他内心的悲伤。人在愤怒的时候，感情经过愠—戚—叹—辟—踊的过程，得以纾解。踊是愤怒至极的表现，是感情的自然抒发。相似的话语又见于郭店竹简《性自命出》和上博简《性情论》（两篇文字基本相同，排序偶有差异）：

喜斯慆，慆斯奋，奋斯咏，咏斯猷，猷斯辻。辻，喜之终也。愠斯忧，忧斯戚，戚斯難，難斯㐁，㐁斯通。通，愠之终也。②

上述两段引文可互为补充，传世本"舞斯愠，愠斯戚"当作"舞，喜之终也。愠斯忧，忧斯戚"。当今有不少学者根据此段与传世文献《礼记·檀弓上》存在相似性，而断定《性自命出》为子游所作③。《性自命出》又曰："礼作于情，或兴之也。当事因方而制之。其先后之舍则义道也。"④ 礼乐出于情，反过来礼又能兴情、节情。他们对人情主张"节"，而非"灭"，主张合理、充分地抒发，这与《淮南子·齐俗训》"礼因人

---

① （汉）郑玄注，（唐）孔颖达疏：《礼记正义》，（清）阮元校刻：《十三经注疏》（清嘉庆刊本），第2824页。

② 荆门市博物馆：《郭店楚墓竹简》，第180页。

③ 姜广辉：《郭店楚简与道统攸系——儒学传统重新诠释论纲》，《中国哲学》第21辑，辽宁教育出版社2000年版；廖名春：《郭店楚简儒家著作考》，《孔子研究》1998年第3期；曹建国：《楚简与先秦〈诗〉学研究》，武汉大学出版社2010年版，第139~156页。

④ 荆门市博物馆：《郭店楚墓竹简》，第179页。

情而为之节文"一致,而与宋儒的"存天理,灭人欲"不同。

另外,《礼记·仲尼燕居》还载孔子为子游、子张、子贡言礼之"周流"和"礼所以制中"。孔子说:"吾语女礼!使女以礼周流,无不遍也。"又云:"礼乎礼,夫礼所以制中也。"① "周流"指礼循环往复的运转特点,如天道四时五行之循环规律,说明礼本源于天道,具有随阴阳转旋而周流之特性;"礼所以制中"是指礼下治人情的作用,中,指中心,内心之性情。这些皆与《礼运》之主旨"夫礼,先王以承天之道,以治人之情"一致。从中可知孔子不止一次对子游讲过"礼运"之事。

因为子游以习礼见长,能从天道探索礼之本源,于"治人情"处落实礼之功用,重视由礼达仁之目的,通晓礼"周流"之运转特点,所以孔子深知可与子游言礼,因此弟子中子游最得孔子礼之精义和大旨。

《礼运》篇主旨也与子游思想相一致:首先,《礼运》开篇提到了"大道之行也,天下为公"的大同社会,当时社会正处于"大道既隐,天下为家"的小康②社会,这时"谋用是作,而兵由此起",如何治理社会、整顿天下秩序是为国者必须解决的时代难题,即如何在"大道既隐"的情况下使大道呈明,禹、汤、文王、武王、成王、周公六君子脱颖而出,循礼而行,"此六君子者,未有不谨于礼者也"。礼是大道在人间的显现,谨守礼就是弘扬和呈明隐而不彰的大道,这与子游"礼能弘道"的主张相合。其次,《礼运》所设想的"选贤与能,讲信修睦。故人不独亲其亲,不独子其子……谋闭而不兴,盗窃乱贼而不作"的大同社会,正是孔子的"仁"期望在政治中所达到的境界,民性朴实无争,君主无为而治,这与《论语》中所推崇的尧舜之世正相符。宋儒张载曰:"孔子

---

① (汉)郑玄注,(唐)孔颖达疏:《礼记正义》,(清)阮元校刻:《十三经注疏》(清嘉庆刊本),第3500、3501页。

② 《礼记·礼运》载有"小康"二字,原文曰:"如有不由此者,在势者去,众以为殃。是谓小康。"《孔子家语·礼运》未提到"小康",原文为:"如有不由礼而在位者,则以为殃。"

言王者必世而后仁,仁即大道之行也。"① 萧公权也认为"大同似仁道之别名"②,这也与子游对"道""仁"关系的理解一致。再次,《礼运》的核心观点"夫礼,先王以承天之道,以治人之情",与子游以礼乐教化百姓时所说的"君子学道则爱人"一致,也与孔子曾经教诲过子游等人的"礼治"一致。综上可知,子游之礼上达天道,下通人情,把最幽微的天道与人心贯通起来,可谓"上学下达";在道、礼、仁三者中,礼是联结天道与人情的纽带,天道、治道、人心三者以"礼"贯之。子游之所以对"礼乐"相当看重,目的在于构建孔子理想中的大同社会:大道流行,万物和谐,人与自然之间、人与人之间以及人的内心充满和乐,这便是孔子追求的"仁"的境界。《孟子》说:"子夏、子游、子张皆有圣人之一体。"(《孟子·公孙丑上》)而三人中,子游可谓深得孔子思想的最高义③,因此子游特受《礼运》精微之说,而《礼运》篇主旨也正与其他文献所载子游思想相一致。

四、孔子治道五行说与思孟德行五行说的联系

子游从孔子受此思想后,便把它传给后人,子思、孟子就是受子游五行思想影响而形成了德行五行说。从孔子五行与思孟五行的对比中,亦可看出后者对前者有明显的承继关系:

第一,构成思孟五行说的五元素"仁义礼智圣",是对孔子五行说"礼义学仁乐"的改造。仁、义、礼三者是二说相同的地方,另外的两个元素,"学"与"智"相通,博学则智得,《荀子·劝学》有"君子博学而日参省乎己,则知明而行无过矣"之载;"乐"与"成"相连,《论

---

① 卫湜:《礼记集说》卷五十四,文渊阁《四库全书》本。
② 萧公权:《中国政治思想史》,新星出版社 2005 年版,第 50 页。
③ 葛志毅:《孟子学统与战国文化》,《陕西师大学报》(哲学社会科学版)1995 年第 2 期。

语·泰伯》曰:"兴于诗,立于礼,成于乐",而对儒家来说,"成"的终极目标就是圣,所以"乐"亦与"圣"相关。孔子五行说中的"学""乐",只点明了由"礼"达"仁"必须通过"学"这一途径,以及成仁后须在"乐"中得以呈现,并未具体考虑到"学"的结果须达到"智","成"的结果须达到"圣"。思孟五行说把"学""乐"二字换成"智""圣"二字,并把"学"的位置调后,放在"圣"之前,成"仁—义—礼—智—圣",强调由内到外的心性修养过程以及由"智"到"圣"的修养结果。圣是儒家修养的最高境界,圣人是儒家的理想人格。《论语·雍也》载:"子贡曰:'如有博施于民而能济众,何如?可谓仁乎?'子曰:'何事于仁!必也圣乎!尧舜其犹病诸!'"在孔子心中,圣的境界是高于仁的,圣人必然为仁,仁者不一定成圣。从孔子、子游的礼、义、学、仁、乐五行到子思、孟子的仁、义、礼、智、圣五行,可以明显看出后者是对前者的调整和完善,目的更加明确,理路更加清晰,显示出思想发展的逐步深化。

《荀子·非十二子》中荀子批判思孟五行说为"案往旧造说",认为"此真先君子之言也"。"先君子"是旧时对自己或他人已去世祖父的称呼,《礼记·檀弓上》载:"门人问诸子思曰:'昔者子之先君子丧出母乎?'"孔颖达疏:"子之先君子,谓孔子也。"① 子思说自己的五行说是"先君子之言",从中可以看出子思是把二说看作一体的,前后承继关系不言自明。有学者认为"往旧"指的是原始"木、火、土、金、水"五行,但简帛《五行》只字未提原始五行,我们不能想当然地推论。认为"往旧"是原始五行说者,是因为他们没有发现孔子、子游的五行说。

第二,思孟五行对孔子五行的排序做了调整,从中可见二者的理路和修养方法不同。孔子五行说的出发点是礼,理路是由礼到仁,途径是义、学,最后在乐中成就道德上的和顺,排序为礼—义—学—仁—乐;

---

① (汉)郑玄注,(唐)孔颖达疏:《礼记正义》,(清)阮元校刻:《十三经注疏》(清嘉庆刊本),第 2759、2760 页。

而思孟五行说的出发点是仁，理路是由仁到礼，途径是义，达到的目标是智、圣，排序为仁—义—礼—智—圣。孔子、子游的五行是为圣王提出的治理人情的方法，是从外入内，先借助外部的"礼"制，然后使人树立"义"的标准，经过"学"的教化激励，才能使"仁"汇聚人心，最后用"乐"使人安心接受。而子思、孟子的思想讲的是君子由内至外的道德修炼途径，所以过程始于"仁"，经过"义"路，然后成为有"礼"之君子，最后达到"智"且"圣"的理想境界。

孔子五行说和思孟五行说两者礼、仁之间的途径不同，前者由礼到仁经过"义""学"两个阶段，后者由仁到礼只经过"义"一个环节。《礼运》治田之喻"圣王之田也，修礼以耕之，陈义以种之，讲学以耨之，本仁以聚之，播乐以安之"中，礼与仁之间有义、学两个环节，但下文又重点论述了仁、义、礼三者的关系，并未提及"学"这一因素：

故礼也者，义之实也，协诸义而协。则礼虽先王未之有，可以义起也。义者，艺之分，仁之节也。协于艺，讲于仁，得之者强。仁者，义之本也，顺之体也，得之者尊。①

礼是义结出的果实，先王没有礼仪，可以根据义来创制，义是礼之本，而仁又是义之本。就是说，人内心的仁爱之情决定建立什么样的标准，有了义这个标准，圣人才能创制礼仪。三者从里到外的排序是仁—义—礼，其中仁是根本，义是标准，礼是规范、制度。此处对仁、义、礼三者关系的重点论析，便成为思孟五行说前三个要素——仁、义、礼的排序。这样，《礼运》同篇中，礼与仁之间出现了两种表述：一种是礼—义—学—仁，另一种是仁—义—礼。这两种表述实际上代表的是两种理路和两种修炼方法，而思孟五行说选择了省却"学"环节的后一种

---

① （汉）郑玄注，（唐）孔颖达疏：《礼记正义》，（清）阮元校刻：《十三经注疏》（清嘉庆刊本），第3088页。

方式，原因是什么呢？

思孟五行说尽管借用了孔子、子游五行说的形式，用五元素阐释自己的思想，但并不赞同子游通过向外学习的途径来达到成圣的目的。子思主张慎独，孟子主张尽心、知性、达天，他们上承的是曾子"三省吾身"的修养方法，属内圣派；而子游主张用外在的礼乐教化改变人心，使"君子爱人，小人易使"，属外王派。继承子游思想的是荀子，荀子主张向天地君亲师学习，其中论述可见《劝学》篇，从中可以看出思孟学派与子游思想的分歧。

需要特别说明的是，郭店竹简本《五行》和马王堆帛书本《五行》的排序也不同，简本《五行》的排序是：仁—义—礼—智—圣；帛书《五行》的排序是：仁—知—义—礼—圣。帛书的前四个元素仁—知—义—礼，只是把孔子、子游五行说中礼—义—学—仁的顺序颠倒了一下，又改"学"为"知"，这样理路随之由"由礼到仁"改为"由仁到礼"，保留了学、义两个环节。"仁—义—礼—智"顺序的固定大概在孟子提出四端之后，其后贾谊提出六行——仁、义、礼、智、圣（原文为"信"）、乐①，孔子子游五行之"乐"与思孟五行之"圣"并存。董仲舒提出"仁、义（原文为'谊'）、礼、智、圣（原文为'信'）"②五常，去"乐"存"圣"，因五常被纳入核心价值体系，五行也最终定型。

第三，思孟五行与孔子五行相比，后者与"木火土金水"天道五行相类，而前者与天道五行"不类"，这也是招致荀子批评的原因。"木火土金水"五行依次运行，循环不已。五元素之间代表的是天道运转之义，有相生关系。天道五行说的标准有三：一是构成学说的元素是五个；二是五元素之间是相生关系；三是五元素首尾相接，循环不已。这个标准

---

① 贾谊《新书·六术》曰："人有仁、义、礼、智、信之行，行和则乐兴，乐兴则六，此之谓六行。"参见《贾谊集》：上海人民出版社1976年版，第140页。

② 《汉书·董仲舒传》："夫仁谊礼知信五常之道，王者所当修饬也。"见（汉）班固：《汉书》，中华书局1962年版，第2505页。

就是荀子批评思孟五行"略法先王而不知其统"之"统"。"统",就是统属、统绪,是判断是否相"类"的依据,也是后续的五行说需要沿袭的统绪。孔子五行统属于五行说之下,也继承了天道五行这一统绪,前文已证。孔子五行说用具有季节特点的治田作喻,把礼、义、学、仁、乐五元素分别比作耕、种、耨、聚、安,使五元素之间有了相生关系,同时也同每年的农事一样,具有了循环不已的特点。后续的五行说能否成立,要看与天道五行说这一源头是否相类,此"类"便是指不同事物相比时的相同或相通之处。

我们来看思孟学说。首先,构成要素并非确定为"五"行,或为"仁义礼智"四行(四端),或为"仁义礼智圣"五行,"德之行五,和谓之德,四行和谓之善。善,人道也。德,天道也"①。思孟学说"四行""五行"以及"和"的说法,与孔子、子游"播五行于四时,和四气而后月生"的说法呼应,应是对天道中有四时和五行两种历法体系的反映。战国中晚期礼家试图调和四时与五行两套历法,与此相一致,思孟学说也兼有德有四行和五行两种说法,德行之四行或五行应是对天道之四时与五行的比附。其次,思孟试图论证五元素之间也有类似的相生关系,如:

圣,知礼乐之所由生也。②

见而知之,智也。知而安之,仁也。安而行之,义也。行而敬之,礼也。仁,义礼所由生也。③

上面两段话可以表示为三层关系。第一层是仁、义、礼三者的关系:仁→义→礼。"仁,义礼所由生也",仁产生义和礼,这与《礼运》的表

---

① 荆门市博物馆:《郭店楚墓竹简》,第149页。
② 荆门市博物馆:《郭店楚墓竹简》,第150页。
③ 荆门市博物馆:《郭店楚墓竹简》,第150页。

述没有差别，是对孔子、子游的沿袭；第二层是智、仁、义、礼四者的关系：智→仁→义→礼。作者试图用"见而知之—知而安之—安而行之—行而敬之"的解释来确定智、仁、义、礼这四者的顺序，但这种关系与天道五行"木火土金水"以及孔子治道五行"礼义学仁乐"的相"生"关系不同，只是一种前后相"继"的关系，没有前后生成的关系。第三层是"仁、义、礼、智、圣"五者的关系：仁义→礼、智、乐→圣。"圣，知礼乐之所由生也"，因礼由仁义所生，故这句话也可以理解为"圣"由"仁义礼智"四行所生，乐附着于礼，阐释的是四行和"圣"五元素之间的关系。由上可知，思孟五行各构成要素之间的关系，是作者的硬性规定，缺乏与天道五行的类比，因而没有"天然"的相生关系，只是一种前后承接的顺序，而且也显示不出循环往复的性质，可以说与天道五行不"类"，即无原始五行之义而徒有五行之名。因此被荀子批评为"案往旧造说，谓之五行，甚僻违而无类"，又因这时期的《五行》只有经，还没有解、说，因此又被荀子批判为"幽隐而无说，闭约而无解"。实际上，思孟五行抛开了天道五行①，径依孔子五行造说，"谓之五行"，却不知孔子之"五行"的统绪源自天道五行，所以荀子首先批评其"略法先王而不知其统"，由"不知其统"，才造成了其"无类"。

思孟五行说受荀子批评的原因在于五德之间没有天道五行那样的相生关系和循环之意，而这个缺陷在邹衍的五德终始说中得到了弥补。邹衍思想从儒家发展而来，《盐铁论·论儒》："邹子以儒术干世主，不用，即以变化始终之论，卒以显名。"又说："邹子之作，变化之术，亦归于仁义。"② 五德终始说包括一年四季的小循环和朝代更替的大循环，邹衍

---

① 谢耀亭："在郭店简《五行》中，我们很少能看到除了人的德行之外的谈论对象，即使是其称道的人道、天道，郭店简《五行》也并未言明人道、天道本来是什么样子，而是指出'四行''五行'所'和'便是人道、天道，是以在郭店简《五行》具体内容中看不到比类的现象。"参见谢耀亭：《论荀子对思孟学派的批判》，《孔子研究》2015年第3期。

② （汉）桓宽撰集，王利器校注：《盐铁论校注》，中华书局1992年版，第150页。

在小循环中从夏季分出季夏与五行相配①，五行各元素之间因四时而自然地产生相生和循环的关系；大循环中又变五元素的相生关系为相胜关系，用"五德转移"规律解释王朝更迭的动因，主观上是规劝有国者"尚德"才能长保天命，客观上被秦汉统治者用作论证政权合法性的理论根据，因而假帝王之手，在秦汉大行其道，并对后世产生深远影响。

孔子对天道五行的论述，继承了道家和早期阴阳家的概念和理论，又通过思孟五行对邹衍产生影响，是五德终始说的来源，其思想的源和流均显示了儒家与道家、阴阳五行家之间的关系，可以说孔子五行说是从儒家的墙外伸到道家和阴阳五行家花园中的"一枝红杏"，为我们考察儒家与道家、阴阳五行家之间的关系提供了重要线索。孔子五行说的揭示，补上了天道五行说与思孟五行说之间的重要缺环，既使我们了解了思孟五行说的直接来历，以及荀子所说的思孟五行与孔子、子游之间的承续关系，也使我们对五行的发展演变过程有一个大致明晰的认识，即"木火土金水"天道五行——孔子、子游"礼义学仁乐"治道五行——子思、孟子"仁义礼智圣"德行五行——邹衍五德终始说——董仲舒"仁义礼智信"五常。最开始的天道五行"木火土金水"源于历法，经过后人的论述演化，五行的最终落脚点变为五常。五常是中国古代社会的核心价值观，其确立过程通过儒家五行的发展演变线索得到清晰呈现。

---

① 《周礼·夏官·司爟》曰："司爟掌行火之政令，四时变国火，以救时疾。"郑玄引《邹子》佚文曰："春取榆柳之火，夏取枣杏之火，季夏取桑柘之火，秋取柞楢之火，冬取槐檀之火。"从这段《邹子》佚文中可知，邹衍杜撰了"季夏"这一概念，其后，《吕氏春秋·十二纪》《淮南子·时则训》《礼记·月令》继承了这一概念。

"感应"与"中庸"的"唯物论"与"实践论"诠释

何光顺

(四川大学古籍整理研究所)

摘 要:中国哲学的"感应论"与儒家"中庸"思想关系密切,这可以从"唯物论"与"实践论"的双重角度予以诠释。"感应论"包括"感物"和"应时"两个环节,它是意识主体在意向性的实践活动中所达成的一种居间化和两极性的平衡状态。"感应论"中的"物"不是简单的物质或质料,而是在主体实践活动中,先是被直观体验而后被主体依其自身理性法则的自觉,并借助媒介或工具予以改造之物。从根本上说,唯物论就是实践论,就是强调人与事物对立而又统一的矛盾辩证关系,进而在实践中顺应以实现对自身和世界的改造。主体"感物",就是从内在性和直观性上建立主体与事物的直向关系;主体"应时",是在一种时机化处境中借助居间性的媒介以建立主体与事物的实践关系。中国哲学的"感应论"在孔子的

"中庸"思想那里获得了其理性的原则和方法论的自觉，并具有从内在性转向外在性、从自发性走向反思性、从直接性走向间接性、从沉思性走向实践性的多重特征。

关键词：感应 中庸 唯物论 实践论 居间性 媒介化

作者简介：何光顺，男，四川盐亭人，文学博士，四川大学古籍整理研究所教授。研究方向为比较文学、文艺美学、当代诗歌批评等。在《文学评论》《哲学研究》《清华大学学报》《广西大学学报》等刊物发表学术论文60余篇。主持和参与国家社科基金项目、省部级基金项目共7项。目前致力于中西诗歌比较研究。

在中国古典哲学传统中，关于"感应论"的哲学思想非常丰富，当代学界对此研究也比较充分，但很少有学者将其与儒家的"中庸"学说进行关联性阐释。一般说来，人们容易把"中庸"看作是人际交往的一种平衡法则，把"感应论"看作是人与万物间的一种情感或拟情感的呼应和共鸣。但从实践论哲学角度看，两者都可以看作是意识主体在具有意向性投射与反观自身的实践活动中，所开展出的一种居间化和两极性的平衡状态，它会经历一个两极之间的矛盾及其不平衡过程，但又会思考和探索在意识主体的实践活动中如何借助居间性的媒介之物以转化矛盾和实现平衡。这种对于"感应"与"中庸"的"实践论"诠释，同时也是"唯物论"诠释，重视人的类特性的生命活动和人的社会性本质的实现，进而强调人在现实中的生存界限与物质前提。从根本上来说，中国哲学的"感应论"与马克思主义哲学的"唯物论"，都具有从类的生活活动到社会性本质贯通的实践性特征，也都包括了向外改造自然世界和向内反观并改造人自身的双重维度。所有事物，都不是形而上学的静态存在，而是通过进入人的实践活动，在实践中被理解和改造。这样，所谓的"唯物论"，就不能被庸俗地理解为人的意识是被那些静态的物质（如砖瓦木石）决定的，反而表明人的意识就是在人具体改造世界的实践活动中来确立自身的主体性维度。在下文中，我们将从"唯物论"与"实践论"角度出发以对"感应"与"中庸"的关系展开探讨。

一、"感应"与"中庸"互释的学理基础

中国哲学的"感应论"与孔子或儒家的"中庸"思想关系密切，并且都可以从"唯物论"与"实践论"的双重角度予以诠释。所谓"感应"，可以看作"感物应时"的省称，它是意识主体在其具有意向性的实践活动中所达成的一种居间化和两极性的平衡状态，即儒家"中庸"所强调的"无过无不及"的平衡与和谐状态。所谓唯物论，是指只有从物的角度才能更好地理解人的理论，它强调肉身优先于精神，重视的是个体生命亲见亲闻的直观性感觉与现场化体验。1845年秋至1846年5月，马克思和恩格斯在其合写的《德意志意识形态》一书中指出："任何人类历史的第一个前提无疑是有生命的个人的存在"，"这里所说的个人不是他们自己或别人想像中的那种个人，而是现实中的个人，也就是说，这些个人是从事活动的，进行物质生产的，因而是在一定的物质的、不受他们任意支配的界限、前提和条件下活动着的"。① 这就指明了人参与实践活动的物质性界限和前提，指明了"唯物论"同时也是"实践论"，即不是脱离感性生活实践场域的纯概念思辨，而是人亲身经历的具体实践的展开，是借助自我的身体或关联事物作为媒介以改造世界并同时改造自身的实践活动。

"感应论"中的"物"不是简单的物质或质料，而是在主体的实践

---

① 马克思、恩格斯著，中共中央马克思恩格斯列宁斯大林著作编译局译：《德意志意识形态》，人民出版社1961年版，第13、19页。

活动中被直观，而后被主体依其自身理性法则的自觉，并借助媒介或工具予以改造之物。在这种强调感应论的实践活动中，作为意向对象和改造对象的客观化事物与作为意向主体和改造主体的主观化身体，就共同为主体情感和精神所把握。在人的感应中存在的物，可以被界定为"上手物"，以区分于"自然物"和"被造物"。自然物是指先于人存在的自在之物，其本质已被预设；被造物是指因着人的劳动而存在之物，其本质是被植入的。上手物，是指与人正处于实践改造关系中的物，其本质在人的具体劳作即实践活动中逐渐显露和实现。感应论作为唯物论，就是从这种上手状态来理解改造物的。"感应"作为"感物应时"的省称，表明处于上手状态的实践活动中的"物"是与具有当下体验特征的"时"相关的。"物"是时机化当下化状态的"物"，而"时"也是肉身化上手化状态中的"时"。感应论，从主体"感物"而言，是主体从内在性和直观性上建立的与事物的直向关系，此即"喜怒哀乐之未发，谓之中"（《中庸》）。感应论作为实践论，从主体"应时（物）"而言，是主体在一种时机化处境中借助居间性媒介建立的与事物的实践关系，此即"发而皆中节，谓之和"（《中庸》）。

  感物，就是每个人在面对事物和处理事件中都会有的一种内在性和直观性的感觉体验，它是普遍的，是基于自我生命的身体感觉而建立的与事物和世界的内在关系。应时，则是外在化和间接性的，是主体临事而感，并在充分反思中认识到人与万物的关系变化，而后根据此变化做出合适的判断、决策和行动，以实现对世界和自身的改造。儒家所称道的君子和圣人，在与常人因感物而生发各种情感方面并无不同，其差异只是儒家是应时而作。在孔子看来，儒家君子对天地万物及其运动的直观感受，是具有内在感受的直向性的仁善之"质"的特征，这就是孟子所强调的"恻隐之心，人皆有之"（《孟子·告子上》）。而儒家君子因顺应自我主体与天地的内在关系制定的礼乐则具有客体化和媒介化的审美之"文"的特征。儒家强调的"质"与"文"相称，就是"善"与"美"的结合，它既是"感应论"的，也是"中庸论"的，是感觉材料和形式结构的统一。

从历史的角度看,中国的"感应论"思想渊源甚早。在易学中已有"感应论"思想的萌芽,进而产生了在"中庸"维度的平衡与和谐的要求。整部《周易》都在思考个体在面对事物或世界的实践活动中如何感应天时的阴—阳、寒—暑以及人事的得—失、祸—福,从而做出正确选择,以适应或改造世界,免除祸患,获致吉祥福乐。《周易》的这种"感应论"思想,已经蕴藏着儒家的"中庸"思想原则,而这种"感应"与"中庸"思想的早期关联,同时也蕴含着我们现代所说的黑格尔的辩证法所强调的矛盾的对立统一规律,也具有马克思唯物辩证法的思想。唯物辩证法注重在实践中把握事物间的普遍联系和矛盾性,这种唯物辩证法的思想在毛泽东的矛盾论和实践论中得到发展。他认为矛盾有主要矛盾和次要矛盾之分,在同一矛盾中,又有主要方面和次要方面,实践主体要看到实践活动中矛盾的平衡是暂时的,不平衡才是常态性的,故其处理问题应当抓住主要矛盾和矛盾的主要方面,以在实践中辩证地分析问题和处理矛盾。①《周易》有着对于这种唯物辩证思想形象化、数学化和精确化的处理,尤其凸显了一种中国哲学美学所关注的"时""位"和"势",是更具时机化的伦理哲学和政治哲学建构。

对于《周易》所探讨的君子在处理事物矛盾关系中如何做出合适应对的问题,我曾作过专门论述,并将其与孔子或儒家对《周易》精神的继承和发扬关联起来,这种关联就是思考君子作为意识主体或实践主体如何在感应时势中根据"时""位""势"的差异达到"时中"或"中庸"的平衡:

> 孔子曾自述:"加我数年,五十以学《易》,可以无大过矣"(《论语·述而》),又云"五十而知天命"(《论语·为政》),"知天命"就是知道个体生命的"时"与"位",因而可以无过。这就和

---

① 毛泽东:《毛泽东选集》(第一卷),人民出版社1991年版,第320~330页。

《周易》注重"时位"有着密切关系。如《周易》六十四卦就表示六十四"时",每卦六爻又反映不同"时"段的发展,六十四卦"时"和每卦六爻"时"又与人世的"位"相关,有着由下而上依次递进的生命秩序,形成地时(位)、人时(位)、天时(位)。根据这种"位置",就形成"时"与"位"结合中的某种形势:地势、人势、天势。《周易》在"时"与"位"结合中就注重"变"的哲学思想,"《易》之为书也,不可远……唯变所适"。不同的爻位还涉及到当位得正与不当位失正的问题,以及各爻与其余五爻之间所构成的乘、承、比、应的关系,这都蕴含着一种深刻的"时变"精神,体现了华夏先民对于事物秩序与生命位置的权衡把握。①

《周易》所探讨的君子对世界的理解和把握有一种数学化的精确追求,如其从太极到阴阳、四象、八卦、六十四卦,就是以阴阳为偶的零次方到六次方的数学推演,它将阴爻和阳爻在这几个层次推演中发生变化的可能都予以穷尽。阴阳为偶的零次方为数1,是为太极;阴阳为偶的一次方,为数2,是为阴与阳的对立;阴阳为偶的二次方,为数4,是为阴与阳变化的四象;阴阳为偶的三次方,为数8,是为阴与阳变化的八种可能,即八卦;阴阳为偶的六次方,为数64,是为阴与阳变化的六十四种可能,即六十四卦。六十四卦的每卦,都为六爻,象征意识主体或实践主体人生中的六种时、位、势。六十四卦与卦六爻,再加上乾卦有用九爻和坤卦有用六爻,这样共计三百八十六爻,穷尽天地人事之变化。又每卦虽然只有下卦的第二爻和上卦的第五爻得其中位,似处于一种矛盾最为平衡的状态,其他各爻则处于阴与阳、奇与正的不平衡状态,但意识主体或实践主体只要能在这种不平衡中抓住主要矛盾和问题就能转祸为福,转失为得,反之,则为祸易失。

---

① 何光顺:《孔子"中庸"的"时中"境域——兼评当代新儒家心性儒学和政治儒学两条路径》,《哲学研究》2019年第9期。

从《周易》六十四卦每卦的六爻来看，都存在是否当其位得其时的问题。不当位，不得时，则隐而无为；当位，得时，则见而可有为。这种关于不同时位问题的处理就可以看作是儒家"中庸"思想重视合度与适宜，并在不同形势感应中予以实践把握的体现。这种把握最理想的是"无过无不及"的中道平衡，但如果面对的某种情势已经处于"过"或"不及"的不平衡状态时，就需要君子发挥其能动性，做到"过"者"抑"之，"不及"者"扬"之，而这也就是在矛盾的不平衡性中抓住主要矛盾或矛盾的主要方面以及时处理的方法。《周易·艮卦·彖传》释"艮"之卦象："艮，止也。时止则止，时行则行，动静不失其时，其道光明。"这可以理解为意识主体或实践主体重视物之"时"与"位"，并在实践中予以把握的精神的体现。又如《周易·咸卦》，也可以成为"感物"和"应时"而得"中庸"之道的范例。《彖传》释"咸"卦："咸，感也；柔上而刚下，二气感应以相与。"又云："天地感而万物化生，圣人感人心而天下和平：观其所感，而天地万物之情可见矣！"这都是中国易学中涉及"感物"和"应时"并且可以从孔子"中庸"角度予以阐发的重要思想。

最集中记载孔子言行的《论语》谈"兴于诗"或"诗可以兴"，强调要"立于礼"和"成于乐"，也可以将其理解为实践主体在不同时事情境状态下又返回自身、规范自身、立己达人，在各种差异或矛盾关系中获得了平衡与和谐。我们还可以将孔子谈的"兴观群怨"看作是意识主体或实践主体在面向自然人事的真诚感受和介入性实践中的"感物"。在这种感受体验基础上进行反思并借助媒介开展时机考量和礼治实践，就是应时。"从心所欲不逾矩"（《论语·为政》）就是一种感物应时的"中庸"生命境界，既重视生命的感觉和直观经验，又能因顺礼仪规则而获得行动的自由。从哲学美学上说，"中庸"的"感物应时"重视从感觉向观念再到实践的过渡，即"感性的人""精神的人""实践的人"是统一的。在其中，主体赢得一种审美的愉悦感，再升华到伦理的崇高感，最终着落于生活的现实感。孔子谈"诗三百"的"兴观群怨"，讲"兴于诗，立于礼，成于乐"，就是感物兴情的审美直观体验、以礼为规的立德成人和当下实践的修齐治平的统一。

在孔子以后，儒家"中庸"思想在"感物"和"应时"两个维度都得到了相应的发展。《中庸》的"时中"和"发而皆中节"，《孟子》的"时权"，都可以看作是孔子"中庸"的"感物应时"思想的反映。《荀子·乐论》也谈到"奸声感人"和"正声感人"的不同情况，两者都是"中庸"之"感应"思想的实践运用。《礼记·乐记》谈到人心的"感于物而动"，又言"唯乐不可以为伪"，这又是将"感物"和"应时"思想从自然感发角度和身体感受的经验特质角度来予以探讨，表明人因外物激发情感是普遍的，在此感发基础上因其生命的反思而创作的音乐之文，又可以成为辨别人情真伪的媒介，它与礼结合就可以提升个体生命的境界。《荀子·天论》谈到"应时而使"，则是强调人要主动利用天时人事，《荀子·礼论》又言"性者，本始材朴也；伪者，文理隆盛也"，就是在讲意识主体的天性良知之情在具体的实践活动中，如何成为因时制宜的礼乐的问题。我们下文将"感应论"分解为"感物""应时"以及合为"感物应时"几个维度，并将其与儒家"中庸"思想进行关联阐发。

二、感物：重感性直观体验的普遍性与偶发性的统一

感物，是指人对于事物的全方位的具有时空形式的感知觉体验，是人与世界关联的最基本方式，它是个体在生活实践中具有的直观性的感受体验，其所标明的是人与万物发生关联的首要方式是源于视觉、听觉、嗅觉、味觉、触觉的具身化的感官体验。故而，感物是自然的、自发的、自在的，它是一个自然情动、自发心动、自在感动的过程，它往往是从发生论和现象学的角度被描述，而非从形而上学的本体论角度进行概念界定。如《礼记·乐记》谈"感物生乐"，就是表明只有当人在与事物发生具体的视、听、触、感的感官联系的基础上，才会出现"乐"等不

同的情绪或情感状态，这就表明人的意识或情感必有其意识对象，只有在意识与对象发生关系的表象性客体化行为的基础上，才能形成判断性客体化行为，才有关于个人判断事物和主体关系的经验、知识和反思，进而主动调整自己与万物的关系状态，这才有主体意识活动的自为、自由、自觉，才有了荀子说的"应时而使"和《礼记·乐记》的"感乐化人"。我们这里先谈处于自然、自发、自在状态的"感物"。

（一）无心之感：非反思状态下的直观性感物体验的发生

"感"最早作"咸"，《周易》有"咸"卦，其全卦说的就是"感"之义。"咸"无心而"感"，揭示了"感物"源于身体感官体验的自然、自发、自在的本义。大自然无论是无知无识的花草树木，还是有知有识的人类，都有一种阴阳、虚实互通互应的无心之感，即"咸"。这种无处不在的"感"，其实就是阴阳二气的交相应合、强弱升降。这种生命的无心之感，就是"气感"，物本身就是气的运行，此即庄子所谓"通天下一气"，阴阳二气的强弱升降会带来万物的过程性和时间性变化，如四季更替、生老病死等。因此，感物，实际也是感时，从感物到感时的过程，会将那种看似实体不变之物转向虚灵变化之境，杜甫诗"感时花溅泪"，就是诗人感受着阴阳四时、寒暑之变所引发的伤春悲秋之情，这种感情也通于花这样的无知无识之物。因此，中国古人的"物"不是古希腊形而上学哲学体系中最开始寻找的那个始基和本原，而是契合于唯物论所说的在矛盾运动过程中的那样一个普遍联系和相互转化的关系，在易学中就是阴阳二气从矛盾的不平衡朝向平衡又走向不平衡的循环运动。这个阴阳矛盾的循环很重要，它构成了中国美学的"始卒若环"的循环史观和"环形美学"思想。古希腊也有视"气"为万物之本的，但"气"是一个始基和不变者，无法形成阴、阳两种矛盾性质的升降演化的思想。

（二）身体之感：意识主体的交互性活动的生成

咸卦之"感"，既包括了身体感官自然、自发、自在的感受体验，同时又彰显了意识主体交互性活动的产生过程。从整部《周易》或贯穿三代的易学来看，其要害和核心，就是以阴阳推演宇宙和人事，是对身体感受与意识自觉的统摄。一方面，《周易·咸卦》是阴阳男女无心之感的典型表达，其卦辞为："咸：亨，利贞；取女吉。"咸卦象征交感，意为男女的婚姻是亨通吉利的。随后六爻分别讲"咸其拇""咸其腓""咸其股""憧憧往来，朋从尔思""咸其脢""咸其辅颊舌"，这都是男女身体间的不同交感体验，是从身到心的渐次深入过程。《象传》释："咸，感也。柔上而刚下，二气感应以相与。""咸"就是"感"，物有阴阳二气以交感，人有男女以交感，这种来自阴阳二气或男女身体的交感是原始、源初和本真的，也是恒常和普遍的。另一方面，这样一个从浅层次的男女之间的试探到深层次的男女之间情感的交融和升华，又是意识主体的交互性的自觉。这个从本性之质到人情之爱的过程，就是孔子说的"我欲仁，斯仁至矣"（《论语·述而》）。"欲"是一个意识主体的情感与他人发生交互并又付诸实践而得到验证的过程，它不是后世所说的那种否定性的欲望，而是一种肯定性的意识性的自觉，是《礼记·乐记》所言："人生而静，天之性也；感于物而动，性之欲也。"黄寿祺、张善文指出："《咸》卦的主旨，从广义看是普遍阐明事物'感应'之道，从狭义看却是侧重男女'交感'之理。"① 这里的"交感"就是意识主体的交互性活动，是从性静而有"欲"过渡到人情之动，而后有所谓"仁"，如果没有从性之静到情之动的"欲"这个环节，"仁"就不会得到实现。正是这个居间环节，才让性和情得其虚—实、动—静平衡的中庸之道。于是，这种性—情、虚—实、静—动的发生过程，就是事物的感应之道和男女的交感之理，是在具体实践关系中呈现源初生命体验及其过程化的生命活动的展开，是现象学所强调的意识主体在意向性活动中的生命投射与交互。但我们也要注意到，这种从虚静到情动过程中的"欲"虽然已具有肯定性的自觉维度，但它还未能完全转向反身性，同时也是反思性的

---

① 黄寿祺、张善文：《周易译注》，中华书局2016年版，第235页。

自我改造和主体性的确立维度。

（三）意识之感：偶发性与普遍性统一的时间意识的生成

"感"作为"咸"的后起字，《说文》释云："感，动人心也。从心，咸声。""咸"不只是"感"的声旁，两者在字意方面也有会通之处，"咸"就是"感"，《说文》指出："咸，皆也，悉也。"《庄子·知北游》："周、遍、咸三者，异名同实，其指一也。""感"与"咸"通，表示一种交感的普遍性和恒常性，实际上就是阴阳二气周流万物，并在矛盾演化中推动万物发展。《周易·杂卦传》又云："咸，速也。"这是说咸卦的感是神速的。"集解"引虞翻义："相感者不行而至，故速也。"①这是指感的偶发性、瞬间性和不可预测性，这就涉及一个"时间性"维度，也是现象学所说的"内时间意识"问题，即非外在物理或钟表计量时间，而是意识主体在实践活动中的感觉时间或意识时间。《礼记·乐记》对这种内时间意识的感知及其表现形态作了一个发生学的说明："凡音之起，由人心生也。人心之动，物使之然也。感于物而动，故形于声；声相应，故生变；变成方，谓之音；比音而乐之，及干戚羽旄，谓之乐。"这里谈到了人的意识如何在物事的感发中外化为歌声、旋律等音乐形式，以重构世界或表现自我与世界的关系的过程，这个过程包括内意识时间的感知与客体化时间的可观测性，就将某种偶然的感发通过可普遍化的形式表现了出来。南朝梁诗论家钟嵘《诗品序》谈"气之动物，物之感人"也同样涵摄了内时间意识和客体化时间的双重维度，如其所云"春风春鸟，秋月秋蝉，夏云暑雨，冬月祁寒"就关涉着春夏秋冬的客体化时间，是人的意识主体所感受到的物之生命形式的呈现，万物的生命节奏变化，就生成为人之意识主体的内意识时间感知，并被语词命名而确定为春、夏、秋、冬四季的客观时间。同时期刘勰《文心雕龙·物色》言："是以诗人感物，联类不穷，流连万象之际，沉吟视听之区。"

---

① 李鼎祚撰，王丰先点校：《周易集解》，中华书局2016年版，第551页。

又云："是以献岁发春，悦豫之情畅；滔滔孟夏，郁陶之心凝。"这同样揭示了一种内意识时间和客体化时间的关系。从《周易》的咸卦到后世诗论中论及的四季气候变迁与诗人情感的关系，我们都可以看到，交感和感应已经不再局限于两性的空间化形式的交感，而涉及更深刻的时间性过程演变，其既有可诉诸身体感官的渐进、恒常和普遍特征，也有逐渐超出感官所可感触的短暂、瞬间和非时空形式的神秘性和不可预测性。

（四）意识对象的被给予：感物体验中对物之本体的搁置

中国文化对"感物"中"物"的理解也是从生活的具体实践中的感受体验来予以现象化的描述，即悬置了是否存在"物本身"或"物自体"的形而上学的本体论预设，而只是对纯粹现象或意识现象的直观表达，此即《庄子·达生》所言："凡有貌象声色者，皆物也，物与物何以相远？夫奚足以至乎先？是色而已。"貌、象、声、色，属于身体感官和意识活动直接可视、听、触、感的范围，事物的差异若只在这可见的感官形式中，那只能是实践活动的具体结果。《周易·系辞上》载："精气为物，游魂为变。"这是从发生论的角度表明物是由阴阳二气凝聚而生，当这凝聚的精气离开物形就由生变为死。《庄子·达生》云："则物之造乎不形，而止乎无所化，夫得是而穷之者，物焉得而止焉。"这就是说"物"是从"不形"的阴阳二气凝聚而生，跟随这易变又不易的道，就不会与万物有什么阻遏摩擦。在这种跟随万物的生灭变化中，"一其性，养其气，合其德，以通乎物之所造"，就会使自身与自然相通。可见，"貌象声色"是物之现象直观反映，阴阳二气不可测的变化则是物的动态生成，而这又都是意识主体在感物体验中对于物之本体的搁置，是表明"物之所造"的"一"或"道"不过是意识对象在意识活动或唯物论的实践活动中被给予的一种意识的统一性。

（五）意识之物是观念本质的投射：意识活动重构对象

《说文》释："物，万物也。牛为大物，天地之数，起于牵牛，故从牛。勿声。"王国维《观堂集林·释物》指出"许君说甚迂","古者谓杂帛为物，盖由'物'本杂色牛之名，后推之以名杂帛"。①"物"字演变轨迹是："杂色牛"到"杂帛"再到"万物"。这也是庄子从"貌象声色"命名"物"的路径，表明"物"是可以感触体验的。所谓"物一无文"（《国语·郑语》），"物相杂故曰文"（《周易·系辞下》），"物一"即"道"，还处于一种无形象的不可见状态，此也可称为"神"；"物相杂"，即物的形象状态的出现，此也可称为"文"。《太平经》云："夫神，乃无形象变化无穷极之物也"，"故神应天气而作，精物应地气而起，鬼应人治而斗。此三者，天地中和之疾使，随神气而动作，应时而往来，绝洞而无间，往来难知处"。② 这就突出了"神"之"无形象"与"变化"的特征，此"神、精、鬼"的变化就是"时"，是"内时间意识"的统一性，是意识主体或实践主体在意识活动中给出的意向性的投射，也即所谓的人的本质力量的对象化生成。男女的交感、人与万物的感应，要害就在这通"一"之"神"。这"神"不是形而上学的本体存在，它将会在"应时"的环节，即在意识活动和实践活动中给出一种空间性和时间性的形式建构，"祭如在，祭神如神在"（《论语·八佾》），就是祭祀活动中的主体投射其观念本质以重构对象的内意识活动，它能让祭者在礼祭的虔诚中感觉到"神"的到来，而这就是"应时"（也即"应物"）的实现，是被感受和理解之物的临现和到场，"神灵"通过祭祀仪式获得其可感性。

（六）人与物相亲：实践哲学在面对"上帝"之死重建生存的地基

从词源义看，中国哲学的"感物论"，就是一种人与万物交互感应的思想，这里的"人"是作为意识主体的实践性存在，这里的"物"

---

① 王国维：《观堂集林》，中华书局1959年版，第287页。
② 王明编：《太平经合校》，中华书局2014年版，第452、691页。

不是预设本质的纯外在客观的存在，而是主体在实践活动中所遭遇的关系之物。这种"感物论"是从阴阳二气交感的"气感"发展而来的，气的"阴—阳"对反形式，是意识主体对于所遭遇和感受物之生命变化的形式化构造。"气感论"重视阴—阳、男—女之间具有普遍性与偶发性的统一状态，它从万物的具体可感的空间性形式和时间性过程上升到不可见的"神"或"一"的状态，它强调一种身体感官的感受性体验。这种"气感论"逐渐泛化为一般的"感物论"。中国哲学的感物，就是以亲物、利物、用物的态度将人引向与物的和谐关系，这就需要在"应时/应物"环节来实现。这种感物精神与西方哲学在其源头处，重视以逐物、斥物、贬物的态度将人引向对于"神"或"上帝"的膜拜与敬畏有着根本性差异。西方哲学是以人指向"神"为目标的，斩断人与物的关系，强调人与"神"的同一性本质。如古希腊神话中的人首狮身的斯芬克斯以跳崖自尽宣告人与物的混沌和谐关系的死亡，标明追逐同一性的理性开启了其压制感性的历史进程。在犹太教的《旧约》中，引导人去亲近感受食物之美味的蛇被"上帝"惩罚以尘土为食，被物色引诱的夏娃和亚当，分别被罚以生育之苦和劳作之苦，这就表明西方哲学在否定物面向神圣的普遍性，它弃逐了特殊性和偶发性，它要求取消由物来承担的中介或媒介的环节而直接通达神圣，它把人借助物来实现对"神"的抵达看作是偶像崇拜。中国哲学则主张人在具体感受物中去体物、格物、利物、亲物、观物、用物，重视个体生命与万物间具有偶发性和特殊性的关系，认为必须借助在上手关系状态中的物作为媒介或中介，才可通于"神"或天道。这样，中国哲学的"神"虽然同样不可见，但可以在个体的实践活动中借助居间性的媒介现身和被理解。中国上古神话的盘古开天地、女娲补天、大禹治水、夸父逐日，《庄子》的混沌寓言等，就是在具体的实践活动中呈现出人与万物分际中的感通。这种从具体实践活动中明确的"神"人关系，就转化为儒家的礼乐伦理与礼乐形式。由此，持守礼乐的儒家君子就在人—物—"神"的间隔、区分又兼通、贯通中明于天人之际，尽人事，安天命。

三、应时：重实践的经验综合与理性自律

应时，是指人顺应事物或时势，它有强调主体自为、自由、自觉地践行规律以顺应天时和人事之义，其所标明的是人与万物关联中的知性判断和理性自律，它强调人需要在临事而感的基础上又反思自身与事物的关系状态，进而借助中介或媒介之物，以超越感官的直接性、内在性体验和感受，实现从感觉到经验再到观念的升华，再将反思性的观念作以客体化和对象化的投射与创造。在中国先民的观念中，物作为阴阳二气的凝聚而生成，并随二气的消长有过程性和时间性变化，故"物"不是被从实体的角度予以理解，而是从时机化角度被体认，故中国人说的"应时"是与"应物"相通的。这种"应物"或"应时"，就是主体在具体实践活动中借助媒介改造自身或世界的客体化过程，它也是从内在直观感受体验到诉诸外化时空形式的建构，是从可能性到现实性的展开。

（一）感而后应：对感觉经验予以综合的知性判断

我们先看应物、应时的"应（應）"。《广雅·释言》："应，受也。"《广韵》："应，物相应也。"这表明事物或人与事物之间会自然相应，人或事物相互之间，就像镜子一样如实反映或映照出自己所接收到的来自外物的影响。但"应（應）"的字形表明其又倾向于有心的察知，它是后于"感"的。如《庄子·刻意》"感而后应，迫而后动，不得已而后起"，《庄子·齐物论》"枢始得其环中，以应无穷"。庄子虽然强调人要顺应自然，要无心无为，但其所说的无心无为，并非是完全的混混沌沌、无知无觉，而是指无成见、偏见，即要搁置日常生活的习见和历史观念的偏见，而后在意识主体的反身性自觉中，去顺应物情与人情以重新构造或改造世界。《管子》也多论及"应"，其含义与《庄子》相通，如《心术下》"极变者，所以应物也"，《心术上》"君子之处也，若无知，言至虚也。其应物也，若偶之，言时适也。若影之象形，响之应声也"，

《轻重甲》"轻重无数。物发而应之,闻声而乘之",这是指主体应随事物变化之意,它虽然也讲"无知",但其真意是"若无知",即只是看起来无知,而实际是在实践活动中对于感觉经验予以综合的知性判断和付诸行动的自觉。在这种知性判断中,有着主体的自为、自由、自觉,有着随感觉经验而随时生发的意识沉淀,它要求摒弃形而上学的静态之物或主客体的二元分割,以在无所执着中达到心随物转的意识不断生成和流动的状态,从而对于自己所面对的复杂形势做出合适回应,这就是知性连接感觉材料的作用,是马克思主义唯物辩证法所说的人在改造世界中实现自我本质的对象化,是人的自由创造的实现。

(二) 敬授人时:情时直观与实践改造中的儒家礼乐伦理建构

分析"应时"的"时(時)",我们可以借助张祥龙在诠释儒家礼乐思想时提出的"情时直观"概念。在张祥龙看来,儒家的礼乐伦理思想重视一种"情时直观"的时机化感受和体验,"情时直观"的"情"是一种本源和源发的天性和至情,而"时"是一种艺术化的当场生发的时机。① 只是张祥龙过于强调"直观"意味,可能忽略了与"情时直观"相伴随的意识主体借助居间性的媒介所开展的间接性和个体化的改造活动。故"情时直观"就有转向反思重构或实践改造的过程,就有一个从"天时"到"人时"的实践转化。《说文》载:"时,四时也。从日,寺声。旹,古文时从之、日。"《玉篇·日部》云:"时,市之切。春夏秋冬四时也。"《黄帝四经》讲"日月星辰之期,四时之度","动静不时谓之逆"。②《管子·形势解》载:"春者阳气始上,故万物生。夏者阳气毕上,故万物长。秋者阴气始下,故万物收。冬者阴气毕下,故万物藏。"

---

① 张祥龙:《礼是理解孔子的人生和思想的要害》,2022 年 6 月 10 日,https://www.thepaper.cn/newsDetail_forward_18512379。

② 陈鼓应注译:《黄帝四经今注今译——马王堆汉墓出土帛书》,商务印书馆 2007 年版,第 115、100 页。

这几处的"时"都指"四时""天时",是人观察天地万物及其运动的基础上,借助天干地支等媒介化的形式,来进行自然时序和人类历史的演绎、归纳、综合判断乃至对于未来进行概率性而非宿命化的预测。儒家礼乐伦理思想重视在诗的兴发感动基础上,以礼乐为形式的观念技术和身体技术的实践展开,此即居间性媒介的运用。《尚书·尧典》载"乃命羲和,钦若昊天,历象日月星辰,敬授人时",《孟子·万章下》赞扬孔子为"圣之时者",《礼记·礼器》云"礼,时为大",这里的"时"或"人时"已经与"礼"相配合,"礼"就是在生活实践中的时间性感知基础上制定的仪式程序,是借助媒介对于万物之情的感通和呼应。《论语·述而》载:"子在齐闻《韶》,三月不知肉味。"张祥龙称其为"闻韶大悟",认为"这种乐,能够让人前概念地明了人生的至理和至时(也就是命运)"。① 这种"至理"和"至时"是时机化和生活化的,是意识主体借助韶乐这样一个居间性媒介所达成的自己与世界的和谐关系,它以"肉味"即人享受肉食产生的感官味觉作为世俗生活的极致体验,但音乐更甚,至高的音乐感唤起的生命体验是超越了这味觉的感官享受的。

(三)礼乐应时而作:身体技术与观念技术的综合演练

在君子敬授人时、制礼作乐的实践活动中,一种"情时直观"的身体技术和观念技术被运用了起来。如儒家的礼,从词源学上说和"体"相关,所谓:"礼也者,犹体也。体不备,君子谓之不成人"(《礼记·礼器》)。"体"不同于"身","身"是人的身体躯干,"体"是身体之感觉器官的总名,它包括:顶、面、颐,首属三;肩、脊、臀,身属三;肱、臂、手,手属三;股、胫、足,足属三。这样,"体"和"身"就是既相区别又相联系的,身如树干,体如枝叶。身是体之所依附,身更具静态性,而体更具能动性。"身"和"体"结合,就有一种从混沌向具

---

① 张祥龙:《礼是理解孔子的人生和思想的要害》,2022 年 6 月 10 日,https://www.thepaper.cn/newsDetail_forward_18512379。

体的展开,此即笔者所曾指出的:"'身'与'体'合而成词,就有了从人之躯干到人之体属的具体化展开,就有了十二属的首属、身属、手属、足属的各种知觉;这些知觉让'身'通过'体'来实践('技')而后实现与'物'贯通,从而就有了'万物同体'的'一体感'。"① 儒家的"乐"是声和音结合发展出来的,即人与万物在相互应和中发出"声"(声响),按一定方法和规则变化形成"音"(音律),排比音律而成曲调,并用干戚和羽旄配合而成"乐"(乐曲)。声—音—乐,就是一个从自然发生到人的实践活动中的技术调节的过程。声,可区分出宫、商、角、徵、羽五声;音,可区分出丝、竹、金、石、匏、土、革、木八音;乐,则变化无穷,体现着生命和万物秩序的应和,是个体生命对于万物一体性的回归。孔子作为"圣之时者",因时制礼作乐,就在于体天地之仁而复礼以归仁,作乐以崇德,就是在对世界的直观经验基础上的理性自觉,是身体技术和观念技术的综合演练与形式化表达。这种形式化表达,都有一个"时"寓于其中,无论天地万物因其阴阳二气运行而有的天时变化,还是人世的盛衰祸福中的人时际遇,都当借助礼乐作为媒介的伦理化形式才能实现出来,没有礼乐和时的配合,人就会落入混沌无知的动物状态。《左传·昭公二十四年》载:"夫礼,天之经也,地之义也,民之行也。"《礼记·乐记》云:"乐者,天地之和也","乐由天作"。这都是将礼乐作为自然人事的最高法则和根本秩序,即礼乐是天时转向人时的一种综合性媒介形式,是实践活动中的一种生命伦理秩序建构。

(四) 应物与应时:顺应时势中的损益之道

圣人制礼作乐,或复礼归仁,以顺应天地之时或体天地之仁,就是《周易》所言的圣人"以神道设教",即先对人与自然关系中的感性体验

---

① 何光顺:《身体技术演练中的感知觉回归——从庄子视角看技术的肉身性与人工智能的未来》,《福建论坛》(人文社会科学版) 2022 年第 2 期。

与知性经验进行综合判断，再以理性的自律方式，让人遵守后天的人文礼法。道家所谈顺应事物和时势，强调的主要是无为，其对于已经确立的礼乐也不会与之对抗，而是在顺应中保持心灵的自由，此所谓"外化而内不化"，"其用心不劳，其应物无方"（《庄子·知北游》）。在变化形势中的"应物"就可以看作是意识主体在实践活动中借用不同的媒介、策略或方法达至生命的自由境界。明代小说《西游记》也记有："这猴王自从了道之后，身上有八万四千毛羽，根根能变，应物随心。"这里的"应物"即受到道家影响，有顺应事物和时势之意。儒家君子则强调"应时"，如《荀子·天论》载："望时而待之，孰与应时而使之。"此"应时"就不是道家的顺应自然时势，而是强调要以人的主动作为来驾驭自然万物。荀子将"礼"视作自然人事的根本法则："天地以合，日月以明，四时以序，星辰以行，江河以流，万物以昌，好恶以节，喜怒以当，以为下则顺，以为上则明，万物变而不乱，贰之则丧也。礼岂不至矣哉！"（《荀子·礼论》）在荀子看来，人的本性是质朴的，只有礼才让人有了文饰，所谓："性者，本始材朴也；伪者，文理隆盛也。无性则伪之无所加，无伪则性不能自美。"（《荀子·礼论》）扬雄《法言·问神》载："故夫道非天然，应时而造者，损益可知也。"① 《汉书·何武传》云："武为刺史，二千石有罪，应时举奏。"这里的"应时"，也有着根据自然经验的知性综合判断和理性规则的自律，即按礼法行事之意。

（五）过犹不及：只有在应时中才能判断个体言行的适当与否

《论语·先进》载："子贡问：'师与商也孰贤？'子曰：'师也过，商也不及。'曰：'然则师愈与？'子曰：'过犹不及。'"师，指子张；商，指子夏。朱熹注："子张才高意广，而好为苟难，故常过中。子夏笃信谨守，而规模狭隘，故常不及。"② 此段在说子张多按本性做事，有率

---

① （汉）扬雄：《丛书集成初编·法言》，中华书局1985年版，第13页。
② （宋）朱熹：《四书章句集注》，中华书局1983年版，第126页。

性而为之意，但过度肆意便是鲁莽，是过于质，而弱于文，即在礼的规矩约束方面不够；子夏谨守礼法，是过于文，而弱于质。因此孔子认为两者都各有所偏，即所谓"过犹不及"，就是未能做到"中庸"。而"中庸"就是要求人在其具有强烈感受性的情感生命体验中，还需要以礼法规则来约束自身，从而达到感官性身体经验与伦理性礼法规则的平衡。这种平衡就是君子的感物应时，是天人合一、物我和谐之境。《中庸》载："喜怒哀乐之未发，谓之中。发而皆中节，谓之和。"这也是对于"中庸"的"感物"和"应时"思想的阐发。"未发"的"喜怒哀乐"是君子"感物"的状态，是身体感官的直觉体验；"发而皆中节"则是君子"应时"的见之于外的行事和回应，是在主体性的内在生命觉知基础上的具有仪式性和审美性的礼乐实践活动的展开。

四、感物应时："中庸"哲学重"居间性"和"媒介化"的方法论自觉

人观眼目所见之物，首先看到的是其空间形式。人感受到的事事物物的过程性变化，兴盛衰亡，是时间性的觉醒。空间和时间让世界获得了区分和间隔，但人在其感应世界万物的过程中又跟随其所察知的时空形式差异以重建自我与世界的关联，实现自我与世界的贯通，从而达至生生化境。为达此境，感物、感时、应物、应时，就是华夏先哲探索的与万物沟通之途。以词义言，"感"是身体的经验感受，它首先涉及的是事物的色彩、结构、节奏、线条等具体因素，呈现的是物和人之间的一种直接关系，"应"是主体具有理性自律的见之于实践的行事和回应，呈现的是物和人之间的一种间接关系，是意识主体对事物的概念命名或实践改造。"感应"合而成词，就构成了中华美学的"感应论"，它在孔子开创的"中庸"思维中获得方法自觉，注重"两极性"的平衡，实现了"知"和"行"的统一。感应和知行，就是儒家君子和道家圣人在其无执不偏的意向性活动中的反思性践行，它涉及两个意向相关项，即物与

时。物与时是关联性存在,是君子或圣人感受体验与觉知行事的发生性和过程性存在。物不仅是指具体的事物,同时也是与具体事物关联的事件;时不仅是天时、四时,而且是因应自然人事的法则和秩序的确立,在人所觉知的变化中呈现出自然的生命时间和人际关系中的伦理时间的统一。物实而时虚,感于内而发于外,"中庸"必关乎这虚与实、内与外的过程性转化。

从词源学释"中庸",同样涉及从自然的感觉经验状态进入人伦的礼乐秩序关系。《说文》释"中":"内也。从口、丨,上下通。""中"在甲骨文属象形字,♣、♣、♣,为旗旒之象形,像竖立的一面旗帜,上下各两条旗旒向左飘动,方口为立中之处,代表中间。金文旗旒向右飘动,如♣。"中"即带旒之旗,具有测定风向的作用。胡念耕指出:"古时每逢大事,君王必建旗击鼓致民,而君王必立'中'位以号令指挥(卜辞就有'王立中'的记载),久而久之,推而广之,'中'就表示一切之中,就象征君位所在。"① "中"由居中的旗旒能测定风向的象形义而引申出中央、内里、中介、媒介等多重含义,其音读作 zhōng,又进而引申出得当、符合、射中目标等义,其音读作 zhòng。这里尤其值得注意的是,"中"的中央、内里之义,有一种直接性和内在性的意味,而中介、媒介则是间接性和居间性环节的存在。中央、内里含义接近《中庸》"喜怒哀乐之未发,谓之中"之"中"(zhōng)之义,是指人与万物还处于一种初始接触的身体感受状态,它最初是一种内在直观体验,还未经反思而呈现混沌性。中之得当含义契合《中庸》的第二句"发而皆中节,谓之和"之义,这里的"中"(zhòng),是指个体生命在实践活动中的举措放宜。所谓契合就在于,它是"中"的中介、媒介这两个含义所呈现的意识主体在其反思性的活动中,借助了媒介或中介,而后有了"中"的引申义如得当、符合、射中目标等含义,它是主体借助居间性媒介化的实践展开。

---

① 胡念耕:《孔子"中庸"新解》,《社会科学战线》1997 年第 2 期。

再看"庸"。《说文》解:"庸,用也。从用从庚,庚,更事也。《易》曰:'先庚三日。'"这里是说"庸"就是"用",但此非"庸"之本义,在甲骨文中"庸"字原义为占卜所用之器物,其字形为:👁、👁,后亦指涉祭祀或庆典所用的器物或乐器。甲骨文字形上部为"庚",下部为"用"。郭沫若认为"庚"乃有耳可摇的乐器(《甲骨文字研究·释干支》),"用"作声旁,表示音读。"庸"假借为使用之义后,本义为假借义所取代,分化出从金、庸声的"镛"字。《经典释文》释:"庸,如字,依字作镛,大钟也。"《尔雅·释乐》曰:"大钟谓之镛。"陈初生推测:"庸之本义恐也是一种乐器,很可能就是'镛'字的初文。"① 这个"庸"原作占卜之器或后指祭祀或庆典所用器物或乐器,实际上也是人与"神"之间的居间性媒介,而后这个作为器物的"庸"被"镛"所取代,"用"就只被用于使用、采用、运用等日常实践活动,但那种作为器物或乐器沟通"神"人的居间性和媒介化含义并没有完全消失。故而,《庄子·齐物论》云:"为是不用而寓诸庸。庸也者,用也。"庄子说的"庸"具有"无用之用"的含义,它与"庸"本义以礼器、乐器作为媒介以祭祀"鬼神"的无用之大用含义相通,即圣人以祭祀完成人与"鬼神"既有分际又贯通之礼,此即感物与应时的统一。

君子之中庸,包括"感物"与"应时"的"两极性"平衡以及居间性媒介的运用。所谓"两极性",是指"两个事件之间的一种关系,每一个事件都把另一个事件作为自身存在的必要条件","两极性的显著特点是,每一极只有通过另一极才能得到解释,'左'有赖于'右','上'有赖于'下','自我'有赖于'他我'"。② 感物,是主体对事物的感受感通,具有内在性和直接性,它可以被理解为事物的形式、色彩、声

---

① 陈初生:《金文字典编纂的继承与发展》,曾宪通主编:《古文字与汉语史论集》,中山大学出版社2002年版,第162页。
② [美]郝大维、安乐哲著,蒋弋为、李志林译:《孔子哲学思微》,江苏人民出版社2018年版,第9~10页。

音、线条直接被意识主体的视觉、听觉、触觉等把握并激发其某种内在感动；应时，即主体在被外物引发感触中又反思自身，并在确立其与外物关系中合适应对。感物与应时，有物来感我和我主动合适地回应物之义，这里物与我就构成了相互依赖和相互成就的两极，交相往还，就建构出了主体生命本身及其所关联世界的时间秩序，并在某种自觉叙事中生成为历史秩序。这种两极性的交互，要确立为可被具体化客体化的时间秩序和历史秩序，就需要有居间性的媒介环节，而这就是"制礼作乐"或"设教"。如《周易·观卦》载："观天之神道，而四时不忒。圣人以神道设教，而天下服矣。"此"设教"即周公的"制礼作乐"，是借助礼乐的媒介建立起人与"神"或天道的交互性关系，从而摆脱人和世界的直接关系，这也是上古神话"绝地天通"的寓意所在。借助媒介和中介沟通天人，即在践行"中庸"之道。

这种"中庸"之道，有几个特点需要注意：一是从内在性转向外在性，二是从自发性走向反思性，三是从直接性走向间接性，四是从沉思性走向实践性。这四个特征，就是借助"感应"美学从"感物"到"应时"这样一个过程所体现和揭示出来的。孔子批评子张做事容易"过"，就是子张一被外物所感就即刻行动，还处于自发性和直接性之中，没有经过反思环节，没有借助居间性的媒介之物去周全妥善地行动；批评子夏做事"不及"，就是说子夏一旦被外物所感就始终处于内心的思虑迟疑状态，还停留于沉思性和内在性，未能转向外在性和实践性。又如孔子批评"郑声淫，佞人殆"，肯定"诗三百，一言以蔽之，曰'思无邪'"，郑声或说郑卫之音，是不合"中庸"之道的，之所以如此说，是因其"淫"，淫，即任性、放纵，本性情感被外物激发而奔逸却无节制，这种淫乐又是郑卫之地淫奔风俗而坏婚嫁之礼的现实的折射，嫁娶无私而男女私相奔会，这就让人跌落至原始动物的状态，文明世界的婚姻制度的确立，就在于它必须借助居间性的媒介环节，在先秦是要有父母之命、媒妁之言的，要有三礼六聘，男女间的关系才从情性之动中的自发自然直接性结合进入将双方关系与天地"神祇"、先祖父母关联起来的整体性环节，才有了借助主体理性的反思性环节和礼乐的间接性媒介获得一种外在性和实践性秩序的确立。孔子肯定"诗三百"，其中也有郑卫的诗歌，但这些诗歌已经是郑卫之地男女在未借助礼乐媒介而自发直接结合导致灾祸或不幸后的反思与忏悔，这些诗歌从反向和否定环节与雅颂之音的弘正、肯定环节构成了内在的张力，也是唯物辩证法所重视的矛盾对立中的统一。让矛盾呈现并在其不平衡中去思考如何达到平衡与中和，这也是"诗三百"所写之情向礼乐伦理的实践秩序的转化。

五、小结

"中庸"思想在孔子之后还有很多发展，但都可以与"感应"美学形成互释。《中庸》所论"时中"，《孟子》所论"时权"，《庄子》所谈"与时俱化"，《礼记·礼器》所谈"礼，时为大"，都暗含着人在被外境或物事所影响后要在充分反思的境况下正确地使用礼，从而实现"感物"之"知"和"应时"之"行"的统一之义。只有这样，才能做到如康德所说的"思辨理性"与"实践理性"的统一，才能将康德所说的"精神，在审美的意义上，就是指内心的鼓舞生动的原则"① 实现出来。康德说的"审美"实际上就存在着主体在感知和领会一种"精神"中的居间性和媒介性环节的确立。康德讲到人直接在一艘漂浮于大海的惊涛骇浪中的小船上时，他不可能去观察事物的美丑，也无所谓"精神"的鼓舞生动原则的确立和实现，而只有他于远处的安全的房屋中"观"惊涛骇浪，或进而将其绘于笔端时，人心受到外境和事物的影响才会将其定为审美对象，这就是"中庸"又作为"感应"美学的居间性和媒介化生产或创作的实现。

最后，我们要指出，中国的"感应"思想虽然萌芽极早，最早可见

---

① ［德］康德著，邓晓芒译，杨祖陶校：《判断力批判》，人民出版社2002年版，第158页。

于殷商和周人的始祖神话以及三代对于天命赏善罚恶的信仰中,但只有在孔子"中庸"思想和概念提出之后,它才获得了一种理性的原则和方法论的自觉运用。孔子以前的"感应论",虽然也已经有了从感性体验走向理性实践的自觉,但这其中的具体方法和思维结构还没有被完全揭示出来。孔子"中庸"的思维方法让"感应论"在对偶、对立或对应的两极之间发现其居间性的媒介环节,这就促成了"中"与"两极"构成一个思想的三角形或三极结构,它已打破了两极对立而让两极在不平衡的运动中呈现出一个不断变化的居间点或中间转化点。这种居间的可具体化的媒介又具有虚化的居间性,如此便构成了"感应论"的千样百态之变体。当然,"中庸"思维方法在后世并没有被很好地继承或得到更充分的发展,这就是另外的话题了。只是我们应当看到,"中庸"概念的提出,无疑是中国思想史的一大创造,它让中国早期的感应论哲学美学在那个特定条件下,获得了理念和方法、伦理与审美的高度统一。

批评与辩护：契嵩仁学建构的三个进路*

张培高　马春玲

契嵩系宋代禅宗云门宗名僧，世称"明教大师"。契嵩与欧阳修同龄，盛年之际正系儒士"慕韩退之排佛而尊孔子。东南有章表民、黄聱隅、李泰伯，尤为雄杰，学者宗之"① 之时。欧阳修实亦是其中的健将。于此，契嵩先后撰写了《原教》《孝论》等系列调和儒、释的文章，经过他的不断努力，据说达到"由是排者浸止。而后有好之甚者，仲灵唱之也"② 之非同凡响的效果。学界对其儒、释一致的思想已多有关注，成果相当丰富，而遍检文献后发现，对其"仁学"则几乎无专文论述③。

---

* 本文发表于《西南民族大学学报》（人文社会科学版）2022年第10期，原文名为《宋儒仁学建构的激励者——契嵩批评韩愈仁学的三重进路》，文章内容有所改动。

① （宋）陈舜禹：《明教大师行业记》，载（宋）释契嵩撰，纪雪娟点校：《镡津文集》，西南师范大学出版社2016年版，第8页。

② （宋）陈舜禹：《明教大师行业记》，载《镡津文集》，第8页。

③ 这方面的论著比较多，如代表性的著作就有：蒋义斌：《宋代儒释调和论及排佛论之演进——王安石之融通儒释及程朱学派之排佛反王》，台湾商务印书馆1988年版；陈雷：《契嵩佛学思想研究》，宗教文化出版社2008年版；洪淑芬：《儒佛交涉与宋代儒学复兴——以智圆、契嵩、宗杲为例》，大安出版社2008年版等。这些论著都未对其"仁学"进行专门分析。

尽管调和儒、释是契嵩念兹在兹的基本主张，然而其佛教的立场并未有根本的改变。所以理解其仁学思想应与理解其"中庸""性情"等思想一致，务必从此立场加以把握，如此才能得其真意。纵观其仁学思想，有三个显著特点：其一，仁义并非是先天的本善，而是后天教育的结果；其二，以《中庸》的"中庸""诚明"作为"仁义"的根据；其三，其仁学的主张具有强烈的针对性，即主要对韩愈的"仁义"界说。

一、仁义的本质：情之善者

唐代的韩愈，面对佛学的严重挑战，率先扛起了反佛的大旗。尽管其举措既粗糙又粗暴，然而其气魄与勇气给予了宋人巨大的精神动力，故有儒士们纷纷"慕韩退之排佛"。在此背景下，契嵩发现要有效回应儒士对佛教的激烈攻击，必须攻其源。于是先后写了《原教》《广原教》《非韩》等系列文章，从各个方面较系统与全面地对韩愈进行了批评。二人的关注点在某些方面是一致的，性情论便是其中重要与关键的一点。韩愈在《原性》中以董仲舒的性情论为基础对孟子、荀子和扬雄的主张进行了批评，认为性与情是生而具有的，上品之人的性是善的，中品之人的性可善可恶，下品之人的性全为恶。而按先秦儒家及韩愈本人的看法，所谓"善"当然是指先天便具有仁义等品格（"所以为性者五：曰仁，曰礼，曰信，曰义，曰智"）。契嵩根本不同意这种看法，换言之，契嵩之观点并非与韩愈完全不同，而是在根本点上与之不同。就其同而言，有两点：其一，韩愈对仁义有"博爱之谓仁，行而宜之之谓义"的界定。对此契嵩也是认同的，"仁者何？惠爱之谓也。义者何？适宜之谓也"①。其二，与韩愈一样，契嵩也认为性情是生而具有的，他说："万物有性情，古今有死生，然而死生性情未始不相因而有之"，"物有性，

---

① （宋）契嵩：《原教》，载《镡津文集》，第13页。

物有命，物好生，物恶死，有血气之属皆然也"。①

不过与其同相较，其异则是更为根本的。他们根本的区别在于性论上。契嵩不仅不同意性三品的等级性，而且也不认为"善性"之依据在"仁义"之五常。具体言之，契嵩认为韩愈性论的依据是无效的。

> 仲尼曰"唯上智与下愚不移"者，盖言人有才不才，其分定矣……苟以性有上下而不移也，则饮食男女之性唯在于智者，而愚者不得有之……韩子之言，其取乎仲尼所谓不移者也，不能远详其义，而辄以善恶定其上下者，岂诚然耶？②

皇侃、孔颖达皆从人性的等差性上解释"上智与下愚不移"，韩愈亦如是。这些解释在契嵩看来实无道理。因为孔子之意在于描述人的才能高低之别，与人性无关。若以此作为人性有上下之别的根据，必然会导致违背日常之理的悖论，即饮食男女之性，只有智者才有而愚者没有。换言之，在契嵩看来，人性不仅是平等的，而且是不能以"善恶"言之的，能述的是"情"，即"善恶，情也，非性也。情有善恶，而性无善恶者何也？性静也，情动也"③。从面上看，"动静"似脱胎于《礼记·乐记》"人生而静，天之性也。感于物而动，性之欲也"④，但实际上，两者只是形似，神则根本不同。《礼记·乐记》所说的"静"是指人未受到外界环境的影响，心灵保持一片宁静。通俗地说，心灵一片空白，没有任何杂念。而契嵩所说的"静"实指"净""寂"。

理解契嵩对"性"的界定是理解上述两字含义的前提。对于"性"，他说："天命则天地之数也，性则性灵也。盖谓人以天地之数而生，合之

---

① （宋）契嵩：《原教》《广原教》，载《镡津文集》，第10、39页。
② （宋）契嵩：《中庸解》，载《镡津文集》，第85页。
③ （宋）契嵩：《中庸解》，载《镡津文集》，第85页。
④ （汉）郑玄注，（唐）孔颖达疏：《礼记正义》，李学勤主编：《十三经注疏》，北京大学出版社1999年版，第1083页。

性灵者也。"① 这一说法源自宗密："身心各有其本，二类和合方成一人"，"从父母禀受二气，与业识和合成就人身……三才中唯人灵者，由与心神合也"。② 由此可推，"天地之数"与"气"有关，"性灵"则与"心"相关。"天地之数"源自《周易》，实指"阴阳之数"，就是"气"，正所谓"万物有数……以数知变化之故，以分见天地之理……气凝而生，生则有饮食，气散而死，死则与土靡，是人道之分也"③。在佛教中，本来"性"与"心"是有区别的，如《坛经·疑问品》云："心是地，性是王。"在此，性为体，心为用。但后来宗密对此进行了根本性的创造，把"性""心""识"三者统一了起来。按此，此"性"有两个显著的特征④：一是本性清净，既指超越任何具体的规定性，如"真性则不垢不净"⑤，"真性无相无为，体非一切，谓非凡非圣，非因非果，非善非恶等"⑥，又指不包含任何妄念和思虑，"若顿悟自心本来清净，元无烦恼，无漏智性本自具足，此心即佛，毕竟无异"⑦。二是自然常知，即真性本身具有无上智慧，能洞察一切。他说："尘境本空，空寂之心，灵知不昧。即此空寂之知，是汝真性。任迷任悟，心本自知。"⑧ "空寂之心"就是"空寂之知"，也就是"真性"。"性""心""知"由此得到了高度的统一。"空寂"既指不受限于一切具体事物的寂静本性，又指远离一切形象、自在解脱。由此可知契嵩言"性则性灵也"和"性无善恶

---

① （宋）契嵩：《中庸解》，载《镡津文集》，第84页。
② （唐）宗密撰：《原人论》，《大正新修大藏经》第45册，财团法人佛陀教育基金会出版部1990年版，第710页。
③ （宋）契嵩：《论原》，载《镡津文集》，第135~136页。
④ 杜继文、魏道儒：《中国禅宗通史》，江苏人民出版社2008年版，第313页。
⑤ （唐）宗密撰，邱高兴校释：《禅源诸诠集都序》，中州古籍出版社2008年版，第15页。
⑥ （唐）宗密撰，邱高兴校释：《禅源诸诠集都序》，第38页。
⑦ （唐）宗密撰，邱高兴校释：《禅源诸诠集都序》，第15页。
⑧ （唐）宗密撰，邱高兴校释：《禅源诸诠集都序》，第38页。

者何也？性静也""人之性唯寂唯静"①之语的哲学依据了。"性"本身具有无上的智慧，故曰"性灵"。"性"自身是清净无染的，超越了所有具体的属性（包括善恶），故为"净""寂"。

在性情关系上，契嵩认为两者关系密切："情也者，发于性皆情也"②，"情出乎性"③。从逻辑上说，既然两者是相生的关系，而性是无善恶的，那么情也应是无善恶可言的。但其实不然，情与性根本不同，情是有善有恶的，其中"仁义乃情之善者也"④。现在的问题有二：情为何有善恶？仁义是如何从情中生成的？对于第一个问题，契嵩说：

> 天地至远而起于情……万物莫盛乎情性者也。情也者，有之初也。有有则有爱，有爱则有嗜欲，有嗜欲则男女万物生死焉。死生之感，则善恶以类变，始之终之，循死生而未始休…夫情也为伪、为识，得之则为爱、为惠，为亲亲、为疏疏，为或善、为或恶；失之则为欺、为狡，为凶、为不逊，为贪、为溺嗜欲，为丧心、为灭性。⑤

在此，首先要注意的是，契嵩为情正名，肯定了情的正当与合理性。在禅宗创立以前，"情"因被视为"情识"而被否定，但自唐慧能始，"情"之含义悄然发生了变化，不再只是"情识"，而初步具有了"情感"之意（如《坛经》所说的"无念"就含有情感一类的活动⑥）。契嵩比慧能进了一大步，明确地肯定了"情"的正当与合法性，"情"不仅是生而具有的，而且是万物不可缺少的元素，正所谓"万物莫盛乎情

---

① （宋）契嵩：《非韩中》，载《镡津文集》，第345页。
② （宋）契嵩：《原教》，载《镡津文集》，第10页。
③ （宋）契嵩：《广原教》，载《镡津文集》，第37页。
④ （宋）契嵩：《原教》，载《镡津文集》，第13页。
⑤ （宋）契嵩：《广原教》，载《镡津文集》，第37~38页。
⑥ 蒙培元：《理学范畴系统》，人民出版社1989年版，第251页。

性者也","情性之在物,常然宛然,探之不得,决之不绝"①。与之同时,从"爱""惠""亲亲"等语中可以看出,"情"的含义就成为泛指一切思想情感②。其次,在契嵩看来,"爱"是善恶产生的最初根源。问题是为何爱必然会导致嗜欲,进而导致死生呢?按理,爱(如仁爱、慈爱等)不正是佛家要大力弘扬的品格吗?它只会引导人们向善,怎会导致恶呢?原来,契嵩所说的"爱"其实是"情"的代称,而"情"则是"为伪、为识"的。只有"得"了,才能为善,否则便为恶。那如何才能"得"呢?契嵩说:"圣人以人之性皆有乎恩爱、感激、知别、思虑、徇从之情也,故以其教因而充之。恩爱可以成仁也,感激可以成义也……徇从可以成信也。"③ 情中有爱、感、思等,在圣人的教导下,可以形成仁、义、礼、智等五常。仁义的形成在于,圣人因情而充之。圣人之所以能够"充之",乃在于情是"为伪、为识"的。从表面上看,这似乎解决了上述的第二个问题。但其实只是初步的,最终仍未解决,即"性"本身是清净无染的,而"情出乎性",为何情不是全善而是有恶的呢?原因在于:"夫心动有逆顺,故善恶之情生焉。"④ 真心本是非善非恶和自然常知的,自然不会有"顺逆"的问题,然而该心具有"觉"和"不觉"二义,故而有了"顺逆",最终导致了善恶,而后圣人因之教导,成就了仁义等善,正所谓"仁、义、礼、智、信,其于性也必教而成之"⑤。

二、仁义实施的基本条件:"中庸""诚明"

如上所述,在契嵩看来,善非先天本有,而是圣人因情教而成之。

---

① (宋)契嵩:《广原教》,载《镡津文集》,第38页。
② 杜继文、魏道儒:《中国禅宗通史》,第430页。
③ (宋)契嵩:《中庸解》,载《镡津文集》,第84页。
④ (宋)契嵩:《广原教》,载《镡津文集》,第38页。
⑤ (宋)契嵩:《中庸解》,载《镡津文集》,第83页。

既然如此，那圣人教的方法或途径有哪些呢？契嵩抓住了《中庸》中两个关键的概念——中庸与诚明。先以中庸言之，"中庸"一词，最早见于《论语》，而后《中庸》论述尤详，并成为核心概念。按《论语》可知，中庸一词有两层含义：其一，从方法论上说，"中庸"是一种为人处世的方法或原则，即强调不走极端，无"过"与无"不及"①；其二，从道德论上说，"中庸"是最高的道德标准，"中庸其至矣乎！民鲜能久矣"②。虽然后人通常都是从此出发来使用此词的，但在使用的时候基于立场、目的或所要解决的问题不同，侧重点也不同。

对于处在儒士排佛风尖浪口的智圆、契嵩来说，相对而言，更看重前者。因为面对儒士反佛的激烈行为，两位僧人急需以前者来调和儒释之紧张关系，强调两者的互补性。如智圆说："儒乎释乎，其共为表里乎……岂知夫非仲尼之教，则国无以治，家无以宁，身无以安……吾修身以儒，治心以释……好儒以恶释，贵释以贱儒，岂能庶中庸乎？"③ 这是他自号中庸子的一个关键原因，正所谓："世之大病者，岂越乎执儒释以相诬，限有无以相非，故吾以'中庸'自号，以自正，俾无咎也。"④ 契嵩也是如此。在其看来，中可以分为"理中"与"事中"，而后者是："夫事中也者，万事之制中者也"⑤，就是使万事万物处于"恰到好处"的位置，既无过又无不及。在契嵩看来，若以此调和儒释关系，便要使这两者处于互补的、和谐的关系上，即"儒者，圣人之大有为者也；佛者，圣人之大无为者也。有为者以治世，无为者以治心……治世者非儒

---

① （宋）朱熹：《四书章句集注》，中华书局1983年版，第126、19页。

② （宋）朱熹：《四书章句集注》，第19页。

③ （宋）智圆：《中庸子传上》，曾枣庄、刘琳主编：《全宋文》第15册，上海辞书出版社、安徽教育出版社2006年版，第306页。

④ （宋）智圆：《中庸子传上》，曾枣庄、刘琳主编：《全宋文》第15册，第305页。

⑤ （宋）契嵩：《广原教》，载《镡津文集》，第42页。

不可也，治出世非佛亦不可也"①。若以此调和喜怒哀乐之情，情感就会和谐，进而能使仁、义、礼、智等伦理道德正常发挥作用，由此，契嵩说："中庸者，盖礼之极，而仁义之原也。礼、乐、刑、政，仁、义、智、信，其八者，一于中庸者也。"②

从字面上看，"原"似乎是"仁义"产生的根源，但其实不是，其含义可以从消极和积极两个层面上谈。从消极上讲，圣人为避免恶果，而创建仁义等伦理道德。即，契嵩认为，人性固然本静，然不得不与外物接触，接触后便会产生喜怒之七情（"情，感而有之也"③），而情欲一旦失"中"，会导致"天理灭""人伦不纪"之严重后果，圣人为避免此恶果，于是创建了"礼、乐、刑、政"以节其情，并以"仁、义、智、信"推广此道。④ 从积极上讲，礼、乐、刑、政、仁、义等八者可以名实相副。

> 为之礼也，有上下内外，使喜者不得苟亲，怒者不得苟疏……为之仁也，教其宽厚而容物。为之义也，教其作事必适宜……为之信也，教其发言而不欺。故礼、乐、刑、政者，天下之大节也；仁、义、智、信者，天下之大教也。情之发不逾其节，行之修不失其教，则中庸之道庶几乎。⑤

礼虽具有别亲疏、分尊卑、序长幼之社会作用，但契嵩认为，只有以中庸为原则，才可使之起到良好的作用。其他七者亦如是。比如，中

---

① （宋）契嵩：《杂著》，载《镡津文集》，第173页。
② （宋）契嵩：《中庸解》，载《镡津文集》，第80页。
③ （宋）契嵩：《中庸解》，载《镡津文集》，第84页。
④ 契嵩说："人失于中，性接于物，而喜怒哀惧爱恶生焉，嗜欲发焉。有圣人者，惧其天理将灭而人伦不纪也，故为之礼、乐、刑、政以节其喜怒哀惧爱恶嗜欲也，为之仁、义、智、信以广其教道也。"参见（宋）契嵩：《中庸解》，载《镡津文集》，第80页。
⑤ （宋）契嵩：《中庸解》，载《镡津文集》，第80~81页。

庸能使"仁""义"分别起到"宽厚而容物""事必适宜"之作用。反过来，若大节与大教的作用（制情与修教）得到了正常的发挥，也就与"中庸之道"不远了。综合言之，上述的消极、积极两个层面并非截然断裂的，而是有密切的关系，即"情不乱其性……则中庸之道存焉"，反之，则"牵人以丧中庸"，于是，便需仁、义等来"导人以返中庸"。① 如果能返"中庸之道"，那仁、义等法则的作用就能正常发挥了。

与智圆相比，契嵩除了弘扬中庸之"无过与无不及"之义，用以调和儒释之紧张关系，还对"中庸"进行了本体论的提升。他说："夫事中者，百家者皆然，吾亦然矣；理中者，百家者虽预中而未始至中，唯吾圣人正其中，以验其无不中也。曰心，曰道，名焉耳；曰中，曰妙，语焉耳。名与言虽异，而至灵一也。一即万，万即一。"② "事中"（无过与无不及）虽诸家所同，但此"中"只是"预中"（预设的理想的"中"），不是"至中"（真正的"中"）。佛家之所以能够达到"至中"，乃在于此"中"是"心""道"（"惟心之谓道"③ ），也就是万物之根本（"一即万，万即一"）。既然"中"为"至中"（真正的无所不中），那为何还会出现违背"中道"之行为，进而使圣人创建仁义等伦理法则"导人以返中庸"呢？原因在于：心除了有本静的一面，还有动的一面。心一动便与外物相感，从而有了善恶，而且心必然是要动的，避免不了的，正所谓"心必至，至必变……心有善者焉，有恶者焉"④。既然如此，那谈"至中"的意义何在呢？或者说如何使"至中"成为"预中"的依据呢？据此，契嵩提出了"自信其心"的观点。心若自信，便为达到忠孝仁义等道德伦常又提供了另一个重要的保障。他说："心也者，聪明睿智之源也，不得其源，而所发能不缪乎！圣人所以欲人自信

---

① （宋）契嵩：《中庸解》，载《镡津文集》，第81~82页。
② （宋）契嵩：《广原教》，载《镡津文集》，第42页。
③ （宋）契嵩：《广原教》，载《镡津文集》，第34页。
④ （宋）契嵩：《广原教》，载《镡津文集》，第36页。

其心也。信其心而正之则为诚常……为诚忠，为诚仁……为诚明。"①

在契嵩看来，除了中庸是实行仁义的重要条件，"诚明"也很重要："夫《中庸》'诚明'者，真圣贤道德仁义百行之根原也。"② 契嵩此论是针对韩愈的《原道》而发的。韩愈一方面以仁义界定道德的含义，另一方面又讲《中庸》的"诚明"，这在契嵩看来是自相矛盾的，因为"诚明"也是道德的范畴，并非只有仁义才是。契嵩甚至更进一步了，两者相比，"诚明"更具有根源性的地位。不过，对于其中的依据，契嵩并未在此明言。然可从其《中庸解》及其他的文章中找到答案。在先秦儒家经典中，《中庸》是最集中与系统探讨"诚"的一部③。从含义上说，"诚"有"真实""诚信""真诚"之意，这些含义在《中庸》中皆有体现。如《中庸》云："诚者，天之道也；诚之者，人之道也。"④ 在此，"真实"是"诚"的基本意，首先强调的是天道的真实性，其表现在"今夫天，斯昭昭之多，及其无穷也，日月星辰系焉，万物覆焉……今夫水，一勺之多，及其不测，鼋鼍、蛟龙、鱼鳖生焉，货财殖焉"⑤。而"其无穷""其不测"的关键动力则在于天道的"真诚"。对于人来说，所要效仿的正是这种精神。《中庸》还进一步地把"诚"作为人道的依据，这就是"诚之者，人之道"，"自诚明，谓之性"的基本含义。契嵩深刻把握了《中庸》的基本精神（包括"诚"），也认为在实施道德行为的过程中，若不以"诚"为基础，便不能真正地达到预期。如他以"诚"作为僧人做到"孝"的根据。他说："孝行者，养亲之谓也。行不以诚，则其养有时而匮也。夫以诚而孝之，其事亲也全，其惠人恤物也均。孝也者，效也；诚也者，成也……为孝而无效，非孝也；为诚而无

---

① （宋）契嵩：《广原教》，载《镡津文集》，第39~40页。
② （宋）契嵩：《非韩中》，载《镡津文集》，第342页。
③ 张岱年：《张岱年全集》第四卷，河北人民出版社1996年版，第555页。
④ （宋）朱熹：《四书章句集注》，第31页。
⑤ （宋）朱熹：《四书章句集注》，第35页。

成，非诚也。是故圣人之孝，以诚为贵也。儒不曰乎：'君子诚之为贵。'"① 赡养父母是"孝"的基本行为，而"诚"是把此行落实于实际行为的关键，若无"诚"作为保证，孝当然无法真正得到落实（"养有时而匮也"）。反之，不仅如期实现了"孝"（"孝也者，效也"），而且能推亲及人。由此可知"诚"的重要性，故曰"诚之为贵"。同理可推，孝是如此，其余的行为亦如是："道德礼乐者，大要在诚，非直饰容貌，而事俯仰言语也。"②

如上可知，"中庸""诚"虽皆为实现道德伦常（含仁义）的必要条件，但两者的关系并非是同等的。在《中庸》中，"诚"具有道德本体的意义，而由"中者，天下之大本"也可推说"中"具有道德本体的意义，且两者关系密切（"诚者，不勉而中，不思而得，从容中道"），因此可说两者地位旗鼓相当。与之不同的是，契嵩对此两种关系则有新的看法。他以"道""心"释"中"，"中"于是就有了本体宇宙论的意义（"中正所以同万物之心也"③），"诚"仍然具有道德本体论的意义。稍加对比即可知，"中"的层次高于"诚"，具体言之，"中"不仅是仁义道德的根本（"中正也者，王道之本也，仁义道德之纪也"④），而且"诚"需以"中"为原则："治人者非以中正存其诚，则不足以与议仁义礼法也；教人者不以中正修其诚，则亦不可以与议仁义礼法也。"⑤

三、仁义的位置：先道德后仁义

以仁义界定道德，是韩愈《原道》的主旨，也是其仁学的核心要素和批评佛老的关键一点。契嵩对此进行了正面回应，写了篇名为《非韩》

---

① （宋）契嵩：《孝论》，载《镡津文集》，第58页。
② （宋）契嵩：《杂著》，载《镡津文集》，第174页。
③ （宋）契嵩：《皇极论》，载《镡津文集》，第75页。
④ （宋）契嵩：《论原》，载《镡津文集》，第134页。
⑤ （宋）契嵩：《论原》，载《镡津文集》，第135页。

的文章，三万余言，对韩愈《原道》《原人》《原性》等文章中的论点及其为人、为政、为学等诸多方面进行了系统的批评。其中《原道》是其批评的重中之重。《非韩》第一篇亦名为《原道》，以示其针锋相对的立场。开篇便认为韩愈所说的先有仁义后有道德是完全错误的，它们之间的关系应为："道德仁义相因而有之，其本末义理如此。"① 为此，契嵩主要从八个方面进行了论证。

第一，韩论自相矛盾。要么"虚位"与"定位"相背，要么"原道"与"虚位"矛盾。首先，"虚位"之名不能成立。既然道德由仁义来界定，那么若无"仁义"便无"道德"，而无"道德"，自然谈不上"虚位"之名。然若有了仁义，道德自然自足，"虚位"之名便更不能成立了。其次，"原道"之名不能成立。若"道德"为虚位了，那么道既不可"原"又无"原"的必要，便与"原道"之题名矛盾了。

第二，韩论背经叛道。契嵩首先认为"道德仁义"乃是圣人立教的根本，如此次序的安排，圣人有义理的考量，怎可轻言改变？然后广引经典加以证明，如《礼记·曲礼》有"道德仁义，非礼不成"之言，《论语·述而》有"志于道，据于德，依于仁，游于艺"之论。最后得出结论说："道德仁义相因而有之，其本末义理如此。圣人为经，定其先后，盖存其大义耳。今韩子戾经，先仁义而后道德。"②

第三，从仁义在儒家经典中的地位上批韩论。契嵩认为在先秦儒家经典中，仁义并非处于最重要的地位。如在《周易·说卦传》《中庸》中，前者在以"穷理尽性，以至于命"作为《易》的基本宗旨的基础上，探讨了仁义的来源，即作为人道的"仁义"，是天地之阴阳、刚柔的产物。后者一开篇就讲性、道、教，教为末，而教之内容为五常，故仁义后于性、道。其余的经典如《论语》《礼记·曲礼》《尚书·洪范》等，仁义在其中皆非处于最重要的地位。据此可知，韩愈之论自然是站

---

① （宋）契嵩：《非韩上》，载《镡津文集》，第 323 页。
② （宋）契嵩：《非韩上》，载《镡津文集》，第 323 页。

不住脚的。

第四，从仁义的本质上批韩论。在契嵩看来，无论从仁义的根源还是其本质上看，仁义都只是情之善者。不仅次于道德，而且因情有善恶，故作为情之善者的"仁义"也会有所不足，正所谓"以情，则罕有必正而不失"①。既然如此，以仁义作为道德的唯一关键含义定然是不合理的。

第五，从《易》之始元上批韩论。韩愈之所以说"道与德"为"虚位"，其关键缘由便是要与佛老的"虚无"之说区别开来。对此，契嵩则说："昔圣人作《易》以正乎天道人事，而虚无者最为其元。"② 韩愈之误在于未读《易》，而《易》是儒家的"大经"，因此"不知《易》而谓圣贤之儒，吾不信也"③。

第六，驳韩"老子小仁义"之论。虽《老子》有"大道废，有仁义""天地不仁"之言，但亦有"圣人常无心，以百姓心为心"之说，可见《老子》并非完全弃天下而不顾。对此，韩愈以"彼以煦煦为仁，孑孑为义"之语形容。"煦煦""孑孑"皆形容《老子》在"仁义"上格局小，此即为"老子小仁义"。契嵩认为韩愈对《老子》的解释是错误的，原因在于《老子》"失德而后仁，失仁而后义"之语，并非是说"小仁义"，其意则是"盖为道德与仁义，为治有降杀，而其功有优劣耳"④，并以《礼记·礼运》为例加以说明。在"大同"时代，"大道之行……人不独亲其亲，不独子其子"，后"大道既隐，天下为家，各亲其亲，各子其子"，禹、汤等圣人于是用五常来治理民众，此谓"小康"。从大道"之行"到"既隐"之变迁，给予了老子所言"失道而后德，失德而后仁"最好的证明。

第七，驳韩"（老子）一人之私言"之论。对于老子"绝仁弃义"之说，韩愈以"去仁与义言之也，一人之私言也"括之。契嵩从三个方

---

① （宋）契嵩：《非韩上》，载《镡津文集》，第325页。
② （宋）契嵩：《非韩上》，载《镡津文集》第326页。
③ （宋）契嵩：《非韩上》，载《镡津文集》，第326页。
④ （宋）契嵩：《非韩上》，载《镡津文集》，第326页。

面对此进行了反驳。其一,老子所说的"道"非"私道",而是"盖三皇五帝列圣之大道"①。其二,司马迁把老子判为"道家"其实是错误的。老子的真实身份,"其实古之儒人"②。老子曾为周室主藏史,熟知三皇五帝之书,探得大道之真谛,故不仅能著书以发明之,而且可释孔子之疑问。其三,《易经》是三皇五帝之书中道理最高的,而《老子》与之相较,两者所言之理并无二致。如《老子》云"得一以为天下正",而《周易·系辞下》亦言"天下之动,贞夫一者"。由此可知,"老子之道德者,实儒三皇五帝道德仁义之根本者也"③。

第八,批韩之道统说。韩愈在界定儒家的"道"乃是"仁义之道"的基础上,建构了尧舜禹至孟子的道统谱系。契嵩对此从两个方面进行了解构。一方面,从方式上说,按韩所论,圣人之间为"继世相见",此论既背离经典又背离常识。另一方面,从内容上说,圣人之间所传主要的不是"仁义",而是"中道",而且"中道"是比"仁义"更为根本的东西,他说:"至于汤、文、武、周公、孔子、孟轲之世,亦皆以中道、皇极相募而相承也。《中庸》曰:'从容中道,圣人也。'《孟子》亦曰:'中道而立,能者从之。'岂不然哉?如其不修诚,不中正,其人果仁义乎?"④

以上八个方面大多都经不起推敲,有的是吹毛求疵(如"继世相见"之说),有的是生搬硬套、牵强附会(如"老子是儒人"之论等),有的是独断己见(如"虚无"为《易》之始元等),有的则与他篇之语相矛盾⑤。

---

① (宋)契嵩:《非韩上》,载《镡津文集》,第 327 页。
② (宋)契嵩:《非韩上》,载《镡津文集》,第 327 页。
③ (宋)契嵩:《非韩上》,载《镡津文集》,第 328 页。
④ (宋)契嵩:《非韩上》,载《镡津文集》,第 336~337 页。
⑤ 他说:"阴阳也者作《易》之本也,治道之大范也。"[(宋)契嵩:《杂著》,载《镡津文集》,第 160~161 页。]这与"昔圣人作《易》以正乎天道人事,而虚无者最为其元"之语矛盾。又如他说:"自古称禹、汤、文、武,所以为禹、汤、文、武者,正以其由仁义之道而王天下也。"[(宋)契嵩:《杂著》,载《镡津文集》,第 160 页。]这与"而尧、舜、禹其传授如此,未闻止传仁义而已。至于汤、文、武、周公、孔子、孟轲之世,亦皆以中道、皇极相募而相承也"之语相矛盾。

虽是如此，但仍有两点需要注意。第一，契嵩之所以反复为老子辩护，其动机除了强调儒道两家一致以调和两家的紧张关系，更为主要的是他本人赞同老学，比如他也主张尊道贵德（如曰："尊莫尊乎道，美莫美乎德"①），也赞同"失道而后德"之论（如曰："'王国战仁义，帝国战德，皇国战无为。'圣王无以尚，可以仁义为，故曰仁义而已矣"②）。以"虚无"作为《易》之始元，也是受王弼影响的结果，对其有"其见作《易》者之心乎"③的高度评价，这是他主张"道德仁义相因而有之"的一个重要依据。第二，契嵩引《周易·说卦传》《中庸》等儒家经典批韩论与其从仁义的本质上批评，实质是一样的，皆要强调"仁义"的重要性远次于"性情"，最终要证明佛学比儒道两家高明（下详）。

四、结语

面对宋儒对佛教的激烈批评，契嵩为了完成调和儒释之间紧张关系的使命，不遗余力、想方设法。仅以仁学来说，也是多方面的。首先，他继承颜之推、智𫖮、智圆等先贤的主张④，把儒家的五常与佛教的五戒相提并论，其中"仁""义"分别与"不杀""不盗"相等同，总之，"五常仁义者异号而一体耳"⑤。其次，尽管对韩愈有各种不满，但对其"文以载道"的思想大为赞同，亦云："仁义礼智信，人文也。"⑥ 再次，在"兵"的实质上，契嵩提出了"真兵亦仁义而已矣"⑦的观点。理由是"兵者刑也，发于仁而主于义也"，即兵虽然暴力，但其实际上是在

---

① （宋）契嵩：《论原》，载《镡津文集》，第147页。
② （宋）契嵩：《论原》，载《镡津文集》，第112页。
③ （宋）契嵩：《论原》，载《镡津文集》，第144页。
④ 张培高：《论智圆对〈中庸〉的诠释》，《宗教学研究》2014年第3期。
⑤ （宋）契嵩：《原教》，载《镡津文集》，第12页。
⑥ （宋）契嵩：《杂著》，载《镡津文集》，第153页。
⑦ （宋）契嵩：《论原》，载《镡津文集》，第111页。

"以仁而悯乱""以义而止暴"①。因此五帝、三王之兵得到了天下人的拥护，遗憾的是，周衰以后，兵道也变了，不再是"发于仁而主于义"，而是"乃发于暴，而至于诈"②。最后，在仁义与性情的关系上，虽然契嵩认为"性"不可以"仁义"言，"仁义"只是"情之善者"，但并未否定"仁义"对"性情"的反作用："仁以厚人性，义以节人情。"③

上述的后三个说法，若不看其作者的身份而只凭文字的话，足以让人相信这出自儒者之口。然而，这并不表明契嵩为了缓和儒释之紧张而放弃了佛教的应有立场。契嵩始终以为，无论从性情，还是从"中庸""诚明"上说，佛教所言比儒道两家高明许多。比如，尽管契嵩强调"五戒"与"五常"一致，但又说"夫仁义者，先王一世之治迹也"，而"迹，末也"④。又如在"中庸""诚明"上，佛教所讲的也比儒家高明，他说："夫王道者……中道之谓也。而佛之道亦曰中道……虽大略与儒同，及其推一物理而穷神极妙，则与世相万矣"⑤，"《中庸》但道其诚，未始尽其所以诚也。及乎佛氏，演其所以诚者"⑥。如在心性上，他说："然天下之言性命者多矣。若其言之之至详，理之之至当……而释氏得之矣"⑦，"夫《中庸》者，乃圣人与性命之造端也；《道德》者，是圣人与性命之指深也；吾道者，其圣人与性命尽其圆极也"⑧。由此可见，作为实施仁义条件的"中庸""诚明"及作为其本质与根源的"性情"，佛家所言皆比儒道两家的层次高，相对来说，"仁义"之重要性或地位那就更低了。因此，契嵩从多方面强调"仁义"的作用，其实只是出于缓和儒

---

① （宋）契嵩：《论原》，载《镡津文集》，第 111~112 页。
② （宋）契嵩：《论原》，载《镡津文集》，第 112 页。
③ （宋）契嵩：《论原》，载《镡津文集》，第 131 页。
④ （宋）契嵩：《原教》，载《镡津文集》，第 12 页。
⑤ （宋）契嵩：《上仁宗皇帝万言书》，载《镡津文集》，第 178 页。
⑥ （宋）契嵩：《上仁宗皇帝万言书》，载《镡津文集》，第 184 页。
⑦ （宋）契嵩：《六祖法宝记叙》，载《镡津文集》，第 257 页。
⑧ （宋）契嵩：《上富相公书》，载《镡津文集》，第 203 页。

释关系的需要或者说只是其"权宜"之计。

　　按理,韩愈是唐人、契嵩是宋人,且两人间隔近二百年,并未有直接的冲突,契嵩如此直接、系统、全面地对一个先人进行批评,违背常理。但若放在当时的背景去理解,确实情有可原。因为韩愈在宋初仍然具有巨大的号召力,所以契嵩秉着"擒贼先擒王"的心态与策略对其言论进行正面的回应。为了尽快地消除韩愈的影响力,契嵩求胜心切地从多个方面对其进行批评。从契嵩的言论来看,尽管大多是经不起推敲的,而且往往是意气用事,正如四库馆臣所言"以儒理论之,固为偏驳,即以彼法论之,亦嗔痴之念太重,非所谓解脱缠缚空种种人我相者"①,但其批评也确实命中了韩愈的要害,如其言曰:"韩子徒守人伦之近事,而不见乎人生之远理。"② 换言之,尽管韩愈有从理论上与佛学一较高低的期待,但从其各种"原"的文章来看,实未有太多的理论自觉。与之不同的是,契嵩则自觉地从本体论的高度,对韩愈的各种"原"进行了批评。契嵩的批评与论证,从正反面两个方面影响了宋代新儒家。以前者言,对王安石、苏轼的性情论产生了直接影响。王安石一生的性论主张先后几次转变,无善无恶论为其最终的定论。③ 他说:"夫太极者,五行之所由生,而五行非太极也。性者,五常之太极也,而五常不可以谓之性……夫太极生五行,然后利害生焉,而太极不可以利害言也。性生乎情,有情然后善恶形焉,而性不可以善恶言也。"④ 五行为太极所生,而利害为五行所生,然太极本身不可以利害言。性亦然,性不可以善恶言,也即不可以仁义言性。这一观点及其思维方式,与契嵩之言稍加对比,

---

① (清)纪昀等总纂,《四库全书》研究所整理:《钦定四库全书总目》(整理本),中华书局1997年版,第2044页。

② (宋)契嵩:《非韩上》,载《镡津文集》,第337页。

③ 张培高、詹石窗:《论王安石对〈中庸〉的诠释——兼论与二程诠释的异同》,《哲学研究》2016年第2期。

④ (宋)王安石:《原性》,载王水照主编:《王安石全集》第六册,复旦大学出版社2016年版,第1234页。

就可以发现，两者承继关系明显。与王安石不同的是，苏轼与契嵩关系密切，甚至成为忘年交。在性与仁义的关系上，苏轼认为："夫仁智，圣人之所谓善也。善者道之继，而指以为道则不可……孟子之于性，盖见其继者而已。夫善，性之效也。孟子不及见性，而见夫性之效，因以所见者为性"①，"性其不可以善恶命之，故孔子之言曰'性相近也，习相远也'而已"②。仁义是第二位的，性是第一位的，且不能以第二位来形容或描述第一位，善恶不是"性"本身，而是后天教育的结果。苏轼的观点及思维方式，与契嵩之言稍加对比，就可以发现，两者承继关系也很明显。

对于儒家来说，性本身若不具有善恶的属性，那么儒家的伦常之本体证明就会成为问题，所以若要有效回应契嵩"仁义"乃"情之善者"之论，那么不仅要从本体宇宙论的高度对"性"进行形而上的论证，同时还要赋予其道德属性。理学家们就是这样做的。如张载一方面说"天地以虚为德，至善者虚也"③，"虚者，仁之原，忠恕者与仁俱生，礼义者仁之用"④，另一方面又说"性之本原，莫非至善"⑤。到了二程，则更进一步了，直接把"性"与"道"等同起来："称性之善谓之道，道与性一也。以性之善如此，故谓之性善。"⑥虽然我们没有证据直接说张载、二程如此建构是受到契嵩的影响，但契嵩当时影响很大，而且仁宗皇帝

---

① （宋）苏轼：《东坡易传》卷七《系辞上》，上海古籍出版社 1989 年版，第 125 页。

② （宋）苏轼：《论语说》，载曾枣庄、舒大刚主编：《三苏全书》第三册，语文出版社 2001 年版，第 255 页。

③ （宋）张载：《张子语录》，载（宋）张载著，章锡琛点校：《张载集》，中华书局 1978 年版，第 326 页。

④ （宋）张载：《张子语录》，载：《张载集》，第 325 页。

⑤ （宋）朱熹撰，黄坤校点：《四书或问》，上海古籍出版社、安徽教育出版社 2001 年版，第 475 页。

⑥ （宋）程颢、（宋）程颐：《程氏遗书》卷二十五，载《二程集》，中华书局 2004 年版，第 318 页。

同意让契嵩上呈的《传法正宗记》等书入藏,并让他所上呈的《辅教编》《禅宗定祖图》《万言书》等留在"政府"(案指:枢密院与中书省)展览了七十一天,并让大臣们观看("先皇帝赐入大藏,使与经律偕传盖留于政府七十一日。丞相诸巨公躬屈详阅,佛教光贲"①)。欧阳修、王安石、司马光②等大臣皆在京城,他们极有可能都看过。张载、程颢、程颐等人虽然不在朝廷,但这一件事非同小可,他们也必有所闻。由此也可推测,理学家们极有可能也读过他的文章。所以有学者指出,契嵩对宋儒多少会有点影响或刺激。③ 诚然,这种影响是极有可能的。不过,即便是有影响,对理学家们来说,也是入室操戈,吸收其思维方式,建构新的理论,以回应佛教的挑战。

---

① (宋)契嵩:《镡津文集》卷九《万言书上·仁宗皇帝》,《四部丛刊三编》本。
② 是年,欧阳修为户部侍郎、参知政事,王安石为知制诰,司马光任起居舍人同知谏院。
③ 林科棠:《宋儒与佛教》,上海商务印书馆1928年版,第59页。

魏晋南朝《论语》诠释中的注引老庄*

——以皇侃《论语义疏》为考察对象

闫齐麟　闫春新　岳琳琳

（曲阜师范大学历史文化学院　山东师范大学齐鲁文化研究院　东北师范大学经济与管理学院）

摘　要：随着玄、佛思潮的先后产生和发展，受其统摄的魏晋南朝儒家经传诠释也逐渐显现出一大特色，就是儒家经传的注疏，大都或多或少地出现了老庄化、玄佛化的趋向，尤其是这一时期的《论语》注疏。因《论语》中孔子形象及其部分师徒言行乃至思想观念，能与老庄思想相接且能与佛学相比附，故注《论语》者在儒家经传诠释上更多援引老庄。其对老庄的注引，有多重层面，也有多种方式。

关键词：魏晋南朝　儒家经传诠释　注引老庄

＊ 国家社科基金一般项目"魏晋玄学统摄下的儒道佛经典互诠研究"（23BZX027）的阶段性成果。

作者简介：闫齐麟，山东曲阜人，曲阜师范大学历史文化学院博士研究生，主要研究方向为明清史与儒家文献与思想研究；闫春新，山东嘉祥人，历史学博士、史学博士后，山东师范大学齐鲁文化研究院教授，尼山学者兼孔子研究院特聘专家，研究方向为魏晋南北朝思想文化史与汉晋经学史；岳琳琳，山东嘉祥人，东北师范大学经济与管理学院硕士研究生，主要研究方向为金融理论、政策与现当代新儒家管理理论。

玄、佛作为魏晋的时代思潮，对这一时期的政治、社会及其文化或多或少都产生了影响。在其统摄和辐射下，儒、道、佛三家的经典诠释出现了两两互诠的现象。仅就魏晋南朝儒家经传诠释而言，大都或多或少地出现了老庄化、玄佛化的倾向。尤其是这一时期的《论语》注疏，注者和释者在注文、释文里多次援引老庄。其对老庄的注引，有多重层面，也有多种方式。下面按时段以曹魏—西晋、东晋与南朝三代《论语》注为个案，对其进行全面而深入地探究，以管窥这一时期儒家经传诠释援引老庄、以道释儒的时代特色。

一、曹魏—西晋《论语》注的两大代表：《论语释疑》与《论语体略》各自注引老庄

从现存的《论语释疑》辑本看，化引《老子》的字句有："自然亲爱为孝"（《论语·学而》）、"况之曰道，寂然无体，不可为象"（《论语·述而》）、"故则天成化，道同自然"（《论语·泰伯》）、"夫推诚训俗，则民俗自化"（《论语·泰伯》），直接引用或化用《庄子》字句者近乎没有。尽管《论语释疑》字里行间时或渗透着庄子意旨，但至少从现存的王弼《论语》注文看，王弼认为《老子》自然无为的政治思想，胜

过庄子人生上的逍遥放达。

从现存的《论语体略》辑本看,引《老子》者一处:"圣人无心,仕与不仕随世耳"(《论语·阳货》)。引《庄子》者:"若天之自高,地之自厚,日月之明,云行雨施而已"(《论语·宪问》)、"人哭亦哭,人恸亦恸,盖无情者与物化也"(《论语·先进》),而其《论语·先进》一章,与郭象所著另一本《庄子注》非常相似。通读《论语体略》,几乎处处都洋溢着庄子的气息。

二、东晋《论语》注的注引老庄

东晋时期各家诠释《论语》时援引老庄的情况可分为三种类型:

其一,在注文或疏文中节引或化引《老子》《庄子》中的某些字句,但基本未改变被注引儒家经传的原意。最为著名的东晋玄佛学者孙绰在援道入儒,摘引、化用老庄之言时,部分引文却没有按照老庄意旨和玄学家之思路注释《论语》文本。何晏、王弼等玄学大师大都借用老庄之旨会通《论语》之意,但他们会过度解读,甚至全然改造孔子形象。孙绰《论语》注并非完全如此,观其中部分注文,他会借用老庄之言以补充或论证《论语》意旨,甚至不惜改变老庄原意来寻求《论语》文本之意:

> 子曰:管仲之器小哉。(《论语·八佾》)
> 孙绰曰:功有余而德不足,以道观之,得不曰"小乎"!①

此处,虽然孙绰承袭魏晋玄学家原有之思路继续援道入儒,引用

---

① (三国魏)何晏撰,(南朝梁)皇侃义疏:《论语集解义疏》,《知不足斋丛书》本。

《庄子》之言注经:"以道观之,物无贵贱;以物观之,自贵而相贱。"① 但是,这里孙绰却改变了《庄子》原意来探求《论语》文本之本义:引文原意是从"道"的角度出发,讲求天地万物都为一气之所化,都是道的体现,没有大小贵贱之分。从此注中可知,孙绰引用《庄子》,并非"混一万有",而是站在儒家道德修身的立场上臧否管仲,虽用庄子之言而不取老庄以"道"为万有共同本原的原意,结合文本上下文,其全章是孔子在批评管仲"不知礼"。显然,这里的"道"就是孔子的"礼"等儒家道德规范。总之,孙绰此注虽引《庄子》注经,却没有改变儒学道德伦理的本质,表面上摘引了庄子之言,却部分恢复了因魏晋玄学家过度追求以道释儒而遮蔽了的重道德、尚礼义的孔子先秦儒家宗师形象。

其二,援引、化用《老子》《庄子》的词句或范畴、术语甚至某些寓言故事,来注解包括《论语》在内的儒家经传,最终以提升、发掘文本中隐而未发、言而未尽的性与天道等玄理,进而将孔子、颜子等历史形象或寓言故事玄学(玄理)化。

子曰:有德者必有言,有言者不必有德。仁者必有勇,勇者不必有仁。(《论语·宪问》)

李充曰:……德音高合,发为明训,声满天下,若出金者(按:马国翰《玉函山房辑佚书》为"金石"),有德之言也。故有德必有言,有言不必有德也……陆行而不避虎兕者,猎夫之勇也;水行不避蛟龙者,渔父之勇也;锋刃交于前,视死若生者,烈士之勇也。知穷之有命,知通之有时,临大难而不惧者,仁者之勇也。故仁者必有勇,勇者不必有仁。②

---

① 杨柳桥:《庄子译诂》,上海古籍出版社 1991 年版,第 309 页。
② (三国魏)何晏撰,(南朝梁)皇侃义疏:《论语集解义疏》,《知不足斋丛书》本。

众所周知，孔子被认为是"不可为而为之"者，庄子则倡导"知其不可奈何而安之若命"，两者观点截然不同。为此，上文李充所引，源自庄子在《庄子·秋水》里所改编的一个孔子的故事：

> 孔子游于匡，卫（宋）人围之数币（匝），而弦歌不惙（辍）。子路入见，曰："何夫子之娱也？"孔子曰："来！吾语女！我讳穷，久矣，而不免，命也；求通，久矣，而不得，时也。当尧、舜，而天下无穷人，非知得也；当桀、纣，而天下无通人，非知失也；时势适然。夫水行不避蛟龙者，渔父之勇也；陆行不避兕虎者，猎夫之勇也；白刃交于前，视死若生者，烈士之勇也。知穷之有命，知通之有时，临大难而不惧者，圣人之勇也。由！处矣！吾命有所制矣！"①

显然，此处是庄子在借孔子之口，申说自家思想主张："有多少人，像庄子笔下的孔子那样，对此大悲哀了然之后，还能释然，让命与时握手言和，以洞察时运之大智，成就知命不疑之大勇？"②

> 七十而从心所欲不逾矩。（《论语·为政》）
> 李充曰：圣人微妙玄通，深不可识，所以接世轨物者，曷尝不诱之以形器乎？黜独化之迹，同盈虚之质，勉夫童蒙而志乎学，学十五载，功可与立。自志学迄于从心，善始令终、贵不逾法。示之易行而约之以礼，为教之例其在兹矣。③

此处既是所引经文的注文，又似是该章经文的结语：通篇既引用

---

① 杨柳桥：《庄子译诂》，第 323~324 页。
② 鲍鹏山：《时命之谬》，《光明日报》，2014 年 6 月 7 日。
③ （三国魏）何晏撰，（南朝梁）皇侃义疏：《论语集解义疏》，《知不足斋丛书》本。

"古之善为士者,微妙玄通,深不可识"①,化引"慎终如始,则无败事"②,又有"黜独化之迹,同盈虚之质"的玄学义理。而下面的注文,李充则直接引用王弼《老子指略》"闲邪在乎存诚,不在善察"③ 注经,注文中的"夫至觉忘'觉',不为'觉'以求先觉。先觉虽'觉',同逆诈之不'觉'也"更是彰显魏晋圣人人格,因其超常智慧,虽不逆诈、"不为'觉'以求先觉",却比善察的"先觉"更能预知将来的人事。书载:

> 子曰:"不逆诈,不亿不信,抑亦先觉者,是贤乎?"(《论语·宪问》)
>
> 李充曰:物有似"真"而"伪",亦有似"伪"而"真"者。"信"僭则惧及"伪"人;"诈"滥则惧及"真"人。人宁信诈④,则为教之道弘也……人而无"信",不知其可也。然闲邪存诚,不在善察。若见失"信"于前,必亿其无"信"于后,则容长之风亏而改过之路塞矣……夫至觉忘"觉",不为"觉"以求先觉。先觉虽"觉",同逆诈之不"觉"也。⑤

这里的"信",与"伪"对称,意为真实、真诚。此处之"信",与其说代表的是纯粹的儒家的道德伦理观念"诚信",不如说是一种兼综儒道的玄学观念。李充此注的末段,如同东晋南朝的玄、佛一样,于魏晋玄学四辩之外,特捻出凸显了"圣贤之辨",这里的忘"觉"之至觉与早于凡人而"觉"却又须为"觉"以求"觉"的先觉,指的都是玄、佛

---

① (三国魏)王弼著,楼宇烈校释:《王弼集校释》,中华书局1980年版,第33页。
② (三国魏)王弼著,楼宇烈校释:《王弼集校释》,第166页。
③ (三国魏)王弼著,楼宇烈校释:《王弼集校释》,第198页。
④ "诈"疑为衍文,据文意,或应为"僭"。
⑤ (三国魏)何晏撰,(南朝梁)皇侃义疏:《论语集解义疏》,《知不足斋丛书》本。

所特别关注与强调的"圣贤之辨"!

> 子畏于匡。(《论语·子罕》)
> 孙绰云:畏匡之说,皆众家之言,而不释"畏"名,解书之理为漫。夫体神知几、玄定安危者,虽兵围百重,安若太山,岂有"畏"哉!虽然,兵事、阻险,常情(注:凡人常理)所畏。圣人无心,故即以物畏为畏也。①

此处注解最显孙绰的玄学家本色:一则注文含有《老子》之言。注中"圣人无心"显系引自《老子》第四十九章"圣人无常心,以百姓心为心"②,注文也可算《老子》第四十九章大意的注脚;二则《庄子》向郭义也有所体现,可能是孙绰与深明《庄子》向郭义的名僧支遁为友,因而他也深明《庄子》向郭义。

孙绰认为,兵事与阻险常为凡人所畏惧,虽圣人不受影响而安若泰山,但其外在表现仍与凡人相同,也会感到畏惧恐慌。不过,这其实是"无心"圣人因顺凡人常情的结果。换句话说,在孙绰看来,圣人本就"体神知几",没有任何畏惧之事,但其在外表上看不出与常人的区别。常人畏怕"兵事、阻险",因而圣人在表面看来也畏怕"兵事、阻险"(此注中的"物畏"就是常人所畏惧的"兵事、阻险"),与郭象的圣人观如出一辙:"人哭亦哭,人恸亦恸,盖无情者与物化也。"③

> 子曰:吾有知乎哉?无知也。有鄙夫来问于我,空空如也。我叩其两端而竭焉。(《论语·子罕》)

---

① (三国魏)何晏撰,(南朝梁)皇侃义疏:《论语集解义疏》,《知不足斋丛书》本。
② (三国魏)王弼著,楼宇烈校释:《王弼集校释》,第129页。
③ (三国魏)何晏撰,(南朝梁)皇侃义疏:《论语集解义疏》注引郭象注文,《知不足斋丛书》本。

> 缪协云：夫"名"由"迹"生，故"知"从"事"显。无为寂然，何"知"之有？唯其"无"也，故能无所不应。①

此处缪协以道家的泯灭你我、天地的"无为寂然"，来解释孔子的"无知"一语，将孔子转化为玄学家笔下"体无"故能"无所不应"的"圣人"，极似王弼的"体无"故能"应物而无累于物"的孔子"圣人观"。但其改造了的圣人无知论，似乎有佛学某些理论的影子。

> 好仁不好学，其蔽也愚；好智不好学，其蔽也荡；好信不好学，其蔽也贼；好直不好学，其蔽也绞；好勇不好学，其蔽也乱；好刚不好学，其蔽也狂。（《论语·阳货》）
>
> 江熙曰：好仁者，谓闻其风而悦之者也，不学不能深原乎其道。知其一而未识其二，所以弊也。自非圣人（疑此句应为——子路非圣人），必有所偏。偏才虽美，必有所蔽。学者假教以节其性。观教知变，则见所过也……尾生与女子期死于梁下，宋襄与楚人期伤泓不度，信之害也。②

魏晋玄学家尤其郭象认为圣人与君子、凡人之间是有天壤之别的：前者与"道"同体，唯"道"是从，无任何强勉的印痕、形迹，故而能体"道"而与天地"合其德""同其功"。显然，在魏晋玄学家尤其是郭象看来，圣人天生"至足"，不学自通，而君子却与凡人、百姓相同，"夫思而后通，习而后能者，百姓皆然也"③。江熙认为，圣人"体足"

---

① （三国魏）何晏撰，（南朝梁）皇侃义疏：《论语集解义疏》，《知不足斋丛书》本。

② （三国魏）何晏撰，（南朝梁）皇侃义疏：《论语集解义疏》，《知不足斋丛书》本。

③ （三国魏）何晏撰，（南朝梁）皇侃义疏：《论语集解义疏》，《知不足斋丛书》本。

无需学习见广,一般人自非无有"性分"的圣人,然其各有性分①才有所偏,正所谓"偏才虽美,必有所蔽。学者假教以节其性。观教知变,则见所过也"。一般人必须经过后天的学习、广思,方可"深原乎其道"。江熙对上述文本的前部分注解,完全承袭了郭象玄解文本的思路,江熙在祖述其玄学思想时,将该文本进一步玄学化,后一部分则化引了庄子典故以反证贤者、凡人"好信不好学"危害之大。此处,"观教知变,则见所过也"虽化引自《论语》,却体现了江熙心目中孔子的圣人人格。

同理,江熙对《论语·微子》"夫子怃然曰:'鸟兽不可与同群也……'"②的部分注解[如"丘不与易,盖物之有道。故大汤、武亦称夷、齐;美(皇《疏》原为'由')管仲而无讥邵忽。今彼有其道,我有其道。不执我以求彼,不系彼以易我,夫可滞哉!"③]也反映出江熙不仅以《庄子》解《论语》,而且非常熟悉郭象等人的性本体论及其圣人观。

其三,以道家的自然性情解释儒家伦理观念的起源。

作为魏晋玄学家的王弼与郭象自不待言,这里主要列举西晋缪播与东晋江熙各自《论语》注中的相关内容。

关于缪播之言,书载:

> 子曰:"礼云礼云,玉帛云乎哉。乐云乐云,钟鼓云乎哉!"(《论语·阳货》)
>
> 郑玄曰:玉,璋珪之属也。帛,束帛之属也。言礼非但崇此玉帛而已,所贵者,乃贵其安上治民也。

---

① 王晓毅:《儒释道与魏晋玄学形成》,中华书局2003年版,第326页。
② (三国魏)何晏撰,(南朝梁)皇侃义疏:《论语集解义疏》,《知不足斋丛书》本。
③ (三国魏)何晏撰,(南朝梁)皇侃义疏:《论语集解义疏》,《知不足斋丛书》本。

马融曰：乐之所贵者，移风易俗也，非谓钟鼓而已也。①

缪播曰：玉帛礼之用，非礼之本。钟鼓者乐之器，非乐之主。假玉帛以达礼，礼达则玉帛可忘；借钟鼓以显乐，乐显则钟鼓可遗。以礼假玉帛于求礼，非深乎礼者也；以乐托钟鼓于求乐，非通乎乐者也。苟能礼正，则无恃于玉帛而上安民治矣；苟能畅和，则无借于钟鼓而移风易俗也。②

由以上比较可明显看出，在关于先秦儒家礼乐文化的讨论中，何晏《论语集解》中的汉注局限于"玉""帛"等名物训诂，局限于礼乐这一先秦文化现象的表层和礼乐的政治社会功能：郑玄强调礼的政治功能，"言礼非但崇此玉帛而已，所贵者，乃贵其安上治民"；马融注重乐的社会功能，"乐之所贵者，移风易俗"，这都属于浅层次的礼乐教化、人伦关系及政治管理层面。而缪播则直指汉晋社会虚有礼乐形式而无道德真情的现象，从礼乐的本质源于人类自然情感这个根本问题出发，肯定了与之一致的"礼正""畅和"，从而在揭示礼乐文化实质的逻辑推演中，更为深刻地分析了其何以能蕴含政治社会功能的深层原因。这里，"主"即为"本""体"，"器"即为"末""用"，缪播认为，"玉帛""钟鼓"只是人们用来"达礼""显乐"的礼乐工具，并且将其本源最终追溯为依托自然人性的"礼正""畅和"。"礼正"当是指因人伦交往和表达自然亲情的心理需求，而油然产生的人之常情及其缘自人性的必要礼仪；"畅和"当是指主体个人的性情调适和人伦关系的融洽、和谐，两者都建

---

① （三国魏）何晏撰，（南朝梁）皇侃义疏：《论语集解义疏》，《知不足斋丛书》本。

② （三国魏）何晏撰，（南朝梁）皇侃义疏：《论语集解义疏》，《知不足斋丛书》本。皇侃《论语义疏》中的缪播注文当采自江熙的《论语集解》："（皇侃）先通何集，若江集中诸人有可采者，亦附而申之。"另，原注文为"无持于玉帛"，现据《论语集释》改为"无恃于玉帛"，参见程树德撰，程俊英、蒋见元点校：《论语集释》，中华书局1990年版，第1217页。

立在自然人性的基础上。显然，缪播是在凸显礼乐文化的实质及其真正价值，意欲告诫世人勿追求奢侈之玉帛而忘掉深藏的人间真情！"玄学家立论的关键，在于用本末、体用观点看待名教（制度）与自然（真情）之间的关系。"① 在这里，缪播虽不是魏晋玄学家，只是一位曾任西晋中书令的普通高级官员，但是，显而易见，他也是以本末体用的观点看待人伦现象，解释儒家伦理观念的，从而可看出这一一以贯之的解经特色对整个魏晋《论语》注的影响。

由于江熙处于魏晋玄风盛炽又佛学侵浸的东晋中后期，且其出身世传经学而重经世致用、更深染玄风的济阳江氏，所以他在秉持两汉经学注经传统的同时，注《论语》时又或承接魏晋玄学之路，继续玄解《论语》，将《论语》进一步玄学化。

在继续老庄化《论语》方面，江熙《论语》注是以道家的"自然之性"作为儒家纲常的存在依据，强调道家自然本性是儒家礼教乃至伦理观念产生的本源。具体来说，可分为以下两点：

一是江熙认为，儒家伦理道德源于人的自然之性的真实情感的本然迸发。

> 樊迟问仁。子曰："居处恭，执事敬，与人忠。虽之夷狄，不可弃也。"（《论语·子路》）
>
> 江熙曰：恭、敬、忠，君子任性而行。己所以为仁也，本不为外物，故以夷狄不可弃而不行也。若不行于无常，则"伪"斯见矣。"伪"见，则去仁邈也。②

这里，江熙认为，孔子所谓的恭、敬、忠等儒家伦理道德，对于一

---

① 王晓毅：《王弼〈论语释疑〉研究》，《齐鲁学刊》1993年第5期。
② （三国魏）何晏撰，（南朝梁）皇侃义疏：《论语集解义疏》，《知不足斋丛书》本。

位君子来说，完全是出于他的自然本性，是他任心率性的结果。这些儒家伦理道德产生于主体的己之本心，"任性而行"，而非取决于外部环境。因为对江熙来说，"仁"是君子的自然之性，本就不是外在于君子的任何世间俗物。或者说，君子之"为仁"，是源于其自身天然本性的油然迸发，并非是为了名声、财物等外物，所以君子即便到了"夷狄"之地，也会任性而行"仁"也。否则，不出于自然本性地刻意地"为仁"，就会使人矫情造作甚至不近人情而远离仁道，"若不行于无常，则'伪'斯见矣。'伪'见，则去仁邈也"。

二是注重人的自然本性，这体现了魏晋玄学"重自然"的道家学术底色：

> 虚而为盈，约而为泰，难乎有恒矣。（《论语·述而》）
> 江熙曰：言世人负情反实，逐波流迁，若影无持系索，此有恒难也。①

在此一注文中，江熙以为，孔子是在批判时人为世所困、"负情反实"，而违背了人之自然本性，进而失掉这一做人根本而"逐波流迁，若影无持系索"。这里江熙将"负情反实"的人之自然本性的违背、丧失，比作"影无持系索"，意为难以恒久于世间。由此可看出，江熙对人之本然、人之根本——人的自然本性的重视。

下面的注文，江熙一方面正面赞扬了狂者和狷者都"率其天真不为'伪'"，联系上文江熙所注"恭、敬、忠，君子任性而行。己所以为仁也，本不为外物，故以夷狄不可弃而不行也"可以看出江熙一方面认为狂者和狷者率其天真而任由其本性，故虽"皆不中道"而近"仁"，另一方面又批判了季世之人不但不能任心而动，反而应该"言与实违。背

---

① （三国魏）何晏撰，（南朝梁）皇侃义疏：《论语集解义疏》，《知不足斋丛书》本。

心以恶时,饰诈以夸物",强调人应该不因社会现实的某种需要或压力而改变人之自然本性。此番论述更是体现了江熙以自然之性为本的魏晋玄学思想。

子曰:"不得中行而与之,必也狂狷乎!狂者进取,狷者有所不为也。"(《论语·子路》)

江熙曰:狂者知"进"而不知"退",知"取"而不知"与";狷者急狭,能有所不为,皆不"中道"也,然率其天真不为"伪"也。季世浇薄,言与实违。背心以恶时,饰诈以夸物,是以录"狂狷"之一法也。①

其四,注文中没有明确的援引和化用《老子》《庄子》的词句或范畴、术语,却在注解行文与注文意蕴中,以老庄义甚或老庄化的郭象义,融摄甚至改造被注儒家经传的原有文义。

子谓颜渊曰:"用之则行,舍之则藏,唯我与尔有是夫!"(《论语·述而》)

孙绰曰:圣人德合于天地,用契于四时,不自昏于盛明,不独曜于幽夜。颜齐其度,故动止无违,所以影附日月,绝尘于游赐也。②

显然,在此注中,孙绰将《论语》中所固有的"清仕浊隐"的隐退倾向向《庄子》思想引申。原文本饱含孔子"道不行则身退"的思想,

---

① (三国魏)何晏撰,(南朝梁)皇侃义疏:《论语集解义疏》,《知不足斋丛书》本。

② (三国魏)何晏撰,(南朝梁)皇侃义疏:《论语集解义疏》,《知不足斋丛书》本。原文作"绝尘于游场也",今据句意与《论语集释》改为"绝尘于游赐也",参见程树德撰,程俊英、蒋见元点校:《论语集释》,第450~451页。

因这一主张与道家庄子的某些思想相接近,很容易发挥儒道深层融合的玄学义理,因而孙绰不失时机地引申以其所心契的老庄意旨。由此,孙绰所认定的"圣人德合于天地",绝非儒家的圣人与天地一样都有好生之德而参天地之化育万物,结合其下一句"用契于四时"的春生夏长秋收冬藏,此"德合于天地"应是指道家的"万物与我一体"随遇而安之"游心于'德之和'"。

六十而耳顺。(《论语·为政》)
孙绰云:耳顺者,废听之理也,朗然自玄悟,不复役而后得,所谓"不识不知,从帝之则"也。①

对此经文,王弼也曾注说:"耳顺,言心、识在闻前也"②,指出先有"心""识",才能做到所闻皆顺。孙绰则进一步排除了感官视听"耳顺者,废听之理也""不识不知",而仅仅是直觉证解,"朗然自玄悟,不复役而后得",因而孙绰所说的"耳顺"就极富玄虚,既有老子的"玄览",又有庄子"心斋"的味道。此注承袭王弼玄解《论语》的思路,在孙绰的进一步玄学化下,将文本中的孔子全然老庄化了。汤一介先生以为,孙绰是用玄学思想来解释这句话的。其应是一种超乎经验的直观而得宇宙大全之理的境界,是一种"内在超越"的境界。照现代解释学的看法,凡是对前人思想的解释,都有解释者的意见在内。不过,解释和被解释之间总有些联系,否则也就无所谓"解释"了。③

---

① (三国魏)何晏撰,(南朝梁)皇侃义疏:《论语集解义疏》,《知不足斋丛书》本。

② (三国魏)何晏撰,(南朝梁)皇侃义疏:《论语集解义疏》,《知不足斋丛书》本。此注句读与楼宇烈先生不同,楼校为"耳顺,言心识在闻前也",请参见(三国魏)王弼著,楼宇烈校释:《王弼集校释》,中华书局1980年版,第621页。

③ 汤一介:《孔子对人生境界的追求》,见汤一介:《当代学者自选文库·汤一介卷》,安徽教育出版社1999年版,第528~532页。

随着玄风在江南的兴起,到了东晋中后期,士人张凭等和南迁中原的经学家江熙等同时出现了玄解尤其是老庄化《论语》的倾向,显示出东晋时期《论语》注解上的进一步玄学化及儒道进一步深层融合的诠释特色,确实已成为东晋时期《论语》的注解主流。

子曰:"巧言令色,鲜矣有仁。"(《论语·学而》)

张凭云:仁者,人之性也。性有厚薄,故体足者难耳。巧言令色之人于仁性为少,非为都无其分也,故曰鲜矣有仁。①

张凭出身于吴郡张氏,"在学术文化上,张氏虽出自儒学,但自两晋之际始其子弟普遍接受玄学新风的熏习,是江东世族中玄化最充分的家族"②。从其注文中,可清楚地反映出张凭既有家学的文化传统基因,又不乏理论上的创新性发展。他虽仍秉承孔孟正宗儒家的性善说,但也能看出张凭玄学解经的痕迹:"性有厚薄,故体足者难耳。"作为人之性的"仁",在不同人中各有"仁"之"性分",唯圣人仁全"体足",此观点似乎深受郭象圣凡性情说的影响。该注文言简意富,将孔孟传统与以厚薄说人性的六朝玄风结合起来,难怪《世说新语·文学》载张凭善清谈玄理:"言约旨远,足畅彼我之怀。"③ 其认为《论语》经文中的儒家人伦道德"仁",或出于人的自然之性,"仁者,人之性也""性有厚薄,故体足者难耳",此观点更体现了魏晋注经者玄解《论语》的特色。

子夏曰:"百工居肆以成其事,君子学以致其道。"(《论语·子

---

① (三国魏)何晏撰,(南朝梁)皇侃义疏:《论语集解义疏》,《知不足斋丛书》本。

② 王永平:《略论六朝时期吴郡张氏的家学与家风》,《徐州师范大学学报》(哲学社会科学版)2002年第1期。

③ (南朝宋)刘义庆著,(南朝梁)刘孝标注,余嘉锡笺疏,周祖谟等整理:《世说新语笺疏·文学》,中华书局2007年版,第279页。

张》)

江熙曰：亦非生巧也。居肆则是见广；见广而巧成，君子未能体足也。学以广其思，思广而道成也。①

魏晋玄学家尤其是郭象认为，圣人与君子是有天壤之别的：前者体道与天地合其德，天生"至足"，不学自通，而君子却与百姓相同，"夫思而后通，习而后能者，百姓皆然也"②。江熙认为，圣人无需学习见广，而"君子未能体足"，必须经过后天的学习、广思而可道成。江熙对上述文本的注解，完全是承袭了郭象玄解经文的思路，在祖述其玄学思想时，将该经文进一步玄理化。

有必要指出的是，这种东晋玄解《论语》的注经主流，并非"玄"途忘"儒"，而是在进一步对《论语》进行玄学化（主要是对魏晋玄学家尚未进行玄学化的《论语》其他篇章的经文，进一步加以玄学化）的同时，又出现了《论语》注经上的返儒倾向，特别是对为魏晋玄学家所遮蔽的孔子的重学尚礼、注重教化的先师形象，进行了修复和彰显，对其道德教化思想，也进行了强调，因而，其具有鲜明的儒玄双修的东晋注经特色。

需要指出的是，东晋引老庄的《论语》注，上述两类情况，时有兼而有之者。下文缪播之所注，一方面，依其所注的整句"以道观之"及全部注文，仍基本上是《论语》中孔子"涅而不缁"、处污不辱与无可无不可的时之圣者的形象。另一方面，因缪播此注"'以道观之'，未有可猜也"中，其"道"之意多玄义，且其因孔子与子路圣贤对言互现，已明显将孔子重塑为玄佛的圣人人格。

---

① （三国魏）何晏撰，（南朝梁）皇侃义疏：《论语集解义疏》，《知不足斋丛书》本。

② （三国魏）何晏撰，（南朝梁）皇侃义疏：《论语集解义疏·子张》注引郭象注，《知不足斋丛书》本。

子见南子，子路不悦。夫子矢之曰："予所否者，天厌之！天厌之！"（《论语·雍也》）

缪播曰：应物而不择者，道也；兼济而不辞者，圣也。灵公无道，蒸庶困穷，钟救于夫子。物困不可以不救，理钟不可以不应。应救之道，必明有路，路由南子，故尼父见之涅而不缁，则处污不辱、无可无不可，故兼济而不辞。"以道观之"，未有可猜也……贤者守节，怪之宜也。或以亦发孔子之答以晓众也……否，不也。言体圣而不为圣者之事，天其厌塞此道耶？①

三、南朝《论语》注的注引老庄

南朝《论语》诠释释文中对老庄的注引，相较于魏晋，其最重要的诠释特色，就是越来越多的儒、道与佛学的内外格义。换个角度来说，就是继东晋《论语》注的道佛杂糅后，南朝的《论语》注更多的是佛玄义的会通。

颜延之一生出入儒、玄、佛，而在其现存《论语》注文中，主要反映了颜延之的儒、玄思想：

《论语·颜渊》：子张问明。子曰："浸润之谮，肤受之诉，不行焉。可谓明也已矣。浸润之谮、肤受之诉不行焉，可谓远也已矣。"

颜延之云：谮润不行，虽由于"明"，"明"见之深，乃出于"体远"。"体远"不对于情伪，故功归于"明见"。斥言其功，故曰"明"。极言其本，故曰"远"也。②

---

① （三国魏）何晏撰，（南朝梁）皇侃义疏：《论语集解义疏》，《知不足斋丛书》本。

② （三国魏）何晏撰，（南朝梁）皇侃义疏：《论语集解义疏》，《知不足斋丛书》本。

此处，在思想内容上，因经文有"远"字，可能便于发挥"玄远体无"之玄义，因而颜延之以"义解"来引申其"体远"则"明见"之玄理，而其"斥言其功，故曰'明'。极言其本，故曰'远'也"之注文，阐幽明见之本，更有以《老子》解《论语》的儒道混同、融通的痕迹，而语言上又有玄谈清简之风。

对于魏晋玄学体"道"通"无"的"贵无"思想，何晏曾以玄学认识论相解："不虚心，不能知道"①，皇侃则对何晏这一说法加以详尽地阐发，并借助其对相应经文"子曰：'回也，其庶乎，屡空'"（《论语·先进》）②的疏解，引用了玄学名家之言以佐证自己对玄学"圣贤说"的发挥：

> 言圣人体"寂"而心恒"虚"无累，故几动即见；而贤人不能体"无"，故不见几。但庶几慕圣，而心或时而虚，故曰："屡空。"其"虚"非一，故"屡"名生焉。故颜特进云："'空'非回所体，故庶而数得。"故顾欢云："夫无欲于无欲者，圣人之常也；有欲于无欲者，圣人之分也。二欲同无，故全空以目圣；一有一无，故每虚以称贤。贤人自有观之，则无欲于有欲；自无观之，则有欲于无欲。虚而未尽，非'屡'如何？"大（太）史叔明申之云："颜子上贤，体具而微，则精也，故无进退之事，就义上以立'屡'名。按其遗仁义、忘礼乐、隳支体、黜聪明，坐忘大通，此忘有之义也。忘有顿尽，非空如何？若以圣人验之，圣人忘忘，大贤不能忘忘；不能忘忘，复为未尽。一未一空，故'屡'名生也焉。"③

---

① （三国魏）何晏撰，（南朝梁）皇侃义疏：《论语集解义疏》，《知不足斋丛书》本。

② （三国魏）何晏撰，（南朝梁）皇侃义疏：《论语集解义疏》，《知不足斋丛书》本。

③ （三国魏）何晏撰，（南朝梁）皇侃义疏：《论语集解义疏》，《知不足斋丛书》本。闫按：此处，根据经文，"圣人之分也"疑应为"贤人之分也"。

在此皇侃注或疏文中，言"圣人体'寂'而心恒'虚'无累，故几动即见"，心"虚"是体"无"也即体"寂"的精神状态。这句话是说作为圣人的孔子，本身就与"无"一体而心恒"虚"，进而无累于物，故"几动即见"。此处体"寂"与王弼的体"道"同"无"，同中有异，同为与天地万物为一体之变形，而前者以孔子为佛玄式圣人，后者却是宇宙本体之人格化，纯乎儒道互渗而似乎未见佛学痕迹。